预制菜产业园的策划、设计与实施完全手册

国机陆原工程设计研究有限公司　组　编

主　编　王红旗

副主编　曾志辉

参　编　林　炜　张　萌　宋　斌　齐孝东　张建怀
　　　　张壮飞　黄希锋　罗俊琳　严　雨　曾伟毅
　　　　黄　楠　杨　璇　张　刚　钟　曦　卢宇升
　　　　罗海澜　刘　璟　刘　旭　黄振鹏　黄莹莹
　　　　程　伟　刘　懿　张治德　申　磊　薛美琪
　　　　马　驰　吴松泽　黄泽芳

机械工业出版社
CHINA MACHINE PRESS

本书旨在为预制菜产业园的策划、规划、设计和发展提供可靠的理论依据和具体的实践指导，内容涵盖了预制菜产业的各个方面，包括政策法规、产业发展趋势、投资融资渠道、工艺流程、食品安全、规划设计、物流配送、专项技术等，为读者提供了全面的信息并及时反映了预制菜产业的最新发展动态和技术创新成果，介绍了许多前沿的理念和方法，如智能化可视化产线、绿色节能技术等，使读者能够了解到当前预制菜产业的发展现状、存在的难点、痛点及产业的发展趋势。

本书适合于从事预制菜产业园策划、园区规划、工艺流程设计等技术人员及相关产业的运营、管理和研究人员。

图书在版编目（CIP）数据

预制菜产业园的策划、设计与实施完全手册／国机陆原工程设计研究有限公司组编；王红旗主编. -- 北京：机械工业出版社，2025. 9. -- ISBN 978-7-111-79100-3

Ⅰ. F426.82-62

中国国家版本馆 CIP 数据核字第 2025DE3432 号

机械工业出版社（北京市百万庄大街 22 号　邮政编码 100037）
策划编辑：薛俊高　　　　　　　　　　责任编辑：薛俊高　张大勇
责任校对：孙明慧　马荣华　景　飞　　封面设计：张　静
责任印制：邓　博
北京中科印刷有限公司印刷
2025 年 9 月第 1 版第 1 次印刷
184mm×260mm · 19. 25 印张 · 371 千字
标准书号：ISBN 978-7-111-79100-3
定价：99. 00 元

电话服务　　　　　　　　　　　　网络服务
客服电话：010-88361066　　　机 工 官 网：www.cmpbook.com
　　　　　010-88379833　　　机 工 官 博：weibo.com/cmp1952
　　　　　010-68326294　　　金 书 网：www.golden-book.com
封底无防伪标均为盗版　　　机工教育服务网：www.cmpedu.com

前　　言

预制菜作为一种新兴的食品产业，近年来在我国得到了迅猛发展。随着人们生活节奏的加快和对便捷、健康食品的需求增加，预制菜以其标准化生产、多样化品种和较长的保质期等优势，逐渐走进了千家万户。预制菜产业的发展不仅满足了消费者的需求，也为农业、制造业和服务业等多个领域带来了新的机遇和发展空间，推动了食品工业的转型升级。在预制菜产业快速发展的过程中，预制菜产业园的建设成为了行业发展的重要支撑。作为推动产业高质量发展的关键环节，预制菜产业园的规划、设计与实施涉及多个专业领域，需要综合考虑产业布局、生产工艺、食品安全、物流配送、节能环保等多个因素。然而，目前关于预制菜产业园的相关研究和实践经验还相对较少，缺乏一套系统、全面的理论和方法来指导产业园的建设和发展。因此，编写一本关于预制菜产业园的策划、设计与实施的手册，具有重要的现实意义和实践价值。

一、编写背景

（一）产业发展态势迅猛

预制菜产业是农业现代化和食品工业发展的重要方向，也是满足人们日益增长的多样化饮食需求的重要途径。近年来，我国预制菜产业发展迅速，市场规模不断扩大，产品种类日益丰富，消费群体逐渐扩大。据相关数据显示，2022年我国预制菜市场规模达到4196亿元，预计到2026年将增长至10720亿元，成为万亿级产业。预制菜产业的发展不仅为农业产业结构调整和农民增收提供了新的机遇，也为食品工业的转型升级和创新发展提供了新的动力。同时，预制菜产业的发展也呈现出一些新的特点和趋势。例如，产业集群化发展趋势明显，各地纷纷建设预制菜产业园，形成了一批具有一定规模和影响力的产业集群；产品标准化、品牌化发展趋势加快，企业越来越注重产品质量和品牌建设，不断提高产品的附加值和市场竞争力；科技创新驱动作用日益凸显，随着人工智能、大数据、物联网等技术在预制菜产业中的应用，产业的智能化水平不断提高，生产效率和产品质量得到了有效保障。

（二）政策支持力度大

预制菜产业作为国家重点支持的产业之一，得到了国家政策的大力支持。近年来，国家出台了一系列政策措施，鼓励和支持预制菜产业的发展。例如，国家发改委等部门联合发布了《关于推动物流高质量发展促进形成强大国内市场的意见》，提出要加强冷链物流基础设施建设，提高冷链物流服务水平，为预制菜产业的发展提供了有力的支撑；农业农村部等部门联合发布了《关于促进农业产业化联合体发展的指导意见》，提出要支持农业产业化联合体开展预制菜生产加工，提高农产品附加值，促进农民增收。此外，各地政府也纷纷出台了一系列政策措施，支持本地预制菜产业的发展。例如，广东省出台了《加快推进广东预制菜产业高质量发展十条措施》，提出要加大财政支持力度，创新金融信贷服务，加强科技创新和人才培养，推动广东预制菜产业高质量发展；福建省出台了《关于加快推进预制菜产业发展的若干意见》，提出要加强政策引导和扶持，优化产业布局，推动福建预制菜产业快速发展。

（三）市场需求逐步旺盛

随着人们生活水平的提高和消费观念的转变，人们对食品的需求不再仅仅是满足温饱，更注重食品的品质、安全和多样性。预制菜作为一种便捷、健康、美味的食品，正好满足了人们的这一需求。预制菜可以通过工业化生产，实现标准化、规模化生产，保证食品的质量和安全；同时，预制菜可以根据消费者的需求，提供多样化的品种和口味，满足消费者的个性化需求。此外，随着城市化进程的加快和人口老龄化的加剧，家庭规模逐渐缩小，人们的生活节奏越来越快，烹饪时间越来越短，对便捷食品的需求不断增加。预制菜作为一种可以直接加热或烹饪的食品，正好解决了人们的这一问题，正在成为人们日常生活中不可或缺的一部分。

二、实用价值

（一）为预制菜产业园的规划、设计与实施提供指导

本书详细介绍了预制菜产业园的规划、设计与实施的各个环节，包括产业布局、生产工艺、食品安全、物流配送、节能环保等方面。通过阅读本书，可以帮助读者了解预制菜产业园的建设流程和方法，掌握预制菜产业园的规划、设计与实施的关键技术和要点，为预制菜产业园的规划、设计与实施提供科学的指导和依据。

（二）为预制菜企业的发展提供参考

本书不仅介绍了预制菜产业园的建设内容，还对预制菜的生产工艺、食品安全管理等方面进行了详细的阐述。通过阅读本书，预制菜企业可以了解到预制菜生产的最新技术和发展趋势，掌握预制菜生产的关键环节和控制要点，提高预制菜生产的质量

和效率，保障食品安全。同时，本书还介绍了预制菜企业的市场营销、品牌建设等方面的内容，为预制菜企业的发展提供了参考和借鉴。

（三）为政府部门的决策提供依据

本书对预制菜产业的发展现状、政策支持、市场需求等方面进行了全面的分析和研究，为政府部门的决策提供了依据。政府部门可以通过阅读本书，了解预制菜产业的发展趋势和需求，制定更加科学合理的政策措施，促进预制菜产业的健康发展。同时，本书还对预制菜产业园的建设和管理提出了一些建议和意见，政府部门可以根据这些建议和意见，加强对预制菜产业园的规划、建设和管理，提高产业园的运行效率和经济效益。

三、编写特色

（一）注重系统性

本书从预制菜产业园的概论入手，系统地介绍了预制菜产业的发展历程、现状、政策支持等方面的内容。然后，分别从一二三产联动、投资融资、工艺及食品安全、规划建筑设计、物流系统设计、废水处理工程设计、绿色节能专项技术、智能化可视化产线等多个方面对预制菜产业园进行了详细的阐述，形成了一个完整的体系。本书的编写注重系统性和逻辑性，使读者能够全面了解预制菜产业园的各个方面，为读者提供了系统的知识和信息。

（二）强调实用性

本书紧密结合预制菜产业的实际需求，注重理论与实践相结合。在编写过程中，作者参考了大量的实际案例和工程经验，对预制菜产业园的规划、设计与实施中的关键技术和要点进行了详细的阐述，并提供了具体的操作方法和建议。本书的实用性强，为读者提供了切实可行的指导和帮助，使读者在实际工作中能够更好地应用所学知识和技能。

（三）注重创新

本书在介绍预制菜产业园的规划、设计与实施的传统方法和技术的同时，也注重对新技术、新方法的引入和应用。例如，在智能化可视化产线部分，本书介绍了人工智能、物联网、大数据等技术在预制菜生产中的应用，为预制菜产业的智能化发展提供了新的思路和方法。此外，本书还对预制菜产业园的绿色节能技术进行了详细的阐述，为预制菜产业的可持续发展提供了技术支持。

（四）多学科融合

本书内容丰富，涵盖了预制菜产业园的各个学科。在预制菜产业园的规划、设计与实施方面，本书介绍了产业布局、生产工艺、食品安全、物流配送、节能环保等方面的内容；在预制菜的生产工艺方面，本书介绍了畜禽类、水产类、食用菌类、药膳类等不同种类预制菜的生产工艺和流程；在食品安全管理方面，本书介绍了食品追溯、加工环节管理、储存与运输管理等方面的内容；在物流系统设计方面，本书介绍了产业园选址规划、园区规划设计、物流环保节能措施等方面的内容；在绿色节能专项技术方面，本书介绍了制冷系统、制热系统、光伏系统等方面的内容；在智能化可视化产线方面，本书介绍了智能产线技术、生产智能化的必要性、预制菜智能产线构建方法等方面的内容。

（五）政策与市场结合

本书深入剖析了预制菜产业的政策环境，详细解读了国家和地方的产业支持政策、食品安全标准以及行业监管要求，为从业者提供了清晰的政策指引。同时，书中紧密结合市场需求，分析了消费者对预制菜的偏好变化，如对健康、便捷、高品质产品的需求增长，以及市场细分趋势。此外，本书还探讨了预制菜产业的发展趋势，包括技术创新、冷链物流升级等关键领域。通过对这些内容的梳理与结合，本书能够帮助读者全面把握行业机遇，制定出科学合理的预制菜产业园规划与运营策略。

四、编写分工

本书的编写工作由国机陆原工程设计研究有限公司组织，团队成员具备不同的专业背景和技术特长，各司其职。主编王红旗提出明确的编撰方向，规划手册的整体架构，并对每一章节的编写进行细致的指引指导，凭借丰富的全局专业知识与深厚的行业经验为手册奠定了坚实基础，确保全书内容精到，翔实可靠。副主编曾志辉制定各章节的编写条目及内容规划，并负责前言、第一、二、五、八、九、十章部分内容的撰写以及全书的统稿工作。

在各章节的编撰中，林炜、张萌、张壮飞、罗俊琳、黄楠、马驰、黄泽芳主要参与了第一章预制菜产业园概论及第三章预制菜产业的投资融资渠道的编写；杨璇、宋斌、曾伟毅、刘懿主要负责第二章预制菜一二三产联动及第五章预制菜产业园规划建筑设计方面内容的编写；钟曦、黄振鹏主要负责制冷制热设计与节能措施方面内容的编写；卢宇升编写了预制菜工艺及食品安全部分的章节；张刚、黄莹莹负责第六章预制菜产业园物流系统设计部分章节的内容编写；张治德和刘旭联合完成了给水排水设计部分内容的编写；此外，刘璟、刘旭和卢宇升共同参与了智能化可视化产线章节内容的编写；申磊负责电力与节能设计部分内容的编写工作；张建怀和黄希锋主要负责洁净设计部分内容的编写；薛美琪、吴松泽负责预制菜工艺分类及冷热源需求部分内容的编写；严雨、程伟、罗海澜完成了结构设计相关部分内容的编写。齐孝东在全书资料收集和技术指导方面提供了重要支持。在此，感谢所有参与者的辛勤付出，并期待读者的宝贵反馈，以便我们在未来进一步完善手册内容。

综上，本书是一本关于预制菜产业园的策划、设计与实施的完全手册，具有重要的时代意义和实用价值。本书的编写注重系统性、实用性、创新性，内容丰富，希望能够为预制菜产业园的规划、设计与实施提供科学的指导和依据，为预制菜产业同仁提供有价值的参考，共同推动行业向更高质量、更绿色、更智能的方向迈进。同时，预制菜产业是一项新兴的产业，发展过程中还存在许多不完善的地方，我们期待与广大读者共同探讨预制菜产业的发展前景，为行业的持续创新和健康发展提供更多思路和解决方案。当然，鉴于我们的水平和实践的有限，本书难免存在不足和疏漏之处，敬请广大读者和同行批评指正。

编　者

2025 年 5 月

目　　录

第一章　预制菜产业园概论

第一节　预制菜的定义

根据全国标准信息公共服务平台发布的数据，截至 2024 年 8 月 25 日，现行的预制菜相关标准共计（包括正在起草过程中）国家标准计划 1 项、地方标准 28 项、其他团体标准、企业标准超 160 项。截至目前尚未有国家层级相关标准正式出台。

为了更为全面地考量标准的适用范围以及其发布机构的威信度因素，我们在此选取了由市场监管总局等六部门于 2024 年 3 月 18 日联合发布的《关于加强预制菜食品安全监管　促进产业高质量发展的通知》（国市监食生发〔2024〕27 号）中关于预制菜的定义和范围：预制菜也称预制菜肴，是以一种或多种食用农产品及其制品为原料，使用或不使用调味料等辅料，不添加防腐剂，经工业化预加工（如搅拌、腌制、滚揉、成型、炒、炸、烤、煮、蒸等）制成，配以或不配以调味料包，符合产品标签标明的贮存、运输及销售条件，加热或熟制后方可食用的预包装菜肴，不包括主食类食品，如速冻面米食品、方便食品、盒饭、盖浇饭、馒头、糕点、肉夹馍、面包、汉堡、三明治、比萨等。相较于此前业界较为广泛采用的中国烹饪协会于 2022 年 6 月份公布的团体标准《预制菜》的定义内容——"所谓预制菜，即以单一或多重农业产品为主要原料，利用精确化和标准化的生产流程，经过预先的加工（例如细致的切割、充分的搅拌、适当的腌制、滚抹、塑造形状、完成调味等一系列步骤）和/或者预烹调（主要涵盖炒、炸、烤、煮、蒸等多种方式）工艺制作而成，最后再通过预包装手段获得的成品或是半成品的菜品。"本次市场监管总局、教育部、工业和信息化部、农业农村部、商务部、国家卫生健康委的发文在预制菜的定义上强调了其不添加防腐剂，同时规范化要求该类产品需标注贮存、运输及销售条件，并将以往可能被归入预制菜品类的主食类速冻米面产品剔除出了预制菜品类中。该要求标志着餐品保鲜及包装技术研发将会纳入日后预制菜产品的研发升级重点。

第二节 预制菜产业发展态势

一、发展历程

预制菜产业的发展经历了从初步探索到规模化应用，再到成熟发展和全球化扩展的四个阶段。早期的预制菜产业主要受益于冷冻技术的引进和食品加工工艺的提升，随着国内市场需求的增加，产业迅速壮大。

进入 21 世纪后，随着政策支持和技术进步，预制菜产业逐渐走向成熟，产品种类丰富、市场覆盖面广泛。特别是在 2011 年后，国家对食品安全的重视和标准化的推进，使得预制菜行业得以健康发展。

2020 年初爆发的新冠病毒疫情更是极大地推动了预制菜在 C 端市场的普及，市场需求激增，成为推动产业发展的重要动力。未来，随着消费者对健康、便捷食品的需求持续增长，以及行业在技术创新和全球市场拓展方面的努力，中国的预制菜产业有望进一步扩大其市场份额并走向国际舞台。

从 20 世纪 90 年代预制菜开始进入中国市场，到 2000 年初步发展，再到 2010 年的快速扩展和市场成熟，预制菜产业的发展呈现出明显的阶段性。产业从最初的引进和探索，逐渐发展到规模化生产，并在近年来形成了一个较为完善的产业体系。2000 年以前的预制餐品主要为基于速冻保鲜技术形成的产品，行业巨头多为美日等发达国家的跨国企业。2000 年后行业集中度加强，本土预制菜企业逐渐形成气候，行业的发展伴随着冷链技术的发展及电商平台带来了 B 端 C 端蓬勃的消费力。不过随着六部门发文明确预制菜定义和范围之后，主食类速冻米面产品不再属于预制菜产品，以现行预制菜定义论，目前国内尚处于多方争相入局，暂未形成具有绝对领先地位的龙头企业。2020 年后，预制菜行业进入了快速发展期。未来的发展趋势将以满足消费者日益增长的健康、便捷需求为核心，结合智能化生产、供应链优化、渠道多元化以及品牌化运作，推动行业向高质量、高附加值方向发展。同时，可持续发展和社会责任的履行将成为企业长期竞争力的重要组成部分。

二、预制菜产业的发展必然性

截至 2022 年底，中国常住人口城镇化率突破 65%，城市人口比例即将突破 2/3（图 1-1），青壮年不断涌入城市，城乡居民收入差距逐渐缩小。

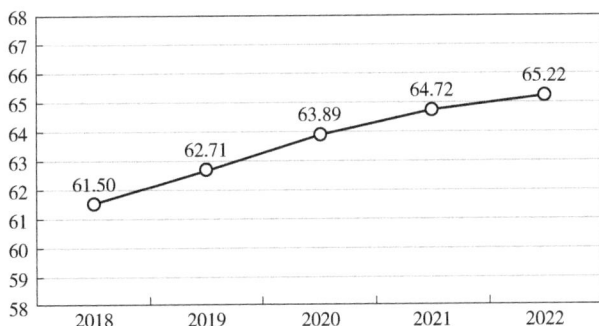

图 1-1 2018—2022 年末常住人口城镇化率

一方面随着城镇化率的提高，廉价劳动力的供应下降，且原有廉价劳动力也有一部分转化成了服务业产品的消费端，导致服务业供给稀缺加剧；与此同时，工业社会规模的增长，对廉价劳动力的需求提升。两相叠加，从而导致服务业工资逐步提升。

另一方面，中国人均在食品上的消费金额也并不高。2022 年中国人均可支配收入 36883 元，月均 3073.58 元，具体到食品（含烟酒）方面，全年消费 7481 元，日均 20.5 元。

2018—2022 年全国居民人均可支配收入及其增长速度可参见图 1-2。其中 2022 年全国居民人均消费支出及其构成参见图 1-3。

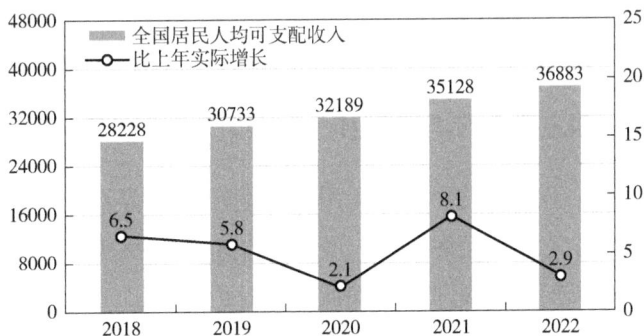

图 1-2 2018—2022 年全国居民人均可支配收入及其增长速度

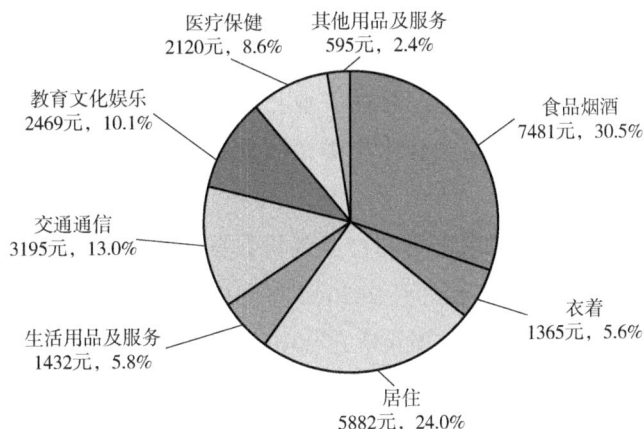

图 1-3 2022 年全国居民人均消费支出及其构成

在人均餐饮消费支出约 20.5 元人民币的基本水平上，人民对于享受服务的美好希望与并不宽裕的日均消费水平两相掣肘，最终导致了很多中端餐厅被迫转型成为类似快餐模式，以满足消费者对于低成本高性价比的餐饮消费需求。

综上，廉价劳动力的稀缺与服务业需求相叠加，带来了服务业人员工资上升；另一方面中国人均全天饮食消费仅 20.5 元，消费群体庞大。故中档饭店的快餐化、餐饮行业的工业化，菜品的预制化已是大势所趋。

三、预制菜产业发展现状

（一）行业发展万亿级空间，人均消费量亟待提升

根据相关数据，2022 年中国预制菜市场的整体规模达 4196 亿元人民币，较上一年度实现了大幅度的增长（21.31%）；预测这一市场还将在未来继续保持相当可观的增速发展趋势，到 2026 年时，预计该市场的总体规模会跃升至 10720 亿元人民币。就我国人均预制菜消费水平而言，与像美国、英国和日本等预制菜产业相对成熟的国家相比依然存在较大差距。2022 年度，我国的人均预制菜消费量约为 9.1kg/人，而美、英、日分别为 16.1kg/人、16.8kg/人和 23.2kg/人。由于国内的人均消费量正在呈现快速增长的态势，其所潜藏的巨大发展潜力已不容小觑。

（二）预制食品中主食类占半壁江山，预制菜市场发展潜力大

中国和欧美国家在不同种类食物的食用重量上存在显著差异，这些差异反映了各自的饮食文化、生活方式以及经济条件。中国人在主食类及蔬菜摄入上明显高于欧美国家，而在肉禽类和水产类方面则显著偏低。同时由于食品工业化程度尚处于发展进程中，因此目前预制食品中，就 2022 年数据而言，肉禽类：水产类：面米及蔬菜类占我国预制食品市场规模的比重约为 3：2.5：4.5，"面米及蔬菜类"占据了近五成份额。不过由于速冻面米制品已处于行业成熟阶段，预计未来增速相对较低；同时由于居民生活条件不断改善、饮食水平提升，食品工业化程度提升，预制菜产业对于食品口味及菜品种类丰富度的提升，肉禽类和水产类预制食品的需求量，即预制菜食品增速将快于"面米/蔬菜类"食品。

根据相关咨询机构对预制菜市场的行业调研数据，我国预制菜市场发展迅猛，从 2019 年 2445 亿元的市场规模，预计到 2026 年将突破万亿。整体趋势显示出预制菜市场规模的快速增长，预制菜行业的增长率在 2019 年较为平稳，随着市场扩展，2023 年和 2024 年达到顶峰，之后逐渐下降。预计 2026 年的市场增速将放缓至 13.1%。通过比较中国、日本、美国从 2018 年至 2026 年（预测）的预制菜人均消费量，可以看出

2026 年中国的人均预制菜消费量预计增长至 12.3kg。而日本和美国的消费量则相对较高，日本在 2022 年已为 23.2kg，美国为 16.1kg，预计未来几年将维持在相对稳定的水平。尽管中国的人均预制菜消费量远低于日本和美国，但呈现出明显的增长趋势，表明预制菜在中国的普及度正在逐渐上升，即使初期人们对预制菜仍存在一些不理解甚至不信任，但现实的市场数据以及与国外的差距告诉我们，我国预制菜的市场潜力巨大。

整体来看，中国预制菜行业的市场规模预计将在未来几年内继续扩张，尽管增速有所放缓。与此同时，中国的人均预制菜消费量在稳步增长，但与日本和美国相比仍有差距，市场具有进一步增长的空间。

四、预制菜产业发展背景

（一）需求端—B 端：餐饮连锁化进程加快，为预制菜提供土壤

1. 中国连锁化进程加快

据相关资料，自 2017 年以来，我国餐饮行业的市场规模逐步攀升，从当时的 3.96 万亿元增长到今天的 4.39 万亿元，年均复合增长率（CAGR）达到 2.1%。

随着近期新冠疫情的负面影响逐渐减弱，2023 年餐饮市场规模显著回升。根据美团提供的数据显示，我国餐饮市场的连锁化率已从 2018 年的 12% 上升至 2022 年的 19%，这一增长态势在过去几年中未曾中断。尽管我国餐饮连锁化率的提升速度较快，但与美国 54% 的餐饮连锁化率相比，仍有较大的发展潜力和提升空间。因此，可以预见，未来我国连锁餐饮市场的规模将持续扩大，发展前景广阔。

2. 预制菜满足连锁餐饮以下需求

（1）提高出菜速度：翻台率与出菜速度成正比，采用预制菜可以缩短菜品加工时间、提升收入。

（2）稳定餐品品质：连锁餐饮通常跨地域经营、规模较大，预制菜有助于标准化出餐，降低品控难度、保持餐品稳定性。

（3）降低成本：预制菜对人力、能源等成本的节省高于原材料成本的提升，能够有效降低企业总成本。

预制菜能够有效提高出餐效率，改善成本结构。从收入端来看，预制菜能够通过机械化、自动化实现高效出餐，提升企业生产力及餐厅翻台率，推动公司营收增长。从成本端看，餐饮业成本可大致分为原材料成本、租金成本、人力成本和能源成本，预制菜虽然提高了原材料成本，但能够有效降低人力成本和能源成本。2019 年餐饮行业人力成本增速为 3.7%，原材料成本增速仅 2.1%，人力成本在餐饮业所有成本中增

速最高，故采用预制菜有助于企业在长期发展中节省成本。并且据前瞻产业研究院研究，企业采用预制菜后，人力成本与能源成本的节省幅度高于原材料成本的上升幅度，若传统模式下利润率为25%，预制菜模式下利润率则为32%，综合来看采用预制菜能够有效降低企业总成本、提升利润水平。

目前，我国在线外卖行业的市场规模已经从2017年度的0.30万亿元迅速攀升到了2022年的1.12万亿元。此期间，我国在线外卖市场的年平均复合增长率（CAGR）更是达到了惊人的29.94%。进一步观察发现，在线外卖市场在我国餐饮市场总体规模中的比重也呈现出逐年上升的态势。自2017年以来，这一比例已经从先前的7.6%稳步上涨到2022年的25.4%。

外卖作为预制菜的主要销源之一，其发展的蓬勃势头也将直接带来预制菜市场的繁荣。

3. 团餐客群庞大稳定，业内连锁化品牌开始出现

在众多领域中，团餐以承包管理食堂的方式为学校、企业以及政府食堂等提供专业服务，具备了稳定且庞大的顾客群体。尽管2022年的整体市场规模略微下滑至1.98万亿元，但随着团餐业务的多元化拓展以及行业内服务质量及技术水准的不断提升，预计未来几年内，团餐市场规模仍将持续保持10%左右的增长速度。关于市场格局，考虑到中国餐饮业协会所披露的2020年我国团餐行业前百强集中度（即CR100）仅为6.7%的这一数据来看，我国团餐行业的集中程度尚待进一步提高。

4. 乡厨市场为预制菜进入下沉市场创造机遇

多元餐饮场景为预制菜带来新增长点，以乡厨市场为例，2022年中国乡厨市场规模约为1.93万亿元。

乡厨市场作为我国传统饮食文化的重要组成部分，至今在农村地区遇到红白喜事时依然保持着相当的活力。乡厨场景给预制菜下沉到三四线城市和农村带来了机遇，原因在于：

（1）同一地区乡厨场景所需产品品类较为固定，具备标准化的可能性。

（2）乡宴所需产品量大，对乡厨的原材料采购、成本控制、食品安全、制作步骤等有较高要求，预制菜能够较好地满足市场需求。

（3）预制菜企业可与当地乡厨协会沟通以获取合作机会。

（二）需求端—C端：消费者教育逐步推进

1. C端预制菜消费者主要特征为：女性、一二线城市、中高等收入、中青年人群

据相关机构于2023年7月调研数据显示，63.7%的C端预制菜消费者为女性，77.5%的消费者分布于一二线城市，77.3%的消费者月收入为5001~15000元，81.3%

的消费者年龄为 22~40 岁。

2. 消费者教育进行中，预制菜口碑向好

目前消费者对预制菜的负面情绪主要来源于认为预制菜口味一般、性价比低、担忧食品安全、售后不到位等问题。据人民众云数据，2023 年 1~2 月预制菜口碑以中性为主，占比为 75.62%，正面评价占比 16.54%。相较于 2022 年 3 月至 2023 年 2 月，预制菜口碑提升明显，正面口碑占比增加 6.94 个百分点，负面口碑下降 6.15 个百分点，其在消费者中的声誉在逐渐好转。

3. 生活模式变化驱动 C 端市场快速扩容

（1）家庭小型化。1982 年我国家庭规模为 4.41/户，至 2020 年下降至 2.62 人/户，一家三四口的结构被打破，而"一人食"正是预制菜的重要应用场景。

（2）生活节奏加快，追求便捷。2018—2023 年，中国就业人员平均工作时间由 46.07 小时/周上涨至 48.47 小时/周，生活节奏越来越快，人们没有足够的时间精力准备复杂的食材和烹饪。预制菜或成为小型化家庭消费者寻求简单化、便捷化一日三餐的绝佳解决方案。

4. 疫情催化 C 端市场加速扩容

在抗击新冠病毒全球大流行的背景下，预制菜领域尤其是 C 端预制菜业务的销售表现尤为抢眼，这一趋势使得美团、叮咚买菜与京东等多家电商巨头纷纷涉足该领域。具体而言，根据京东超市联合同济大学商学院蓝鲨研究院发布的研究报告所揭示的情况，2022 年度京东预制菜业务的交易额实现了惊人的 160% 的增长率，有超过 400 家知名品牌为消费者提供了覆盖超 2000 种商品的丰富选择，其中，西贝莜面村、正大食品、安井以及珍味小梅园等著名品牌的销售额增幅更是分别高达 163%、251%、1000% 及 300%。尽管随着疫情的结束，C 端（即消费者）对于预制菜的需求已呈现放缓之势，但值得一提的是，自 2023 年初以来，京东超市预制菜品类的成交额仍旧保持着同比增长超过 100% 的强劲态势，而在 2023 年 618 促销活动中，成交额同比实现两位数增长的品牌数量仍维持在 20 个以上。

（三）供给端—供应链：冷链物流为预制菜运输和存储提供了坚实基础

冷链物流快速发展，为速冻食品产业发展保驾护航。冷链物流是指根据物品特性，从生产到消费的过程中使物品始终处于其品质所需温度环境的实体流动过程。冷链是预制菜运输与存储的基础，直接影响预制菜的食品安全和菜品新鲜度。近年来国家大力发展冷链运输基础设施建设，我国冷库建设与冷藏运输车制造业都得到了长足的进步，为我国预制菜行业的扩容提供了坚实基础。

（1）冷库。据中冷联盟数据，2016 至 2022 年，我国冷库容量规模由 3035 万吨增至 5686 万吨，CAGR 为 11.03%。从区域分布来看，2021 年华东地区冷库容量占比达 40%。

（2）冷藏运输车。根据中商产业研究院数据，2016 至 2022 年，我国冷链运输车保有量规模由 12 万辆增至 38 万辆，CAGR 为 21.2%。从区域分布来看，根据中国物流与采购联合会数据，23H1 冷藏车销量为 2.6 万辆，其中华东地区占全国销量的 32.11%。

从冷库容量和冷链运输车的增长数据来看，我国冷链物流基础设施在过去几年里取得了显著的发展，冷链基础设施逐渐完善。华东地区无论是在冷库容量还是冷链运输车的数量上，都占据着全国的重要份额，成为冷链物流的核心区域。这一趋势显示出随着冷链物流需求的持续上升，特别是在食品、生鲜配送等领域，冷链基础设施建设的重点将继续向经济发达、市场需求旺盛的地区倾斜。此外，冷藏运输相关设施设备的高速增长反映了随着冷链物流需求的增加，运输能力也在迅速提升。

五、预制菜产业面临的困境

预制菜产业虽然发展迅速，但仍面临诸多困境。产品同质化、食品安全、供应链不完善、消费者认知不足以及成本压力等都是当前行业亟待解决的问题。同时，政策法规的不确定性和环保压力也对企业的可持续发展提出了更高的要求。面对这些挑战，预制菜企业需要在创新、质量控制、品牌建设和供应链优化等方面进行持续投入，以在竞争激烈的市场中站稳脚跟并实现长期发展。以下是预制菜产业当前面临的主要困境。

（一）上游供应链管理难度

上游供应链管理难度主要集中在原材料质量、成本控制及供应链管理三方面。

原材料质量控制方面：预制菜涉及的生产、运输、储存环节多，任何一个环节出现问题都可能导致食品出现安全隐患。特别是在原材料采购和加工过程中，微生物污染、添加剂超标等问题可能危及消费者健康。由于预制菜生产通常涉及大规模的集中生产和冷链配送，保持产品的一致性和新鲜度具有一定难度。冷链物流中的温度控制不当、运输延误等都可能影响产品的最终品质。

原材料成本控制方面：预制菜原材料品种复杂多样，占生产成本比重大，短期原材料成本的变动对利润影响较大。

供应链管理方面：预制菜的生产和配送需要依赖一个高度协作的供应链系统，包括原材料供应、加工生产、冷链运输、终端销售等环节。如果某一环节出现问题，整个供应链的效率和稳定性都会受到影响。

（二）仓储物流及冷链运输能力

预制菜客户零散且订购产品各异，保质期短，配送环节有时间限制，对菜品新鲜度要求高。尽管现在有许多专业冷链物流企业可以提供第三方配送，但物流环节仍以传统保温方式"冰袋+泡沫箱"运输，冷链仓储体系的构建也需要大量的投入，这也制约了预制菜企业的配送距离。

（三）预制菜品规模化能力

由于预制菜产品 SKU 众多，预制菜品制备过程也天差地别，对预制菜企业的研发创新能力以及规模化生产能力形成极大挑战。预制菜的选择除了符合下游客户以及消费者需求以外，配方细拆后再加以工业化生产的难度较大，许多复杂、个性化口味的预制菜无法实现工业化生产，需要较多的人工参与，尤其是口味清淡的菜品（故此市场上多以重口味预制菜为主）。在这种情况下，有很多的预制菜产品仍需要较多的人工介入，想要发挥规模效应就要求企业必须具备优秀的研发能力，将人工工序转化为标准化、机械化的工序，以实现规模化生产。

（四）众口难调，大单品打造有难度

我国各地区居民饮食习惯及口味差异较大，西式快餐更容易实现全国化，而中餐菜式品类具有明显的地方特色，这也是预制菜企业普遍带有较明显的地域性特征的原因，给爆品打造增加了难度，也限制了预制菜企业的全国化发展。

（五）渠道复杂

渠道服务能力为核心。预制菜的下游渠道复杂，不同渠道诉求差别较大，B 端连锁餐饮、酒店开发门槛较高，考验定制化产品的研发能力、渠道快速响应能力、成本以及产品的品质。B 端流通市场客户零散、需求各异、采购频次高、单次采购量少，对经销商以及销售人员的服务、推广能力有较高要求，C 端研发创新能力则需要紧跟市场迭代来打造爆品，因此对产品迭代要求较高。

（六）食品安全问题

食品安全关乎消费者人身安全，是行业发展的红线。当下市场观念尚未被广泛接受，人们对预制菜仍心存疑虑，特别是预制菜进校园问题，一直受到家长的高度关注。一旦出现食品安全问题，对行业将产生巨大的负面影响，行业恢复或将需要较长时间。所以，确保预制菜的食品安全成为行业发展的重中之重。

（七）技术瓶颈

预制菜的品质与保鲜技术密切相关，目前一些高端预制菜产品在保鲜技术上还未能完全满足市场需求。如何在延长保质期的同时保持食品的营养和口感，是一项技术挑战。

目前，预制菜生产还处于较为初级的低端水平，虽然自动化生产能够提高效率，但对于中小型企业来说，投入较大的自动化设备面临着资金压力，技术升级的进展相对缓慢。

（八）环保压力

预制菜通常采用塑料包装，以保证食品的保存期和运输安全。然而，过度使用塑料包装带来了环保问题，消费者和社会对企业的环保责任要求日益提高。同时，生产过程中的废弃物处理也是一大挑战，如何在降低成本的同时减少对环境造成的负面影响，成为企业必须面对的问题。

六、预制菜困境案例解析及措施

一些地方"预制菜进校园"话题受到社会广泛关注，引起多方争论。

（一）部分家长明确反对

关于家长对于预制菜进入校园持反对态度，其主要的原因可以归纳为以下两大方面：

首先，人们对预制菜的安全性以及质量感到担忧。很多家长指出，预制菜中的添加剂含量过多或者在生产过程中卫生标准无法达标，将会对学生们的身体健康产生潜在的威胁。

其次，很多家长也关注到了知情权与选择权问题。他们认为，由于校园内食品直接影响到孩子的长期饮食健康，学校在采用预制菜品时应该公开透明，并且给予所有人选择的权利和监督的可能性。

家长普遍达成了这样的共识：在处理孩子们的用餐问题上，效率和成本不应该成为首要的考虑因素。他们更加倾向于认为，相比于社会上的大众餐饮服务业来说，校园餐食应当更加重视饮食安全、营养均衡以及干净卫生等关键要素。

（二）专家建议明确相关标准

专家对预制菜进校园的态度总体上较为谨慎和审慎乐观。他们认可预制菜在提升校园餐饮效率、保障食品安全和均衡营养方面的潜力，但同时也指出了其中存在的挑战和风险。专家们普遍建议，在将预制菜大规模引入校园之前，应进行多方评估和试点先行，综合考虑食品安全、营养、学生接受度和学校实际运营情况。在实际操作中，预制菜应作为校园食堂餐食的一部分，而非完全取代现有的现场烹饪。同时也认为预制菜在进入更多消费场景之前，不妨先"预制"规矩，呼吁政府和教育部门制定明确的政策和监管标准，确保预制菜的质量和安全。同时，建议引入第三方检测和监督机制，保证预制菜在进入校园前经过严格的审查和评估。此外，必须充分满足家长的知情权和选择权，由家委会参与餐食的选择、订购，形成合力监督。

四川省预制川菜研究院（中心）院长王卫指出，目前业内正在制定并推进出台预制菜术语、预制肉制品生产卫生规范以及清洁标签肉制品通则等标准。学生餐等预制食品，应严格控制食品添加剂的使用，坚持"非必要不添加"原则。该原则也与2024年3月六部委发文中强调预制菜不得添加防腐剂等要求一致。

（三）教育主管部门持谨慎态度

学校食品安全和营养健康直接关系到学生的健康成长，国家在这一领域一直保持高度关注。教育主管部门与相关部门应共同执行党中央、国务院的决策部署，并严格落实《食品安全法》等相关法律法规。为进一步保障学生的食品安全和营养健康，已制定并实施了《学校食品安全与营养健康管理规定》和《营养与健康学校建设指南》等制度，以不断强化对学校食品安全与营养健康的管理。

鉴于目前预制菜领域尚未建立统一的标准体系、认证体系和追溯体系等有效的监管机制，在此背景下，对预制菜进入校园的审慎态度一再被强调，认为在现阶段不宜将预制菜大规模推广至学校餐饮服务中。这一立场是基于确保学生在校期间能够享受到绿色安全、营养健康的饮食这一原则。

七、小结

预制菜行业在生活节奏快的一二线城市率先放量，三四线城市仍处于消费观念普及的阶段。目前预制菜行业在全链条逐渐呈现集群式发展，多地通过成立产业联盟、产业基地等形式，凭借规模优势和业务协同，在激烈的竞争中谋得先机。在生产端主要呈现为三种：第一种是以原料为核心带动，比如国联水产等。第二种是以餐饮食品为核心带动，比如广州酒家等。第三种是以高效率带动，生制品代表有思念食品等，熟制品代表有上海盘点食品科技有限公司等。预制菜行业正处于发展初期，未来中国预制菜行业龙头既可能出现在拥有特色核心产品的生产型企业中，也可能出现在供应链型或渠道型企业中。

以标准追求品质稳定，以规模降低产品成本，两者结合便保证了产品的极致性价比，从而在市场竞争中凸显优势。这也是预制菜产业的核心竞争力所在。在政策红利下，未来几年或有两类预制菜企业会有较好的发展：一类是连锁餐饮或团餐企业，其向产业链前端拓展，建设中央厨房、中央工厂和集中采购配送中心；另一类是对于特定产品生产具有专业水平的预制食品加工企业。过去三年预制菜的超高速飞奔并非常态化的产业发展轨迹，而是具有特殊情况倒逼下的半理性特征。率先布局的资本在预制菜领域已经得到了回报，接下来市场和资本将双双进入冷静反思和消化调整期。目前，预制菜行业最迫切的是品牌化、个性化和标准化。预制菜产业发展应避免排浪式投资，当下预制菜产业具有参与者众但龙头少等特点，如何打破"排浪式"投资一哄而上、一哄而散的死循环是未来发展需注意的问题。未来预制菜行业应坚持个性化创新引领、以销定产、渠道优先、绿色为本和品牌为王五大策略，走出一条以工兴农、以农旺工、农工贸三产融合发展的新路径。

预制菜行业的未来发展道路充满了潜力和机遇，这是由其本质所决定的必然趋势。与此同时，该行业的发展路径已经较为清晰且成熟。它拥有特性鲜明的大类 SKU 以及产业跨度广泛，可以链接农业、制造业和服务业等多个领域。虽然作为一个新兴的经济板块，目前还需要进行消费者观念培育，以及建立更为严格的行业标准来维系良好的市场秩序，但官方机构和权威的专家们对此依然抱持着积极的乐观态度。

综上，本书提出以下建议措施以促进预制菜产业的高质量发展：

（1）设立准入门槛，在标准体系、质量内控体系等方面设定标准。

（2）确保食用者及其监管人的知情权。

（3）建立统一的标准体系、认证体系、追溯体系等有效监管机制。

第三节　预制菜产业政策

《中共中央　国务院关于构建更加完善的要素市场化配置体制机制的意见》中将生产要素分为了五类：土地、劳动力、资本、技术、数据（图1-4）；全国各省市、县（区）各级政府关于预制菜行业的支持政策整体上覆盖了五类生产要素，但具体到某一政府，政策落实、具体细化程度，覆盖广度不一。以下以广东省及福建省的预制菜政策分析为例，剖析各地政府对预制菜行业发展的引导与支持。

图1-4　生产要素分类

一、广东省预制菜政策

（一）政策扶持在土地生产要素上的体现

基于政策扶持在土地生产要素上的体现，根据土地的权属人的不同可分为国有土地或集体土地两种情况来讨论。全国各地根据各自的地方特点，落实情况均有所不同，以下列举广东省的情况予以说明。

针对国有土地，广东省汕头市在《汕头市潮汕菜特色品牌促进条例（草案征求意见稿）》中提出"支持潮汕菜特色品牌企业用地。允许潮汕菜特色品牌企业分期缴纳土地出让价款。允许在出让合同中约定，土地竞得人自签订合同之日起 1 个月内缴纳出让价款的 50%，余款可在一年内缴清。对入驻工业园区的潮汕菜特色品牌项目、非物质文化遗产项目可按所在地段的工业用地最低价确定出让底价。"

针对集体土地，广东省广州市南沙区在《关于支持南沙区预制菜产业园发展的若干措施》中提出"1. 对充分利用区内村留用地、村级工业园、旧厂房等发展预制菜产业的，如购置或租赁自用办公用房、工业厂房、仓储用房的，按不高于同地区平均租金水平的 50%予以补贴，补贴标准不高于每月每平方米 50 元。补贴期限最长 3 年，每年补贴最高（含）100 万元且不超过实际支出。2. 对现代农业产业园特别是核心区土地流转规模 100 亩（含）以上且流转期 5 年以上的流入方，采取政策补助方式，符合条件的给予一次性不超过 500 元/亩且不超过实际租金支出的租金补助。"

这些政策体现了地方政府在推动地方特色产业和预制菜产业方面的主动性和灵活性，通过调整土地政策和提供经济补贴，以降低企业成本、吸引投资，从而促进地方经济的可持续发展。这些措施不仅有助于相关产业的发展壮大，也反映了政府对区域经济结构调整的重视和创新。在土地政策的灵活性方面，分期缴纳土地出让金有助于减轻企业在初期阶段的资金压力，优惠土地出让底价有助于降低企业用地成本，促进文化产业与地方经济的融合。在经济补贴和激励措施方面，租金补贴可以明显降低企业运营成本，这种经济激励措施旨在吸引更多企业进入预制菜产业，推动区域经济的发展。而土地流转补助主要用于规模化土地流转，特别是涉及现代农业产业园区的项目，政府通过租金补助来鼓励长期、规模化的土地使用，支持现代农业的发展。

（二）政策扶持在资本要素上的体现

广东省人民政府办公厅在《加快推进广东预制菜产业高质量发展十条措施》中提出"各级政府要将预制菜产业发展纳入本级财政支持范围，在不形成地方政府隐性债务前提下，支持符合条件的预制菜产业项目申报地方政府专项债券。统筹安排涉农资金，支持预制菜直供基地、田头（塘头）智慧小站等基础设施建设。建立省市县三级预制菜产业项目储备库，支持建设一批预制菜重大投资项目。创新金融信贷服务，大力发展预制菜产业供应链金融，支持金融机构为预制菜产业开发金融专项产品，发挥省农业供给侧结构性改革基金作用，构建广东预制菜产业发展基金体系，切实降低企业融资难度和成本。组织保险机构与预制菜企业对接，推出一批面向预制菜产品、原材料质量等的专项保险产品。"

下级政府深化落实《加快推进广东预制菜产业高质量发展十条措施》中，除了直接的建设时期的建设、设备购置财政补贴，还鼓励创业，鼓励社会资本、金融机构支持企业融资、提供产品、原材料相关保险。

以梅州为例，仅项目落地及固定资产投资两项最高就可覆盖10%的项目建设期资金。项目落地进度方面："以项目落户所在地（园区）固定资产投资强度为基准，给予最高不超过"实际购地面积×固定资产投资基准强度×5%"的落地进度奖励。在项目用地签订《国有建设用地使用权出让合同》之日起，半年内取得施工许可证并在取证后半个月内动工建设的，给予"项目落地进度奖×40%"的奖励；在投资协议约定的期限内完成主要建筑物建设并通过竣工验收的，给予"项目落地进度奖×30%"的奖励；竣工后三个月内投产的，给予"项目落地进度奖×30%"的奖励。

固定资产投资方面："项目建成投产后，按固定资产实际投入的一定比例进行奖励，其中项目固定资产投资额达到2000万元的，奖励比例为1.5%；项目固定资产投资额每增加2000万元的，奖励比例提高0.4%。项目固定资产投资额达1亿元的，奖励比例为3%；项目固定资产投资额每增加1亿元，奖励比例提高0.5%，奖励比例上限为5%。"

湛江政府鼓励社会资本参与预制菜产业融资项目，"市县统筹安排2亿元财政资金，引导各类金融资本和社会资本参与设立规模不少于10亿元的预制菜产业发展基金，重点投资符合条件的预制菜产业项目。对符合条件帮助中小企业实现应收账款融资的预制菜供应链核心企业，按融资年化金额不超过1%的额度给予奖励。"

同时对于预制菜产业也有诸多贷款贴息政策，如珠海市："贷款贴息按照扶持主体购买预制菜设备的当笔贷款合同实际贷款金额给予一定比例贴息。对扶持主体在规定年度内已付银行贷款利息的贷款给予贴息，贴息标准为申报贴息年度1月1日当天一年期贷款市场报价利率（LPR）的50%，单个企业贷款贴息年度最高补贴200万元。"

实施主体用于主导产业相关的生产经营活动的单笔贷款规模在100万元以上的贷款，可按LPR进行贴息补助（实际利率低于LPR的按实际执行利率补贴），园区每个实施主体每年贴息补助金额不超过该实施主体在产业园项目贷款利息总额的50%，最高不超过100万元。

广东省各级政府高度重视预制菜产业的发展，通过财政支持、金融服务创新、项目建设激励等多种手段，旨在降低企业运营成本、促进产业升级、吸引社会资本参与，从而推动预制菜产业的快速发展和规模化。

在直接的财政支持与专项债券方面：广东省明确要求各级政府将预制菜产业发展纳入财政支持范围，特别是在不增加地方政府隐性债务的前提下，支持符合条件的预制菜产业项目申报地方政府专项债券。这表明政府希望通过财政手段，降低企业在建设时期的资金压力，加速产业项目的落地和发展。

同时当地政府也从基础设施与重大项目建设方面制定了相应措施，尤其是在涉农相关短板方面：省政府鼓励统筹安排涉农资金，用于支持预制菜直供基地、田头（塘头）智慧小站等基础设施建设。同时，建立省市县三级预制菜产业项目储备库，支持一批重大投资项目的建设。

除此之外，为了扩大相关资金池，多样化项目资金来源，激活社会资本，金融服务创新与融资支持方面也做出了相应政策指引：广东省政府鼓励创新金融信贷服务，推动预制菜产业供应链金融的发展，支持金融机构开发专项金融产品，并建立预制菜产业发展基金体系。这些措施旨在通过金融创新，缓解企业融资难的问题，降低融资成本，特别是对中小企业的支持力度较大。地方政府积极引导社会资本参与预制菜产业的发展。例如，湛江市通过财政资金的投入，引导金融资本和社会资本设立预制菜产业基金，进一步放大财政资金的杠杆效应，带动更多的社会资源进入预制菜产业领域，旨在集中资源，重点投资符合条件的预制菜产业项目。

为了降低企业运营成本及产业发展门槛，贷款贴息与激励亦有相关措施支持。多个地方政府推出了针对预制菜产业的贷款贴息政策，减轻企业贷款利息负担。例如，珠海市对购买预制菜设备的企业提供一定比例的贷款贴息，贴息标准为一年期 LPR 的 50%，且单个企业的年度贴息补贴最高可达 200 万元。此外，地方政府还制定了详细的项目建设期激励措施，例如梅州市对项目落地进度和固定资产投资给予奖励，旨在鼓励企业加快项目建设进度和扩大投资规模。

广东省的这一系列政策措施，从财政支持、基础设施建设、金融服务创新、贷款贴息等多方面全面推动预制菜产业的高质量发展。这些措施不仅有助于降低企业的资金压力和运营成本，还鼓励社会资本的参与，支持产业链上下游的全面发展，从而为预制菜产业创造良好的发展环境，助力产业的持续增长和市场扩容。

（三）政策扶持在技术要素上的体现

广东省人民政府办公厅在《加快推进广东预制菜产业高质量发展十条措施》中提出"支持预制菜研发重点实验室、工程技术研发中心建设，加强预制菜知识产权保护。

科技、农业农村、市场监管等部门按职能设立预制菜科研专项，以企业为主体开展关键核心技术的产学研联合攻关，加大预制菜产业研发的政策支持，力争在 3 年内建成具有全国乃至全球影响力的预制菜全产业链研发平台。设立预制菜成果转化专项，加快推动预制菜全产业链研发成果及技术转化，扩大产业化规模。"

湛江市基于《加快推进广东预制菜产业高质量发展十条措施》，在预制菜技术研发扶持方向提出了更为详细、覆盖更广的补贴措施。补贴措施涉及工程技术研究中心、重点实验室、新型研发机构与科研工作站。《推进湛江市预制菜产业高质量发展十二条措施》提到："对新认定的预制菜领域国家级、省级、市级工程技术研究中心，分别一次性补助 100 万元、30 万元、20 万元；对新认定的预制菜领域国家级、省级、市级重点实验室，分别一次性补助 100 万元、30 万元、20 万元；对新认定的预制菜领域省级新型研发机构，一次性补助 60 万元；对新认定的预制菜领域院士工作站、博士后科研工作站分别一次性给予 100 万元、50 万元奖励。设立预制菜研发专题项目，按照每个项目 10 万~30 万元给予支持。"

政策还鼓励实施数字车间、智能工厂改造等设备更新、技术改造措施，最高可达5000 万元。

如湛江市提出："支持预制菜生产企业实施数字车间、智能工厂改造，对符合条件的技术改造项目争取省财政按不超过设备购置金额的 30% 予以奖励，单个项目奖励最高不超过 5000 万元。"

江门市提出："设备更新、技术改造最高奖励 1000 万元。"

除了对预制菜科研工作的支持，广州市南沙区还提出了对预制菜信息化建设的相关支持："对实施主体实施科技研发与信息支撑项目的，区财政按项目投资额最高给予45% 扶持，单个项目补助最高不超过 300 万元，进行公益科研项目和公共信息（包括电商）平台建设的公益性项目可以实行全额资助。科技研发与信息支撑项目主要是信息化建设、技术研发和成果转化、专家团队服务等项目。"

冷链作为预制菜产业不可或缺的部分，同样也有政策支持。

对预制菜企业、冷链物流企业新购置符合政策要求的冷藏、冷冻运输车辆，每台车辆按裸车价的 5% 给予最高不超过 1 万元的一次性奖励。对企业新建改造冷冻冷藏库、购置终端冷藏设备，总投资额 500 万元以上的，按年度新购设备实际投资额的 1% 给予最高 10 万元的一次性奖励。

对企业新建或升级改建容量在 1 万吨以上的预制菜冷库项目贷款，按相应期限人民银行公布的贷款基准利率的 20% 给予财政贴息，单个企业最高贴息总额度不超过 100 万元。

广东省及其各地政府在推动预制菜产业高质量发展方面的系统性、综合性支持体现在多个方面。政府通过技术研发、智能制造、冷链物流、信息化建设和金融支持等多方面的措施，致力于构建预制菜产业的全产业链生态系统，推动该产业向更高水平迈进。同时，政府的积极引导和支持也体现出其希望预制菜产业能够在全国乃至全球范围内树立影响力，成为地方经济发展的新引擎。在技术要素的支持上面，不仅着眼于基础的冷链物流支持，更对土建工程提出了数字车间、智能工厂的高要求，技术研发创新和支持方面也对相应信息化建设与成果转化设置专项鼓励资金，旨在将研发创新快速转化为实际生产力，扩大产业规模，提升市场竞争力，加快推动全产业链研发成果的产业化。并且在技术要素保障上额外设置专项金融支持与政策引导。

（四）政策扶持在劳动力要素上的体现

广东省各地政府对预制菜行业人才的补贴分为个人和团队两个方面。

针对个人，梅州市在《梅州市加快客家预制菜产业发展若干措施》（征求意见稿）中提出："结合'粤菜师傅'工程，鼓励职业院校（含技工学校）增设相关专业课程，每年举办一次预制菜创业创新大赛，对获得一、二、三等奖的给予3万元、2万元、1万元奖励。"

除此之外湛江市还在预制菜领域提出了针对人才、优秀团队、科研等方面的奖补措施："对'领航计划'引进的带技术、带项目的预制菜领域创新创业团队，按照国际领先、国内领先、省内领先分别给予最高1000万元、600万元、400万元资助。对预制菜领域国家重点人才计划、'珠江人才计划'领军人才、'广东特支计划'杰出人才为带头人的团队，在省财政资助基础上按用人单位支持额度的1倍提供科研经费，每个团队最高不超过200万元。对新认定的国家级、省级、市级'粤菜师傅'大师工作室，市级财政分别给予50万元、30万元、10万元经费资助。"

广东省各地政府通过针对个人和团队的双重补贴措施，全方位支持预制菜产业的人才培养和团队建设。这些措施不仅着眼于个人技能提升和创新激励，还通过对高层次创新团队的资金支持，推动预制菜行业的技术研发和产业创新。这些政策反映了政府对预制菜行业高质量发展的战略性支持，旨在通过人才和团队的驱动，推动该行业在技术、创新和市场竞争力方面实现突破性进展。

（五）政策扶持在数据要素上的体现

广州市南沙区对预制菜产业数据要素的扶持体现在加入全球溯源中心的补贴与奖励上："1. 鼓励实施主体加入和应用全球溯源中心。对通过全球溯源中心委托检验检测认证机构为实施主体提供检验检测认证相关服务的，给予实施主体检验检测认证相关服务费用50%的补贴，单个实施主体每年补贴金额最高不超过20万元。2. 鼓励实施主体为预制菜外包装加施全球溯源中心溯源标识的，给予每个溯源标识 0.1 元奖励，单个实施主体每年奖励最高不超过 30 万元。"

一村一品、一镇一业以及数字车间、智能工厂，对于预制菜产业推动数据要素市场化也具有重大意义。

阳江市提出："在全市现代农业产业园、'一村一品、一镇一业'示范基地、'菜篮子'基地、农产品出口示范基地，以及市级以上农业龙头企业、食品加工企业的基础上遴选一批生产经营主体，建立预制菜重点培育企业名录，实施重点培育，壮大一批预制菜企业。"

广东省政府在推动预制菜产业高质量发展过程中，对数据要素市场化和现代农业发展高度重视。这些措施通过数据要素市场化、智能制造、农业现代化和溯源体系建设等手段，提升产业透明度、质量控制水平和市场竞争力。政府的政策不仅在推动预制菜企业向数字化、智能化方向转型，还通过支持农业现代化与预制菜产业的融合，打造从生产到消费的全产业链体系，为预制菜行业的可持续发展奠定坚实基础。

（六）小结

从广东省各地政府的政策梳理分析可以看出，地方政府均在推动预制菜产业高质量发展过程中，通过多层次、多领域的政策措施，为企业提供了全方位的支持。这些措施涵盖了土地使用政策、金融服务创新、技术研发支持、智能制造和数据要素市场化等多个方面，旨在降低企业的运营成本，提升产业的技术水平和市场竞争力，促进产业的可持续发展。针对国有土地，汕头市提出了支持潮汕菜特色品牌企业用地的政策，包括允许分期缴纳土地出让价款和降低入驻工业园区项目的土地出让底价。这些政策措施不仅减轻了企业的资金压力，还鼓励更多企业积极参与到地方特色产业的发展中，为地方经济注入新动力。此外，广州市南沙区针对集体土地提出了对预制菜产业园发展的若干措施，涉及对利用村留用地、村级工业园、旧厂房等资源发展预制菜产业的租金补贴，以及对现代农业产业园土地流转规模和期限的租金补助。这些措施不仅有助于优化土地资源的利用，还通过财政支持的方式，鼓励企业在农村地区发展预制菜产业，实现产业与农村经济的双赢。

在推动预制菜产业发展过程中，广东省各地政府还通过金融服务创新和资金支持，缓解了企业的融资难题。湛江市设立了规模不少于 10 亿元的预制菜产业发展基金，通过政府财政资金的引导，吸引社会资本参与，为符合条件的预制菜产业项目提供资金支持。这种通过政府资金引导社会资本的做法，有助于放大财政资金的杠杆效应，推动更多资源流入预制菜产业，促进产业的快速发展。此外，政府还通过贷款贴息政策，降低企业的融资成本，如珠海市对企业购置预制菜设备的贷款提供贴息补助，这不仅减轻了企业的资金压力，还鼓励企业加大对先进设备和技术的投资，提高生产效率和产品质量。这些金融支持措施为预制菜产业的发展提供了坚实的资金保障，同时也促进了金融服务在产业发展中的创新应用。

技术研发支持也是广东省各地政府推动预制菜产业发展的重要内容。广东省提出了在三年内建成具有全国乃至全球影响力的预制菜全产业链研发平台的目标，并通过支持重点实验室、工程技术研发中心的建设，增强产业的技术创新能力。湛江市进一步细化了对技术研发的支持，针对不同级别的工程技术研究中心、重点实验室和新型研发机构提供高额补助，这种针对性强的财政支持，有助于吸引更多科研机构和企业投入预制菜领域的技术创新，推动产业的技术进步和产品升级。此外，湛江市还支持预制菜领域的科研团队，尤其是国家级和省级重点人才计划，通过提供科研经费补助，鼓励这些团队开展关键技术的研发攻关，提升产业的整体技术水平。通过这些措施，政府希望在预制菜领域建立起一支强大的技术研发力量，为产业的发展提供源源不断的创新动力。

在智能制造和数据要素市场化方面，广东省政府同样采取了积极的政策支持。湛江市和江门市通过支持预制菜企业建设数字车间和智能工厂，推动产业向智能化、数字化方向发展。这些政策不仅帮助企业优化了生产流程，提高了生产效率，还通过智能制造技术的应用，提升了产品质量和市场响应能力。智能制造的推广有助于预制菜企业实现规模化生产，同时保持高质量标准，从而在市场竞争中占据有利地位。此外，广州市南沙区通过补贴和奖励措施，推动企业加入全球溯源中心，并应用溯源技术提升产品的透明度和质量控制水平。这些数据要素的市场化应用，不仅增强了消费者对预制菜产品的信任度，还为企业在国内外市场的竞争提供了有力支持。数据要素市场化和智能制造的结合，推动了预制菜产业的转型升级，使其能够更好地适应市场需求的变化和技术进步的挑战。

广东省各地政府在支持预制菜产业发展的过程中，注重从土地资源、资金支持、技术研发、智能制造到数据要素市场化等多个方面进行综合布局。这种全方位的支持政策，不仅为企业提供了实实在在的帮助，也为产业的长期发展创造了良好的环境。然而，未来在实施这些政策的过程中，还需要注意以下几个方面的问题。首先，如何在推广智能制造和数据要素市场化的过程中，降低中小企业的技术和资金门槛，使更多企业能够参与其中，是需要进一步探讨的重要议题。政府可以通过提供技术培训、简化审批流程等方式，帮助中小企业克服在技术升级中的障碍。其次，在推进技术研发支持的过程中，如何确保科研成果能够快速转化为实际生产力，并在市场中推广应用，是政策落实中的关键环节。政府应加强与科研机构和企业的协作，建立有效的成果转化机制，推动技术创新的产业化。此外，土地资源的合理配置和使用效率也需要进一步提升。虽然各地政府提供了租金补贴和土地出让优惠政策，但如何确保这些资源能够被最需要的企业和项目所利用，避免资源浪费和低效使用，也是未来政策执行中需要关注的问题。

通过以上多层次、多领域的政策支持，各地政府为预制菜产业的发展奠定了坚实的基础，并在技术创新、智能制造、数据要素市场化等方面实现了重要突破。然而，随着市场竞争的加剧和消费者需求的不断变化，预制菜产业在未来的发展中仍然面临许多挑战。政府需要在政策执行中不断总结经验，及时调整和优化支持措施，以确保政策能够真正促进产业的高质量发展。同时，也需要加强与企业、科研机构和社会资本的合作，共同推动预制菜产业向更加智能化、数字化和国际化的方向迈进，为地方经济的发展和人民生活质量的提升做出更大的贡献。未来的研究和探讨可以进一步关注这些政策措施的实际效果，以及在不同区域和产业环境下的适应性和可操作性，从而为预制菜产业的发展提供更为精准和有效的支持。

二、福建省预制菜政策

（一）泉州地区预制菜政策

在数字经济背景下，泉州市政府提出《泉州市平台经济"五十百千"行动实施方案》《加快泉州市数字经济发展若干措施》等政策，持续加快推动包括食品产业在内的产业数字化，泉州食品产业将迎来发展新局面。

泉州市提出："支持企业实施数字化升级。推动预制菜生产企业加快数字化转型，支持企业开展两化融合示范工程建设、"泉企上云"、工业互联网示范工程和工业 APP 等方面工作，对年度云服务费、获评国家级、省级智能制造优秀场景分别给予补助及奖励。"

泉州市根据其经济结构、发展阶段和区域特色，在政策上侧重于整体数字化经济的推动，将预制菜产业纳入更广泛的产业数字化转型框架中。其扶持政策更注重通过云计算、工业互联网和信息化手段，帮助企业实现现代化管理和生产升级。

在具体措施的细化程度上，泉州市的政策相对宏观，主要集中在支持企业的数字化转型，虽然也有具体的补贴措施，但更关注于整体经济的数字化发展，并将预制菜产业作为其中的一部分进行推动。

在产业扶持范围与重点方面，泉州的政策是将预制菜产业纳入整体食品产业的数字化升级中，支持范围更广，重点在于通过数字化手段实现传统产业的现代化转型。

综上，泉州市在支持预制菜产业发展上有着明确的政策导向，更侧重于整体的产业数字化转型，将预制菜作为食品产业的一部分加以推动。反映出该市在产业发展路径上的独特策略和区域经济发展需求。

（二）莆田地区预制菜政策

莆田市政府在构建预制菜品牌营销渠道方面有政策上的扶持，在支持网络平台销售方面，莆田市政府的补助政策为："支持预制菜企业对接阿里巴巴、京东、抖音等知名平台，加大网络推广力度。对利用电子商务第三方平台、自营平台，实现莆田预制菜年网络零售额达 1000 万元、2000 万元和 3000 万元以上的线上电商企业，分别给予不高于 10 万元、20 万元和 30 万元的一次性奖励，市、县（区、管委会）按照 3∶7 比例承担奖励资金，市级奖励资金从市级商务发展资金中予以保障。"

由于莆田自身的电商产业发达，因此莆田地区的预制菜产业政策针对企业利用电子商务的第三方平台销售莆田预制菜在零售额方面提出了相应的奖补政策。该政策更为直接和具体，通过一次性奖励的方式，直接激励企业在电商平台上扩大销售，鼓励企业利用现有的网络资源和平台优势，快速提升市场销售额，有助于提升莆田预制菜的知名度和市场影响力，也反映了莆田市更注重利用数字经济中的电商优势来推动预制菜产业的发展。

三、其他领域政策扶助措施

预制菜产业不仅是食品加工产业中的一个切面，更有着独特三产联动属性的制造业，因此在捕捉前期政策优惠措施，研判项目可行性的时候还可以关注当地是否有现代农业产业园建设优惠政策、联动当地种植、养殖基地的相应优惠措施等；同时作为轻工业，且在提升工业用地效率的时代大背景下，预制菜产业园区通常可以采用"工业上楼"的形式实现，因此在长三角、珠三角及其他经济发达区域可以重点关注是否有"工业上楼"相关政策鼓励措施等；最后作为建设项目之一，还可关注当地是否有项目建设进度奖、拿地即开工奖励；是否有园区企业上规鼓励措施等。因城施策，依据不同城市针对项目的鼓励措施来选择合适的产业导入，制定合理的项目生成模式，往往可以起到事半功倍的效果。

在农业方面，2021 年中共中央国务院发布的《"十四五"推进农业农村现代化规划》提出创建一批国家现代化农业产业园，培育一批农业产业强镇、全国"一村一品"示范村镇和产值超 100 亿元的优势特色产业集群，建设一批科技示范园区、现代林业产业示范区。继续创建认定一批国家农村产业融合发展示范园，完善相关配套设施，鼓励各地创建省级示范园。

全国各省各地也陆续发布了鼓励现代化农业产业园建设的政策。

以广东省广州市为例："对海珠区、荔湾区、天河区、白云区、花都、番禺区、从化区 2021—2023 年创建的国家级、省级现代农业产业园，由市级财政分别按照每个产业园 1 亿元、5000 万元的标准给予补助。"

"（一）鼓励支持南沙预制菜企业到南沙对口合作帮扶地区投资建立预制菜加工基地，对固定资产投资额超过 2000 万元的企业给予补助，补助额度不超过项目实际固定资产投资额的 3%，单个企业固定资产补助不超过 150 万元。

（二）原料采购来自南沙区对口合作帮扶地区的实施主体，年累计原料采购额达到 30 万元及以上的，每年奖励 5 万元，采购额每递增 30 万元，增加奖励 5 万元，最高不超过 20 万元，连续补贴 3 年。"（广州市南沙区）

在制造业方面，各地方政府也在积极响应国家加快推进制造强国的号召。例如广东省中山市 2022 年连续出台了《中山市村镇低效工业园改造升级企业搬迁腾挪补助实施细则》和《关于支持和鼓励制造业企业建设高标准厂房的实施细则》，支持本土企业转型升级，推动低效工业园改造升级，利用高标准厂房引进政府鼓励的制造业企业形成产业集聚，实现资源集约利用，提高区域竞争力，促进区域创新发展。

广东省深圳市作为全国"工业上楼"的先行城市，关于"工业上楼"的扶助政策覆盖到了中小微企业和上市企业。如："在全市建设不少于 2000 万平方米'工业上楼'厂房空间，平均租金价格不高于 35 元/月/平方米，为企业提供优质、经济、定制化的工业厂房，稳定中小微企业生产、研发用房预期。""坚持制造业当家，加快推进 20 大先进制造业园区建设，实施'工业上楼'优质产业空间行动计划，为上市公司提供高品质、低成本、定制化的发展空间。对上市公司募集资金投资本地的工业项目，按相关政策予以资助，最高不超过 5000 万元。"

四、小结

各地政府在推动预制菜产业发展时，采取了多样化的政策支持，涵盖了农业、制造业、市场推广等多个方面。这些政策展示了地方政府在推动产业高质量发展方面的系统思考和战略实施。

首先，预制菜产业具有多领域融合的特点，不仅仅是食品加工的延伸，更是现代农业和制造业的有机结合。各地政府在制定政策时，充分认识到这一点，特别是在原材料供应方面。为确保预制菜产业的稳定发展，政府通过支持现代农业产业园的建设，确保了农产品供应的规模化和高效化。通过创建农业产业园和示范基地，政府不仅推动了农业现代化，也为预制菜产业提供了稳定的供应链。这个政策导向特别有助于提高农产品的质量和产量，从而为预制菜企业提供了坚实的原材料基础。

在制造业领域，各地政府则更加关注预制菜企业的工业升级和产能提升。例如，推动企业进行数字化转型和智能制造，成为政策支持的一个重要方向。政府通过鼓励企业进行"工业上楼"等形式的厂房建设，提高了工业用地的利用效率。同时，通过财政补贴、税收优惠等措施，政府帮助企业降低了升级过程中的资金压力，从而促进了产业集聚效应的形成。这种政策不仅提高了企业的生产效率，也增强了它们的市场竞争力。

此外，市场推广和品牌建设也是各地政府支持预制菜产业发展的重点。地方政府通过与大型电商平台合作，帮助企业开拓市场，并通过相应的奖励措施，鼓励企业加大网络销售力度。这不仅提升了预制菜产品的市场曝光率，也促进了品牌的塑造和传播。通过网络平台的推广，企业能够更快速地接触到广泛的消费群体，从而扩大市场份额。

另一方面，数字化和智能制造的推进也成为预制菜产业提升质量控制的重要手段。政府在支持企业加入全球溯源体系和实施质量追溯的过程中，通过补贴和奖励的方式，激励企业提高产品的透明度和安全性。这种政策导向符合消费者对食品安全日益增长的关注，也提升了预制菜企业在国内外市场中的信任度。

综合来看，各地政府在支持预制菜产业发展的过程中，采取了因地制宜的策略，结合自身的区域优势和产业基础，制定了针对性的政策措施。这种多层次的支持不仅推动了产业的快速发展，也为地方经济带来了新的增长点。在未来，企业在捕捉政策机会时，应全面考虑当地的农业、制造业和市场条件，根据不同的政策导向，制定合理的发展战略。这不仅有助于企业实现更高效的资源配置，也能够在激烈的市场竞争中占据有利位置。通过有效利用这些政策支持，预制菜产业有望实现更高质量的发展，并在国内外市场上占据更加重要的地位。

根据相关落地项目数据，在合理、全面、综合运用好当地政策的情况下，一般可降低 5%~10% 的项目整体运营成本。

第四节　预制菜产业园共赢模式

预制菜产业的共赢模式在于多方合作与资源整合，通过各参与方的积极协作和资源共享，实现产业链的整体提升和市场拓展。这种模式的共性可以从几个关键方面来总结，这也是使得前述案例成为典型的原因。

首先，全产业链整合是预制菜产业共赢模式的核心。在项目推进过程中，不仅需要关注预制菜的生产环节，还要深入到上游的农业生产和下游的市场销售。通过与农业产业园的合作，预制菜企业能够确保原材料的稳定供应，同时提高农产品的质量和附加值。这种整合不仅优化了供应链，还提升了产品的市场竞争力。

其次，政府与市场的联动在共赢模式中起到关键作用。通过与地方政府的合作，项目可以更顺利地获得政策支持和产业基金的投入，这对于项目的顺利落地和运营至关重要。地方政府在现代农业、工业用地、制造业升级等方面的政策优惠，为企业提供了坚实的支持。此外，项目的实施如果能有效切入当地的经济发展痛点，获得政府支持将更加容易，从而形成共赢局面。

第三，先进的项目管理模式也是共赢模式的重要组成部分。采用"P+EPC+O"（项目策划+设计采购施工总承包+运营）模式，设计院不仅承担设计任务，更从全局出发，负责项目全过程的协调和管理。这样，设计院在项目中扮演的角色不仅限于乙方的设计执行者，还转变为项目的主导者和推动者。通过全过程工程咨询，设计院能够更好地理解和满足客户需求，提供超出预期的高价值解决方案，从而提升项目的整体质量和客户满意度。

最后，共赢模式的另一关键要素是多方共赢的价值创造。预制菜产业的发展不仅为企业带来直接的经济利益，还通过产业链的延伸和资源的整合，带动相关产业的发展，促进地方经济的整体提升。这种价值创造不仅体现在经济效益上，还包括社会效益和环境效益，从而为所有参与方带来长远的利益。

因此本书将以一项成功落地并且通过全产业链的整合、政府与市场的联动、先进的项目管理模式和多方共赢的价值创造，展现预制菜产业在现代经济中的巨大潜力和广阔前景，解码预制菜产业的共赢模式。

一、预制菜产业共赢模式案例剖析

广东省某产业园项目采用了"P+EPC+O"的模式生成项目。本书编写团队作为设计方主导开展了全过程工程咨询业务。设计院需要重新定位角色，从原本只服务于设计对单一环节，转变为站在更高纬度上推动整个项目转化。仅专注于单一专项业务，仅承担项目环节工作职责的设计院，往往局限于乙方的视角去完成客户需求。而承担项目管理责任的设计院则能从全过程工程咨询的角度出发，站在市场和客户的角度，去研究客户的需求和痛点，提出解决方案并尽可能超越客户的预期，为客户创造高价值。

本项目在运营过程中切入了当地政府及产业经济发展的痛点，因此在项目推进的过程中获得了当地产业基金的支持，从而使项目落地得更为顺畅。

（一）共赢模式概述

"P+EPC+O"是以策划（P-Planning）为切入点，策划、设计、采购、建造一体化交付为落脚点，以专业化的运营（O-Operations）来配合投资主体共同完成产业服务的工作，构成"三位一体"的责任主体架构。

以"产业规划+空间规划"为核心竞争力，介入地方政府的区域发展项目，帮政府策划项目，进而通过全过程项目咨询的"1+N+X"模式拿下"全咨业务"和"策划、规划、设计、BIM、绿建、造价、监理"等业务，或者进一步地介入 EPC 业务；这一模式以精准规划先行、跨区域协同、全链条服务、数字化引领、智能化运营为显著特征。

P+EPC+O 模式可以充分发挥咨询策划业务的龙头牵引和战略前哨功能，将策划、设计、采购、施工相结合以缩短工程建设周期、提高工程建设质量，载体建成投运后，各业务单元可以相互协同赋能，共享资源，形成产业生态，创造新的价值。

（二）政府方面

未来的开发建设领域，除了大型的基础设施和新基建领域之外，地方政府最关注的三大领域是乡村振兴、城市更新和产业园区。

在产业园区领域，随着中央政策和金融监管加强，加之土地的逐渐稀缺，未来大规模的增量投资空间减少，产业园区行业的存量竞争已经拉开序幕。越来越多的开发区、高新区都把产城更新、存量盘活列为案前重头戏。从欧美目前"产业与创新回归城中心"的趋势来看，未来中国也必然要走向这条道路。而兼具"产业规划能力+资源整合能力+资产运营能力"的全能型企业，可以帮助地方政府挖掘项目、策划项目，盘活存量工业用地，进行项目投融资以及开发与建设后面的运营管理。

如，广东省某预制菜产业园项目中，设计方为政府提供产业规划的同时接洽产业招商运营团队，并协助其进行预招商工作，使该园区更早进行产业园出售与出租，更早确定入驻企业的名单并提交给政府。除此之外，通过资源整合，该项目成功申请到广东省对新型农业产业园的相应补贴。综上举措，能够加快解决购买园区土地、建设项目的资金问题。从而使整个项目融通运转，迅速建成。

（三）入驻企业方面

第一：帮助园区企业挣市场的钱。对于任何一家企业来说，其最基本的任务是利用市场渠道实现盈利和发展。因此，园区通过多样化的方式帮助企业拓宽市场销售渠道，如举办产品对接会、组织参与展览以及搭建内部产销平台等。这些举措都有助于企业把握市场机遇，实现盈利。特别是对于预制菜企业，园区积极接待来自全国各地的领导干部参观考察，并引导他们实地了解园区内的预制菜企业，从而进一步推动园区企业走向市场，赢得更多的市场份额。

第二：帮助园区企业获得银行贷款。许多小型微利企业面临贷款难题，一方面是因为没有足够的资产设备作为抵押，另一方面也缺乏可靠的背书人。通过园区的平台，银行可以向园区授信，特别是园区的股东成立的基金公司，能够为园区企业量身定制金融贷款方案。由于园区对入驻企业的经营状况有深入了解，因此贷款风险相对可控。

第三：帮助入驻企业获得相应融资。通过园区的平台，帮助园区企业能够链接到一些风投机构、天使投资人。

第四：帮助企业获得政府的补助。园区跟政府联合出台预制菜扶持政策，以帮助他们享受各级的政策补助。

第五：产研中心助力入园企业。预制菜产研中心集展览销售、体验、研发和孵化等多功能于一体，并配备了大数据平台，整合预制菜产销数据，推动预制菜产业与互联网和大数据的深度融合，为产业发展提供导向。设置产研中心可积极加强与相关产业平台的协作，构建预制菜产业高质量发展的关键技术体系，全力推动预制菜企业的健康发展和繁荣。

二、预制菜产业园区投资方盈利模式

产业园模式的转变可总结为五个阶段。首先，1.0 版本依赖于基础设施，主要关注物业租赁和销售，以获取经济效益。随着产业地产开发的巨大投资需求，开发商通过出售物业迅速回笼资金，同时通过物业出租获得租金收益。2.0 效率驱动模式将一站式服务集成到产业园中，例如在预制菜产业园中加入检测中心，以提高运营效率。这种模式不仅提高了企业的入驻意愿，还吸引了更多购买型和租赁型产品。在 3.0 模式下政府进行主导和引导，将三方服务集成到产业园中，形成效益驱动模型。这种模式以增值服务为导向，更容易吸引企业入驻，并促进产业链的建设。4.0 为投资驱动模式，各类产业投资基金进入产业园，支持新产品的研发、新企业的孵化以及新产业的培育。5.0 创新驱动模式，预制菜产业园将承载衣、食、住、行、游、购、医、娱等创新场景，成为未来发展的趋势。这种产业园模式将改变人们的生活方式，为产业发展带来新的机遇。

基于产业园区发展的不同迭代模式，产业园区投资方的盈利模式如下：

1. 传统版本 1.0（基础设施依赖型）

物业租赁收益：产业园通过出租园区内的物业（如厂房、办公空间等）获取租金。例如在产业园发展初期，开发商建设基础设施后，将物业出租给企业，以租金作为稳定的收入来源。

物业销售收益：开发商通过出售产业园内的物业迅速回笼资金。由于产业地产开发往往需要巨大投资，出售物业能较快地收回部分资金投入。

2. 效率驱动模式 2.0

增值服务收费：在产业园中集成一站式服务（如预制菜产业园中的检测中心），通过提供这些增值服务来吸引企业入驻。可以向入驻企业收取相关的增值服务费用，从而增加盈利来源，同时也提高了企业的入驻意愿，吸引更多购买型和租赁型产品，间接增加物业租赁和销售的收益。

3. 效益驱动模式 3.0（政府主导和引导下的三方服务集成）

综合收益提升收益：与 2.0 模式类似，通过集成三方服务（在政府主导和引导下），以增值服务为导向吸引企业入驻。不仅有物业租赁和销售方面的收益，还能通过提供服务提升整个园区的效益，如吸引更多的产业链相关企业入驻，进而提高园区整体价值，间接增加租金和物业销售价格。

4. 投资驱动模式 4.0

产业投资回报收益：各类产业投资基金进入产业园，支持新产品研发、新企业孵化和新产业培育。投资方可以通过对园区内企业或项目的投资，在企业成长或项目成功后获得投资回报，例如股权增值、分红等收益。

5. 创新驱动模式 5.0

基于创新场景下的综合收益：该方式将通过拓展预制菜链接场景，来吸引更多创新型企业入驻，提升园区盈利点，进而增加物业租赁收益、增值服务收费，以及基于创新产业发展带来的产业投资机会收益等。

除此之外，预制菜产业园区投资方还可以获得基于市场循环体系的潜在盈利。

本地循环、区域循环和海外循环中的盈利：在本地循环中，随着本地市场对预制菜产品消费需求的增加，园区内相关企业的发展会带动物业租赁、增值服务等方面的收益。例如园区内企业生产的预制菜产品供应本地市场，企业发展良好就会持续租赁园区物业，同时可能使用园区的增值服务，为投资方带来收益。

在区域循环和海外循环中，随着预制菜产品推广范围的扩大，园区内企业的规模和效益得以提升，投资方可以从企业的发展中获得相关的物业租赁、产业投资回报等收益。

三、预制菜产业园区运营方盈利模式

（1）预制菜运营方可以根据原材料成本、加工费用和市场需求等因素确定产品定价，并通过销售高质量的预制菜获取利润，与餐饮企业合作，将他们的预制菜作为餐厅菜单的一部分，并以此作为合作契机，扩大销售渠道及提高收入。

（2）若预制菜运营方的品牌知名度较高，则可以考虑进行品牌授权。例如，将自己的食谱、原材料供应链或制作工艺授权给其他企业使用，并从中获得授权费用。

（3）预制菜运营方可以通过分析客户数据和消费趋势来提供市场研究报告和数据分析服务。这些报告和服务可以帮助其他企业了解市场需求，并为他们的决策提供有价值的信息。

综上所述，预制菜运营方可以通过销售利润、餐饮合作、品牌授权、增值服务等方式实现盈利。

四、预制菜产业餐饮业营利模式

未来餐饮行业的竞争，将是供应链的竞争，餐企之间的竞争已经从前端门店经营竞争逐渐转向后端供应链体系的竞争。

当下，餐饮业的竞争焦点正在转向供应链。优质、高效且具有韧性的供应链已经成为餐饮企业降低成本、提高效率的关键。在同质化严重的细分市场中，供应链甚至成为企业的护城河和核心竞争力。随着餐饮行业洗牌的加剧，供应链与餐饮企业之间的协同变得越来越重要。旺顺阁鱼头泡饼创始人张雅青明确表示，规模化、连锁化的餐饮企业必须拥有自己的加工厂、采购渠道和生产基地，以确保长期、稳定、标准的供应。

未来，随着头部商家的推动，餐饮供应链日益成熟，必将推动中国餐饮市场连锁化进程的加速发展。中国 2021 年餐饮连锁化率仅为 18%，远低于主要发达国家。未来还有很大的提升空间。目前中国餐饮门店中约 80% 是独立运营门店，自营连锁比例只占 5% 左右。独立餐厅和小连锁将考验其供应链的业务能力。

近年来，餐饮行业的上下游企业逐渐从专注于单一领域的发展模式转向多元化发展，餐饮产业生态化趋势日益显现，独角兽型生态集团开始崭露头角。头部餐企在布局多个子品牌的同时，也开始探索产业链上下游领域。例如，海底捞、正新集团等通过设立子公司、合资公司的方式，涉足供应链、物流运输、人力资源管理、餐饮科技等产业领域；而喜茶、奈雪的茶、九毛九等品牌则通过创立子品牌、并购、投资等途径，进入多个餐饮业态。

预制菜的标准化和供应链的丰富性对餐饮业的盈利提升具有多方面的重要影响。首先，预制菜通过标准化生产，有效控制了食材成本。这种批量化、集中化的采购和生产方式，减少了原材料的浪费，并使得餐饮企业能够以较低的成本获得高质量的食材，从而直接提升了餐饮企业的毛利率。此外，预制菜的标准化还降低了餐饮企业对高技能厨师的依赖。因为预制菜已经在生产过程中完成了大部分的加工工作，餐饮企业只需进行简单的烹调和摆盘即可完成出餐。这大幅减少了餐饮企业的人工成本，提高了运营效率。

预制菜的标准化还简化了餐饮企业的操作流程，缩短了出餐时间。对餐饮企业而言，标准化的预制菜产品意味着更快的出餐速度和更高的翻台率，这不仅提高了顾客满意度，还直接增加了营业收入。同时，预制菜产品的标准化生产还保证了产品的质量稳定性，尤其对于连锁餐饮企业，这种稳定性是维持品牌形象和顾客忠诚度的关键。高质量的预制菜产品能够吸引更多的回头客，并通过良好的口碑效应带来更多新顾客。此外，预制菜的长保质期和质量稳定性，使得餐饮企业在库存管理上更加精准，减少了因食材过期和损耗带来的经济损失。标准化供应链支持餐饮企业根据市场需求灵活调整库存水平，进一步降低了库存管理的成本。

在市场拓展方面，预制菜的标准化为餐饮企业快速复制成功模式提供了便利。预制菜减少了新店在原材料采购和厨师技能上的依赖，使连锁餐饮企业能够迅速在不同地区拓展业务。这种扩展不仅能够提升企业的市场占有率，还为企业带来了更多的营利机会。标准化的预制菜产品也非常适合外卖和新零售渠道的需求，餐饮企业可以通过预制菜迅速响应外卖平台订单，并在新零售渠道如便利店、超市中提供标准化菜品，从而拓宽营利渠道。食品安全和可追溯性是现代餐饮业关注的重点。预制菜的标准化生产和供应链管理通常伴随着完善的食品安全体系和追溯系统，这增强了消费者对餐饮企业的信任感，有助于提升品牌形象并减少潜在的法律风险和市场损失。

此外，预制菜的标准化还有效减少了季节性因素对餐饮企业的影响。通过标准化的供应链管理，预制菜能够确保全年稳定的原材料供应，避免了因季节性波动而导致的价格上涨或供应短缺问题。这种供应链的稳定性可以帮助餐饮企业平稳经营，减少了因供应链问题而产生的盈利波动。预制菜的标准化也为餐饮企业的差异化营销和品牌建设提供了新的可能性。餐饮企业可以借助预制菜开发特色菜品，并保证这些菜品在各个门店的质量一致，提升品牌的市场定位。同时，餐饮企业还可以通过预制菜推出半成品外卖和家庭套餐等附加服务，满足消费者在家中享受餐厅品质菜品的需求，进一步增加营利渠道。预制菜的标准化和供应链的丰富性，从降低成本、提高效率、稳定供应到提升品牌和扩展市场，都为餐饮企业带来了多层面的营利能力的提升。

五、预制菜产业设备方营利模式

预制菜产业由于 SKU 较多，涵盖的产业设备非常广，目前国内尚无成体系的预制菜设备整合商，可以为预制菜企业量身定做，以便在预制菜产业园前期建立即提供良好解决方案推进园区建设迅速走上标准化道路。本书主要以较为成熟的预制菜产业设备方提供的解决方案来探讨国内预制菜产业设备方可能的营利模式。

来自瑞典的食品加工和包装解决方案提供商——利乐

瑞典的利乐公司是一家食品加工和包装解决方案提供商，目前全球市场销售额及市场份额排名第一，占据垄断地位数十年之久，而这离不开利乐公司制定的"Equip quickly but pay slowly"金融解决方案。

利乐对该金融解决方案提出了"银行只能在财务上对您协助，而我们提供一整套的解决方案"的口号。这套解决方案是这样运作的：首先企业选择购买设备时是通过现金支付、贷款还是租赁。然后选择和利乐公司的服务层级（如售后、升级、客制化等）；如客户选择只是租赁利乐公司的器械，那么可以在租赁期限到期之后选择终止租赁、继续租赁或者购买该套生产设备。如选择终止租赁的话，利乐公司则会提供回购方案，收回设备。

该金融方案在中国乳企上的实战案例即其进入中国市场时以"半卖半送"的方式，将灌装机以亏本的低价销售给奶厂，同时在合同中进行规定，厂商必须在约定期间购买规定数量的包材，甚至还在一些合同中规定厂商，"不得在未来若干年内购买第三方包装材料"以这种先占萝卜坑的方式，通过精准卡位，利乐迅速在中国销售了1000多条无菌包装灌装线，并且"捆绑销售"自己的包材，几乎占领了中国整个无菌包装市场。

综上所述，鉴于中国目前的预制菜生产设备商状态，设备提供商介入园区的前期投资阶段一方面可以很快地提升自己设备的市场占有率，另一方面通过与生产厂家的技术服务互动也可以迅速提升自己的行业水平以适应预制菜产业SKU多的特性，从而通过扩大自己的解决方案多样性、专业性与客制化服务水平来进一步加强自己的市场地位。

第五节　预制菜产业出海

作为制造业及农业大国，中国预制菜出口在原材料、精益制造等方面都具有优势；此外，中国预制菜出口还具有一个天然优势，中国是全世界海外侨民最多的国家，全球华人华侨约6000万，中式预制菜出口市场十分广阔。目前欧盟作为世界一大经济体，也是世界最大的农产品贸易市场，同时是我国第二大农产品出口市场。

欧盟主要进出口的农产品包括畜产品、蔬菜和食品三大类。其中，进口最多的农产品为蔬菜，占比为48%，其次为食品和畜产品，分别占32%和20%。欧洲作为"丝绸之路经济带"和"21世纪海上丝绸之路"共同的最后闭合区，贸易通道逐步完善，贸易显示度逐步增强。2020年7月20日，《中欧地理标志协定》正式签署，该协定确保了地理标志农产品在对方市场上将得到法律保护，对维护双方企业和农民合法权益至关重要。对我国而言，随着现阶段来自全国27个省市的100个地理标志产品在欧洲市场上市，农食产品的高标准也将倒逼我国相关产业的升级发展，进而提升产品的国际竞争力和品牌影响力。除此之外，2022年初正式生效的RCEP（《区域全面经济伙伴关系协定》，亚太地区规模最大、最重要的自由贸易协定谈判，达成后将覆盖世界近一半人口和近三分之一的贸易量，是世界上涵盖人口最多、成员构成最多元、发展最具活力的自由贸易区），由于成员国华人华侨众多，叠加关税优惠，也将成为预制菜出海领域的重大利好。

针对市场预制菜企业出海需求迫切且海外预制菜市场需求火热的现状，及时掌握预制菜产业出口市场所需认证标准、明晰国内外预制菜产业出口差异、初步了解预制菜出海方式方法将有助于开拓经营视野，做透做实做全产业咨询服务，综合降低企业成本。同时他山之石，可以攻玉，在目前国内尚无统一的预制食品标准、认证、溯源体系的前提下，参考国外标准进行认证、溯源可以提高消费者认可度，帮助企业开拓市场。

一、北美市场

根据 FDA 的"食品企业注册规定"，美国本土和对美出口的外国食品及饲料的生产、加工、包装、仓储企业在向美出口前面必须向 FDA 申请食品工厂设施注册，并在出口时向 FDA 进行货运通报。FDA 注册包括食品工厂注册和货运通报，其中罐头生产企业还需要额外申请 FCE-罐头企业注册和 SID-杀菌工艺注册。以上注册都需要在 FDA Industry Systems 上完成。未履行注册登记的企业或原有注册信息到期未重新注册的企业，其产品禁止在美国境内销售，相关进口产品将在美国口岸被扣留。

预制菜企业进入北美市场主要分为六个步骤。

1. 出口商品加工厂到当地出入境检验检疫局备案

2. 在美国食品和药物管理局注册企业和产品信息

国内的食品想要出口到美国进行销售，必须要申请 FDA 认证。FDA 管辖大部分人类及动物食品，除了含量≥3%的肉类产品、含量≥2%的禽类产品、不带壳的蛋产品、酒精饮料外，其他在美国消费的食品均受 FDA 管辖。根据 FDA 法规要求，任何进口商都不可以在没有 FDA 事先批准的情况下将他们的食品进口到美国（食品不需要 FDA 批准，只需要做备案注册），只要食品在 FDA 注册并且他们事先通知 FDA 食品运输，FDA 检测产品没有问题就可以顺利进入美国市场。食品 FDA 注册分两种，普通食品 FDA 和酸化/低酸食品 FDA 注册。

3. 指定一个当地代理商

根据美国的要求，美国以外的企业进行食品设施注册必须有一名美国代理人担任该机构的美国通信代表，FDA 会不定期随机地与美国代理人联系。根据 FD&C 法案第 415 条要求向 FDA 注册的所有食品设施必须在每个偶数年的 10 月 1 日开始和 12 月 31 日结束期间每隔一年更新一次 FDA 注册。食品的在美代理人必须是公司。

4. 获得所有必需的许可

根据美国海关和边境保护局的规定，进口到美国的食品可能需要额外的许可证、健康证明和/或其他专业证明。这些食物包括但不限于：肉类、牛奶、家禽、鸡蛋和其他动物源性产品。食品在运到美国港口之前，必须提前向美国 FDA 做货运通报，以提醒产品已装运，以便在入境口岸接收检查。

5. 了解特定食品 FDA 要求

每一批进口到美国的食品，从新鲜水果到牲畜，都必须满足特定要求才能通过检查并获准通过入境口岸。有些食品除了获得 FDA 注册外，还需要获得美国 USDA 注册，如生猪肉、家禽类。

6. 确保产品贴有适当的标签

根据 FDA 的规定，罐装、包装、烘焙食品或海鲜食品必须标有适当的信息。此信息包括但不限于：原产国、营养信息和成分信息。根据其产品和产品包装的尺寸，FDA 发布了多种可用于标签的格式。

二、欧洲市场

（一）法规背景

欧盟将食品分为动物源性食品、非动物源性食品和复合食品。

（1）动物源性食品是指加工或未加工的产自动物或来源于食物的食品。包括肉制品、水产品、乳制品、蛋制品、动物油脂、明胶、胶原蛋白、蜂蜜和血液等。

（2）非动物源性食品包括水果、蔬菜、谷类、块茎、饮料（除由动物源性产品制成或包括动物源性产品的饮料外，如牛奶或乳饮料）、矿物食品（如盐）、香料、调味品等。

（3）复合食品是指既含植物源性成分又含加工动物源性成分的食品。包括含肉的速食饭、冷冻比萨、肉包子等。

动物源性食品：Commission Implementing Regulation（EV）2016/759 制定了向欧盟进口某些动物源性食品的第三国、地区或区域名单。即，在清单内的国家及工厂的商品可以进口到欧盟。中国在允许进口到欧盟的国家清单中。

非动物源性食品：多数非动物源性食品可通过任何港口进入欧盟，不受第三国主管当局的进口条件、预先通知要求或认证约束。

复合食品：复合食品生产企业不需要在欧盟注册，但是动物源性成分的生产企业应在欧盟注册。如果动物源性成分是在复合食品企业完成加工的，则复合食品生产企业应在欧盟注册。

食品进口商还需要考虑商品在目的地国家的法规要求，包括污染物残留和微生物卫生要求。

同时欧盟的食品监管体系是双层管理机制，各国接受来自欧盟组织层面及本国机构的共同监管，纵向管理与横向联系配合形成监管网络，进行各项标准的制定和法律制度的建议（图1-5）。并采用食品安全追溯机制、良好生产规范（GMP）、危害分析与关键控制点制度（HACCP）和食品与饲料快速预警系统（RASFF）等有关标准和制度，实行"从农田到餐桌"的全过程监控，践行全程监管、风险分析、快速预警、预防四大原则。

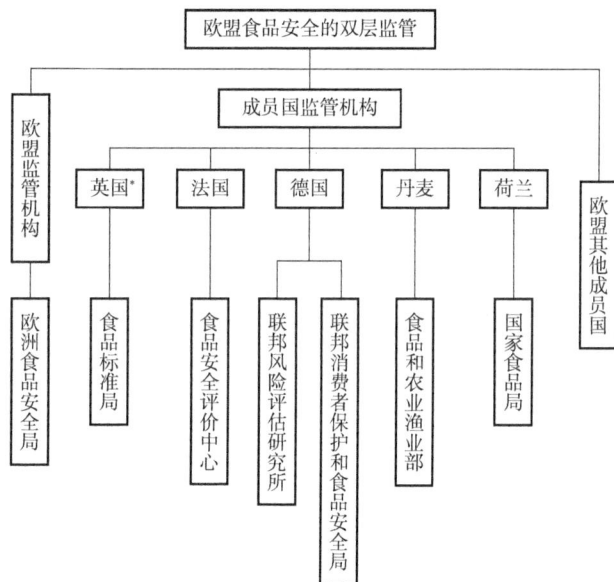

*注：英国已正式脱欧

图1-5　欧盟食品安全的双层监督

我国食品标准的技术领域主要分布在食品综合香料和调料、食品添加剂、食品实验和分析的一般方法以及预包装食品和精制食品等方面。而英国、德国和法国标准的技术领域主要分布在乳和乳制品、食用油和脂肪及含油种子、食品试验和分析的一般方法及与食品接触的物品与材料、食品工业厂房和设备。相较之下欧盟食品体系覆盖范围更广，而我国食品工业厂房相关规范归口在工程建设类标准。

（二）预制菜企业进入欧洲市场的步骤

预制菜企业跨过欧盟的"门槛"需要经历4个步骤。

（1）预制菜企业必须获得HACCP（危害分析与关键控制点制度）体系认证。企业按照HACCP的标准建立一套完善的食品安全和卫生管理制度，并实施于各生产环节，以确保食品具有稳定的安全性。

（2）企业要在中国海关进行备案，以获得出口食品到海外的资格。2022年底后海关缩短了出口备案的审批时间，只要资料齐全，符合条件，3个工作日就能完成审批。

（3）企业要申请进入海关推荐给欧盟的企业名单。欧盟会再次审批中国海关提供的企业名单。只有成功进入了欧盟体系的注册名单，企业才有资格出口食品到欧盟。

（4）企业需要紧密关注欧盟进口食品的最新法律法规，及时调整产品生产规范，确保产品的各项指标都达到欧盟食品进口的检测标准。

三、亚太市场（以新加坡为例）

（一）法规背景

新加坡国土面积狭小，自然资源相对缺乏，大约90%的食品依赖进口。为确保食品安全，新加坡建立了一套健全的食品安全监管体系，有明确的法规规范食品生产、加工、进口和批发等环节，实施严格的安全标准和认证制度。新加坡食品农业兽医厅（Agri-Food and Veterinary Authority，AVA）为专业的食品监管机构，食品管理局（Food Control Division，FCD），拥有监管、检查、执法的权利。新加坡国家环境厅环境卫生局（National Environment Authority，NEA）、新加坡海关（Singapore Customs）也参与食品安全监管，形成了统一监管、部门之间协调合作的食品安全监管机制。

新加坡尊崇国际食品法典委员会（CODEX）国际标准，并结合新加坡食品依赖进口的实际情况，按照《食品销售法》的要求，制定符合新加坡国情且有利于控制食品质量的标准体系，努力提高食品标准质量。标准覆盖食品从生产、材料来源、处理、加工、制造、包装、储存、运输、销售的各个环节。从2006年起新加坡就实施ISO22000食品安全认证标准，大部分企业通过了HACCP认证。为提高新加坡食品信誉，提高本国800多家食品企业在国内外的竞争力，新加坡制定了SS590认证标准，并要求通过HACCP认证的企业必须在2016年1月10日前通过SS590认证标准。新加坡禁止进口、制造、加工、储存、运输、销售不符合新加坡食品安全标准的食品，并设有专业的食品认证机构从事食品检测以确认是否符合食品安全标准。按照《食品销售法》的规定，新加坡设立了食品检测机构，这些食品检测机构都是经过新加坡认可协会的资格认可并进行了注册，同时在政府相关网址上公布。在食品进口前进口商会获取样品送往政府注册的检测机构进行检测，确认进口食品是否符合新加坡食品相关标准。

（二）预制菜企业进入新加坡市场的步骤

1. 查看本公司拟出口产品在新加坡属于哪一食品类别

新加坡食品局（SFA）把食品分成不同的类别管理，如肉类、水产品、新鲜蔬菜水果、加工食品等。出口企业可在新加坡食品局的网站查询相应 HS 编码的分类。例如水产品包括 03、16、19 章的部分代码。不同的食品类别对应不同的监管模式。

2. 经营者应向新加坡食品局申请贸易商牌照或获得注册

贸易商应申请牌照还是需经注册，视不同食品类别而定。例如，对鱼类产品的进口、出口和转运，应申请牌照。企业可在新加坡食品局的网站在线申请，填写资料，处理时间预计为 1 个工作日。

3. 确保拟出口产品符合新加坡法规的要求

向新加坡出口食品应符合新加坡的法规标准要求。例如，向新加坡出口鱼类产品应符合新加坡的《健康肉类及鱼类法案》及相关通则，如《健康肉类及鱼类（进出口及转运）通则》。该法规规定了关于肉类与鱼类进出口及转运的一系列规章制度。包括经营者获批条件和要求、经营许可不得转让及租借他人、需提供的特殊证明材料、进口肉类和鱼类产品的检验程序、标签要求、出口产品的健康证及违反相关条例的处罚等。

4. 确保拟出口产品符合新加坡的食品标签要求

如果拟出口食品为预包装食品，食品经营者要确保该预包装食品符合新加坡食品法规中的标签要求。

5. 特定的产品种类要满足新加坡食品局对特定类别食品的要求

这些特定要求包括从经批准的食物来源进口，获得健康证书，提供所需的食品标签等。以水产品为例，一般来说，经营者可以从任何国家进口鱼类和其他水产品，而不用获得健康证书。但是，被列为高风险的产品及根据《濒危野生动植物种国际贸易公约》（CITES）列出的鱼类品种除外。高风险产品包括以下几种：冰鲜的生牡蛎肉、虾仁、蟹肉不允许进口；活的牡蛎只有部分国家准入，如澳大利亚、加拿大、新西兰等国家地区，暂不包括中国；冷冻的生蚝、虾仁、蟹肉要随附健康证书。

6. 申请进口许可

通过新加坡一站式贸易平台——互联贸易平台（Networked Trade Platform）申请进口许可证。新加坡食品局要求向新加坡出口的食品申请许可（Import Permit）。许可证的申请需要提供经营者的牌照或注册号、产品 HS 编码、特定产品需要随附的健康证书或实验室检测报告。逢周一到周四最好在下午 5∶30 之前提交，周五在下午 5∶00 前提交，以利于在一个工作日内获得许可。周末和公众假期的申请则要顺延到下一个工作日。审批通过后，经营者将获得货物清关许可（Cargo Clearance Permit，CCP）兼新加坡食品局进口许可（SFA Import Permit）。

7. 预约检查

在货物清关许可（CCP）上，进口商可查看新加坡食品局的许可编码和信息，了解到该批进口货物是否需要由新加坡食品局进行检查。检查时新加坡食品局还可能抽取部分样品进行实验室检测。出口企业可以通过新加坡食品局的"检查和实验室 e 服务平台"（Inspection & Laboratory e-Service）预约检查。检查时应准备好货物清关许可、相关材料如发票和健康证书及待检货物等。

四、国内外食品标准

（一）国外食品标准概要（以 HACCP 体系为例）

目前国外发达国家由于食品工业化已经进入成熟期，因此对于食品的规范性管控相对体系完整。以北美、欧盟、亚太市场比较通用的 HACCP 体系为例，其作为预防性的食品安全保证体系，必须建立在良好操作规范（GMP）和卫生标准操作程序（SSOP）的基础上。GMP 是政府强制性的食品生产、贮存卫生法规，构成了 SSOP 的立法基础，规定了食品生产的卫生要求，食品生产企业必须根据 GMP 要求制定并执行相关控制计划，这些计划构成了 HACCP 体系建立和执行的前提。计划包括：SSOP、人员培训计划、工厂维修保养计划、产品回收计划、产品的识别代码计划。SSOP 具体列出了卫生控制的各项指标，包括食品加工过程及环境卫生和为达到 GMP 要求所采取的行动。HACCP 体系建立在以 GMP 为基础的 SSOP 上，SSOP 可以减少 HACCP 计划中的关键控制点（CCP）数量。

（二）我国食品标准概要

我国目前与国外 HACCP-GMP-SSOP 三位一体监管措施相类似的制度为食品企业的 SC 食品生产许可证制度，该项制度根据《中华人民共和国行政许可法》《中华人民共和国食品安全法》《中华人民共和国食品安全法实施条例》等法律法规制定，目的是规范食品、食品添加剂生产许可活动，加强食品生产监督管理，保障食品安全。

申请 SC 食品生产许可需要向申请人所在地县级以上地方市场监督管理部门提交食品生产许可申请书、食品生产设备布局图和食品生产工艺流程图、食品生产主要设备、设施清单、专职或者兼职的食品安全专业技术人员、食品安全管理人员信息和食品安全管理制度。

在 SC 食品生产许可制度的实际监管落实上，执法部门主要根据申请资料检查实际生产情况与备案内容的一致性，对工艺及生产的专业关注度完全取决于细分领域的规定细则是否完善，因此在预制菜这个新兴行业中，监管力度及专业度不够。并且由于 SC 食品生产许可制度实施一企一证制度，并不落实到细分单品，且 SC 码仅追溯到企业的注册生产地，食品安全问题由监管制度进行背书，消费者对产品的追溯透明度较低。

（三）食品标准的异同比较与启发

HACCP 食品安全追溯机制全过程监控原材料的生产、食品的加工流程、加工厂房、标签溯源。而我国的食品标准的技术领域主要集中在食品成分的检验及管控上，针对食品厂房的建设要求统归进了工程建设标准中，造成多头管控且针对性不强。

GMP（良好制造规范）最初主要在制药工业中应用，但现在许多国家已经将其应用到食品工业中，并为此制定了相应的法规。美国是最早将 GMP 应用于工业生产的国家，1969 年，美国食品和药物管理局（FDA）发布了食品制造、加工、包装和储存的 GMP 基本法规，简称 FGMP。随后，各类食品的 GMP 也相继发布。目前，美国已经立法强制实施食品 GMP。自 20 世纪 70 年代初在美国首次提出以来，GMP 已经在全球范围内许多发达国家和发展中国家得到认可并采纳。1969 年，世界卫生组织向全球推荐 GMP。1972 年，欧洲共同体 14 个成员国公布了 GMP 总则。日本、英国、新加坡等工业先进国家也纷纷引进食品 GMP。1975 年，日本厚生省开始制定各类食品卫生规范。

目前我国 GMP 的落实情况主要集中在药品及保健食品方面，而普通食品方面采用认证制度，无强制性要求，由业者自愿参加。HACCP 领域的认证主要集中在水产制品生产。SC 食品生产许可制度仅细分至食品大类，且溯源制度主要为了便于政府部门监管。

由于在消费者溯源需求方面的空白，造成预制菜行业面临消费者质疑时难以提出具有公信力的公众监管保证措施。目前预制菜的溯源制度的缺位受到行业关注，因此政府、企业各自制定了各类溯源规则及溯源码。以广州南沙政府为例，首创了全球溯源中心，这一平台通过聚集数据搭建了一个完备的生态体系，将商品的生产源头、品牌贸易商、物流商，以及相应的商品质量检测机构、商品监管部门、终端消费者等全要素进行关联，各个环节的数据收集到平台，让信息快速流通。该平台已形成了一定的影响力，但就目前而言，预制菜行业尚未形成公众认知程度较高的统一溯源标准及平台。

他山之石可以攻玉，一方面预制菜产业可以加入当地知名度较广的溯源体系，提升当地消费者对该产品的认可度，另一方面也可结合自身出海需求，与国际接轨，利用国际食品安全认证溯源体系为产品背书，提高自身产品竞争力。及时关注国际食品安全体系中对工厂建设、认证体系的建设，也可提升预制菜企业在行业领域的专业程度，发挥先发优势，积累自身的行业资源护城河。

第二章　预制菜一二三产联动

第一节　一二三产联动

一、一二三产联动概念解析

一二三产联动在官方文件中称为一二三产融合，自 2015 年中央"一号文件"正式提出"三产融合"以来，相关文献从不同角度对其概念进行了研究和界定。

王乐君等认为，"三产融合"是指依托农业并通过产业联动、要素集聚、技术渗透和体制机制等手段，以实现农业产业链延伸、价值链跃升、功能拓展、多主体共赢和农民分享二、三产业增值收益的过程。

马晓河认为，"三产融合"是指以农业为依托，通过产业联动、产业集聚、技术渗透、体制创新等方式有机整合农产品生产、加工、销售等环节和农业休闲、其他服务业等，以实现农业产业链延伸、产业范围和产业规模扩展、农民收入增加的过程。

还有学者指出"三产融合"是在农业生产基础上，通过资源要素融合"三链"（产业链、价值链和供应链）延伸和对接、农业多功能开发与拓展等发展农业新产业新业态新模式的过程。

本书对预制菜一二三产联动的界定采用中国农科院认证的定义，一二三产融合，是以农业为基本依托，通过产业联动、产业集聚、技术渗透、体制创新等方式，将资本、技术以及资源要素进行跨界集约化配置，使农业生产、农产品加工及农产品市场服务业有机地整合在一起，创新生产方式、经营方式和资源利用方式，最终实现农业产业链延伸、产业范围扩展和农民收入增加。三产融合不是简单地将三次产业叠加，不是 1+1+1=3，而是 1+2+3=6，日本东京大学名誉教授、农业专家今村奈良臣称其为"第六产业"。

二、一二三产联动模式

（一）预制菜产业的一二三产范畴

从预制菜产业链来看，第一产业（简称一产）主要涉及果蔬种植业、家禽、畜牧养殖业、水产养殖业等农业生产；第二产业（简称二产）主要是农产品的初加工和深加工，如把蔬菜变成净菜、把走地鸡变成卤鸡；第三产业（简称三产）主要是服务和贸易，如物流运输、品牌营销、农业科技、市场销售等，也包括由品牌营销引申出的观光旅游、文化创意等，如图 2-1 所示。

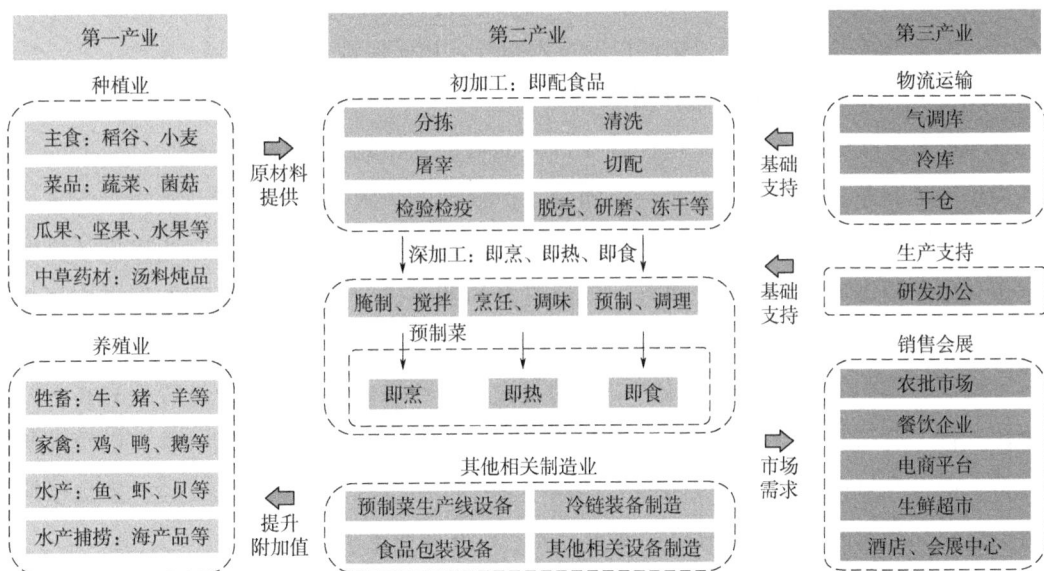

图 2-1　预制菜产业链全景图

（二）一二三产的相互作用

1. 一产与二产的相互促进作用

一产（农业）在预制菜产业中起到基础作用。预制菜产业依托农业种植，可以获得大量的蔬菜、水果等农产品作为加工的原材料。一产供应充足的原材料，确保了二产能够持续稳定地进行预制菜产品的加工制造，奠定良好的加工基础。相应地，二产也可以促进一产的发展，具体体现在以下三个方面：

（1）市场需求的引导。二产（加工制造业）通过提供多样化的预制菜产品，能够满足市场的不同需求。二产在产品设计和研发方面能够根据市场的需求进行调整，引导一产的农业生产。通过分析市场需求和消费趋势，二产可以向一产提供相关的信息和指导,帮助一产调整种植品种、品质和产量,提高农业产出的市场竞争力和适应性。

(2)产品附加值的提升。二产对农产品进行加工制造,提高了产品的附加值。通过加工,一产的农产品可以成为具有更高附加值的预制菜产品。二产通过提供加工工艺、包装技术和创新产品研发等支持,帮助一产提升产品的附加值,从而提高农产品的销售价格和利润空间。

(3)农业技术上的指导和培训。预制菜企业可以为农业生产提供相关的技术指导和培训,帮助其提高种植、养殖等生产环节的效率和品质,如高效节水灌溉、测土配方施肥、智慧农业等技术。

综上所述,预制菜产业中的一产和二产之间存在着相互促进和互为依赖的关系。一产为二产提供原材料供应和品质保障,是二产发展的基础。而二产对一产进行市场引导、附加值提升、销售渠道拓展以及技术指导,从而促进一产的发展。

2. 二产与三产的相互促进作用

二产对三产的促进作用体现在就业机会的提供和市场发展空间的扩大。二产的发展为预制菜服务业提供了就业机会。随着二产规模的扩大和加工制造业的发展,需要更多的运输、包装、销售、物流等服务支持。相关服务业机构可以为二产提供从物流配送到市场销售等一系列配套服务,创造更多的就业机会。三产对二产的促进作用体现在如下几个方面:

(1)供应链管理与物流支持。二产的规模化生产需要完善的供应链管理和高效的物流支持。在预制菜产业中,服务业机构可以提供物流、仓储、包装、供应链管理等支持,确保原材料的供应和成品的运输效率。二产通过服务业机构的支持,实现供应链的优化和物流的便捷,保障产品质量,为二产发展奠定基础。

(2)市场营销和品牌推广。预制菜产业中的服务业机构可以协助二产进行市场营销和品牌推广。服务业机构可以提供市场调研、品牌策划、广告宣传等支持,帮助二产建立品牌形象、推广产品,扩大市场占有率。通过服务业机构的专业经验和市场渠道,二产能够在市场上获得更好的曝光和销售机会。

(3)售后服务与用户体验。服务业机构在预制菜产业中提供售后服务和用户体验支持。通过建立完善的售后服务体系,服务业机构可以为消费者提供快捷的产品配送、问题解决和反馈处理,提升用户对预制菜产品的满意度。良好的售后服务和用户体验有助于提高市场口碑,增加顾客的回购率和忠诚度。

综上所述,预制菜产业中的二产和三产之间存在着相互影响和互相促进的关系。二产通过服务业的支持,得到了供应链管理、物流支持、市场营销和品牌推广等方面的支持,提高了生产效率和市场竞争力。同时,三产通过提供就业机会、售后服务和用户体验方面的支持,为二产创造了良好的发展环境和市场前景。这种二产与三产的联动关系有助于加强整个产业链的协同发展和整体竞争力的提升。

（三）一二三产联动模式及发展案例

根据预制菜产业链的核心元素不同，预制菜产业的一二三产联动可以分为三种联动模式。其发展模式归纳可参见图 2-2。

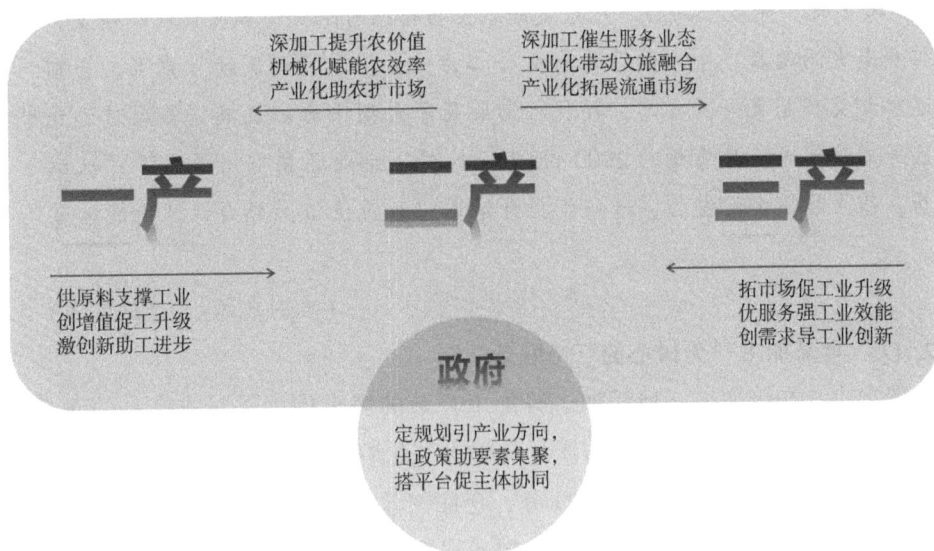

图 2-2　预制菜一二三产联动发展模式归纳

1. 以"特色农业"为核心的三产联动

特色农业，指出产于特定地域的农作物或禽畜等，如国家地理标志保护产品、地道药材等。在三产融合过程中，通过优先挖掘农产品的自身价值，并以农产品为基础延伸产业链，打破传统农业界限，实现"以一产为基础，接二连三"，向农产品初级加工与精深加工等第二产业以及观光旅游、研学旅行、文化创意等第三产业发展，延展农产品的价值链，持续提升农产品的附加值。此种联动模式要求农产品自身具有明显特色，具备一定的发展基础。缺点是可能会存在部分农产品产业链不长、延展性不足的问题。

预制菜特色农业联动发展案例——广东清远鸡

广东清远鸡以皮色金黄、肉质嫩滑、皮爽、骨软、肉鲜味美、风味独特及悠久的养殖历史而闻名。清远市以此为基础，申报清城区现代农业产业园，产业园主要围绕"特色农业+科技+加工+电商""特色农业+科技+加工+旅游"等全产业链模式，推动清远鸡产业发展，进一步推动清远鸡产业链向二三产延伸。目前，在当地政府主导下，包括 1 家国家级农业龙头企业、2 家省级龙头企业在内的多家农业企业作为实施主体，正积极探索园区化发展。其中，天农公司已形成集畜禽育种、良种繁育、饲料生产、养殖管理、畜禽病防控、食品加工、冷链物流配送、农产品营销、电子商务于一体，实现从"从源头到餐桌"的完整产业链。作为省级龙头企业，清农公司也从原来主做线上销售，逐渐向养殖、加工一体化发展，并逐步试水深加工、预制菜等领域。天农公司食品加工和品牌营销上不断发力，不仅推出冰鲜鸡、盐焗鸡等产品，还塑造"凤中皇""凤中凤"等多个品牌。广东爱健康生物科技有限公司加大创新和研发力度，把清远鸡和老火汤两款广东人的挚爱有机合二为一，推出"预制汤"产品。当前，该企业清远鸡相关预制菜通过盒马、朴朴、淘菜菜等大型平台以及酒店等渠道远销粤港澳大湾区等周边城市，日售量约2000份/天。此外，企业还在广州设立了"叹鸡"品牌实体店，线上线下全面发力，进一步提升清远鸡品牌价值，努力让"清新味道"香清溢远。

（案例来源：《清远发布》）

2. 以"食品加工"为核心的三产联动

一般来讲，初级加工、精深加工等加工环节的需求催生了对农产品的原料需求，反向对农业生产提出了生产数量与质量的要求。此后，在单纯的加工环节不能满足企业需求时，下游的品牌营销、电子商务、仓储物流、文化旅游等第三产业开始配套，此时以"食品加工"为核心的三产联动模式逐渐形成，彰显出更强的产业协同发展优势。这种联动模式的优点是由于从工业需求出发，因此对原材料需求较为稳定，缺点是：一二融合向三产融合的挑战不小，对整合能力要求高。典型的农产品如大豆、小麦等，大豆或小麦在原料形式下市场接受度并不那么广，但加工成豆浆、豆腐干/面包、面条后变得更有市场需求。这种模式下预制菜企业可加强自身资源整合能力，主导延伸产业链，带动各方加强合作、优势互补，引导上下游龙头企业强强联手、合作共赢。

3. 以"品牌营销"为核心的三产融合

无论是从"一产"出发还是从"二产"主导，这两种三产融合模式都已有较为成熟的实践案例，但近年来以"品牌营销"为核心的三产融合模式兴起较快，其中以商贸平台、电商平台以及品牌平台为主力进行探索与实践，实现由第三产业逆向推动一二产业升级、实现跨区域的"产业链融合"，是对现有三产融合模式的创新和重要补充。这种联动模式的优点是产品供应链稳定，且对市场敏锐度较高，缺点是对当地特色农业衍生业态如文化旅游等带动性不足。

预制菜品牌营销三产联动案例：盐边——"以三产聚二产促一产"

服务乡村振兴高质量发展，需要以更宏观的视角，站在全供应链环节上，推动

"一二三产"融合共生。在盐边，京东云扎根数智供应链，推出了"以三产聚二产促一产"的服务举措：

（1）三产切入，构建营销服务体系。京东云服务盐边搭建立体的数字化营销服务体系，不仅引入直播机构，构建京东直播和直播达人等多元渠道，助力盐边特产"走得出"，还打造品牌营销活动，线上线下举办年货节、芒果节等节庆活动，让"滋味盐边"叫得响，帮助特色农产品实现"初级产品"向"品牌商品"的转变，满足消费者对多样化品质农产品的需求，形成高品质农产品—消费升级—农民增收的"正循环"。

（2）聚焦二产，提升农特产品附加值。营销先行叫响了盐边特产的知名度，也为第二产业发展聚拢了人气。攀枝花芒果、盐边桑葚等国家地理标志产品，打破了季节性束缚，进一步深加工为芒果干、桑葚酒等制品，由初级农产品变为地方品牌商品走向全国，形成可持续的产业竞争力。此外，依托京东丰富的资源，通过乡村数智大数据平台的深度挖掘，京东云发现盐边羊肉米线"出圈"潜力巨大。一份覆盖产品研发、市场前景、产品包装、定价策略等在内的翔实报告提供给了盐边县政府。在地方政府的支持下，"羊鼎记"盐边羊肉米线预包装食品顺利推出。兔年春节期间，这款来自四川攀枝花的小吃，在京东平台上产生了2000+的购物评论，好评度高达98%，销售额环比上涨119.96%。目前，京东正推进盐边牛肉、盐边油底肉等"滋味盐边"系列预制菜研发，并配合盐边县委县政府谋划启动预制菜产业园建设，引入更多的上下游农产品供应链企业入驻。

（3）反哺一产，以高品质农业引领农民共富。在京东（盐边）乡村振兴大数据中心，盐边县全网电商大数据、盐边县特色产业大数据、盐边县实时网络零售大数据，可从品类、市场、品牌、价格、商品属性等角度进行深度分析，并结合B2P平台以及精准数字营销带来的产品复购洞察，为农户筛选出口味和市场表现俱佳的品种，给予芒果种植品种选择以可靠的数据参考。凯特、椰香、贵妃、金煌等芒果品种，让它们从消费者的好口味成为果农的"心头好"，芒果树则成为农户的"摇钱树"。

2022年，盐边县芒果辐射带动区域单位面积产出效益每亩为9500元，县域平均水平每亩产出效益为7873元，辐射带动区域效益高于县域平均水平20.1%。

（案例来源：四川新闻网）

以"品牌营销"为核心的三产融合场景示意，见表2-1。

表2-1　三产融合场景示意

融合类型	具体场景
一三融合	休闲农业（采摘园、农耕体验）、乡村旅游（民宿、文化节庆）
二三融合	工业旅游（生产车间参观、DIY体验）、供应链服务（电商平台、智慧物流）
三产内部融合	文旅+康养（田园康养基地）、文旅+教育（研学旅行）

三、政府支持相关政策

国家对乡村振兴、三产融合等均提供土地、财税等大力度的支持政策，其中政策支持主要包括指导意见、用地保障和资金支持三个方面。

（一）指导意见

《国务院办公厅关于推进农村一二三产业融合发展的指导意见》（2015）中提出通过延伸农业产业链、拓展农业多种功能、大力发展农业新型业态等融合方式推进农村一二三产业融合发展。

《中共中央　国务院关于做好 2022 年全面推进乡村振兴重点工作的意见》中央一号文件强调，着力推进农村一二三产业融合发展。积极拓展农业的多种功能，挖掘乡村的多元价值，重点发展农产品加工、乡村休闲旅游、农村电商等三大乡村产业。在纵向上，要打造农业的全产业链，推动产业向后端延伸，向下游拓展，由卖原字号向卖品牌产品转变，推动产品增值、产业增效。在横向上，要促进农业与休闲、旅游、康养、生态、文化、养老等产业深度融合，丰富乡村产业的类型，提升乡村经济价值。

（二）用地保障

自然资源部发布的《关于加强村庄规划促进乡村振兴的通知》（2019）提出：允许各地在乡村国土空间规划和村庄规划中预留不超过 5% 的建设用地机动指标，支持零星分散的乡村文旅设施及农村新产业用地，为文旅等三产用地提供保障。

自然资源部、国家发展改革委、农业农村部等三部委发布的《关于保障和规范农村一二三产业融合发展用地的通知》（2021）提出：探索在农民集体依法妥善处理原有用地相关权利人的利益关系后，将符合规划的存量集体建设用地，按照农村集体经营性建设用地入市；在符合国土空间规划前提下，鼓励对依法登记的宅基地等农村建设用地进行复合利用，发展乡村民宿、农产品初加工、电子商务等农村产业。通过农村闲置宅基地整理、土地整治等新增的耕地和建设用地，优先用于农村产业融合发展。

（三）资金支持

除了以上几个方面，政府也加大了财税支持力度。《国务院办公厅关于推进农村一二三产业融合发展的指导意见》（2015）提出支持地方扩大农产品加工企业进项税额核定扣除试点行业范围，完善农产品初加工所得税优惠目录。落实小微企业税收扶持政策，积极支持"互联网+现代农业"等新型业态和商业模式发展。统筹安排财政涉农资金，加大对农村产业融合投入，中央财政在现有资金渠道内安排一部分资金支持农村产业融合发展试点，中央预算内投资、农业综合开发资金等向农村产业融合发展项目倾斜。创新政府涉农资金使用和管理方式，研究通过政府和社会资本合作、设立基金、贷款贴息等方式，带动社会资本投向农村产业融合领域。

第二节　预制菜产业规划及布局

一、产业引领

(一) 数字中国、产业升级

"数字中国"是一种国家战略，强调通过先进的技术，特别是信息技术和网络技术，推动社会经济的全面发展和进步。它关乎国家安全、经济发展、社会进步、公共服务、民众生活等诸多方面，目的是在中国全国范围内建设一个以互联网、大数据、智能化为特征的数字化社会。

《中华人民共和国国民经济和社会发展第十四个五年规划和2035年远景目标纲要》(2021) (以下简称《十四五规划》) 第五篇章的标题为："加快数字化发展，建设数字中国"，足以见得数字中国战略在国家战略方针中的重要性。

数字中国对于预制菜产业规划及布局有以下几点引领作用：

(1) 数字技术对预制菜产业的支持。数字中国战略旨在推动数字技术的发展和应用，这为预制菜产业的转型升级提供了技术支持。通过大数据、物联网、人工智能等技术手段，可以提高预制菜的生产效率、降低成本、优化供应链管理以及提升产品质量安全等方面的能力。

(2) 促进预制菜产业创新发展。数字中国战略鼓励创新，有助于推动预制菜产业探索新的发展模式和业态。例如，通过数字化手段，预制菜企业可以实现个性化定制、精准营销等创新业务，提高用户体验，从而提升市场份额。

(3) 优化预制菜产业布局。数字中国战略强调优化产业链布局，这有助于预制菜产业实现资源的合理配置和高效利用。通过数字化手段，可以引导预制菜产业向优势产区集中，提高产业集聚效应，降低生产成本，提升整体竞争力。

(4) 保障预制菜产业可持续发展。数字中国战略强调绿色发展，有利于预制菜产业实现可持续发展。例如，通过数字化技术手段，预制菜企业可以实现节能减排、环保生产等目标，提升产业环保水平。

（5）提升预制菜产业链整体竞争力。数字中国战略有助于提升预制菜产业链的整体竞争力。通过数字化技术，可以加强预制菜产业链上下游企业间的协同合作，优化供应链管理，降低生产成本，提高产品质量和品牌价值。

数字中国战略与预制菜产业规划之间存在密切关系。数字中国战略为预制菜产业提供了良好的发展环境，有助于预制菜产业实现高质量发展，提升整体竞争力，促进产业创新发展和可持续发展。预制菜产业作为食品餐饮行业的重要组成部分，其发展状况和创新能力也将影响到数字中国战略的实施效果。因此，数字中国战略与预制菜产业规划之间相辅相成，共同推动双方实现高质量发展。

（二）大农业建设

大农业建设是指在一定区域内，以农业为核心，通过整合各种资源，推动农业现代化、产业化、规模化、生态化、智能化发展，提高农业综合生产能力、市场竞争力和可持续发展能力，实现农业产值和农民收入显著增长的一种发展战略。大农业建设强调农业产业链的拓展和升级，推动农业与二、三产业的融合发展，加强农业科技创新和人才培养，提高农业设施装备水平，提升农业产业链整体竞争力。

大农业建设和预制菜产业规划布局之间存在密切关系，主要体现在以下几个方面：

（1）资源整合与优化配置。大农业建设强调整合各类农业资源，优化农业产业布局，促进农业产业链的拓展和升级。预制菜产业作为农业现代化的重要组成部分，有利于实现农业资源的优化配置，提升农业产业链的整体竞争力。

（2）促进农业产业化发展。大农业建设鼓励农业产业化，推动农业生产、加工、销售一体化发展。预制菜产业规划布局则专注于农产品加工和销售环节，通过工业化、标准化和定量化生产，实现农产品的规模化、产业化发展。

（3）提升农产品附加值。大农业建设旨在提高农业产值和农民收入，预制菜产业规划布局通过发展农产品加工业，提升农产品的附加值，从而实现农民收入增长和农业产值提升。

（4）满足市场需求。随着消费者生活水平的提高和消费观念的转变，市场对绿色、健康、便捷的食品需求不断增加。预制菜产业规划布局有助于满足市场需求，提供更多高品质的预制菜产品。

（5）促进农业科技创新与应用。大农业建设强调农业科技创新与应用，预制菜产业规划布局也需要依靠科技力量，提高生产效率和产品质量。二者都注重农业知识产权保护和技术创新，推动农业现代化发展。

（6）绿色发展与生态保护。大农业建设和预制菜产业规划布局都强调绿色发展，注重农业资源保护和高效利用，实施农业环境治理和生态保护工程，促进农业可持续发展。

由此可见，大农业建设和预制菜产业规划布局之间存在紧密关系。大农业建设为预制菜产业规划布局提供了良好的发展环境和政策支持，有利于预制菜产业的规模化、产业化、绿色化发展。预制菜产业规划布局则有助于实现大农业建设的战略目标，推动农业现代化进程。二者相辅相成，共同促进农业高质量发展。

（三）乡村振兴

二十大报告指出，全面推进乡村振兴，全面建设社会主义现代化国家，最艰巨最繁重的任务仍然在农村。

《中共中央　国务院关于学习运用"千村示范、万村整治"工程经验有力有效推进乡村全面振兴的意见》（2024 年中央一号文件）中提出：促进农村一二三产业融合发展。坚持产业兴农、质量兴农、绿色兴农，加快构建粮经饲统筹、农林牧渔并举、产加销贯通、农文旅融合的现代乡村产业体系，把农业建成现代化大产业。鼓励各地因地制宜大力发展特色产业，支持打造乡土特色品牌。实施乡村文旅深度融合工程，推进乡村旅游集聚区（村）建设，培育生态旅游、森林康养、休闲露营等新业态，推进乡村民宿规范发展、提升品质。优化实施农村产业融合发展项目，培育农业产业化联合体。

预制菜产业规划布局与乡村振兴战略之间存在密切的关系。预制菜产业作为现代农业产业体系的一部分，是乡村振兴的关键支柱产业。乡村振兴战略旨在实现乡村经济繁荣、农民增收、农村生态环境改善，而预制菜产业的发展有助于实现这些目标。

预制菜产业规划布局助力乡村振兴战略主要体现在以下几个方面：

（1）促进农业现代化。预制菜产业的发展有利于推动农业科技创新和应用，提高农业创新力、竞争力和全要素生产率。通过规模化、标准化生产，降低农业生产成本，提高农产品附加值，助力农业现代化进程。

（2）带动农民增收。预制菜产业的发展带动农业产业链的延伸，可为农民提供更多的就业机会，促进农民增收。同时，农民可以通过种植、养殖、加工等环节参与预制菜产业，分享产业链条中的利润。

（3）推动农村产业融合发展。预制菜产业规划布局涉及种植、养殖、加工、销售等多个环节，这些环节的协同发展有助于提高农村产业之间的关联度，形成产业链条，推动农村产业融合发展。

（4）提升农产品品质和安全性。预制菜产业的发展有助于推进农业绿色化、优质化、特色化，引导农民调整种植结构，提高农产品品质。同时，通过标准化生产、严格质量监管，确保农产品质量安全，提升消费者对农产品的信任度。

（5）提高农村生态环境质量。预制菜产业规划布局注重绿色生产、可持续发展，有利于推动农业资源高效利用和生态环境保护。通过实施农业节水、减排等举措，降低农业对环境的影响，提高农村生态环境质量。

（6）提升乡村产业结构。预制菜产业规划布局有助于优化乡村产业结构，推动第一、二、三产业融合发展，提高乡村经济的综合竞争力。

预制菜产业规划布局与乡村振兴战略之间具有紧密关系。通过发展预制菜产业，可以实现乡村振兴战略中的产业兴旺、农民增收、农村生态环境保护等目标，助力乡村振兴。因此，在我国乡村振兴战略实施过程中，应充分重视预制菜产业的发展，加大政策扶持力度，推动预制菜产业规划布局与乡村振兴战略之间的紧密结合。

二、产业协同

产业协同是指在产业发展过程中，不同企业、产业环节、产业领域之间通过合作、协同创新、资源共享等方式，共同提高整个产业链的效益和竞争力。产业协同可以发生在同一产业链的不同环节，也可以发生在不同产业链之间。其目的是优化资源配置、降低生产成本、提高产业效益、促进创新和升级。

预制菜产业协同主要包括以下几个方面：

（1）原材料供应协同。预制菜产业链上游的原材料供应商与中游的加工生产企业建立稳定的合作关系，确保原材料的质量、价格和供应稳定性。

（2）生产加工协同。通过技术创新和设备升级，提高预制菜的生产效率、质量和安全卫生水平。同时，企业之间可以共享生产设备、技术人才等资源，降低生产成本。

（3）物流配送协同。建立高效的物流配送体系，确保预制菜在运输过程中的新鲜度和安全性。通过冷链物流技术的应用，实现快速、远程的配送，满足消费者的需求。

（4）销售渠道协同。企业之间可以共同开拓市场，拓展销售渠道，提高预制菜的市场占有率。通过线上线下渠道的整合，实现多元化的销售模式，提高消费者的购买便利性。

（5）创新研发协同。预制菜企业与科研机构、高校等合作，共同开展新产品、新技术的研发，推动产业技术创新和产品多样化。

（6）品牌协同。通过联合推广、品牌合作等方式，提高预制菜产业链整体的品牌影响力和知名度。消费者对预制菜的认知度和接受度有望得到进一步提升。

（7）市场协同。企业之间根据市场需求和消费者需求，共同制定市场策略，拓展市场份额，提高产业整体竞争力。

（8）政策协同。政府、企业、行业协会等各方共同制定产业政策，推动预制菜产业的健康发展。政府可以通过优惠政策、资金支持等手段，鼓励企业加强合作，优化产业布局。

总之，预制菜产业协同有助于提高整个产业链的竞争力和效益，实现可持续发展。通过各个环节的协同合作，预制菜产业可以更好地满足消费者对便捷、美味、健康的餐饮需求，有望成为餐饮市场的重要发展方向。

三、产业配套

产业配套指的是为了支持某个产业的发展，相关政府、企业和社会各界提供的各项设施、服务、政策和资源等。这些配套措施旨在优化产业发展环境，降低企业运营成本，提高产业竞争力，促进产业创新和升级。

预制菜产业园作为农产品加工业和食品工业的重要组成部分，其产业配套设施主要包括以下几个方面：

（1）供应链配套。预制菜产业园内的企业需要构建完整的供应链体系，包括原料采购、生产加工、储存运输、销售等环节。这些环节需要相互配合，形成完整的供应链条，确保产品的质量和供应的稳定性。

（2）基础设施配套。预制菜产业园需要完善的基础设施支持，包括道路、交通、水电、通信等设施。这些设施的完善程度直接影响园内企业的生产和运营效率。

（3）服务配套。预制菜产业园需要提供一系列服务支持，包括金融、法律、人力资源、技术咨询等。这些服务支持可以帮助企业解决日常经营中遇到的问题，提高企业的运营效率。

（4）人才配套。预制菜产业园需要具备充足的人才储备，包括管理人才、技术人才、销售人才等。这些人才是企业发展的关键要素之一，直接影响企业的竞争力和发展潜力。

（5）政策配套。预制菜产业园需要提供相应的政策支持，包括税收优惠、财政补贴、土地租赁优惠等。这些政策支持可以降低企业的经营成本，提高企业的竞争力。

预制菜产业园的产业配套是为了实现园内企业间的相互协作和配合，提高整个产业园的竞争力和发展潜力。通过构建完整的供应链体系、完善基础设施、提供服务支持、培养人才队伍、制定政策措施等方式，可以促进预制菜产业园的健康发展。预制菜产业园的产业配套设施涵盖了生产、物流、研发、质量检测、营销、人才培养、政策和融资等方面，这些配套为预制菜产业的健康发展提供了有力支持。随着我国预制菜产业的快速发展，未来还将有更多的政策和支持措施出台，从而进一步推动产业配套设施的建设。

第三章 预制菜产业的投资融资渠道

第一节 引 言

一、预制菜产业发展前景的稳定性

近十年来，我国的国家政策经历了显著的调整和演变，这些变化不仅反映了我国政府对国内外经济环境的应对策略，也突显了乡村振兴在应对全球化挑战中的关键作用。通过结合政策变化的背景和具体措施，可以清晰地看到，乡村振兴战略逐步被确立为应对全球化挑战的"压舱石"，为中国经济和社会的稳定发展提供着重要的支撑。

在2015年之前，中国的经济增长主要依赖于需求侧的刺激政策，这包括大量的基础设施投资、出口增长以及消费拉动。然而，随着全球金融危机的影响逐渐显现，中国政府意识到传统的需求侧刺激手段已经难以维持高效的经济增长。这种以"需求侧"为主的增长模式开始暴露出边际效应递减的问题，特别是在国内产能过剩、房地产泡沫加剧以及外部需求疲软的背景下，经济结构性矛盾日益突出。为了应对这些挑战，2015年我国提出了"供给侧改革"，将政策重点从需求侧转向供给侧，旨在通过提高生产效率、推动产业升级、削减过剩产能等手段，实现更高质量、更可持续的经济增长。

然而，供给侧改革的推进并未彻底解决所有问题，特别是在中美贸易摩擦和全球经济不确定性加剧的背景下，我国经济面临的外部挑战更加复杂。2017年，中央经济工作会议明确提出"稳中求进"的总基调，这标志着政府在宏观政策上更加注重风险防控与结构调整的平衡。为了增强经济韧性，政府开始加大对新兴产业和高科技领域的投入，同时也进一步明确了乡村振兴作为国家战略的重要性。

乡村振兴战略的提出，实际上是对全球化挑战的一种积极应对。在全球化过程中，农村往往是最容易受到冲击的地区，表现为资源流失、人口外流以及经济活力的下降。为了避免农村成为经济发展的薄弱环节，中国政府通过乡村振兴战略，力求在全球化的冲击下稳固农村经济。这不仅是为了维护社会稳定，更是为了确保中国整体经济的稳定性和可持续性。

2019年，中央进一步明确了"新三变"政策，即"资源变资产、资金变股金、村民变股东"，这一举措在深化农村土地制度改革、发展集体经济的同时，进一步提升了农村资源的利用效率和经济活力。这种资源的优化配置和经济结构的调整，旨在通过激发农村内生动力，增强农村经济在面对全球化冲击时的抵御能力。乡村振兴不仅仅是农村经济的复兴，更是国家整体经济结构调整的重要一环，通过提高农村经济的质量和效益，为整个国民经济的稳定和发展提供了坚实的基础。

"一带一路"倡议的推进与乡村振兴战略的实施形成了双重保障。在全球化的大背景下，"一带一路"倡议拓展了中国与世界的经济联系，增强了中国在全球经济中的话语权和影响力。而乡村振兴战略则确保了中国的农业和农村经济能够稳步发展，为国家应对外部挑战提供了坚实的内在支撑。这种内外兼修的战略布局，充分体现了中国政府在面对复杂的国际环境时的系统性思考和长远战略。

尽管中国在过去十年中通过供给侧改革和乡村振兴战略有效应对了全球化带来的挑战，但在经济转型和高质量发展的过程中，如何进一步巩固农村经济、推动城乡一体化发展，仍是一个关键问题。在此背景下，预制菜产业作为连接第一产业（农业）、第二产业（制造业）和第三产业（服务业）的重点产业，逐渐成为国家政策关注的焦点。预制菜产业不仅推动了农产品的深加工和增值，还有效链接了农村生产与城市消费，通过提升农产品附加值和优化供应链，促进了农村经济的转型升级。

预制菜产业的发展符合中国政策的核心逻辑，即通过强化供给侧结构性改革，促进乡村振兴，推动产业融合与升级。首先，预制菜产业通过深加工延长了农业产业链，提升了农产品的市场竞争力，使得农业在整个经济体系中的地位得到强化。这不仅有助于农民增收，也推动了农村经济的可持续发展。其次，预制菜作为一个涉及食品加工的制造业领域，通过技术创新和工业化生产，提升了农产品的附加值，带动了相关配套产业的发展，形成了一个完整的产业生态链。

更为重要的是，预制菜产业直接连接了消费市场，特别是随着城市化进程的加快和消费者需求的变化，预制菜满足了现代快节奏生活中的消费需求。通过预制菜，农产品可以更快速、高效地进入城市市场，缩短了农产品从田间到餐桌的时间，并确保了食品安全与质量。这种三产融合的发展模式，不仅实现了农业、制造业与服务业的有机结合，还为中国经济提供了新的增长点和就业机会。

我国政策的核心逻辑，如供给侧改革、乡村振兴战略以及产业融合发展，都为预制菜产业的发展提供了坚实的政策保障和广阔的市场前景。通过对农业资源的高效利用、对加工制造业的技术提升以及对消费市场的精准对接，预制菜产业已经成为推动农村经济转型、提高城乡居民生活质量的重要力量。未来，随着国家政策的持续推进和市场需求的不断增长，预制菜产业将继续稳步发展，并在中国经济结构优化和高质量发展中发挥更加重要的作用。这不仅有助于稳定农村经济基础，也将在更大范围内推动中国经济的全面发展。

二、预制菜产业入园的必然性

预制菜产业园这一载体通过产业集群效应、完善的基础设施、政策支持等要素结合已较为成熟的中央厨房产业园形式，形成了农产品、畜禽水产初加工、深加工等完整工序从而初具形态。

根据马歇尔（Alfred Marshall）的集聚经济理论，产业集群能够带来规模经济效应，这种效应来自于企业之间的地理集中和专业化分工。竞争优势理论进一步强调了产业集群对企业竞争力的提升作用，认为集群能够通过信息、技术的快速传播和人才的集中效应，显著提升企业的创新能力和生产效率。在预制菜产业中，园区内的原材料供应商、食品加工企业和物流配送商通过紧密合作，可以有效降低生产和交易成本，提高产品的市场竞争力。同时，企业之间的互动能够促进知识和技术的共享，推动产业整体的技术进步和产品创新。这种集群效应不仅提升了单个企业的效率，还增强了整个产业的竞争力，使得预制菜产业能够更好地应对市场需求的变化。产业园区能够通过吸引和集聚相关企业，形成经济增长极（所谓经济增长极，是指某些具有强大牵引力的产业或企业能够通过集聚效应带动整个地区的经济发展）。对于预制菜产业来说，产业园区不仅集中了相关的生产和服务资源，还通过产业链的延伸带动了周边农业、物流和服务业的发展。这种增长极效应，使得预制菜产业园区成为区域经济发展的重要引擎，推动了农村经济的现代化和城乡经济的协调发展。此外，企业的创新能力不仅依赖于自身的研发活动，还受到外部环境的影响。产业园区作为创新生态系统的一部分，通过提供完善的基础设施、政策支持和专业化服务，营造了一个有利于创新的环境。特别是在预制菜产业，技术创新对于提高食品安全、延长产品保质期、提升口感和营养价值方面至关重要。园区内的企业可以通过共享实验室、联合研发中心等方式，进行技术创新合作，推动预制菜产品的不断升级。此外，园区内的创新活动还能够形成正反馈效应，通过成功的创新案例带动更多的企业加入创新生态系统，形成良性循环。同时预制菜产业园通过统一配置环保排污、余热回收、分布式光伏等设备，打造绿色园区，帮助企业实现节能减排和环境保护。对于预制菜产业而言，绿色生产不仅是社会责任的体现，更是市场竞争的优势所在。消费者日益重视食品的安全性和环境友好性，预制菜企业如果能够在生产过程中减少环境影响，将在市场上获得更大的认可和支持。另外地方政府往往通过产业园区来实施产业政策，这些政策包括税收优惠、土地使用优惠、专项基金支持等，旨在吸引企业进驻园区，促进地方经济发展。

学术界认为，政府在产业发展的初期通过提供政策支持，可以有效降低企业的运营成本，吸引高质量的投资，形成产业集聚效应。对于预制菜产业而言，这种政策支持尤其重要，因为预制菜作为新兴产业，初期发展过程中往往面临资金短缺、市场认可度低等问题。政府通过产业园区提供的政策支持，能够帮助企业渡过初创期，助力其快速成长。

因此预制菜产业通过产业园这一空间载体进行发展具有其必然性。

三、产业园发展趋势

在高质量发展的要求下，产业园区正快速迈入市场化发展的新阶段，其开发和运营模式正在从政府主导逐步转向企业主导和政企合作模式。

当下，传统的政府主导型园区运行机制与当前产业发展的需求之间的矛盾日益显现，各地因此不断探索新的发展模式，积极寻求市场化的突破。在政策支持和要素保障的推动下，以市场主体为核心、强调专业化运作和经济效益的市场化机制正在加速形成，企业主导和政企合作的模式得到广泛应用。政府角色逐渐弱化，市场主体的作用得到突出，资源配置更多地依赖市场价格和信号。其次，强调专业化运作，将产业园的开发建设、招商引资、运营管理交由掌握市场与产业资源、熟悉产业布局、精通园区运营的专业性企业或机构负责正在成为趋势。最后，园区资产价值和经济效益的提升成为重点，市场化企业主体更加关注项目收入、现金流以及园区的商业和资产价值。产业园基础设施公募 REITs 的出现，也进一步推动了产业园投融资的市场化进程。

在这一新阶段，产业园区的建设和运营已经从单一的空间开发向产业生态运营转型，推动了全产业链的质量提升和转型升级。园区建设逐渐从土地的一级开发向二级开发过渡，并进一步扩展到功能业态混合的综合开发，开启了"筑巢引凤"的新潮流。招商引资方面，理念和方式也在不断创新，"招大引强"与"招才引智"相结合，形成了全面的立体化招商网络。大数据招商、资本招商等新策略层出不穷。运营服务方面形成了集政务服务、专业服务、金融服务、科技创新服务于一体的全方位服务体系。在盈利模式上，园区开始从传统的重资产依赖转向轻资产或轻重资产结合的模式。过去主要依赖物业租售的盈利方式正面临挑战，增值服务、产业投资和运营品牌输出逐渐成为收入增长的关注重点。项目的主要营利模式由土地一级开发带来的销售、租金收入为主转变为以提供园区政务、金融、法律、供应链等服务内容的收入。在东南沿海区域及珠三角经济较为发达的区域，也有政府对园区实施主体提出了更高的要求，以"土地+基金"的方式供地，实施主体需要对导入的产业成立对应基金并投入产业扶持，深度绑定园区实施主体与产业空间使用主体，促使园区实施主体从"房东"转变为产业园区发展的"命运共同体"。

不过由于市场化主体运作对于项目开发的资金流量要求较高，融资渠道多有掣肘，因此在大型开发区的建设中政府主导仍然是最为常见的模式，在此模式基础上积极引入市场化管理机制，探索模式创新，发挥效率优势和资源互补优势，在一些"园中园"和特色园区的建设中正在得到广泛的应用。

四、预制菜产业园区融资的难点与痛点

产业园的开发和运营通常需要巨额资金投入，包括基础设施建设、房屋土建、设备采购等多个方面。相比其他项目，产业园的融资需求更为复杂，规模更大，资金回收周期也更长。因此，如何有效融资和管理资金，成为决定产业园项目成功与否的关键。

由于预制菜产业的特性，其在产业园融资方面面临着显著的难点与痛点。

首先，作为一个劳动密集型产业，预制菜生产依赖大量的人工操作，而这些操作通常集中在低附加值的加工环节，这导致企业的利润空间相对有限。因此，企业在进行大规模资金投入时，面临着较大的回报周期压力，资本回报率不高，进一步增加了融资的难度。

此外，由于预制菜产业本质上与农产品加工密切相关，这一领域的收益高度依赖于原材料价格的稳定性和市场需求的变化。农产品价格的波动性大，市场需求受季节性影响明显，这使得投资者对预制菜产业园的营利能力持谨慎态度，从而加大了融资的风险溢价。

传统的融资渠道如银行贷款，面对这一产业时往往更为保守，尤其是在当前金融市场波动和监管收紧的环境下，银行对这类高风险、低收益的项目更难以放宽贷款条件，这直接导致了预制菜产业园在获取资金时面临重重困难。通常银行在对此类项目进行审核评级时，往往对项目申报主体的信誉等级有一定要求，而此类要求通常是成熟的大规模企业才能拥有或者地方政府的平台公司以及具有较高规格的国央企才能具备的。

与此同时，预制菜产业园的开发和运营需要巨额资金投入，包括基础设施建设、房屋土建、设备采购等多个方面。然而，这类项目的融资需求不仅规模庞大，且资金回收周期长，难以吸引短期投机性资本，更需要长期稳定的资金支持。而在多变的金融环境下，获取这样稳定且长期的资金更加困难。

此外，虽然政府可能提供一定的政策支持，如税收优惠、补贴政策或专项基金等，但这些支持往往不足以完全弥补市场融资的不足，特别是在整体经济政策趋紧的背景下，政府对资金的调配也更加审慎。政府的产业发展战略和区域规划虽然对预制菜产业园的融资环境有正面作用，但这些政策的实际落地和实施效果往往为"事后补贴"，

即项目对应的建设、投产、达产、扩产等动作完成后方可根据当时尚在施行的政策申请对应补贴，而企业不仅面临着即刻的资金需求压力，也面临着对未来政策补贴是否能落实的担忧。所有这些因素叠加，构成了预制菜产业园融资中的主要难点与痛点。

第二节　预制菜产业园融资

一、产业园区不同时期的融资需求特点

产业园区的开发在不同阶段对于资金需求的体量、融资的需求以及融资的方式方法有所不同，下面本书将产业园区项目的生命周期分为开发建设期、招商培育期、成熟运营期三个阶段予以分别介绍。

（一）开发建设期

开发建设期是指项目处于前期策划、立项以及基础设施建设阶段。在这一阶段，园区开发的核心任务是确保项目顺利启动，并按计划推进建设工作。由于政府通常对拿地及开工、开发时间等方面有较高要求，加之园区尚未形成经营性资产，融资难度较大。此时，融资机构往往对项目实施主体的信用评级有较高的要求，并严格审查其资金筹措能力。资金需求的特征在于短时间内需要大规模的资金注入，并且对资金的获取有较高的信用要求。融资方式通常包括银行贷款、政府专项资金支持以及高信用等级企业的自有资金投入，以确保项目能够在资金到位的情况下顺利开工并按期完成建设任务。

（二）招商培育期

招商培育期是指产业园区在完成基础建设后，开始引进企业和项目、进行市场推广和招商活动的阶段。在这一阶段，园区的主要目标是吸引优质企业入驻，逐步完善园区的产业生态，提升园区的知名度和吸引力。由于园区尚处于成长期，租金收入和其他经营性收入尚未达到稳定水平，整体支出远大于收入，仍然存在资金需求缺口。资金需求特征表现为中长期、持续现金流资金需求，要求融资渠道具备一定的灵活性，同时对于项目运营团队的管理能力和园区的发展潜力有较高的要求。融资方式可能包括政策性资金支持、战略投资者引入以及通过政府专项基金等渠道来满足资金需求。

（三）成熟运营期

成熟运营期是指产业园区已完成大部分招商工作，园区企业和项目运行稳定，整

体产业链形成并开始产生稳定的现金流和收益的阶段。在这一阶段，园区的资金需求主要集中在日常运营维护、升级改造和扩展服务功能方面。由于园区已形成较为稳定的经营性资产，现金流充裕，融资机构对项目的信用评级和风险评估相对较为乐观。资金需求特征表现为中长期、稳定的资金需求，资金用途主要用于持续运营和优化园区服务。融资方式可能包括通过发行债券、再融资、资产证券化（如公募 REITs）等市场化手段，以进一步优化财务结构和降低融资成本。

二、融资主要渠道及其特点

产业园的融资渠道多种多样，每种渠道都有其独特的特点和适用场景。以下是几种常见的融资渠道及其特点。

（一）银行贷款

银行贷款是最传统的融资渠道之一，通常用于满足短期或中长期的资金需求。贷款利率相对固定，但随着市场利率的变化可能会有所调整。银行贷款审批严谨，要求项目主体具备良好的信用记录和较强的还款能力。适用于园区的开发建设期，尤其是需要大量资金进行基础设施建设时。银行贷款能够迅速提供资金，但对还款计划和抵押品有严格要求。也因此近年来有一些金融创新产品，例如东南沿海的"园区+金融""产业园区贷""政府+园区+担保+银行"等模式，该类金融创新模式同样存在对资质要求较高（如国家级、省级创新示范园区、高新技术园区、经济开发区等），有效抵押等值物审核严格等特征。适用阶段包括建设期、运营期。运营期的融资架构参照 REITs但有所简化，还款来源需要是项目自身经营收入，主要包括项目工业用房、科创用房及项目配套用房等出租、转让收入，对于涉及转让的项目收入应全部用于归还园区贷，另外还有借款人提供服务的综合经营收入也是还款来源的一部分。

（二）政府补贴与专项基金

政府补贴和专项基金通常由地方或中央政府提供，目的在于支持特定产业的发展或特定区域的经济建设。资金往往为低息或无息，甚至可能是无偿的。值得注意的是，通过前文对于政府补贴相关政策梳理可以明显发现相应政策补贴倾向于在事后补贴，且需要根据项目实施主体在具体事项上的投入额上按比例且有上限的补贴，补贴多见于设备升级、技术改造等运营阶段。而在涉及专项基金的项目操盘中，较为重要的一点是项目在前期架构设计上就需要明确项目实施主体、建设主体、投资方等多方责任、权限、收益，明确项目资金的进入与退出机制。对项目的前期策划及资金计划安排提出了较高的要求。

（三）公共-私营合作（PPP 模式）

PPP 模式是一种通过政府与私营企业合作，共同投资和运营产业园的模式。政府提供政策支持和部分资金，私营企业负责建设和运营管理。PPP 模式可以有效分担风险，提高项目运营效率。需要注意的是，2023 年 11 月国办转发了国发及财政部《〈关于规范实施政府和社会资本合作新机制的指导意见〉的通知》（国办函〔2023〕115 号）（简称《PPP 新机制》），《PPP 新机制》强调严防新增地方政府隐形债务，禁止通过可行性缺口补助、承诺保底收益率、可用性付费等方式弥补项目建设和运营成本及使用者付费，相应原则与专项债等相似，强调项目本身具备造血能力，经营收入能够覆盖建设投资和运营成本，不会因为资本合作模式额外新增地方财政未来支出的责任。同时《PPP 新机制》将 PPP 与特许经营合而为一，明确规定新 PPP 项目应全部采用特许经营模式实施，具体实施方式包括采用建设—运营—移交（BOT）、转让—运营—移交（TOT）、改建—运营—移交（ROT）、建设—拥有—运营—移交（BOOT）、设计—建设—融资—运营—移交（DBFOT）等。值得注意的是，以上实施方式不包括建设—移交（BT）模式，严禁提前终止特许经营，将合作项目变种成 BT 模式，从而保障了民营企业在新 PPP 模式下特许经营权的可靠性。

（四）债券融资

债券融资通过发行债券向市场募集长期资金。债券利率通常较低，但要求发行主体具备较高的信用评级。债券融资能够提供大规模、长期稳定的资金支持。产业园区债券的发行主体通常为产业园区的开发建设主体或运营主体。产业园区债券的属性，通常表现为城投债，但也不排除有一部分为普通信用债。

现有产业园区债券的发行主体大多数信用评级较高，普遍在 AA 及以上。发行主体拥有较强的财务实力和信用水平，使其能够吸引市场投资者的信任。对于评级为 AA-及以下的债券，数量和债券余额在存量产业园区债券中的占比不足 2%。这种情况突显了市场对发行主体信用评级的严格要求，只有那些财务稳健、具备较高偿债能力的主体才能成功发行债券并获得市场认可。

从发行主体所属的产业园区类型来看，这些园区主要包括经济开发区、高新技术产业开发区、海关特殊监管区域、特色工业园区和国家级新区等。这些园区通常代表了区域经济的核心动力，具备良好的产业基础和发展潜力，因此其发行主体在债券市场上更容易获得资金支持。行政级别上，国家级园区的发行主体占据主导地位。国家级园区通常受到中央政府的高度关注和支持，具备较强的政策优势和资源配置能力，在债券市场上的融资能力更为突出。相比之下，省级园区的债券发行主体相对较少，而省级以下园区的主体更为稀少，占比不足 1%。园区开发主体的行政级别和综合实力对其在债券市场上的融资能力有着重要影响。级别较高的园区开发主体，通常在市场上拥有更强的信用优势，能够更容易地获得投资者的信任和支持。

产业园区债券的融资效果与园区的整体发展规划、区域经济状况、政策支持力度等因素密切相关。国家级园区往往具备明确的发展战略和政策支持，吸引大量优质企业入驻，形成了较为完善的产业链条和经济生态。因此，国家级园区的债券发行主体在市场上拥有较高的信用等级，融资难度较低。相对而言，级别较低的园区，由于受到区域经济环境、政策资源等限制，在债券发行过程中面临更大的挑战，可能需要通过更高的利率或其他条件来吸引投资者。

如项目申报类型为专项债券项目，项目业主需为政府部门或国有企业，且需要注意专项债券的禁止类项目清单，做好项目收益与融资需求的自平衡，不得以超过项目收益实际水平的利息来过度融资，不得作为政府投资基金产业投资基金等股权基金的资金来源，不得通过设立壳公司、多级子公司等中间环节注资。在编制对应专项债券申报可行性研究报告时应结合实际经营状况发掘项目盈利点，如厂房、仓储房、科研中心等配套服务设施的出租收入，物业收入，污水、固废处理收入，停车费收入，立面广告等。在鼓励设立分布式光伏发电的部分地区还可以结合光伏发电等新能源供能、储能装置考虑发电收益。

（五）股权融资

产业园区的股权融资可以根据投资者是否参与经营管理决策，分为财务性引资和战略性引资两种形式。财务性引资通常是园区开发或运营主体通过让渡部分股权，吸引资金进入。股权融资适用于初期资金需求大且风险较高的项目，或希望引入战略投资者进行长期合作的产业园。股权融资能够为项目提供充足的资本，同时带来资源、技术和市场的支持。

财务性投资者一般不会参与具体的经营管理，仅享受财务投资带来的收益。这类引资形式通常具有"明股实债"或"夹层融资"的属性，本质上是一种债务性融资安排。财务性投资者虽然不参与日常运营，但往往具有政策性扶持背景，诸如建信、国开、农发、平安、国寿等基金，这些机构不仅带来资金支持，还能提供政策背书和产业资源，对融资方有显著的增益效果。通过短期让渡部分利益，园区平台公司可以换取未来更多的发展空间和回报。

在股权融资的另一形式——战略性引资中，投资者不仅可提供资金，还可积极参与园区的经营管理和战略决策。战略性引资不仅带来资本，还可能通过产业资源、市场渠道和技术能力的注入，帮助园区实现更高层次的发展目标。与财务性引资相比，战略性引资往往能够增强园区的竞争力和市场地位。

无论是财务性引资还是战略性引资，股权融资都能为园区项目注入急需的资金，支持园区开发、建设、运营和扩展。通过股权融资，园区开发或运营主体能够分散风险，获得资本和资源的支持。然而，股权融资的一个重要代价是股东权益的稀释，原有股东需要在融资过程中让出部分股权，分享未来的收益和决策权。因此，在股权融资的过程中，如何平衡融资需求与股权稀释的关系，是园区主体必须面对的关键挑战。通过科学合理的股权融资策略，园区主体不仅能够获得必要的资金支持，还可以通过引入战略合作伙伴，提升整体竞争力，促进长期可持续发展。

在实际操盘的情况中，通常使用股权融资的多为项目实施主体的母公司向项目实施主体提供股权融资进行注资并形成信誉担保，从而构成项目启动的资本金或部分资本金；或是项目不同利益关系方通过股权架构形成对彼此责任权益的划分，此情况亦需提前设计不同资方的进入及退出机制。

（六）融资租赁

融资租赁指通过租赁的方式获取设备或设施的使用权，企业支付租金以获得设备使用权，租赁期满后可选择购回设备。融资租赁能够减少初期资金的投入，降低财务压力。适用于设备密集型产业园，如制造业园区或科技园区，特别是在建设初期或扩展期需要大量设备投入时。融资租赁能够提高设备的使用效率，减少固定资产占用。医药领域较为多见，食品领域中跟 NFC、奶制品相关的企业较为常见，其主要原因是发起融资租赁的设备方自身在产品力方面已形成了护城河，同时企业自身具备稳定的现金流及资金实力发起融资租赁业务。目前预制菜产业作为新兴领域，预制菜产品仍属多方竞逐期，尚未形成稳定的龙头企业，更勿论在食品加工机械设备方面。

（七）资产证券化（如 REITs）

资产证券化将产业园的经营性资产打包成证券在市场上出售，投资者购买证券并获得收益分成。REITs（房地产投资信托基金）是一种常见的资产证券化形式，适用于已经形成稳定现金流的成熟运营期园区，尤其是需要盘活存量资产或降低债务负担时。REITs 能够为企业提供持续的资金来源，并优化资产负债表。上交所对 REITs 的结构示例如图 3-1 所示。

我国公开募集基础设施证券投资基金（以下简称基础设施公募 REITs）是指依法向社会投资者公开募集资金形成基金财产，通过基础设施资产支持证券等特殊目的载体持有基础设施项目，由基金管理人等主动管理运营上述基础设施项目，并将产生的绝大部分收益分配给投资者的标准化金融产品。按照规定，我国基础设施公募 REITs

投资者　　原始权益人　　　　　　　　财务顾问（证券公司）

持有基金份额　　　尽职调查，发行、定价、配售　　承销及财务顾问费

基金托管人　托管费／托管服务　公募基金　基金管理费用／基金管理服务　基金管理人

必须为同一人　　　　　　　　　　　　　必须具有实际控制关系或同一控制

资产支持证券托管人　托管费／托管服务　100%持有　收益分配　管理费用／管理服务　资产支持证券管理人

资产支持证券（ABS）

100%持有　收益分配

公司1　公司…　公司N　运营管理费用／运营管理服务　运营管理机构

100%　100%　100%

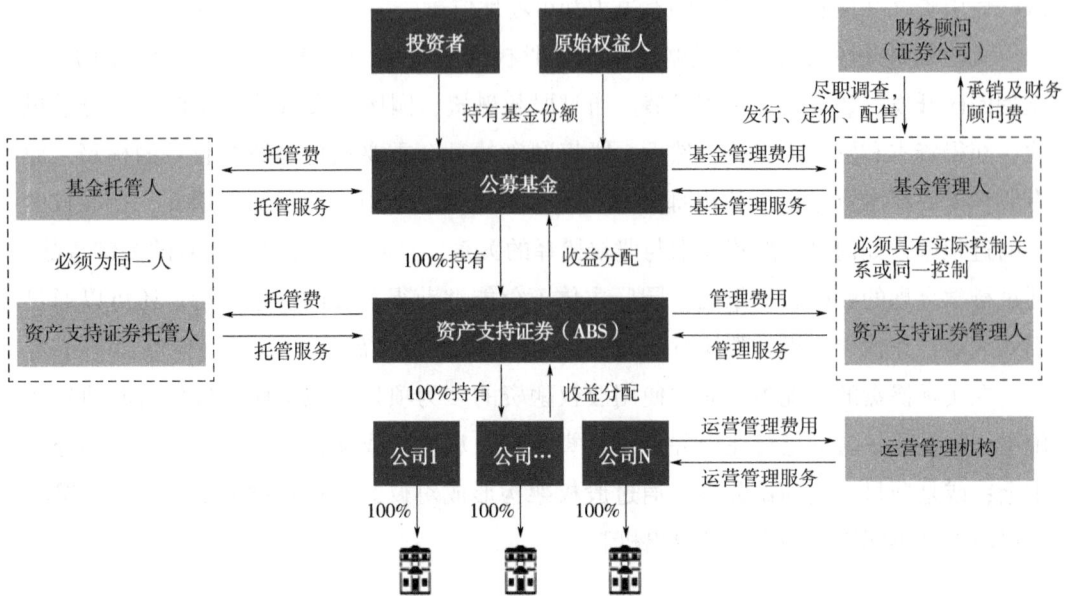

图 3-1　基础设施公募 REITs 示例图

在证券交易所上市交易。基础设施资产支持证券是指依据《证券公司及基金管理公司子公司资产证券化业务管理规定》等有关规定，以基础设施项目产生的现金流为偿付来源，以基础设施资产支持专项计划为载体，向投资者发行的代表基础设施财产或财产权益份额的有价证券。基础设施项目主要包括仓储物流，收费公路、机场港口等交通设施，水电气热等市政设施，污染治理、信息网络、产业园区等其他基础设施。因此预制菜产业园也适用于 REITs 模式。

预制菜产业园区在进行 REITs 融资时有如下几点值得注意：

（1）融资成本较高。根据《国家发展改革委办公厅关于做好基础设施领域不动产投资信托基金（REITs）试点项目申报工作的通知》（发改办投资〔2020〕586 号）（以下简称 586 号文），试点项目应满足"预计未来 3 年净现金流分派率原则上不低于 4%"，且需要支付 2.5‰的基金存续期年化管理费率。

（2）税收制度不完善。在全球成熟的 REITs 市场中通常通过税法的修改，来保障 REITs 产品在税收方面的优惠。国内暂无针对 REITs 产品的税收相关法律框架。参考美国经验，税收政策直接影响着 REITs 产品的收益水平，以及相较其他投资产品的吸引力。尤其是中国在基础设施建设和房地产开发领域存在大量税费成本情况下，税收政策影响更大。

（3）专业项目公司的运营管理水平不高。在 REITs 结构中底层资产的运营管理通常由专业项目公司进行运营。同时 REITs 产品的租金水平也和项目公司运营水平息息相关。而中国市场仍处在初级阶段，专业项目公司、物业公司的运营水平相较发达国

家仍有差距。底层资产的运营水平存在不确定性。

(八) 战略投资

战略投资者不仅提供资金，还带来资源、技术和市场支持。战略投资通常基于长期合作，投资者可能会在企业管理和战略制定中发挥积极作用。适用于希望引入外部资源、技术或市场渠道的产业园，特别是在招商培育期或产业转型升级阶段。战略投资能够为园区带来长期增值和稳定发展。在预制菜产业园区中较为常见的战略投资合作对象主要为冷链物流设备商、运营商，如园区体量较大，可考虑结合自身经营活动特征及绿色低碳产业园要求与屋面光伏企业进行战略合作，通过让渡建筑上面空间获得投资收益，以减轻项目的前期融资压力，同时为项目后期运营提供能源保障。

以上每种融资渠道都有其独特的特点和优势，需要根据产业园区的具体情况、发展阶段和资金需求来综合考虑选择哪种合适的融资方式。合理利用这些融资渠道，能够有效降低融资成本，提高园区运营的成功率。

三、应用场景分析

1. 开发建设期

适用融资渠道：传统银行贷款、股权融资、战略投资、政府补贴与专项基金、PPP模式、债券融资。

理由：此阶段需要大量基础设施投资，资金需求高且回报周期长。

2. 招商培育期

适用融资渠道：传统银行贷款、融资租赁、政府补贴、债券融资。

理由：此阶段的资金需求多样，需要灵活的融资方式来支持园区的持续发展。

3. 成熟运营期

适用融资渠道：传统银行贷款、债券融资、再融资、资产证券化（如 REITs）。

理由：在项目成熟阶段，可以通过再融资或发行债券来优化财务结构，降低融资成本。

第三节　本章小结

预制菜产业园区融资涉及复杂的资金需求和长周期的投入，要求项目方在不同阶段灵活运用多种金融工具和策略。核心问题在于如何在确保资金充足的同时，保持项目的财务稳健性，并有效应对市场和政策环境的变化。融资不仅关乎资本的获取，还涉及对财务结构的优化和风险的分散。项目的成败往往取决于是否能够在适当的时机选择合适的融资方式，结合政策支持和市场化运作来推动项目的顺利实施和可持续发展。

基于此，产业园区在融资策略上更注重前期策划和整体布局。如采用 P+EPC+O 模式，提前进行项目的经济可行性分析和资金规划，积极探索可获得的政策补贴和战略投资资源，从而减轻资金压力，优化项目资金链条。此外，全过程工程咨询模式的引入有助于在项目实施过程中提供专业支持，提升运营效率和管理水平，确保项目的顺利推进。在项目推进过程中，注重专业运营和风险控制，通过精细化的管理手段保障资金的合理配置，并通过设定安全边界来降低运营风险。

千园一面的产业地产时代逐渐过去，高质量发展的号召下园区的融资方式也将朝着更加市场化、多元化的方向发展。项目的实施主体应当灵活运用创新金融工具将成为应对资金需求和市场不确定性的关键，结合产业特征充分发掘可以利用的政策条件、战略合作资源，从产业链上往一产和三产延伸寻求融资机会及方式；在空间载体上从污废水、余热回收等隐蔽工程基础建设到园区主体建筑空间再到建筑向天面、立面挖掘可以产生盈利及现金流的渠道；从园区的硬件配套设施再到软性的检测、认证、供应链、知识产权、孵化等软性服务上充分挖掘项目潜力。结合绿色金融、资产证券化等新兴手段，为园区建设的被动式节能、绿色低碳认证水平打好提前量，为未来进行绿色金融、资产证券化融资提供优质资产标的，满足产业园区对长期稳定资金的需求。同时，战略合作的深化和金融科技的应用将进一步提升融资效率和精准度，为产业园区的长期可持续发展提供有力支撑。

第四章　预制菜工艺及食品安全

第一节　预制菜工艺流程

要认识预制菜的工艺流程，需要先了解预制菜的分类依据及其特点，本章将进一步探讨不同预制菜中工艺流程及制作的区别。

一、分类原因

将预制菜按照原料分类是十分必要和重要的，这对于预制菜行业效率和品质的提高，对其运输的管理，销售和配送都有很大的帮助，具体体现在如下几个方面：

（1）高产。预制菜的制作工艺可以根据原料的分类进行优化。不同原料的加工和制作方法各不相同，通过分类生产可以进行专业化的生产流程和设备配置，避免资源浪费和交叉污染，进一步提高生产效率和产品质量。

（2）管理。将预制菜按原料分类，统一包装、标识、陈列不同种类的菜品，简化管理和储存，有利于开展销售配送工作，使预制菜的管理和销售更加便捷。

（3）安全。按照原料分类可以保证产品质量和食品安全。不同性质的原料采取的保质措施也不同，分别需要相应的存储、加工、运输和检验等方法。通过分类管理，可以更好地控制和把关预制菜的质量和食品安全，并确保符合相关的卫生标准和法规要求。

（4）创新。按照原料分类，可以为预制菜的产品选择和创新提供更大的空间。企业巧妙地运用多样的原料组合，创造出丰富多彩的预制菜品，此举不仅可迎合市场的潮流趋势，更契合了消费者对多样化口味的追求，以便在竞争激烈的市场中，提升自身的市场竞争力。

综上所述，通过对预制菜进行分类，可以提高生产效率，便于管理和销售，保证产品质量和食品安全，可以拓宽预制菜在产品选择和创新方面的空间，从而实现预制菜的标准化生产，为预制菜行业的发展带来诸多积极影响。

二、分类依据

根据前文对预制菜定义的梳理，本章将其核心特征归纳为：预制菜是以一种或多种食用农产品及其制品为原料，使用或不使用调味料等辅料，不添加防腐剂，经工业化预加工（如搅拌、腌制、滚揉、成型、炒、炸、烤、煮、蒸等）制成；而其中的主要原料分为畜禽类及其制品（如调理牛排、酱卤制品）、水产类及其制品（如即烹鱼片、调味虾仁）、食用菌类及其制品（如即食菌菇汤料）、药膳类及其制品（如人参鸡汤预制包）和其他原料衍生品类的预制菜肴（植物蛋白制品）。

三、工艺流程

预制菜制作工艺通用流程如图 4-1 所示。

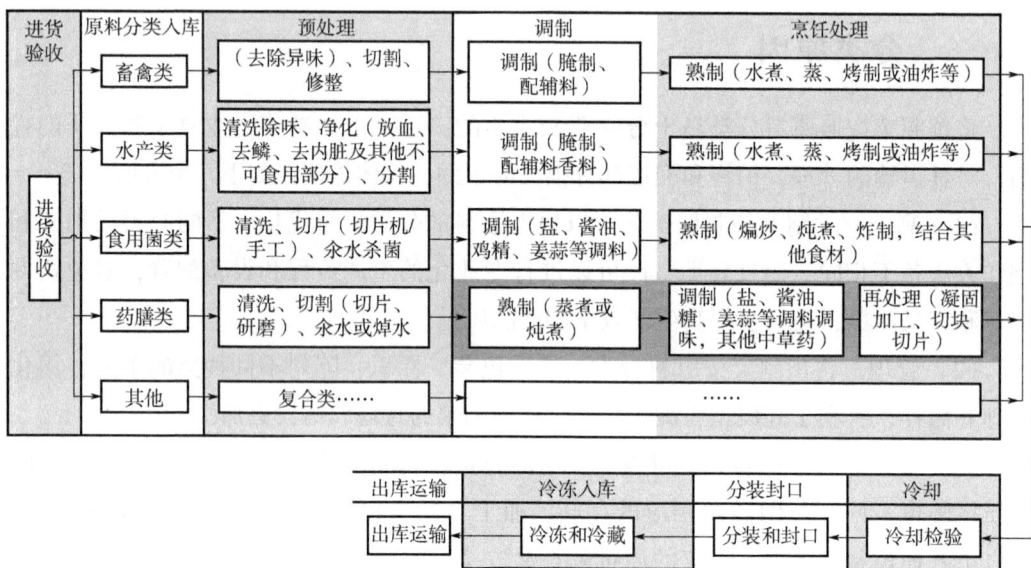

图 4-1　预制菜制作工艺通用流程

从图 4-1 可知，预制菜成品种类包含畜禽类预制菜、水产类预制菜、食用菌类预制菜、药膳类预制菜和其他类预制菜等。下面详细分类介绍各种预制菜的工艺流程。

（一）畜禽类预制菜

畜禽类预制菜指以畜肉及其可食用副产品为主要原料，经过切割、修整和加工等工艺处理后制成的食品。它可以包含辅料和食品添加剂，并通过相关工艺进行加工制作。这些未经熟制的食品在储存、物流运输和销售时，需要在低温冷藏或冷冻环境等冷链下进行。这类预制菜的两大类主要成品是鲜切净肉和调理肉制品。畜禽类预制菜的通用生产工艺流程如图 4-2 所示。

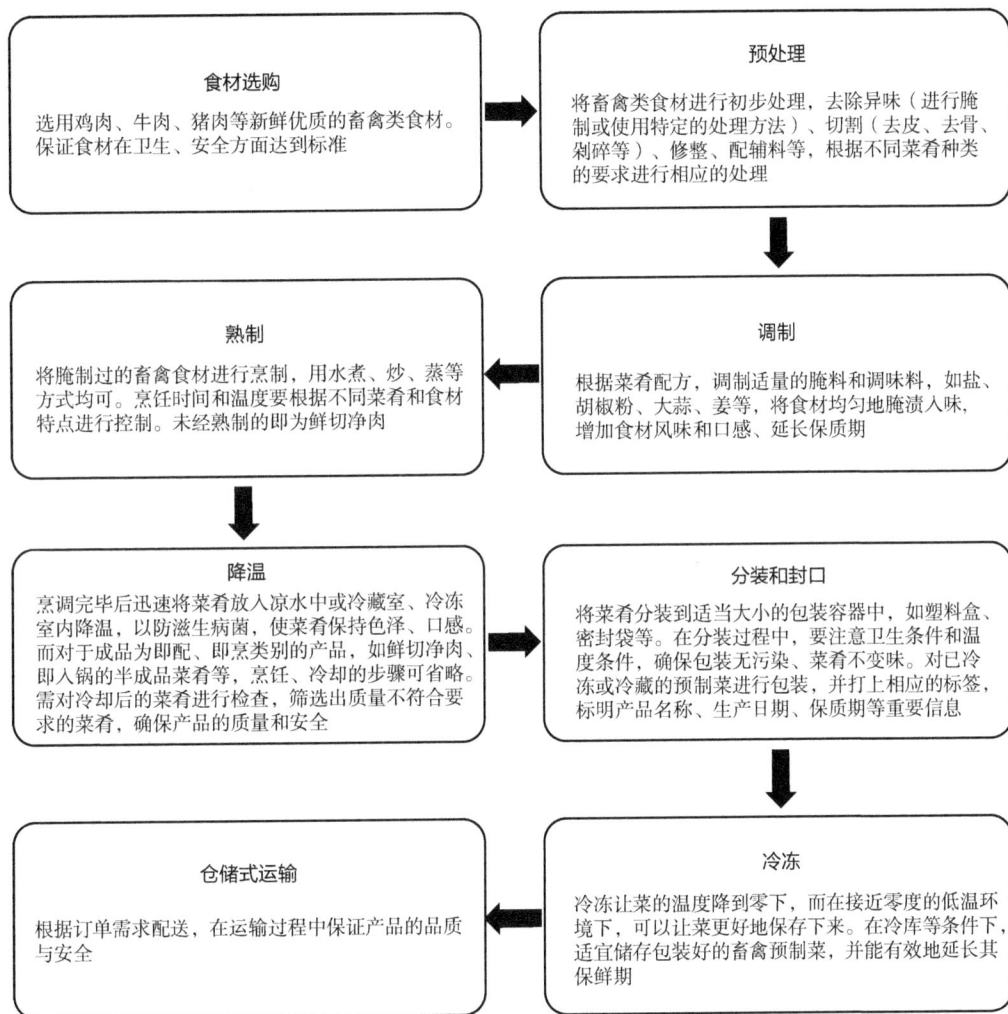

```
┌─────────────────────────────┐      ┌─────────────────────────────┐
│          食材选购            │      │            预处理            │
│ 选用鸡肉、牛肉、猪肉等新鲜优质 │ ───▶ │ 将畜禽类食材进行初步处理，去除异味（进行腌 │
│ 的畜禽类食材。保证食材在卫生、 │      │ 制或使用特定的处理方法）、切割（去皮、去骨、 │
│ 安全方面达到标准             │      │ 剁碎等）、修整、配辅料等，根据不同菜肴种类 │
│                             │      │ 的要求进行相应的处理          │
└─────────────────────────────┘      └─────────────────────────────┘
                                                    │
                                                    ▼
┌─────────────────────────────┐      ┌─────────────────────────────┐
│            熟制              │      │            调制              │
│ 将腌制过的畜禽食材进行烹制，用水煮、炒、蒸等 │ ◀─── │ 根据菜肴配方，调制适当量的腌料和调味料，如盐、 │
│ 方式均可。烹饪时间和温度要根据不同菜肴和食材 │      │ 胡椒粉、大蒜、姜等，将食材均匀地腌渍入味， │
│ 特点进行控制。未经熟制的即为鲜切净肉 │      │ 增加食材风味和口感、延长保质期 │
└─────────────────────────────┘      └─────────────────────────────┘
        │
        ▼
┌─────────────────────────────┐      ┌─────────────────────────────┐
│            降温              │      │          分装和封口          │
│ 烹调完毕后迅速将菜肴放入凉水中或冷藏室、冷冻 │ ───▶ │ 将菜肴分装到适当大小的包装容器中，如塑料盒、 │
│ 室内降温，以防滋生病菌，使菜肴保持色泽、口感。 │      │ 密封袋等。在分装过程中，要注意卫生条件和温 │
│ 而对于成品为即配、即烹类别的产品，如鲜切净肉、 │      │ 度条件，确保包装无污染、菜肴不变味。对已冷 │
│ 即入锅的半成品菜肴等，烹饪、冷却的步骤可省略。 │      │ 冻或冷藏的预制菜进行包装，并打上相应的标签， │
│ 需对冷却后的菜肴进行检查，筛选出质量不符合要 │      │ 标明产品名称、生产日期、保质期等重要信息 │
│ 求的菜肴，确保产品的质量和安全 │      │                             │
└─────────────────────────────┘      └─────────────────────────────┘
                                                    │
                                                    ▼
┌─────────────────────────────┐      ┌─────────────────────────────┐
│          仓储式运输          │      │            冷冻              │
│ 根据订单需求配送，在运输过程中保证产品的品质 │ ◀─── │ 冷冻让菜的温度降到零下，而在接近零度的低温环 │
│ 与安全                      │      │ 境下，可以让菜更好地保存下来。在冷库等条件下， │
│                             │      │ 适宜储存包装好的畜禽预制菜，并能有效地延长其 │
│                             │      │ 保鲜期 │
└─────────────────────────────┘      └─────────────────────────────┘
```

图 4-2 畜禽类预制菜的通用生产工艺流程

（二）水产类预制菜

水产类预制菜指以鲜活的、冷藏、冷冻的动物性水产品或藻类及其制品为原料，经调制或不调制的，未经过加热处理的，可以直接食用或不直接食用的制品或风味预制品。水产类预制菜通用生产工艺流程如图 4-3 所示。

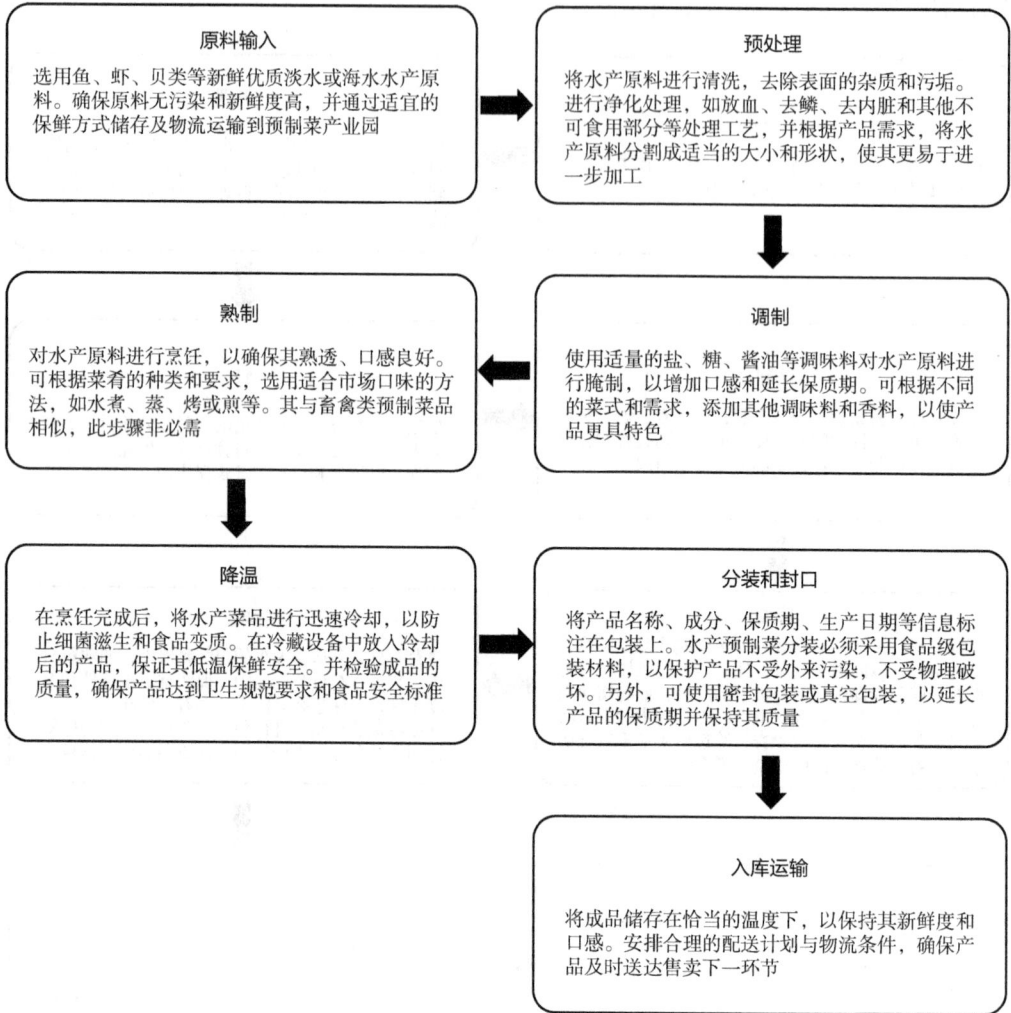

<table>
<tr>
<td>

原料输入

选用鱼、虾、贝类等新鲜优质淡水或海水水产原料。确保原料无污染和新鲜度高，并通过适宜的保鲜方式储存及物流运输到预制菜产业园
</td>
<td>

预处理

将水产原料进行清洗，去除表面的杂质和污垢。进行净化处理，如放血、去鳞、去内脏和其他不可食用部分等处理工艺，并根据产品需求，将水产原料分割成适当的大小和形状，使其更易于进一步加工
</td>
</tr>
<tr>
<td>

熟制

对水产原料进行烹饪，以确保其熟透、口感良好。可根据菜肴的种类和要求，选用适合市场口味的方法，如水煮、蒸、烤或煎等。其与畜禽类预制菜品相似，此步骤非必需
</td>
<td>

调制

使用适量的盐、糖、酱油等调味料对水产原料进行腌制，以增加口感和延长保质期。可根据不同的菜式和需求，添加其他调味料和香料，以使产品更具特色
</td>
</tr>
<tr>
<td>

降温

在烹饪完成后，将水产菜品进行迅速冷却，以防止细菌滋生和食品变质。在冷藏设备中放入冷却后的产品，保证其低温保鲜安全。并检验成品的质量，确保产品达到卫生规范要求和食品安全标准
</td>
<td>

分装和封口

将产品名称、成分、保质期、生产日期等信息标注在包装上。水产预制菜分装必须采用食品级包装材料，以保护产品不受外来污染，不受物理破坏。另外，可使用密封包装或真空包装，以延长产品的保质期并保持其质量
</td>
</tr>
<tr>
<td></td>
<td>

入库运输

将成品储存在恰当的温度下，以保持其新鲜度和口感。安排合理的配送计划与物流条件，确保产品及时送达售卖下一环节
</td>
</tr>
</table>

图 4-3　水产类预制菜通用生产工艺流程

（三）食用菌类预制菜

食用菌类预制菜是指以各种食用菌（如香菇、金针菇、平菇、杏鲍菇等）为主要原料，经过加工处理后制成的便捷食品。这类预制菜品通常已经进行了加工和烹饪，可以直接食用或稍稍加热即可食用。食用菌类预制菜的通用生产工艺流程如图 4-4 所示。

```
┌─────────────────────────────────┐      ┌─────────────────────────────────┐
│           原料采购               │      │           预处理                 │
│                                 │      │                                 │
│ 选择新鲜优质的食用菌作为原料。原料应无病 │  →   │ 洗净处理购回的食用菌，去根等不洁物。经过清 │
│ 虫害、外观完整，并符合卫生标准和食品安全 │      │ 洗处理后的食用菌被送入食用菌切片机或者手工 │
│ 要求                            │      │ 切割。将切好的食用菌放入热水中进行余水杀菌 │
│                                 │      │ 处理                            │
└─────────────────────────────────┘      └─────────────────────────────────┘
                                                          ↓
┌─────────────────────────────────┐      ┌─────────────────────────────────┐
│           熟制                   │      │           调制                   │
│                                 │      │                                 │
│ 经过腌制的食用菌可以进行烹调加工，如煸炒、 │  ←   │ 余水杀菌后的食用菌可以根据需求进行调味和腌 │
│ 炖煮、炸制等。加工方法可以根据需要灵活选择， │      │ 制。例如，可以加入适量的盐、酱油、鸡精、姜 │
│ 以达到所需的口感和风味。烹调过程中，可以根 │      │ 蒜等调料进行腌制，增强食物的口感和风味。腌 │
│ 据需要加入其他食材，如蔬菜、肉类等，提高菜 │      │ 制时间还常需要几十分钟到数小时，使食用菌充 │
│ 品的丰富度和营养价值              │      │ 分吸收调味品的味道              │
└─────────────────────────────────┘      └─────────────────────────────────┘
         ↓                                           
┌─────────────────────────────────┐      ┌─────────────────────────────────┐
│           降温                   │      │          分装和封口              │
│                                 │      │                                 │
│ 烹调完成后的食用菌需要进行冷却降温处理，以 │  →   │ 将检测合格的食用菌送上封装线，用于包装封口工 │
│ 防止细菌滋生和变质。冷却后，对食用菌进行质 │      │ 作。可采用多种包装形式，如食品级塑料袋、罐装 │
│ 量检验。外观检查应包括颜色、形状、异味等方 │      │ 或盒装等。包装材料要有合格的密封性，符合卫生 │
│ 面，确保无异常情况。此外，还可以进行微生物 │      │ 标准，以保持食用菌的鲜嫩和品质              │
│ 检测和营养成分分析，确保产品符合食品安全和 │      │                                 │
│ 卫生要求                        │      │                                 │
└─────────────────────────────────┘      └─────────────────────────────────┘
                                                          ↓
                                          ┌─────────────────────────────────┐
                                          │           入库运输               │
                                          │                                 │
                                          │ 经过质量检验的食用菌被送往成品仓库进行储存。 │
                                          │ 成品库房要有适宜的温、湿度条件，以保证食用菌 │
                                          │ 新鲜和安全。根据需求进行配送和销售。在销售过 │
                                          │ 程中，注意产品的储运条件和卫生要求，确保产品 │
                                          │ 质量不受损害，并确保食用菌的新鲜度得以保持    │
                                          └─────────────────────────────────┘
```

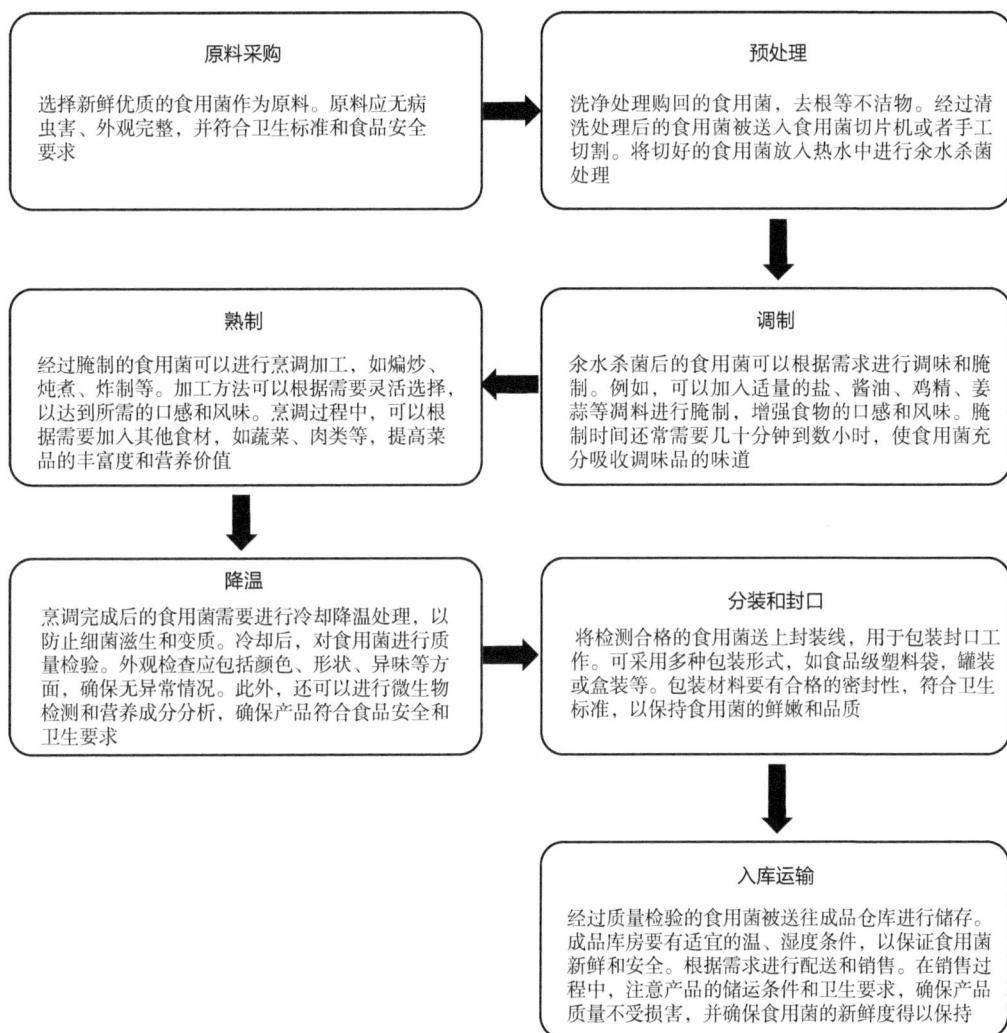

图 4-4　食用菌类预制菜的通用生产工艺流程

（四）药膳类预制菜

药膳类预制菜是以中草药（党参、枸杞、红枣等）或具有调理、食疗作用的食材（茶叶、白木耳、莲子、红枣）与其他种类的菜品（畜禽类、水产类等）相结合，具有一定保健功能的加工食品。这类预制菜种类包括即食药膳、药膳汤品、药膳拌菜等。药膳类预制菜的通用生产工艺流程如图 4-5 所示。

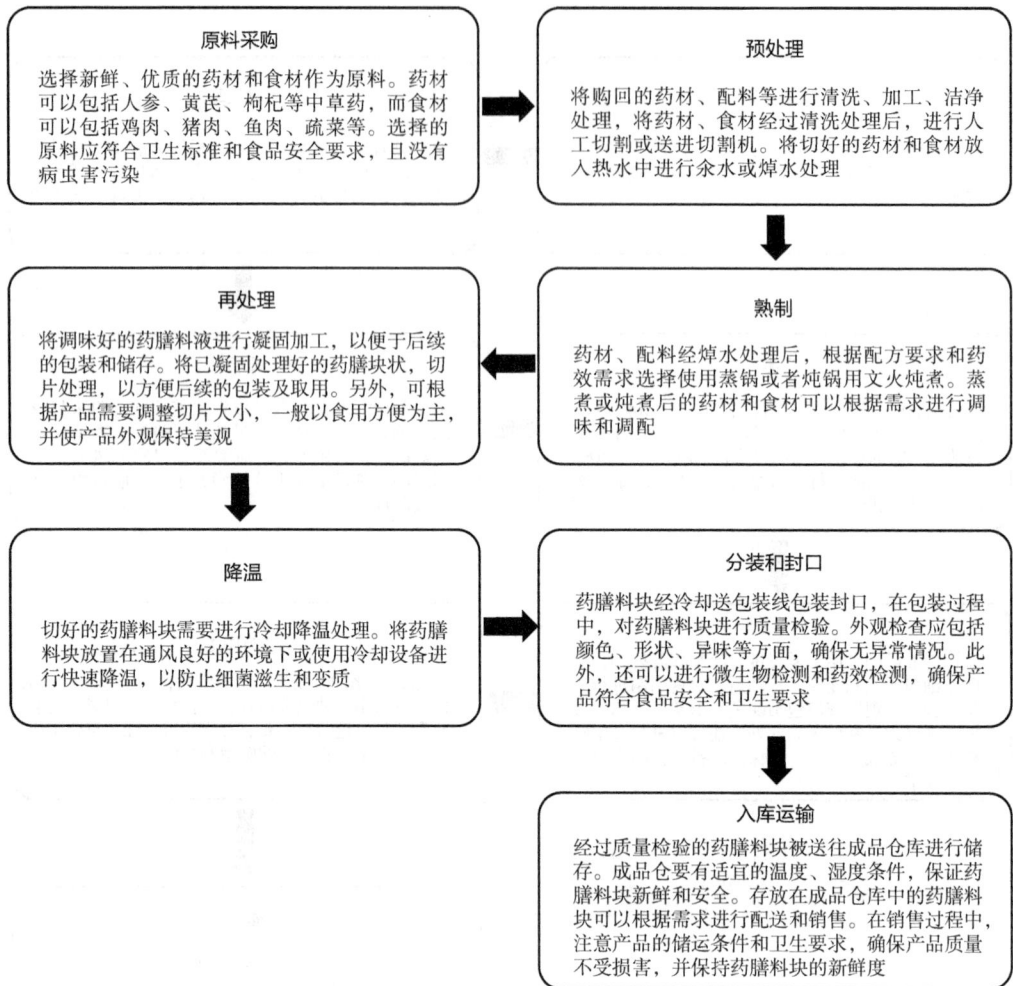

图 4-5　药膳类预制菜的通用生产工艺流程

原料采购

选择新鲜、优质的药材和食材作为原料。药材可以包括人参、黄芪、枸杞等中草药，而食材可以包括鸡肉、猪肉、鱼肉、蔬菜等。选择的原料应符合卫生标准和食品安全要求，且没有病虫害污染

预处理

将购回的药材、配料等进行清洗、加工、洁净处理，将药材、食材经过清洗处理后，进行人工切割或送进切割机。将切好的药材和食材放入热水中进行余水或焯水处理

再处理

将调味好的药膳料液进行凝固加工，以便于后续的包装和储存。将已凝固处理好的药膳块状，切片处理，以方便后续的包装及取用。另外，可根据产品需要调整切片大小，一般以食用方便为主，并使产品外观保持美观

熟制

药材、配料经过焯水处理后，根据配方要求和药效需求选择使用蒸锅或者炖锅用文火炖煮。蒸煮或炖煮后的药材和食材可以根据需求进行调味和调配

降温

切好的药膳料块需要进行冷却降温处理。将药膳料块放置在通风良好的环境下或使用冷却设备进行快速降温，以防止细菌滋生和变质

分装和封口

药膳料块经冷却送包装线包装封口，在包装过程中，对药膳料块进行质量检验。外观检查应包括颜色、形状、异味等方面，确保无异常情况。此外，还可以进行微生物检测和药效检测，确保产品符合食品安全和卫生要求

入库运输

经过质量检验的药膳料块被送往成品仓库进行储存。成品仓要有适宜的温度、湿度条件，保证药膳料块新鲜和安全。存放在成品仓库中的药膳料块可以根据需求进行配送和销售。在销售过程中，注意产品的储运条件和卫生要求，确保产品质量不受损害，并保持药膳料块的新鲜度

第二节　预制菜食品安全

预制菜的食品安全是极为重要的，预制菜作为一种便捷的食品选择，其食品安全问题备受关注。为确保预制菜的安全和质量，生产商可以从源头控制、加工环节管理、储存与运输管理以及完善食品安全标准等若干方面着手。

一、源头控制

预制菜生产的源头把控乃是保障食品质量安全的关键所在，故而必须从起始阶段

对预制菜食品的生产流程进行严格把控。预制菜的源头控制涵盖了国家政策标准、食品追溯产业链、溯源技术支撑、区块链系统应用现状等若干重要层面。下面将针对各点要求展开叙述。

（一）食品追溯概念及政策标准

1. 食品追溯概念

所谓食品追溯概念，最先出现在 2006 年，国际食品法典委员会将其定义为能够追查食品在生产和分销过程中的路径，且将可追溯性与产品溯源视为含义相同的概念。通常采用上述国际食品法典委员会的概念，来制定 ISO 中关于食品追溯定义的标准。在 ISO 22005：2007 中，进一步阐释了"路径"的含义，即涉及食品或饲料原材料的来源、加工过程或分发环节。多数国家的食品追溯标准都参照或沿用了 ISO 22005：2007 对可追溯性的定义。

追溯功能包括两个方面，即溯源和追踪。"溯源"指向上游追溯，以确认食品的起源和来源。通过追溯食品的供应链，可以跟踪食品的原产地、生产过程以及原材料的种植和养殖情况，为发现危害源头提供支持。"追踪"指向下游追踪食品的流向路径。通过追溯食品的分配路径，可以了解食品的流向、销售途径以及存储条件等信息。这样可以提供相关信息让企业在需要进行产品召回或解决问题时使用。在此过程中，"追溯单元"是指需要详细记录和追溯其来源、用途及位置的单个产品或同一批次的产品，涵盖了物流单元和零售商品等。

通过有效运用追溯功能，从而构建一个完善的食品可追溯体系。这一体系不仅能够全面收集、验证和传递供应链中各环节的加工信息，经由该体系，还能对食品的原产地、种植情况、加工历史以及添加物质等信息进行记录和传递。此体系为消费者提供了更安心的保障，让他们在享用美食的同时，放心享受每一口的安全与健康。

2. 食品追溯相关标准

从 2004 年起，我国政府出台了一系列政策和法规，如《国家食品药品安全"十一五"规划》《食品工业"十二五"发展规划》《国家食品安全监管体系"十二五"规划》《关于印发 2014 年食品安全重点工作安排的通知》等，旨在加强食品安全监管，建立产品质量安全追溯制度。这些政策和法规涵盖了出境水产品、乳品、肉类、蔬菜等重要食品品种，要求企业建立食品安全追溯体系，保证食品可追溯。

2015 年，《食品安全法》首次将食品追溯写入法律，建立食品安全追溯体系成为食品企业的必要要求。同时，国务院办公厅发布了《关于加快推进重要产品追溯体系建设的意见》，明确了重要产品追溯体系建设的目标。

2017 年，由商务部、工信部、公安部、农业部、国家质检总局、国家食品药品监管总局等七部门联合发布的《关于推进重要产品信息化追溯体系建设的指导意见》，提出了重要产品信息化追溯体系建设的基本原则、目标、主要任务和保障措施。

综上所述，我国政府高度重视食品安全监管和追溯体系建设，未来将会有大量与追溯相关的国家、行业、地方、团体标准陆续出台，此类标准经过市场的调整、选择、淘汰和整合，最终将形成几大追溯体系标准。

（二）食品追溯产业链

追溯是多种技术的综合应用，食品追溯涉及机械、自动化、光学、无线电、传输、计算机、食品科学、包装材料、印刷等多门学科相关技术的综合应用，需要标准协同、专利保障、传输和大数据存储的支撑，及供应链上下游的协同、共享，如图 4-6 所示。

食品追溯产业链的上游企业指为实行上述技术进行支撑的企业。

食品追溯产业链的中游企业主要是指依托上游支撑技术，针对下游企业的用户需求进行设计、开发、实施、运营追溯体系的系统服务商及集成商等。

食品追溯产业链的下游企业主要包括直接使用追溯系统的机构，如食品企业、食品供应链企业、食品贸易流通企业等。

食品追溯产业链的周边企业还包括基于追溯大数据进行研究、分析的咨询机构、科研机构、供应链金融服务机构、知识产权服务机构、第三方数据服务机构等。

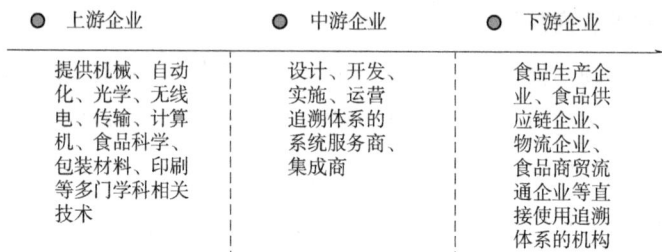

● 上游企业	● 中游企业	● 下游企业
提供机械、自动化、光学、无线电、传输、计算机、食品科学、包装材料、印刷等多门学科相关技术	设计、开发、实施、运营追溯体系的系统服务商、集成商	食品生产企业、食品供应链企业、物流企业、食品商贸流通企业等直接使用追溯体系的机构

图 4-6　食品追溯产业链

（三）食品溯源技术支撑

1. 标识技术

标识是指用以标示，便于识别的记号、符号或标志物。而在追溯体系中，标识是指为追溯对象赋予的唯一识别符号。目前，正在研究、实验中的生物识别技术，如直接赋码（激光、喷码等）和产品（或包装物）上的物理附着码（印刷码、RFID 电子标签等），则是追溯标识的常用手段，也是预制菜成品中使用最广泛的技术。

（1）喷码。喷码技术在产品标识和识别领域中扮演着不可或缺的角色，能够精确打印生产日期、批次号、条码、防伪标记、文字及商标图案等信息，具备高清晰度、耐磨损和适应高速生产的优势。这项技术广泛应用于食品、饮料、酒类、医药及车辆等多个行业，不仅显著提升了生产和管理效率，也为产品增添了价值，树立了品牌形象，增强了市场竞争力。众多国际知名企业如美国的伟迪捷、英国的多米诺、法国的依玛仕及日本的日立等，均在市场上广泛使用喷码设备。自20世纪90年代以来，欧洲喷码机市场以每年15%～50%的增速持续增长，近年来仍保持着10%的高增长。而我国的喷码机市场虽然起步较晚，却在近几年实现了约30%的年增长率。当前，北京科诺华、北京金诺和上海镭德杰等企业已成为国内较大的喷码机生产企业。同时，高校与企业的自主研发为国内喷码机技术的发展注入了新的活力。展望未来，随着中国信息产业的迅猛发展，国内喷码机生产企业仍将不断壮大，并向更多领域扩展喷码机的应用，为行业带来新的机遇与挑战。

喷码技术以其高效和低成本等优势，为企业发展及人民生活水平的提升带来了便利（图4-7、图4-8）。在市场需求的不断增长和竞争加剧的背景下，喷码技术的发展既有机遇也有挑战。当前，喷码技术发展的趋势包括：操作简便、稳定可靠；维护简单、运行成本低；新技术和新材料的应用；绿色环保。

图4-7 茶叶上的溯源码（喷码）　　　　图4-8 药品上的溯源码（喷码）

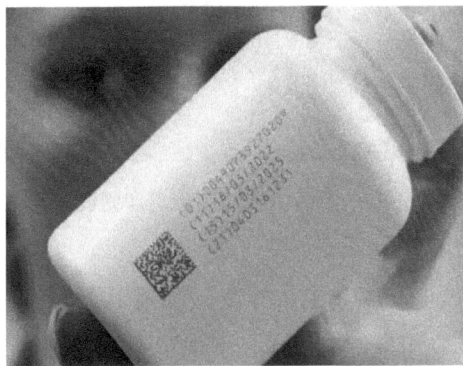

（2）激光赋码。激光赋码技术是一种更为先进的标识技术（图4-9），相比于传统的油墨赋码，它凭借其独特的优势正逐渐成为行业的新宠。与油墨赋码不同，激光赋码所刻印的标识具有极高的耐久性，几乎无法被擦除，只有在对产品表面造成破坏的情况下才会影响其完整性。这一特点使激光赋码具有显著的优势，并赋予其良好的防伪性能。

近年来，激光赋码技术的发展以惊人的速度和广泛的应用范围席卷各行各业。除了普通的标识信息功能，激光赋码技术在防伪领域展现了无与伦比的优势，成为了保护品牌和消费者权益的重要利器。在国内市场，激光赋码设备凭借其高速、高可靠性以及低廉的运行成本，正逐步赢得市场的青睐。

（3）可变信息印刷标签。可变信息印刷标签在物流、食品追溯、票证、奖

图 4-9　激光溯源码

券等领域已经有了大量的应用，技术成熟，产业链成熟、稳定。

可变信息标签不仅继承了传统标签的基本功能，能够精确地标示出每个产品的唯一信息，助力企业在生产、管理、运输和流通的各个环节进行全面跟踪。可变信息标签常常应用于前置赋码，相较于在线赋码的激光或喷码技术，其具有更为稳定的质量、优雅的外观以及更大的信息存储能力（图 4-10、图 4-11）。

图 4-10　可变信息印刷机

图 4-11　可变信息印刷标签

（4）RFID 电子标签。射频识别标签（RFID）作为物品电子编码的实体承载体，贴附在可追踪物品上，实现了全球范围内的识别和读取功能。这项技术作为实现"物联网"的关键技术之一，近年来引起了广泛关注。RFID 技术的源头可以追溯至英国，在二战期间，它被用于区分敌方和己方飞机。20 世纪 60 年代，RFID 技术开始走向商业化。作为一种自动识别技术，2005 年，美国国防部要求所有军需物资必须使用 RFID 标识，而 FDA 则推荐制药行业使用 RFID 技术，并从 2006 年开始跟踪假冒药品。零售业巨头如 Walmart 和 Metro 对 RFID 技术的应用进一步推动了全球范围内对该技术的使用，目前该技术广泛应用于身份证和门禁系统、供应链和库存管理、车辆收费、防盗系统、生产流程控制以及资产管理等多个领域。

RFID 技术更好地应用于食品溯源，在酒类防伪、溯源、物流管理中大量使用 RFID

的贵州茅台、五粮液等均取得了较好的效果（图4-12）。

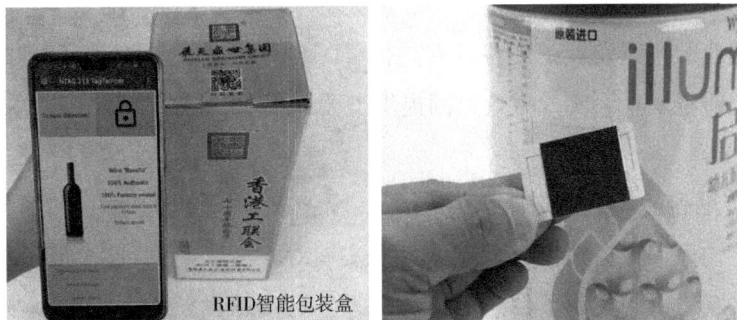

图4-12 RFID电子标签

图4-13所示为条码技术与RFID技术在食品安全追溯系统中相结合来保证信息完整追溯的应用案例。

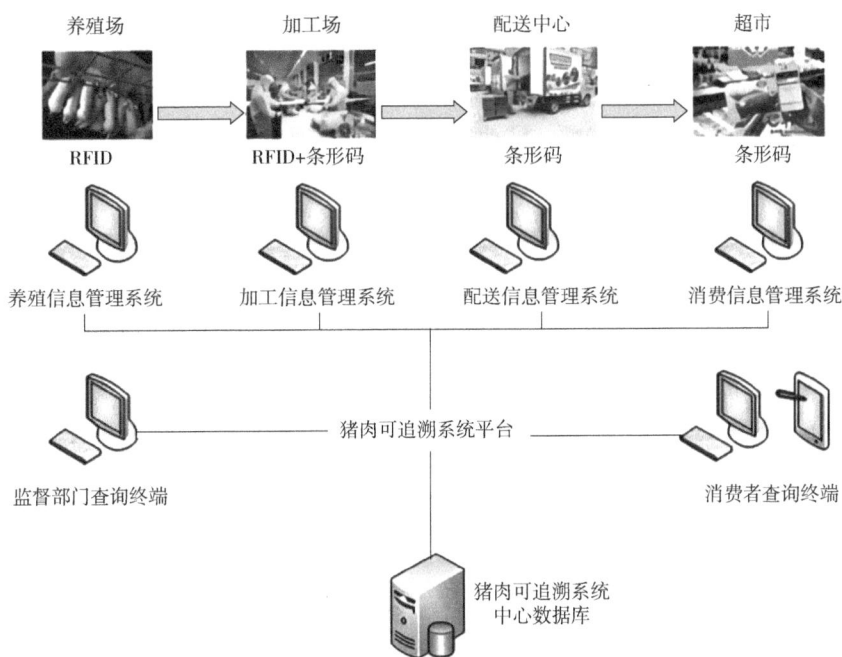

图4-13 猪肉产品全程可追溯工作原理示意图

（5）生物识别。生物识别技术是一种将计算机技术与光学、声学、生物传感器及生物统计学等尖端科技巧妙结合的方法。这项技术利用人体独特的生理特征，如指纹、面部特征和虹膜，及其行为特征，如笔迹、声音和步态，来实现精准的个人身份识别。生物识别技术的安全性、保密性和便捷性都比传统的身份验证方式更好。生物识别技术的优点是易记，防伪性能好，伪造或窃取困难，随时"携带"，随时"取用"。

每个追溯对象都有其唯一的生物纹理特征，目前有一批科研人员正在研究将生物识别技术应用到追溯体系中。

预制菜行业的快速发展，使得其对追溯体系的构建越发重要，而上述这些技术为保障预制菜的质量安全、实现有效追溯提供了关键技术支持。

2. 传输技术

在预制菜食品溯源中，传输技术是保障食品安全和质量的重要手段。通过专用网络或互联网传输标识数据到指定地点，可以实现对企业和消费者之间的信息共享和互通。这种信息互通机制实现了信息的无缝流通，可以帮助消费者了解预制菜食品的来源和生产过程，提高消费者对产品的信任度和认知度。同时，企业也可以通过标识数据的追溯和识别，及时发现和解决食品安全问题，提高产品质量和安全性。

5G 技术作为新一代移动通信技术，具有高速率、低时延、大数据密度连接等优势，可以更好地满足预制菜食品溯源对通信网络的需求。5G 技术的应用将大幅度提升标识数据传输的速度和准确性，缩短追溯时间，提高追溯效率。同时，5G 技术还可以支持更多的设备连接，实现更广泛的追溯范围和更全面的信息采集。这将为预制菜食品溯源提供更加可靠的技术支撑，推动追溯体系的快速发展。

3. 安全技术

追溯技术的安全主要涉及编码体系知识产权风险、数据传输过程中的风险、追溯数据存储安全等方面的问题，是预制菜食品溯源技术中的重要一环。

（1）编码安全。信息追溯对象的编码规则标准化是其市场竞争力的前提保障，是其追溯系统互联互通和追溯数据共享识别的基础。随着追溯体系的发展，编码的相关标准将被越来越多的系统使用，编码标准为追溯体系编码提供了基础和安全保障。

（2）身份安全。数字证书是网络环境中的身份证明。它能为素未谋面的网络用户建立安全可靠的信任关系，这种信任关系来源于 PKI/CA 认证中心，因此构建安全的 PKI/CA 认证中心至关重要。数字证书（Digital Certificate）是一个包含公开密钥拥有者信息和公开密钥的文件，并由证书授权中心数字签署。最简单的数字证书包含公开密钥、名称以及证书授权中心的数字签名。此外，数字证书还有一个显著特点，即只在特定时间段内有效。

数字证书的特点是安全、唯一和方便。在银行、第三方支付、电子合同等多个领域，数字证书技术已经成熟并得到了广泛应用。数字证书可提供身份确认、数据保真等保障服务，可以用于食品供应链中的信息追溯，如在动物免疫标示管理中的电子耳标的应用（图 4-14）。

图4-14　电子耳标——农业农村部"动物免疫标示管理办法"规定猪、牛、羊必须佩戴免疫耳标

（3）存储安全。第三方专业云服务提供安全可靠的数据存储环境区块链（Block-chain），并进一步提供了数据存储的技术保证。

4. 存储技术

除了上述介绍的技术外，云计算是一种新型的预制菜食品溯源技术。云计算是现代科技的结晶，它将分布式计算、并行计算、效用计算、网络存储、虚拟化、负载均衡和热备份冗余等传统计算与网络技术融汇贯通，具有超大规模、虚拟化、高可靠性、通用性、可扩展性强、按需服务以及较低使用成本等特点。

（四）基于区块链技术的食品安全追溯系统应用现状

一直以来，农产品溯源问题都是食品安全的重中之重，但也是食品行业难点之一，因为农产品供应环节中包括生产商、加工商、运输商、分销商等各个环节的存在，由于各方面的原因，都会出现农产品流通数据被篡改的可能。区块链技术的特性将会让信息一旦上链后无法更改，并利用可信的技术手段将所有信息公开记录在"公共账本"上，这不仅保证了数据的真实性和可信度，还为消费者提供了透明的信息查询渠道。消费者可以轻松地追溯农产品的来源和整个供应链过程，了解产品的真实情况。有了区块链技术作为保障，今后消费者喝的每一杯牛奶产自哪头牛，经过了怎样的流通过程等都会透明地展现在消费者眼前，充分保证了农产品的安全性。

基于区块链的追溯系统由食品生产加工企业、物流公司、销售公司、终端消费者群体以及食品药品监督单位共同维护，并组成追溯系统架构。

数据存储方式有数据库和区块链两种，其主要流程如图4-15、图4-16所示。

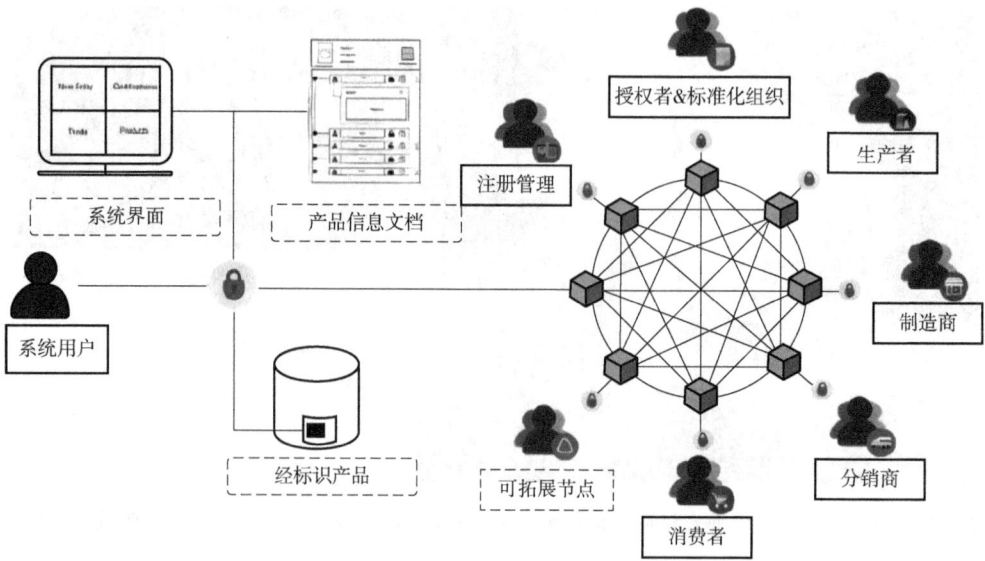

图 4-15　基于区块链的食品溯源系统架构图

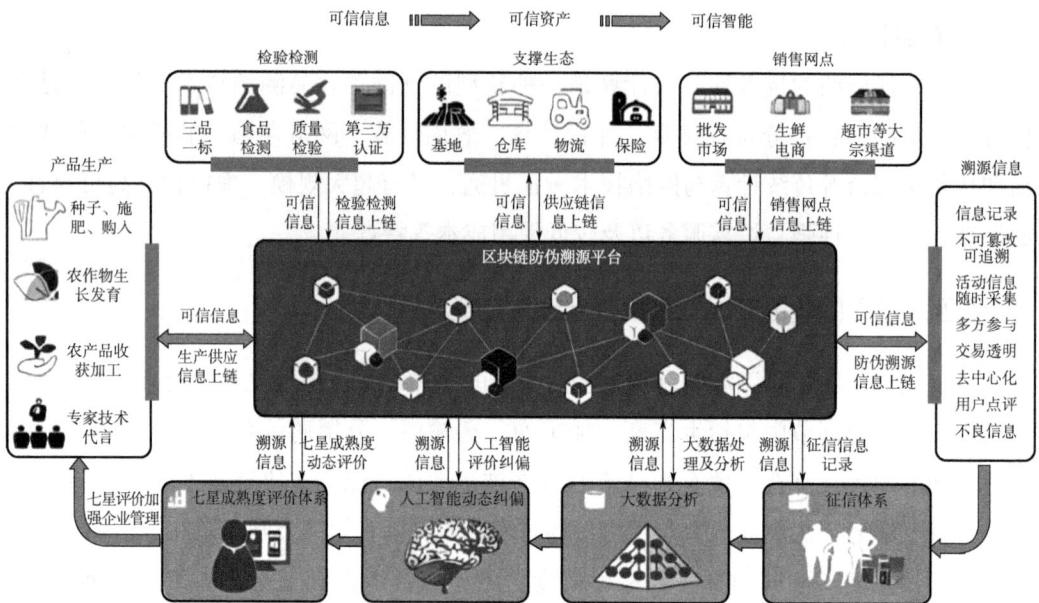

图 4-16　区块链防伪溯源平台

1. 相关企业的应用

与传统扫描二维码相比，基于区块链上的密码获取难度很高，且更难以造假，利用区块链技术打假，保护知识产权，推动区块链加速器项目，是销售平台的重点工作。以京东为例，公司与工信部、农业农村部、质检总局等相关部门合作成立了"京东品质溯源防伪联盟"，联合打造"京东区块链防伪溯源平台"。该平台将逐步通过联盟链的方式，实现线上线下零售商品的追溯与防伪，以维护品牌和消费者的权益。

再以北京溯安链科技有限公司为例，其基于根源链，为高端白酒制作的基于区块链技术的防伪智能锁酒瓶盖，消费者通过扫描瓶盖上的二维码，从后台交互获取密码后才能打开酒瓶，同时后台对这瓶酒的打开进行记录，解决了回收酒瓶造假的痛点。

2. 跨国溯源的应用

在跨国溯源方面，我国的区块链技术已经开始在国际物流领域崭露头角。例如，阿里巴巴集团的菜鸟物流和天猫国际在区块链溯源领域进行联合布局，利用区块链技术追踪、上传和验证跨境进口商品的物流全链路信息，包括工厂生产、海外仓库、国际运输、通关、报检、第三方检验等商品进口的全流程。用户可以通过阿里系客户端查看全流程的物流和监管等商品信息。多方上链机制使得消费者可以交叉验证各项信息。之后，阿里巴巴计划向全球 63 个国家和地区、3700 个品类、14500 个海外品牌拓展区块链溯源技术。

3. 企事业单位的应用

由食品生产、加工、物流配送、公益事业和区块链研发等企事业单位及机构自愿组成的中国食品链联盟，致力于开发以区块链为核心技术、以食品服务为导向的中国食品链，构建一个全方位的产品追溯系统，覆盖从种植、生产、加工、包装、运输到销售的每一个环节，并对企业和用户进行实名认证。这一创新机制确保一旦发现欺诈或假冒商品，执法部门能够迅速定位、取证并追究责任。以中国食品链开发的"链橙"系统为例，它充分利用了区块链技术的公开透明和不可篡改的特性，为赣橙提供了高效的溯源服务。通过这一系统，消费者可以轻松查询从田间到餐桌的每一步信息，确保所购买的脐橙是正宗的江西赣橙。

另外，广东省广州市市场监管局将食品安全监管与互联网技术深度融合，首创广州市食品生产全过程动态监管溯源平台（图 4-17），以区块链、人工智能、大数据、云计算等为核心技术，实现智能化监管模式，全面实施"源头严控、入穗严查、终端严管"，为全国建立食品安全现代化治理体系贡献"广州智慧"，提供"广州方案"，为广州食品安全现代化建设发展提供有力支撑。截至 2020 年 3 月，广州食品生产全过程动态监管溯源平台覆盖了 8018 个经营主体，实现了对全市 90 个农贸市场（含食品专业批发市场）的网上巡查，农产品流通追溯凭证达 465.7 万份，商户日均上报率达 95%，异常票证日均排查占总票证的 5%，日常追溯数据上报质量大幅提升。全市未发现系统性、区域性食品安全风险隐患，并在全市范围内开展了农产品流通追溯。

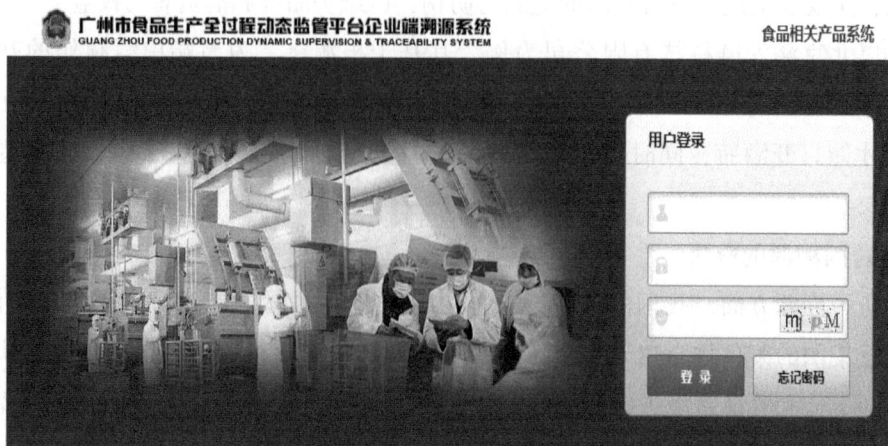

图 4-17　广州市食品生产全过程动态监督平台企业端溯源系统

可追溯系统的功能和技术要求随着消费者对食品供应链信息的要求而逐步提高。今后追溯将成为质量标准和贸易的新基础。消费者对产品的实时资讯需求也将在购买和使用时得到强化。因此，在食品行业中，追溯产品资讯有望成为新的市场营销竞争优势。

二、加工环节管理

（一）加工环节管理体系建设

前节所述可追溯体系是连接预制菜原料、加工与消费之间的桥梁。预制菜可追溯系统不是孤立的，它需要与其他质量管理体系结合才能发挥作用。目前国际上通用的确保食品加工环节质量管理体系的实施方法是 HACCP、GMP 和 ISO9000。GMP 是预制菜加工的基本要求，也是有效实施 HACCP 和可追溯的基础。HACCP 是通过过程控制以保证质量安全的方法。HACCP、GMP 和 ISO9000 等质量管理技术体系的共同点是都需要一个有效记录系统，因此可追溯体系与 HACCP、GMP 和 ISO9000 等结合实施才能更好地发挥各自作用。

QS 为质量安全（Quality & Safety）的英文缩写，是我国的食品市场准入标志，它是我国近年实施的食品安全标志。国家市场监督管理总局按照国务院批准的方案，依据《中华人民共和国产品质量法》、《中华人民共和国标准化法》、《工业产品生产许可证试行条例》等法律法规范定地对食品及生产加工企业的监管制度进行监管。

认证是指由具有资质的专门机构证明产品、服务、管理体系符合相关技术规范的强制性要求或者标准的合格性评定活动，其基本功能是为市场或消费者提供符合标准和技术规范要求的产品、服务和管理体系信息。

我国的认证认可体系可以用图 4-18 表示。

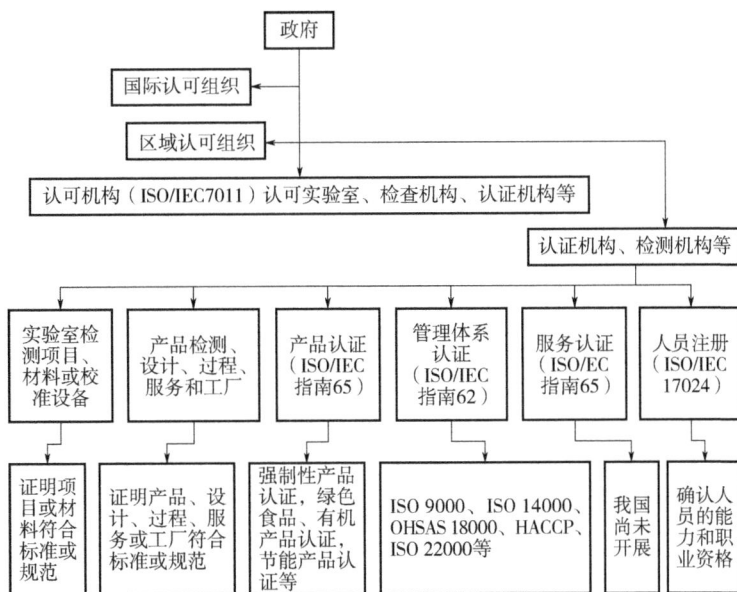

图 4-18　我国认证认可体系

1. 食品 GMP 管理体系

食品 GMP（Good Manufacturing Practice，良好操作规范）是为保障食品安全、质量而制定的贯穿食品生产全过程的一系列措施、方法和技术要求，主要内容包括制定企业标准的生产过程、设定生产设备的良好标准、规定正确的生产知识和严格的操作规范以及完善质量控制和产品管理，用以防止出现质量低劣的产品，保证产品质量。因此，GMP 涵盖了从原料到成品全过程的各环节的卫生条件和操作规程，是一种注重在生产过程中实施对产品质量与卫生安全的自主性管理制度。

食品 GMP 是从药品 GMP 中发展起来的。美国 FDA 于 1963 年颁布了世界上第一部药品 GMP，实现了药品从原料开始到成品出厂的全过程质量控制。1969 年 FDA 制定了"食品良好生产工艺基本法"，FAO/WHO/CAC 也于 1969 年开始采纳 GMP，并收集研究各种食品的 GMP，作为国际规范推荐给各成员国。CAC 共有 41 个 GMP，作为解决国际贸易争端的重要参考依据。

对于预制菜生产加工，GMP 的工作重点是：确认预制菜生产过程的安全性；防止异物、毒物、微生物污染预制菜；双重检验制度，防止出现人为的损失；标签的管理；人员培训；生产记录、报告的存档以及建立完善的管理制度。因此，GMP 中最关键、最核心的内容是卫生标准操作规范（SSOP），它是预制菜企业必须遵守的基本卫生条件，也是预制菜生产中实现 GMP 全面目标的卫生操作规程。SSOP 强调预制菜生产车间、环境、人员及与预制菜有接触的器具、设备中可能存在危害的预防以及清洁措施，重点是生物性危害。ISO 9000、GMP 和 SSOP 是建立和实施 HACCP 的基础和前提条件，只有把 HACCP 与 ISO 9000、GMP、SSOP 有机地结合起来，HACCP 才能更完整、更有效、更具有针对性，从而形成一个完整、有效的质量保证体系（图 4-19）。

GMP 作为国际上普遍采用的用于食品生产的先进管理系统，对于提高企业的品牌信誉和市场竞争力，促进企业的生产管理水平具有十分重要的意义。

2. HACCP 管理体系

HACCP 是 "Hazard Analysis and Critical Control Point" 英文字母的缩写，意为 "危害分析与关键控制点"。它是一种科

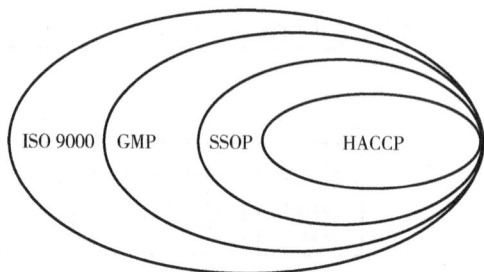

图 4-19　ISO 9000、GMP、SSOP 与 HACCP 的关系

学、高效、简便、合理而又专业性很强的食品质量安全管理体系，是一种控制食品安全性危害的预防性体系，由食品的危害分析（Hazard Analysis）和关键控制点（Critical Control Point）两部分组成。

在预制菜加工环节，HACCP 是一种基于预防的食品安全管理体系，它综合运用食品加工、微生物学、化学、物理学、质量控制和危害评估等原理和方法，对预制菜从原料采购到消费的全链条进行系统分析。这包括对原料采购、加工、包装、贮藏、销售和消费等各个环节中实际存在或潜在的危害进行识别、评估和控制。通过科学分析，确定影响预制菜安全性的关键控制点（CCP），并针对这些关键点制定相应的预防性控制措施。其核心在于通过预防性管理，从根本上保障预制菜的质量安全，而不是单纯依赖对最终产品的检验来确保安全性。HACCP 体系最初由美国 NASA 为保障宇航员食品安全而开发，被称为 "宇航员食品标准"。如今，它已成为全球最具权威的食品安全质量保证体系之一。

根据联合国食品法典委员会（CAC）的标准确定，在 HACCP 中有七条原则作为体系的实施基础，它们分别是：

（1）进行危害分析。根据已确定的预制菜工艺流程图，分析与预制菜生产各阶段有关的潜在危害性及其程度，鉴定出各种危害并制定具体有效的控制措施。这种分析应包括从原料生产、预制菜加工、产品贮运到消费等各个环节。

（2）确定关键控制点（CCP）。CCP 是指预制菜生产中可能影响食品安全的工序或环节，例如原料采购、加工、设备清洗、储存运输等。通过对其实施控制，能预防、

消除或最大限度地降低一个或几个危害。CCP 通常分为两类：一类关键控制点（CCP1）：可消除或预防危害；二类关键控制点（CCP2）：可最大程度减少或降低危害。

（3）建立与各 CCP 相关的关键限值。关键限值就是 CCP 的绝对允许极限，如果超过了关键限值，那么就意味着这个 CCP 失控，产品可能存在潜在的危害（表4-1）。构成关键限值的可以是化学、物理或微生物方面的指标，如温度、时间、水分活度、pH、滴定酸度、防腐剂含量、细菌总数等（表4-2）。

表 4-1　关键限值的确认依据

CCP	加工步骤	关键限值	判定依据
CCP1	原料肉接收	原料肉来自于非疫区	北京市对生肉运输、加工规定：原料肉检查动物产品检疫合格证明、非疫区证明（北京市外）、动物产品运载工具消毒证明，简称"三证"
CCP2	限量添加辅料计量称重	按配方的添加量进行准确添加；计量器具测量准确	质监部门对计量器具进行检定，配料严格按配方进行，确保限量添加的添加剂安全使用
CCP3	热加工	青岛火腿：炉内温度（85±1）℃持续 100min 广味香肠：烘烤温度（50±1）℃持续 150min；烘烤温度（60±1）℃，烘烤 80min；当炉内温度升至（85±1）℃时烘烤 60min 牛腱子：锅内温度≥98℃，时间≥90min	相关的温度、时间达到此限值时食品未发现安全事故。见验证报告
CCP4	二次灭菌	压力 0.15～0.22MPa，灭菌罐水温 100～105℃，时间 10～15min	相关的温度、时间达到限值时食品未发现安全事故。见验证报告

表 4-2　有关产品关键限值的举例

危害	CCP	关键限值
细菌性病原体（生物的）	高温灭菌	消灭牛奶中的病原体，需在≥70℃，不少于 15min 条件下
	干燥箱	干燥程序：烘箱温度>90℃，干燥时间不少于 20min，气流>2m/s，产品厚度≤0.5in（真空干燥仪器真空度不大于 0.85）
	酸化	分批程序：产品质量<100lb，浸泡时间>8h；乙酸浓度>3.5%，容积≤50gal（腌制食品中使 pH<4.6 来防治梭状芽孢杆菌）

注：1lb=453.59g；1gal=3.785L；1in=2.54cm。

（4）确定 CCP 的监控措施。监控措施是一个有计划地连续监测或观察的过程，用以评估 CCP 是否受控，以保证 CCP 处于受控状态。它是 HACCP 管理体系的重要组成部分，是保证安全生产的关键措施。当通过 HACCP 为生产中所有的 CCP 制定了切实可行的关键限值后，就可将它们逐项填入 HACCP 控制表中，见表 4-3。HACCP 控制表是 HACCP 计划中的关键文件之一，它记载了各个步骤中所有 CCP 方面的重要信息，这些信息可以独立成文，也可将它们集中于某一模式中。

表 4-3　酸奶加工过程中关键限值

CCP	加工步骤	潜在危害	预防措施	关键限值（CL）	监测频率	补救措施
CCP1	原料验收	生物性：腐败菌、致病菌、病毒 化学性：农药、兽药、抗生素、防腐剂等 物理性：奶中异物	入厂进行严格感官检验、理化检验和微生物检验	原奶酸度小于 18°T，抗生素和消毒剂不得检出。含菌量小于 5×10^4cFu/ml，其他各项指标均应符合相应企业标准	每个批次	超标拒收
CCP2	巴氏杀菌	生物性：腐败菌、致病菌 化学性：无 物理性：无	温度、时间、压力监测采用自动控制和人员检查相结合	≥85℃，时间 10min。蒸汽压力 4MPa，杀菌后细菌总数小于 3×10^3cFu/ml	微生物检测每个批次。温度，时间，压力在线监测	杀菌不合格重新杀菌
CCP3	冷却接种	生物性：腐败菌、致病菌 化学性：无 物理性：异物	控制室温度显示，发酵剂活力测定	温度<40℃，混合发酵剂活力（DVI 测试）大于 0.81%，按 3% 比例添加	每个批次	纠正制冷量冷却温度
CCP4	灌装发酵	生物性：腐败菌、致病菌 化学性：无 物理性：异物	pH 曲线或酸度现场监控	发酵温度为 40℃ 左右，终点酸度为 70~80°T	每个批次	无菌灌装

（5）建立纠正措施。当监控结果显示某一 CCP 发生偏离关键限值的现象时，必须采取纠偏措施。因此，需要提前制定纠偏措施，以便对出现偏差的预制菜进行处理，并使 CCP 重新恢复到受控状态。同时，要记录整个纠偏过程。

（6）建立验证程序。验证程序的目的是通过科学、系统的方法确认 HACCP 体系是否有效，所采取的各项措施能否控制预制菜在生产、流通各环节的潜在危害，以此来确保 HACCP 体系的有效运作。验证方法包括物理、化学、感官或生物学实验等。

（7）建立 HACCP 实施记录及保管制度。在实施 HACCP 方案时，需进行例行记录，并将这些记录进行档案化管理。这样不但可以评价企业是否按既定的 HACCP 计划进行生产管理而且能使企业及时发现并调整加工过程中偏离 CCP 的趋势，防止生产过程失控。

HACCP 作为科学的食品安全性预防体系具有以下特点：

1）危害分析和关键控制点是预防性的预制菜安全保证体系，但它不是一个孤立的体系，必须建立在预制菜良好生产规范和卫生标准操作程序的基础上。

2）每个危害分析和关键控制点计划都反映了某种预制菜加工方法的专一性，其重点在于预防设计上，防止危害进入预制菜。

3）危害分析和关键控制点分析不是零风险体系，它将预制菜安全的责任首先归于预制菜生产商及预制菜销售商，并使预制菜生产最大限度趋近于"零缺陷"，从而尽量降低预制菜安全危害的风险。

4）危害分析和关键控制点分析克服了传统食品安全控制方法（现场检查和成品测试）的缺陷，强调加工过程中生产者与监管部门的交流沟通。监管部门通过确定危害是否得到正确控制，来验证工厂危害分析和关键控制点分析实施情况，将精力集中到预制菜生产加工过程中最易发生安全危害的环节上，从而更有效地控制预制菜安全。

5）危害分析和关键控制点分析概念可推广、延伸、应用到预制菜质量的其他方面，进而控制预制菜缺陷。

HACCP 体系认证一般是由具备一定资质能力的认证机构来进行，通过对预制菜生产、加工、贮运、销售全过程的 HACCP 体系认证，来验证企业建立的 HACCP 质量控制体系是否合理有效。在我国，HACCP 认证工作由国家认证认可的监督管理委员会（CNCA）统一管理。原中国国家进出口企业认证机构认可委员会（CNAB）曾负责相关认证能力的资格认可，但目前已整合为中国合格评定国家认可委员会（CNAS），CNAS 是经 CNCA 批准设立并授权的国家认可机构。HACCP 体系认证通常有四个阶段，即企业申请、认证审核、证书保持和复审换证。

3. ISO 9000 质量管理标准体系

ISO 9000 系列标准是国际标准化组织（International Organization for Standardization，ISO）所制定的关于质量管理和质量保证的一系列国际标准。国际标准化组织（ISO）在建立质量管理体系过程中，要求各会员国提交其国家标准以供讨论和研究。其中，英国和加拿大的标准更接近 ISO 的要求，被选为 ISO 9000 系列的基础。1987 年，ISO 质量管理和质量保证技术委员会（ISO/TC176）正式发布了 ISO 9000 系列标准，包含 20 个要素和 16 个具体标准。2000 版 ISO 9000 系列标准的文件结构见表 4-4。

表 4-4　2000 版 ISO 9000 系列标准的文件结构

核心标准		支持性标准和文件	
ISO 9000	质量管理体系——基础和术语	ISO 10012	测量控制系统
		ISO/TR10006	质量管理——项目管理质量指南
ISO 9001	质量管理体系——要求	ISO/TR10007	质量管理——技术状态管理指南
		ISO/TR10007	质量管理体系文件指南

（续）

核心标准		支持性标准和文件	
ISO 9004	质量管理体系——业绩改进指南	ISO/TR10014	质量经济性管理指南
		ISO/TR10015	质量管理——培训指南
ISO 19011	质量和（或）环境管理体系审核指南	ISO/TR10017	统计技术指南，质量管理原则，选择和使用指南

ISO 9000 标准的核心内容是建立企业的质量管理和质量保证体系，对产品质量进行全过程管理。其最大特点是规范化和程序化，强调企业内部管理的加强，确保每项工作都有明确的责任人和文字记录。其最终目的是保证产品质量。

ISO 质量保证体系认证不仅是食品企业产品质量和安全的重要保障，还成为国际食品贸易中的重要"通行证"。目前，全球已有 100 多个国家将 ISO 9000 标准转化为本国标准，并建立了质量保证体系认证制度。许多发达国家和发展中国家已将 ISO 9000 认证作为选定合格供应商的基本条件。我国于 1992 年发布了等同采用 ISO 9000 标准的 GB/T 19000 系列国家标准。2000 年，为适应加入 WTO 的新形势，我国修订并发布了与国际标准接轨的质量管理和质量保证系列标准。

企业同时实施 HACCP 体系和 ISO 9000 质量管理体系，能够有效提升管理规范化水平，但必须确保两者的有机结合。ISO 9000 与 HACCP 可以形成一个和谐、有机的整体，实现优势互补：ISO 9000 强调质量管理的全面性和系统性，提供企业运行的基本框架；HACCP 则专注于食品安全的关键控制点，具有预防性和针对性。而 ISO 22000 是专门针对食品安全管理，整合了 HACCP 原理。ISO 9000 与 ISO 22000 在管理框架、术语定义等方面兼容，只是在适应范围和控制重点上各有侧重。其中 ISO 22000 与 HACCP 内容对比可参见表 4-5。通过整合成 ISO 22000，企业既能满足 ISO 9000 的审核要求，又能实现 HACCP 的验证目标。这种结合不仅提高了管理效率，还降低了成本，增强了企业的市场竞争力。

表 4-5　ISO 22000 与 HACCP 内容对比

HACCP	ISO 22000
HACCP 小组组成	5.5 食品安全小组长
产品描述	7.3.3 产品特性
识别预期用途	7.3.4 预期用途
确立流程图	7.3.5.1 流程图
现有控制措施	7.3.5.2 加工步骤和控制措施的描述
现场确认流程图	7.3.5.1 现场确认流程图

（续）

HACCP	ISO 22000
1. 实施危害控制	7.4.2 可接受水平的描述和危害评价
	7.4.3 危害评估
2. 确定 CCP	7.6.2 关键控制点的确定
3. 建立 CL 值	7.6.3 确定 CCP 的 CL 值
4. 建立监控体系	7.6.4 关键控制点建立监控体系
5. 建立纠偏措施	7.8 验证的策划
6. 建立验证程序	8.3FSM 体系的建立和验证
7. 建立文件和记录保持程序	4.2 文件要求
8. 前提要求	7.2 设计必备方案

4. QS 认证体系

"QS"认证主要包括以下三项内容：

（1）食品生产许可证制度。对预制菜生产企业实施食品生产许可证管理。具备基本生产条件且能保证产品质量安全的企业，可获得《食品生产许可证》，准予生产获证范围内的产品；不具备条件的企业不得从事预制菜生产加工。

（2）强制检验制度。对企业生产的预制菜实施强制检验。未经检验或检验不合格的产品不得出厂销售。对于不具备自检条件的企业，必须委托具备法定资格的检验机构进行产品检验。

（3）市场准入标志。对实施食品生产许可证制度且检验合格的预制菜，加贴"QS"标志，作为市场准入的标识。

（二）加工环节重点危害管理

1. 危害来源

（1）生物性危害。生物性危害、化学性危害和放射性危害被认为是影响预制菜安全的最主要危害因素。生物性危害包括细菌、霉菌及其毒素、病毒、寄生虫等可以引起的食源性疾病的危害，由此而引起的预制菜安全性事件时有发生，已成为世界性关注的预制菜安全问题；由甲醛、甲醇、亚硝酸盐、重金属、有机磷农药、苏丹红、瘦肉精、三聚氰胺、化学防腐剂等引发的化学性污染屡见不鲜；由于科学技术的进步，出现了转基因食品、辐照食品等，这些食品的安全性至今仍存有争议。因此，对于从事预制菜质量检验、监管的工作人员来说，深入地研究分析影响食品安全的危害因素并加以防范控制是至关重要的。食品微生物学检验部分标准参见表 4-6。

85

表4-6 食品微生物学检验部分标准

编号	名称	实施时间（年/月/日）
GB 4789.1—2016	食品安全国家标准 食品面生物学检验 总则	2017/6/23
GB 4789.2—2016	食品安全国家标准 食品微生物学检验 菌落总数测定	2017/6/23
GB 4789.4—2016	食品安全国家标准 食品微生物学检验 沙门氏菌检验	2017/6/23
GB 4789.8—2016	食品安全国家标准 食品微生物学检验 小肠结肠炎耶尔森氏菌检验	2017/3/1
GB 4789.10—2016	食品安全国家标准 食品微生物学检验 金黄色葡萄球菌检验	2017/6/23
GB 4789.28—2013	食品安全国家标准 食品微生物学检验 培养基和试剂的质量要求	2014/6/1
GB 4789.36—2016	食品安全国家标准 食品微生物学检验 大肠埃希氏菌O157：H7/NM 检验	2017/6/23
GB 4789.41—2016	食品安全国家标准 食品微生物学检验 肠杆菌科检验	2017/3/1

（2）化学性危害。随着化学合成食品添加剂、化学药品、化学试剂及其他一些化学物质的广泛使用，预制菜的化学性污染问题也越来越受到人们的普遍重视。由于一些化学物质在预制菜加工、储存、运输等过程中可能进入人体而造成损害，因此，掌握化学物质性质、污染预制菜的途径，进行有效地预防和控制，是提高预制菜安全与卫生和保证人体健康的重要手段。食品中农药及相关化学品残留量的测定部分标准参见表4-7。

表4-7 食品中农药及相关化学品残留量的测定部分标准

编号	名称	实施时间（年/月/日）
GB 23200.2—2016	食品安全国家标准 除草剂残留量检测方法 第2部分：气相色谱-质谱法测定 粮谷及油籽中二苯醚类除草剂残留量	2017/6/18
GB 23200.4—2016	食品安全国家标准 除草剂残留量检测方法 第4部分：气相色谱-质谱法测定 食品中芳氧苯氧丙酸酯类除草剂残留量	2017/6/18
GB 23200.8—2016	食品安全国家标准 水果和蔬菜中500种浓药及相关化学品残留量的测定气相色谱-质谱法	2017/6/18
GB 23200.59—2016	食品安全国家标准 食品中敌草腈残留量的测定 气相色谱-质谱法	2017/6/18

（续）

编号	名称	实施时间（年/月/日）
GB 23200.86—2016	食品安全国家标准 乳及乳制品中多种有机氯农药残留量的测定 气相色谱-质谱法	2017/6/18
GB 23200.93—2016	食品安全国家标准 食品中有机磷农药残留量的测定气相色谱-质谱法	2017/6/18
GB 2320097—2016	食品安全国家标准 蜂蜜中 5 种有机磷农药残留量的测定 气相色谱法	2017/6/18
GB 23200.98—2016	食品安全国家标准 蜂王浆中11种有机磷农药残留量的测定 气相色谱法	2017/6/18

（3）物理性危害。物理性危害是指预制菜中的异物，可以定义为任何消费者认为不属于食物本身的物质，而有些异物与食物原料本身有关，如肉制品中的骨头渣，它是食物的一部分，还有糖和盐中的结晶时常被误认为是碎玻璃。所以，异物一般被分为自身异物和外来异物，自身异物是指与原材料和包装材料有关的异物；外来异物是指与食物无关而来自外界并与食物合为一体的物质。也可以如此描述物理性危害，即任何尖利物可引起人体伤害、任何硬物可造成牙齿损坏和任何可堵塞气管使人窒息之物。外来异物包括：昆虫、污物、金属片、木头、玻璃等。我国食品理化检验部分标准参见表4-8。

表 4-8 我国食品理化检验部分标准

编号	名称	实施时间（年/月/日）
GB 5009.2—2016	食品安全国家标准 食品相对密度的测定	2017/3/1
GB 5009.3—2016	食品安全国家标准 食品中水分的测定	2017/3/1
GB 5008.7—2016	食品安全国家标准 食品中还原糖的测定	2017/3/1
GB 5009.8—2016	食品安全国家标准 食品中锌的测定	2017/6/23
GB 5009.14—2017	食品安全国家标准 食品中果糖、葡萄糖、蔗糖、麦芽糖、乳糖的测定	2017/10/6
GB 5008.17—2014	食品安全国家标准 食品中总汞及有机汞的测定	2016/3/21
GB 5009.25—2016	食品安全国家标准 食品中杂色曲霉素的测定	2017/6/23
GB 5009.28—2016	食品安全国家标准 食品中维生素 A、D、E 的测定	2017/6/23
GB 5009.82—2016	食品安全国家标准 食品中氨基酸的测定	2017/6/23
GB 5009.124—2018	食品安全国家标准 食品中苯甲酸、山梨酸和糖精钠的测定	2017/6/23

（续）

编号	名称	实施时间（年/月/日）
GB 5009.168—2016	食品安全国家标准 食品中脂肪酸的测定	2017/6/23
GB 5009.227—2016	食品安全国家标准 食品中过氧化值的测定	2017/3/1
GB 5009.231—2016	食品安全国家标准 水产品中挥发酚残留量的测定	2017/3/1
GB 5009.240—2016	食品安全国家标准 食品中伏马毒素的测定	2017/3/1
GB 5009.244—2016	食品安全国家标准 食品中二氧化氯的测定	2017/3/1
GB 5009.248—2016	食品安全国家标准 食品中叶黄素的测定	2017/3/1
GB 5009.250—2016	食品安全国家标准 食品中乙基麦芽酚的测定	2017/3/1

2. 危害控制

下面主要讨论在加工过程中的微生物安全管理，并且为生产和销售的不同阶段推荐了加工环节检验和标准，具体如下：

（1）初级生产。对于一些商品，如水果、蔬菜、香辛料、畜肉、禽肉和鱼类制品，初级生产操作对过程对产品的微生物质量具有重要影响。在适当的且能获得信息的情况下，关于灌溉、海产品捕捞地的海水、肥料、接种程序、饲养制度以及其他农场操作的信息可作为国家标准制定的依据和参考。

（2）配料。预制菜通常由许多配料组成。一些配料的微生物质量和安全对终产品的安全性和稳定性有重要影响。如果在配料加入预制菜后，其后续生产过程中没有热处理工艺，那么原料中相关微生物的控制对终产品是非常必要的。而对于其他预制菜，由于在生产过程中原料可能要经过一个杀菌程序，因此制定微生物标准可能没有那么重要。如果对下面两个问题中的任一个给予"是"的肯定回答，则推荐考虑对配料进行微生物检验。

A. 是否需要为了保障安全和质量在原料阶段进行控制？

B. 是否需要通过检验来验证原料的可接受性？

（3）加工过程。加工环节检验，其目的为：①确认杀菌程序是否有效，或②监控产品是否可能被污染。HACCP的概念强调了为生产安全预制菜应用已经过确认和验证的过程控制措施的重要性。某些微生物检验可能用于确认是否按预期实施了过程控制（例如，执行厂内验证程序评估某个特定生产过程的控制措施）。例如，对来自熟制设备的加工过程产品中的指示菌（如大肠菌群和肠杆菌科）进行检验，可有助于验证熟制工艺是否充分。

采集中间产品（如从传送带、填充工具顶部、存储器或大桶等采集）及生产线样品（如加工洗涤水、筛子中残渣、细料、传送带残渣及刮削物）可以替代棉花棒或海绵涂抹采样，以监测与公众健康或腐败菌相关的微生物污染。在生产过程中最坏的情况是，加工过程产品或产品残留物在有助于微生物生长的条件下在加工设备上沉积。与终产品检验相比，加工过程检验可能会提供更多的有关潜在的微生物污染的实用信息。如果对以下所有问题都能给予"是"的肯定回答，则推荐考虑对产品进行过程检验。

A. 需要控制生产过程以防止相关微生物增长、确保其降低、维持当前水平或防止其蔓延吗？

B. 需要通过微生物检验验证生产过程是按预期运行的吗？在生产过程中未发生微生物污染吗？

C. 加工过程中是否存在这样的环节，在此沉积的产品残渣可提供有代表性的或最坏情形的样本以预测终产品的安全或质量？

（4）加工环境。维持加工环境的卫生水平对于生产安全和健康的预制菜非常重要；然而，不同的预制菜，相关微生物要求也不尽相同。一般是用棉花棒或海绵采集设备或环境样本。此类采样检验对于验证某类特定产品的生产环境处于适当的卫生控制中是非常有用和有效的。与过程采样相比，基于预先确定的明确的目标、设计良好的环境检验计划可能要比终产品检验提供更多的有关潜在微生物的信息。如果对以下问题都给予"是"的肯定回答，则一般在考虑可能进行的检验时，推荐对产品进行环境检验。

A. 需要控制环境以防止产品被相关微生物污染吗？

B. 检验有益于对环境中相关微生物的控制吗？

（5）货架期。预制菜的货架期受随着时间推移对产品质量有不良改变的多种因素的影响，其中许多因素为非微生物性的，如酶活性、氧化、结构性改变、腐败等。但微生物活性在一些预制菜的安全或腐败中扮演着重要角色。对于某些预制菜（如冷鲜净菜等预制菜），货架期检验可能并不可行。如果对以下问题都能给予"是"的肯定回答，则推荐考虑对产品进行货架期检验。

A. 预制菜的货架期受微生物安全或质量限制吗？

B. 货架期检验可行吗？

（三）加工环节生产管理

1. 员工培训

员工素质直接影响预制菜的质量安全。人为因素是预制菜质量安全问题的主要来源。因此，企业需根据生产加工中的实际问题，制定详细的培训计划，针对性地提升员工工作质量。同时，可邀请行业专家进行实地指导和经验分享，提高一线员工的专业技能和管理水平，及时发现并解决生产过程中的问题，确保产品质量安全。

2. 基础设施建设

预制菜生产加工对卫生条件要求严格。企业需确保厂房、设备、环境、温湿度、通风等符合标准，严格按照操作流程进行生产。不同预制菜产品有其特定的生产要求。完善的基础设施、科学的生产方式、先进的设备、合理的监测手段以及畅通的销售渠道，是保障预制菜质量安全的前提。

3. 原料保证

原料质量直接决定预制菜的品质。企业需从源头把控原料种植、运输和加工过程，严格执行农业标准，合理使用化肥、农药和兽药，避免农药残留、兽药残留及重金属超标，确保原料绿色无污染。对于进口原料，必须严格检验，确保符合国家相关标准。

4. 加工工艺

加工工艺水平直接影响预制菜的质量安全。例如，发酵类预制菜对温度、时间等技术参数要求严格，控制不当会导致出现品质问题。企业需优化加工工艺，确保生产过程科学合理，以保障产品质量。

5. 加工智能化

随着科技的快速发展，预制菜加工技术不断推陈出新。物联网、大数据和人工智能等新技术可应用于预制菜生产与监管，减少人为因素干扰，实现标准化生产，提升产品质量安全水平。企业应注重智能化建设，推动生产过程的智能化管理。

6. 产业链管理

预制菜质量安全不仅依赖生产环节，还需加强产业链上下游管理，扩大安全管理范围，排除潜在风险。

（1）企业需严格筛选原材料供应商，实地考察其质量管控能力。

（2）建立完善的原材料管理体系，记录其批号、保质期等信息，合理安排生产，提高原材料利用率。

（3）通过成本分析和资金管理，优化资源配置，提高市场流转效率，减少库存积压带来的变质风险。

三、储存与运输管理

预制菜的储存与运输是预制菜产业的重点。在预制菜从制作到销售的全过程中，储存与运输是连接各个部分的关键环节，也是最容易出问题的环节之一。企业需要建立并严格执行相关流程和制度，以确保预制菜的储存与运输环节中的质量管理。

（一）预制菜储存管理

1. 预制菜储存安全体系及相关规范

国家颁布了一系列的法规、标准和指南，旨在确保食品在储存过程中的安全性，以保护消费者健康并维护食品质量。关于预制菜的储存，需要严格遵循相关的食品安全法规和标准。

在我国，《食品安全法》是保障食品安全的基本法律，其中从温度控制、储存环境、储存时间和储存容器等方面，对食品储存安全提出了明确的要求，有助于预防食品变质、污染，旨在确保食品的质量和安全。

食品的贮存温度、湿度、时间等参数在 2019 年颁布的《冷藏、冷冻食品物流包装、标志、运输和储存》中均有明确规定。所有冷藏、冷冻食品在储存时，都需要保证其温度符合产品特性和存储要求。同时，对于需要长期储存的食品，应当定期检查并清理变质或者超过保质期的食品。标准还对食品储存环境提出了要求，包括库房应结构布局合理，方便原材料与成品的分离贮藏；库房内应保持清洁干燥的环境；有良好的照明；能防止虫害、冷凝现象、粉尘、烟雾及异味等。

2020 年发布的《食品安全国家标准 食品冷链物流卫生规范》为食品在冷链物流过程中的各个环节提供了明确的基本要求。这些要求涵盖了交接、运输配送、储存、人员管理、追溯及召回、文件管理等多个方面，确保食品在出厂至销售前的每一步都有温度控制。这一标准适用于所有需要在物流过程中保持特定温度的食品，旨在保障食品的安全与质量。

随着行业的不断发展，标准化建设显得尤为重要。"行业发展，标准先行"，据统计，截至 2024 年 5 月，我国现行有效的预制菜标准已达四百多项，其中包括三十多项地方标准、约三百项团体标准和百多项企业标准。例如，《长三角预制菜点质量与服务评价规范》对原料、加工、包装、标签标识、贮存配送、还原度及食品安全指标等多个方面提出了明确要求，进一步推动了预制菜行业的规范化与高质量发展。贮藏保鲜技术包括以下几种，其中对于储存方面，明确要求了冷冻预制菜的储存环境、冷藏条件等，鼓励使用环保可降解的包装材料，并确保包装的完整性等。

然而，目前预制菜行业仍然缺乏完善的国家标准和行业标准。预制菜发展需要标准先行，为行业的持续健康发展提供有力保障，加快推进预制菜标准建设已成为社会各界的共识。

2. 各类预制菜储存要求

预制菜的储存要求主要包括以下几个方面：

（1）储存温度：预制菜的储存温度对其质量及保存限期影响很大。一般情况下，冷冻预制菜的储存温度应在-18℃以下，而新的超低温速冻技术能使预冷后的预制菜快速形成均匀致密的冰晶，使细胞组织受损程度降低。根据不同的冻品厚度，可以在20min~3h 的时间完成速冻。速冻后的预制菜即可放置于-18℃的常规冷库长期保存。其他冷藏预制菜的储存温度应在 0℃至 10℃之间。

（2）储存湿度：湿度对于预制菜的质量和保质期也有重要影响。适当的湿度可以防止食物干燥和变质。一般来说，预制菜的储存湿度应控制在30%至70%之间。

（3）光线要求：光照会加速食物氧化、褪色，使其品质、口感受到影响。预制菜的储存应避免阳光直射，可以选择使用防紫外线的光线灯具，或者将食品存放在遮光容器中。

（4）储存时间：预制菜的储存时间对其保质期有重要影响。一般来说，预制菜在正确储存条件下，其保质期应不低于规定的标准。过长的储存时间可能导致食物变质和食品安全问题。

（5）食品含水量：食物含水量会对其储存方式及时间造成影响。一般情况下，细菌、霉菌更容易滋生在含水量较高的食物中。因此，含水量高的食物对储存条件要求更为严格。同时需注意控制食物的含水量，避免在储存预制菜时过度湿润或晾晒。

总的来说，预制菜的储存要求涉及多个方面，包括储存温度、湿度、光线、时间和食品含水量等。合理的储存条件可以确保预制菜的质量和食品安全，延长其保质期。表 4-9 ~ 表 4-12 为几种常见类型的预制菜的储存条件。

表 4-9　不同温、湿度下动物性预制菜的储存条件及保存期

品名	温度/℃	相对湿度（%）	保期/d
鲜畜禽肉类 （牛、羊、猪、鸡、鸭等）	4 0~1 -1~1 -15~-12 -23~-18 -30~-25	 70~85 85~90 90~95 95~100 95~100	2~4 5~10 10~20 120~300 210~450 480~720
水产类（鲜）	22 0~1 -15~-12 -18~-15	 85~90 90~95 95~100	1 1~2 90~120 120~180
熟肉制品 （香肠、火腿等）	4 -12 -18	 — 	3~7 60 120~180
腌肉	0	85~90	180
肉、鱼干	37.8 22	 —	100 350
罐头	<20	75	720

表 4-10 不同温、湿度下各类预制菜中不同植物型原料的储存条件及保存期

品名	温度/℃	相对湿度（%）	保期/d
叶菜类	37.8		1~3
	22		1~7
	11	90	10~20
	−1	85~90	80~100
根茎类	37.8		2~20
	22	—	7~50
	−1~0		30~300
花菜类	0	—	60
果菜类	7~10	85~95	10~30
	0	85~90	25~60
苹果	0	85~90	60~210
梨	0~1	85~90	40~60
菠萝（成熟）	4~7	85~90	14~28
龙眼	1~3	94~96	30

表 4-11 不同温、湿度下各类预制菜中不同粮食型原料的储存条件

品名	温度/℃	相对湿度（%）	平衡水分含量	安全储藏水分
大麦、小麦	0~30	60~70	12.50~15.30	≤14.0
稻谷	0~30	60~70	11.93~13.26	≤12.5
大米、小米	0~30	60~70	12.51~15.19	≤14.0
玉米	0~30	60~70	12.39~15.58	≤14.5
黄豆	0~30	60~70	8.86~14.80	≤12.0

表 4-12 不同温、湿度下其他类预制菜的储存条件

品名	温度/℃	相对湿度（%）	保期/d
糖果	<20	70~75	
酒类	<20	60~80	
饮料	4~20		

3. 食品贮藏保鲜技术

（1）影响食品腐败变质的主要原因（图 4-20）包括以下几点。

1）氧化：氧气是导致食物氧化变质的主要因素之一。当食物暴露在空气中时，氧气会与其中的脂肪、蛋白质和维生素等成分发生反应，导致食物味道发生变化，产生异味或质地变硬。

2）微生物：食物腐败的主要原因之一是微生物（如细菌、霉菌、酵母菌等）。它们可以通过分解、发酵、产生毒素等方式，通过空气、水、土壤或其他食物传播，引

起食物变质。

3）光照：光照可以加速食物的氧化和降解过程，尤其是在阳光直射下。因此，应将食物储存在避光的环境中，以减少光照对食物质量的影响。

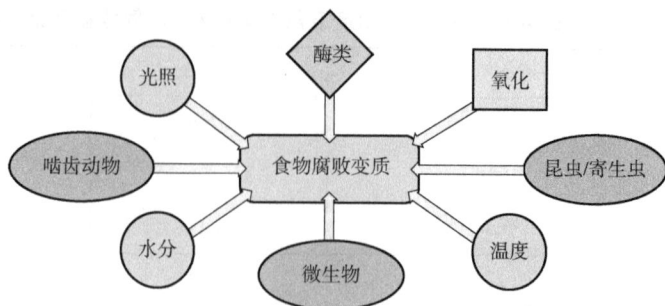

图 4-20 影响食品腐败变质的主要原因

4）水分：水分是许多微生物生长繁殖的必需物质，所以湿度过大能促使微生物繁殖，造成食物变质。同时，水分过多过少，也会使食物失去原有的口感。

5）酶类：酶存在于许多食物之中，在合适的条件下能引起食物分解变质。比如水果中的酵素，可以让果肉变软，也可以让果色变深。

6）温度：温度是食物变质过程中的重要因素。高温会促进微生物生长和代谢，而低温则可以减缓微生物活动并延长食物的保质期。因此，适宜的储存温度对于保持食物的新鲜和质量至关重要。

7）昆虫/寄生虫：昆虫和寄生虫可以传播病菌并污染食物，导致食物变质。它们可以在储存或处理过程中进入食物，因此卫生措施和食品防护是预防其污染的关键。

8）啮齿动物：啮齿动物（如老鼠和松鼠）也会破坏食物的包装，咬食食物或将其污染，导致食物损坏和变质。

综上所述，了解并控制这些因素对于保持食物的新鲜和质量非常重要。正确的保存方法，可以使食品的保存期限延长，减少变质的发生，从而减少食品安全隐患。

（2）贮藏保鲜技术包括以下几种：

1）充气贮藏：通过精准调节保鲜库内氮气、氧气、二氧化碳和乙烯等气体的比例，结合适宜的湿度和温度（保持在冰冻临界点以上），以及气压的控制，显著抑制储藏物细胞的呼吸作用。这种方法能有效减缓新陈代谢，使食品处于接近休眠的状态，避免细胞死亡。通过这样的调控，储藏物的质地、色泽、口感和营养成分能够长时间保持不变，显著延缓食品的腐败和变质。

2）低温贮藏：低温贮藏即降低食品温度，并维持低温水平或冰冻状态以阻止或延缓它们的腐败变质，一般可分为冷藏和冷冻两种方式。前者没有冷冻的过程，常用这种方法来保存新鲜的水果和蔬菜，以及短期储存的食物。后者应使贮藏物降至冰点以下，以使动物食品的全部或部分的水处于冰冻状态。绝大部分致病菌和腐败菌均为嗜中温菌，其生长繁殖最适温度为 20~40℃。在 10℃以下大部分微生物难以生长，少数虽然能生长，但已不能分解蛋白质和脂肪，对碳水化合物的降解能力也有所减弱。几乎所有的微生物在-18℃以下的温度条件下都不再发育。在这种低温下可以较长时间地贮藏食品。但由于冷冻过程中会破坏食品原有组织细胞的结构性状而影响到食品原有的质量，因此，常采用速冻技术来结合处理。

3）化学药剂处理：化学药剂如防腐剂、抗氧化剂、保鲜剂等的使用，对微生物的生长繁殖起到抑制作用，有效防止食物腐败变质。需要注意的是，使用化学药剂时要遵循相关法规和安全标准。

4）密封包装处理：通过罐装、袋装、盒装等手段，将经过特定处理的食品装入镀锡板罐、玻璃罐或其他包装容器。经过密封杀菌处理，使包装内的食品与外界隔绝，避免微生物污染。同时，使包装内大部分微生物（即能在包装内环境中生长的腐败菌和致病菌）死亡并使酶失活，防止微生物污染和氧气进入。从而消除导致食品腐败的主要原因，延长食品的保质期。

5）辐照处理：利用放射性同位素产生的射线，对食品进行杀菌、灭虫和抑制生理生化变化，从而延长食品的贮藏期。需要注意的是，辐照处理过程中要控制照射剂量和照射条件，避免产生放射性污染和有害物质。

6）可食性涂膜保鲜技术：用一层轻盈的"面膜"包裹产品，像给产品穿上了一件保鲜外衣，调节内外水气，让产品更持久新鲜，如图4-21所示。这层"面膜"通常由纯天然食材（如蛋白、脂肪、多糖、树脂等）打造，或添加食用级增塑剂、交联剂等。在果蔬、食用菌、禽蛋、鲜虾、肉制品以及干果的保鲜中，选择适当的可食性涂膜材料能够有效保持产品品质。由于可食性涂膜具有环保、操作简便、成本低等优点，目前也广泛应用于其他食品的保鲜。

图4-21　涂膜保鲜技术的应用

食物贮藏保鲜技术通过各种方式交互作用，可使食物保鲜、口感和营养成分得以保持，使食物的保存期限得以延长。在实际应用中，可以根据不同食品的特性和需求，采用单一或多种保鲜技术相结合的方式，确保食品的安全和品质。

4. 储存与仓管原则

除了以上贮存条件的要求外，在食品贮存的过程中还可通过以下方式保障食品安全。

（1）分区存放。食品应当分类、分架存放。冷藏和冷冻储存需要按照规范，将原料、半成品和成品严格分开。对植物性食物、水产品等进行分类储存，避免交叉污染现象的发生。不同区域应有明确的标识。食品库房和非食品库房（除食品容器、包装材料、工具等不会导致食品污染的物品外）应分开设置。

（2）验收登记。对入库的各类食品，按入库时间先后进行名称、数量、产地、入库时间、生产日期、保质期、包装、各种证照等详细登记造册，并进行分类保管。

（3）包装标志。根据不同食品储存特性，应在外包装做好包装标志，以便指示在搬运与保管的过程中需要遵守的注意事项，满足物料防护的有效性。常见的一些包装标志如图 4-22 所示。

小心轻放	向上	堆积限制	重量极限	防潮
堆放层限	易碎	防晒	怕湿	此处不能夹压
堆码层数极限	小心轻放	怕热	严禁踩踏	易碎

图 4-22　常见的包装标志

（4）定期检查。对食品的贮存条件进行定期检查，做好超出范围的贮存条件等日常温、湿度监测记录，及时采取调整措施；定期检查各类食品的质量和保质期，严格按照轮换原则使用食品，做到先进先出，易坏先用，确保食品的新鲜度。如有发现变质或异味，应立即处理。

（5）清洁与卫生。对储存区，包括货架、容器、工具等进行定期的清扫消毒，做到防微杜渐，维护库区卫生。干仓区域保持通风干燥，做好防火、防潮、防热、防霉、防虫、防鼠和防污染等工作。

（6）工作人员卫生。企业应当制定严格的操作规范，主要包括：从业人员应保持良好的个人卫生，工作时穿清洁的工作服，工作服应定期清洗更换，操作中应保持清洁，专间、专用操作区、专用工作服与其他区域工作服外观应有明显区分等。

（7）废物处理。对已经过期的或食品产生的废物，应采取合适的方法处理，避免污染和异味扩散到其他食品。

除以上建议操作外，实际操作中还应根据具体情况和相关法律法规的规定，在贮存易腐食品时，建议参考当地食品的卫生规定。

（二）预制菜运输管理

1. 食品运输过程环境的法律规范

为确保食品安全和质量，《食品安全法》对食品生产经营者在运输、贮存、装卸过程中的责任和义务做出了规定。其中第三十三条指出："贮存、运输、装卸食品的容器、工具、设备应当安全、无害，保持清洁，防止食品污染，不得将食品与有毒、有害物品一起贮存、运输，符合保证食品安全所需的温度、湿度等特殊要求。"第四十六条要求食品生产企业应制定运输、发运控制的要求并实时控制，确保生产出符合要求的食品。

食品运输条件及运输设施在《食品生产通用卫生规范》（GB 14881—2013）中也有相应要求。食品在运输途中要保持良好的储藏环境，以免污染或变质。特别是一些对温度、湿度等有特殊要求的食品冷藏品等，要使用符合要求的冷藏设备进行运输，期间要保持设备运行的有效性，并及时将冷藏物件运输完毕交付。

食品在冷链物流过程中的设施设备、交接、运输配送等方面的基本要求和管理规范，在《食品冷链物流卫生规范》（GB 31605—2020）中有具体规定，该规范于2021年3月11日正式实施。

关于食品运输的相关法律法规还有：《食品安全国家标准 食品经营过程卫生规范》（GB 31621—2014）、《易腐食品控温运输技术要求》（GB/T 22918—2008）、《道路运输 易腐食品与生物制品 冷藏车安全要求及试验方法》（GB 29753—2013）、《冷藏、冷冻食品物流包装、标志、运输和储存》（GB/T 24616—2019）等。

2. 食品运输过程安全控制

（1）冷运输装备。食品冷藏运输是一种通过使用高效制冷技术、蓄冷技术、隔热层（保温板）技术等手段，使食品在流通环节中保持低温环境的空间转移过程。它主要涉及冷藏车、冷藏集装箱等装备的应用。

1）冷藏车。冷藏车是预制菜冷藏运输中应用最多的一种设备。根据《道路运输食品与生物制品冷藏车安全要求及试验方法》（GB 29753—2013），冷藏车按车厢内平均温度范围分为运输易腐食品冷藏车和运输生物制品冷藏车。其中，运输易腐烂变质食品的冷藏车被划分为A～F类共6个大类的冷藏车；运输生物制品冷藏车分为G～H类，共 2 类。

按冷藏车的制冷方式可分为四大类：机械式冷藏汽车、液氮冷藏汽车、蓄冷板冷藏汽车和 LNG 冷藏汽车。

①机械式冷藏汽车。机械式冷藏汽车由三个主要部件组成：汽车底盘、隔热车厢和机械冷藏车。机械制冷装置按不同的驱动方式分为独立式或非独立式两种。

独立式制冷机组拥有自带的动力装置，内燃机和电动机常常是首选。有些制冷机组采用单一动力源，也就是只用内燃机或电动机；而另一些则同时搭载内燃机和电动机，并通过巧妙的离合器进行灵活切换。在运输途中，内燃机主导着制冷压缩机的运作，而在装卸场地和车库，电动机接棒，以更省能源的方式推动制冷压缩机。对于那些非独立的制冷机，它们依赖汽车主引擎驱动制冷压缩机的运转。机械式冷藏车的结构如图 4-23 所示。

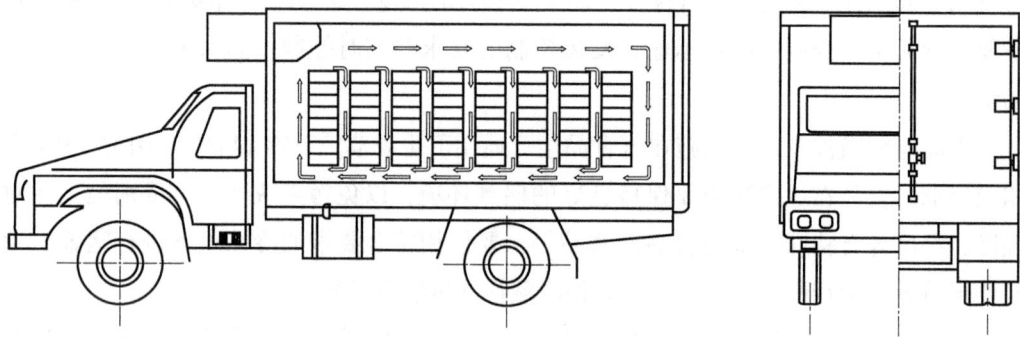

图 4-23　机械式冷藏汽车结构

机械制冷冷藏车在运输成本相对较低的同时，还具有提供稳定的可调温度区间，使车内温度更均匀等优点。不过，这款冷藏车也存在一定的缺点：一是它的结构比较复杂，容易失效，维护成本高，再加上前期投入费用较高，同时噪声较大。对于大型车来说，其冷藏速度较慢，所需时间较长，并且需要进行融霜操作。

②液氮冷藏汽车。液氮冷藏汽车指装备着液氮贮罐的隔热冷藏车。通过喷淋设备，液氮喷射而出，迅速吸收周围热量，将车厢温度降至常温常压状态。而液氮罐、喷嘴、控温仪各司其职。液氮罐巧妙地藏于卡车底部，最大限度地节省了空间，而通过循环管送达车厢顶部，可实现秒速降温目标。车内微电脑和汽化降温软件默契配合，智能调节液氮用量，精确控制温度。一旦实际温度偏高，电磁阀自动启动，就会喷出液氮降温；当达到设定温度后，电磁阀会瞬间关闭。

液氮冷藏汽车操作简便，运行稳定，降温速度极快，降温区温度均匀，无噪声，环保友好。然而，液氮成本高昂，补给困难，使其更适用于中短途运输。

③蓄冷板冷藏汽车。蓄冷板冷藏汽车有着独特的设计，分为独立式和非独立式两

大类，展现出各自的优势。独立式冷板冷藏车车厢内巧妙设置了冷板，随时准备进行"充冷"操作，确保货物始终保持在理想温度。而非独立式冷板冷藏汽车则采取了另一种创新方式，虽然没有制冷机组，但它依赖冻结的蓄冷剂，通过蓄冷板强大的冷却能力，迅速吸收周围物体的热量，实现高效降温。蓄冷板的冷冻能力依赖于其大小和容积。每个冷板都能够反复使用，借助冻结蓄冷剂的融化过程吸收热量，轻松实现制冷效果。无论是安装在车厢顶部还是侧壁，蓄冷板的灵活布局都能够满足不同需求，而配备的风扇更是为车厢内的温度均匀分布提供了强有力的支持。

蓄冷板冷藏汽车的优点有结构简单、操作方便、维修容易、造价低、运营成本低等。然而，这种冷藏汽车的制冷时间有限，只适用于公路中短途运输，且制冷较慢。

④LNG冷藏汽车。LNG冷藏汽车利用液化天然气（LNG）气化时吸收的大量热量，为货物提供源源不断的冷气保护。它的动力燃料来自环保的液化天然气，这种创新设计不仅能为预冷后的货物提供充足的冷量，还能高效实现中短途冷藏运输，轻松取代传统使用氯氟烃（CFCs）制冷系统的冷藏车。更值得一提的是，LNG储液罐和蓄冷热交换器巧妙地布置在汽车底部，不仅节省了前部空间，还有效避免了阳光的直接辐射，使得制冷效果更加稳定可靠。LNG冷藏汽车结构如图4-24所示。

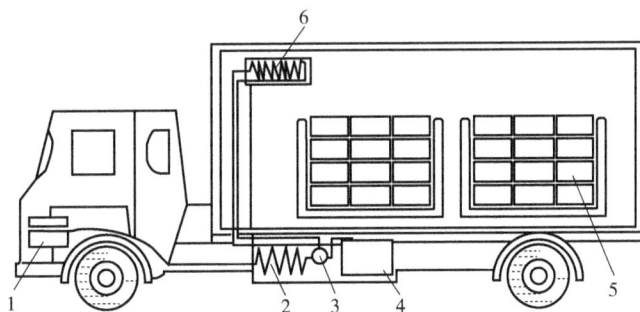

图4-24　LNG冷藏汽车结构

1—气体发动机　2—加热器　3—控制阀　4—LNG储液罐　5—冷冻货物　6—热交换器

LNG冷藏汽车的最大优势在于，其制冷量完全来源于LNG气化复温的过程，无需依赖发动机驱动压缩机进行制冷，这样一来，车载制冷设备的空间需求大大减少，同时也有效降低了机械制冷带来的噪声污染。然而，值得注意的是，这种冷藏车的购车成本相对较高，加气站的便利性也需要进一步考虑。

2）冷藏集装箱。冷藏集装箱是一种适用于短途或长途冷链运输的可调节温度的冷链运输，是预制菜运输的一种辅助手段。按冷藏方式不同，可将冷藏集装箱分为机械式冷藏集装箱、冷冻板冷藏集装箱、液氮或干冰冷藏集装箱、气调冷藏集装箱、保温集装箱、离合式冷藏集装箱等。

①机械式冷藏集装箱。机械式冷藏集装箱凭借其先进的制冷系统，可提供稳定可

靠的温控，适合长途运输。液氮和干冰冷藏集装箱则利用极低温的冷媒，适合对温度要求严格的货物，确保其新鲜与安全。目前国际上主流的机械式冷藏集装箱，将逐步引入气调系统，新型冷媒也将陆续投入使用。机械式冷藏集装箱结构如图 4-25 所示。

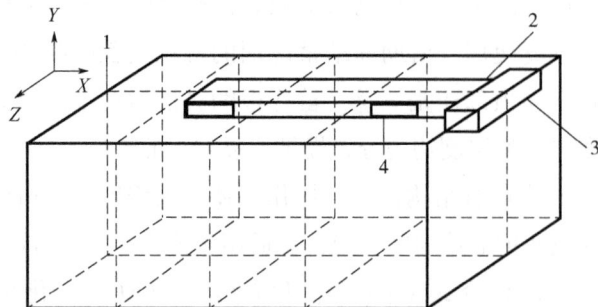

图 4-25　机械式冷藏集装箱结构
1—截面　2—送风管　3—冷风机　4—送风口

②冷冻板冷藏集装箱。冷冻板冷藏集装箱内部填充了具备极佳储冷能力的共晶溶液，能够在凝固过程中储存大量的冷源。当运输易腐食品时，冻结的共晶溶液会源源不断地吸收热量，创造出一个恒定低温的环境，有效保护货物，确保其新鲜。冷冻板冷藏集装箱尤适用于多品种、小批量需求的冷链物流环节，它的灵活性和高效性为现代物流注入了新的活力，其工作原理如图 4-26 所示。

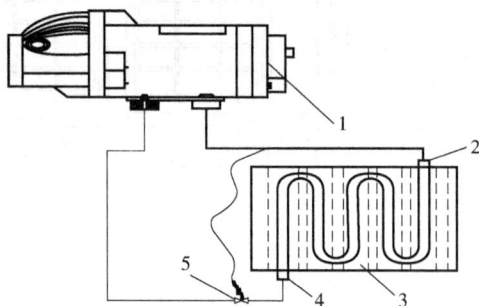

图 4-26　冷冻板冷藏集装箱工作原理
1—制冷机组　2—进口快速接口　3—蓄冷板　4—出口快接口　5—热力膨胀阀

另外，冷板式冷藏集装箱的优点在于运输温度相对稳定，通过选择不同低熔点的无机盐混合溶液作为蓄冷剂，最低可将温度降至−32℃以下。这种冷藏集装箱的总体运输成本较低，使用过程中不会产生噪声。然而，冷板式冷藏集装箱也有其局限性，由于共晶液的融化制冷时间较短，使其更适合中短途运输。

③液氮或干冰冷藏集装箱。液氮冷藏集装箱的制冷系统主要包括三部分：液氮罐、喷嘴、温度控制仪。液氮管路上的电磁阀会在箱体内温度超过系统设定值时自动开启，

而分布在箱内的液氮喷嘴会喷出液氮，体积膨胀的氮气可以通过吸热气化的方式完全进入货物堆，在车厢内形成对流，当冷氮气下沉时温度会更均匀。

干冰冷藏集装箱主要通过干冰从固态直接转变为气态的过程吸收大量热量来迅速降低内部温度，常压下干冰的升华温度较低，箱内最低温度可达$-78.9℃$，最高温度为常温，制冷部件包括干冰储存部件和温度控制部件。液氮或干冰冷藏集装箱主要应用于制冷量大、温度设定较低的冷藏运输，目前技术发展主要集中于箱体设计、温度控制以及箱内食品污染等问题。

④气调冷藏集装箱。气调冷藏集装箱（又称气体调节冷藏集装箱）的核心原理是通过先进的氮气发生器、二氧化碳脱除机和乙烯脱除机，巧妙地将压缩气体分离，创造出一个低氧、高二氧化碳的环境。而在充氮气的过程中，箱内的制冷系统与加湿系统紧密合作，可精确调控温湿度，确保食品始终处于恒定的环境中。气调冷藏集装箱主要应用于对气体环境敏感且价值较高的生鲜食品运输中，目前正朝着数字化、电子化和新能源方向发展。气调冷藏集装箱的结构如图4-27所示。

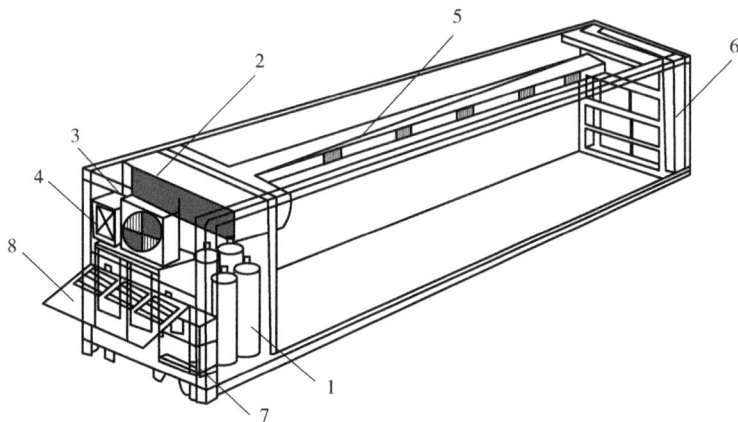

图4-27 气调冷藏集装箱结构

1—制氮机组 2—制冷机组 3—风机 4—加湿机 5—风道 6—密封门 7—动力设备 8—设备维护门

气调冷藏集装箱的主要优点是能使果蔬成熟速度减慢、储存运输时间延长、保鲜效果显著；但是，它的成本更高、能耗更大、管理技术相对复杂，这些因素使得它的普及应用受到了一定的限制。

目前，冷藏运输已成为生鲜电商和跨境冷链发展的重要支撑。随着人们对食品品质、安全的不断追求，对口味的不断提升，人们对冷藏运输的关注度将会越来越高。未来，随着技术的不断进步和多式联运的发展，冷藏运输将会更加高效、安全和便捷。

（2）货物运输包装。在预制菜的生产和运输过程中，包装扮演着至关重要的角色。它不仅保护食品免受物理损害和污染，还应确保食品在储存和运输过程中的安全性和新鲜度。以下为预制菜运输中应用广泛的几种运输包装类型。

1）冷冻货物运输包装。在冷冻货物的运输中，保持 $-18℃$ 以下的温度是至关重要的。这不仅关系到货物的品质，更是确保其安全送达的基础。为了实现这一目标，冷冻货物的包装需要满足以下严格要求。

①低温下包装材料应具有足够的强度。

②满足冷冻货物快速装卸需求。长时间暴露在高于标准温度的环境中会损害货物品质，甚至导致腐烂。因此，包装设计应考虑到快速的人工和机械化作业，最大限度地减少货物的温度上升幅度。

③具有防潮性能。冷冻货物在运输过程中容易在包装内部形成霜露，而潮湿的包装不仅会降低强度，还可能导致货物的变质。

④减少水分损失。冷冻肉类和水产品在运输过程中若失去过多水分，会影响口感，使肉质变干，甚至滋生细菌，威胁食品安全。

2）无须冷冻货物运输包装。无须冷冻的货物主要是新鲜的水果和蔬菜。运输这些果蔬的包装应尽可能减少运输过程中由微生物引发的腐烂变质，以及因其他理化因素导致的品质下降，从而提高运输质量。

包装必须具备一定的强度，以有效抵御运输过程中的机械损伤。外部环境因素，如在高湿度环境的空气中，大温差可能产生冷凝，这会降低包装容器的机械强度，因此包装需要具备足够的强度。

满足减少水分损失的需求。较低的水蒸气渗透性和适当的封装密度能够有效控制产品的水分流失速度。

满足通风散热的需求。果蔬的呼吸作用会产生热量，使包装体内的温度升高，从而加速果实的成熟度和腐烂。为了让蔬果保鲜，包装需要通风透气，以防热量聚集。

3）易腐货物运输包装。在遵循常规运输包装要求的基础上，易腐食品的运输包装必须具备以下基本条件：

①包装容器应坚固，具备足够的力学强度以确保货物的安全。

②防水防潮，防止包装因吸水变形，力学强度降低导致的产品腐烂和细菌滋生。

③满足通风散热和减少水分损失的需求。

④包装应符合食品卫生相关标准，保持清洁、无污染、无对人体有害的化学物质。

⑤包装应有明确的标识。包装上应标注商标、品名、等级、重量、产地、包装日期以及特定标志。

（3）运输装载条件（运输要求、运输温湿度及气体要求等）。河北省、北京市、天津市均发布了地方标准，这三个地区对不同类型的食品运输条件做出了一致的要求。以下以北京市为例列出不同食品的环境要求。

表 4-13 食用菌及瓜豆类产品环境要求

| 类型 | 品项 | 储存温度 | 储存湿度 | 运输温度 | | 展售柜温度 |
				中长途运输（直达运输）	短途配送（不超过 5h）	
瓜类	南瓜	10~13℃	65%~70%	13~15℃	5~12℃	13~15℃
	黄瓜	12~13℃	90%~95%	12~13℃		12~13℃
菜用豆类	毛豆	5~6℃	90%~95%	6~8℃	6~8℃	6~8℃
	豌豆	0~1℃	90%~95%	0~2℃	0~2℃	0~2℃
食用菌类	双孢蘑菇	0~1℃	95%~98%	0~2℃	0~2℃	0~2℃
	金针菇	1~2℃		1~3℃	1~3℃	1~3℃
香辛类	大蒜（裸蒜）	−2~0℃	70%~75%	0~3℃	0~3℃	0~5℃
	葱、蒜苗	−0.5~0℃	95%~100%	0~3℃	0~3℃	0~3℃
	辣椒	9~10℃	90%~95%	9~12℃	9~12℃	9~12℃
	生姜	13~14℃	90%~95%	13~14℃	13~14℃	13~18℃

由表 4-13 可知，食用菌及瓜豆类产品的储存温度范围较为宽泛。储存湿度因蔬菜类型的不同而有所变化，比如南瓜的储存湿度为 65%~70%，黄瓜为 90%~95%，毛豆为 90%~95% 等。中长途运输和短途配送的运输温度要求会依据不同种类进行相应调整，以契合其特性。展售柜温度与储存温度和运输温度相互匹配，从而确保食品在销售过程中的品质。

表 4-14 肉蛋制品环境要求

| 类型 | 储存温度 | 运输温度 | | 展售柜温度 |
		中长途运输（直达运输）	短途配送（不超过 5h）	
冷冻肉类	−18℃以下	−18℃以下	−15℃以下	−12℃以下
冷藏肉类及新鲜肉类	0~3℃	0~3℃	0~3℃	0~3℃
冷冻加工腌制肉	−18℃以下	−18℃以下	−15℃以下	−12℃以下
冷藏加工腌制肉	0~4℃	0~4℃	0~4℃	0~4℃
冷冻蛋品	−18℃以下	−18℃以下	−12℃以下	−12℃以下
鲜蛋	4~7℃	4~7℃	4~7℃	4~7℃

从表 4-14 能够看出，肉蛋制品的储存温度存在较大差异，冷冻肉类需要在−18℃以下进行储存，而冷藏肉类及新鲜肉类则是在 0~3℃ 之间，冷冻蛋品和鲜蛋也分别有各自特定的温度要求。运输温度与储存温度是相对应的，这能够确保肉蛋制品在运输过程中的安全与质量。展售柜温度同样是根据肉蛋制品的类型来设置合适的温度，例如冷冻肉类需要在−12℃以下展售，鲜蛋则是在 4~7℃。

表 4-15　水产类产品环境要求

类型	储存温度	运输温度		展售柜温度
		中长途运输 （直达运输）	短途配送 （不超过 5h）	
冷冻水产品	−18℃以下	−18℃以下	−15℃以下	−12℃以下
冷藏水产品	−2~2℃	−2~2℃	−2~2℃	−2~2℃
冷冻水产加工品	−18℃以下	−18℃以下	−15℃以下	−12℃以下
冷藏水产加工品	0~4℃	0~4℃	0~4℃	0~4℃
冷藏加工腌制品	0~4℃	0~4℃	0~4℃	0~4℃
超低温冷冻水产品	−50℃以下	−40℃以下 （搬运船）	−30℃以下	−30℃以下

从表 4-15 可以明显看出，不同类型的水产品具有各自不同的储存温度要求，例如冷冻水产品需在−18℃以下储存，冷藏水产品则在−2~2℃之间。中长途运输和短途配送的温度会依据水产品的类型进行把控，以此来维持其品质。展售柜温度也与储存和运输温度相互匹配，从而保证水产品在销售时的新鲜度。

表 4-16　其他类产品环境要求

类型	储存温度	运输温度		展售柜温度
		中长途运输 （直达运输）	短途配送 （不超过 5h）	
冷冻调理食品	−18℃以下	−18℃以下	−12℃以下	−12℃以下
冷藏调理食品	0~5℃	0~5℃	0~5℃	0~5℃
冷藏烘焙食品	2~5℃	2~5℃	2~5℃	2~5℃

从表 4-16 可知，各类产品，如冷冻调理食品、冷藏调理食品等，都有着明确的储存温度范围。在运输温度方面，运输温度与储存温度相符合，以保障产品在运输过程中的质量并根据产品的特点来设置展售柜温度。

总体而言，不同类型的产品在储存、运输和展售过程中，都有各自特定的温度、湿度要求，以确保产品的质量、安全和新鲜度。

四、改善预制菜安全规范

新时期，我国的预制菜安全监管面临严峻的挑战，而有效的预制菜安全规范体系是预制菜安全的有效保障。英国、美国、日本等发达国家对食品安全规范的成功经验和失败教训为我国应对频发的预制菜安全问题提供了一些借鉴，主要体现在以下几个方面：

（一）建立健全预制菜安全法律体系

我国目前关于食品安全的法律较多，涵盖范围较广。然而，目前的预制菜安全法规对违法行为的惩罚较轻，造成违法成本较低。因此，我国应借鉴西方发达国家的食品安全法律体系，加大预制菜安全违法处罚力度，一方面提高对违法企业的罚款额度；另一方面可借鉴日本的做法，对于严重的恶意违反食品安全法律规定的行为实施责令其永远退出食品和预制菜行业的制度，从提高违法成本的角度规范预制菜生产。同时，还要及时根据行业的发展情况对法律条款进行修订和完善，避免因法律的滞后阻碍经济社会的发展。

（二）设立严格的预制菜安全标准体系

目前，我国的食品安全标准，与国际标准相比仍存在较大差距，应加快法律修订，建立与国际接轨的食品安全标准。明确农药和兽药的使用范围及残留标准，禁止使用有害农药，并对有潜在危害的农药设立安全限量标准。此外，我国已制定近 700 项食品添加剂相关国家标准，并对食品添加剂的使用范围和用量进行动态调整。对于预制菜的包装标识，应进一步规范营养成分标识，并增设对过敏源物质的标注要求。同时，我国正在完善预制菜标准体系，研究制定覆盖生产加工、冷藏冷冻和冷链物流等环节的食品安全国家标准。在转基因食品管理方面，我国已制定《转基因食品卫生管理办法》，要求转基因食品必须经过审查批准后方可生产或进口，并确保其安全性不低于原有食品。此外，我国还应结合国际标准，进一步完善转基因食品的安全标准，以保障消费者的健康和知情权。其次，在预制菜安全标准的效力等级方面，赋予尚未制定国家标准的地方标准一定的执行力；引入行业标准，鼓励行业协会等组织制定本行业的预制菜安全标准；完善企业自查制度，鼓励企业实行更加严格的安全标准。最后，要加强与其他国家和国际组织的交流与合作，积极引入科学的标准体系和制定方法，推动国际化预制菜安全标准形成行业共识。

（三）建立完善的预制菜全程监控追溯体系

我国自 2009 年起引入食品管理中的风险评估和监测方法，但尚未覆盖食品从生产到流通的全过程。为此，应构建全面的风险分析框架，充分发挥《食品安全法》中风险评估和风险交流的作用，制定具体的风险管理政策并确保有效执行。如产品的召回流程可参见图 4-28。同时，应扩大 HACCP 体系的适用范围，覆盖从生产源头到消费终端的整个食品供应链，从而提升食品安全管理水平，保障公众健康。HACCP 体系是对预制菜生产过程中可能存在的重要危害进行鉴定、识别和防控的一种体系。目前我国仅在进出口企业中强制使用，并没有扩展到整个预制菜领域。因此，政府有必要通过税收、土地等优惠政策鼓励企业改革监管制度。首先，从大中企业中进行推广适用，逐步扩展到中小企业。其次，要完善预制菜身份识别制度。我国虽已建立食品安全信息档案，但是对预制菜安全的全程追溯尚需完善。在生产领域，应建立完备的预制菜信息库，对预制菜的原料、成分和产地等信息进行详细记录。在流通领域，应设立与预制菜信息库联通的独立预制菜编码，确保信息可查询。建立安全预警制度，消费者可以通过全国 12315 平台等渠道对有问题的预制菜进行举报。相关部门应及时响应举报，确保不安全预制菜能够被及时召回。

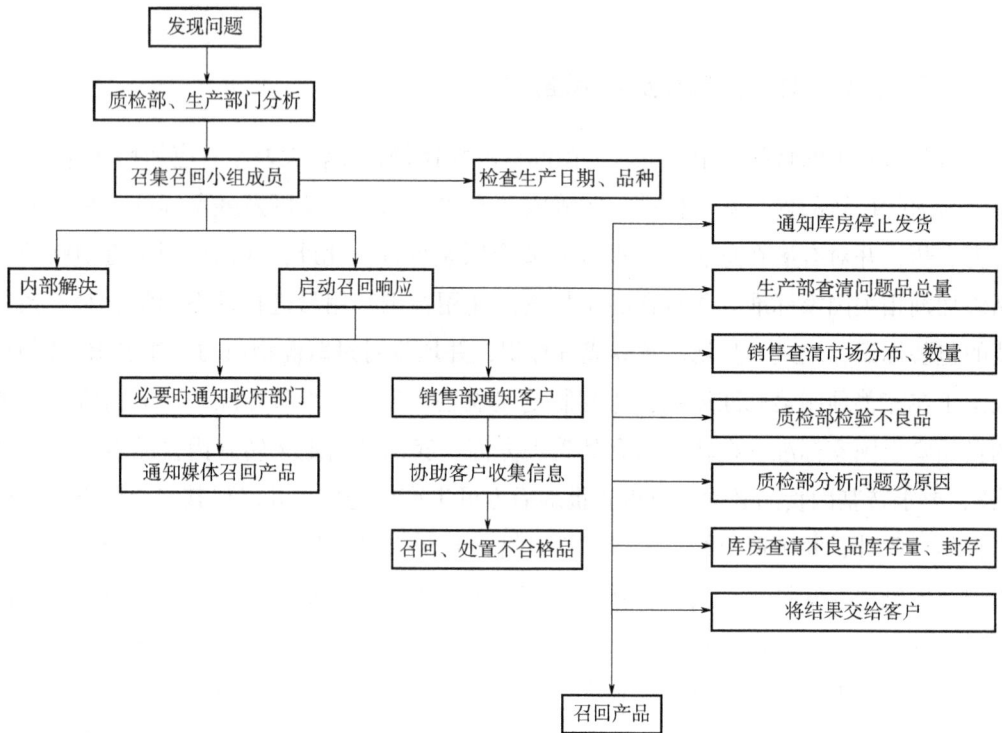

图 4-28 召回产品的处理流程

（四）打造权责清晰的监管模式

我国目前涉及食品安全管理的部门有近 10 个，属于典型的多部门监管模式，致使不同部门的职能权限界定不清，在具体执行时容易产生模糊地带。2010 年成立的国务院食品安全委员会，虽然统领多个监管部门，但这一机构只是一个协调议事机构，在实际的监管过程中并没有具体职责，也未发挥有效作用。相应地，我国食品监管部门间执法范围交叉、责任模糊的现状没有发生根本性变化。由此造成我国食品安全监管呈现多头监管和事后监管的现象。因此，明确不同监管部门在预制菜安全监管中的权力和责任，消除各部门的职能重叠，激励其积极有效执法，是目前我国预制菜安全监管急需解决的问题。同时，还要实施风险评估和风险管理职能分离机制，由科学家进行风险评估，政府根据评估结果进行决策，实施风险管理，避免评估者和管理者的职能混淆，提高预制菜安全监管体系的运行效率。我国新组建的国家食品药品监督管理总局职责及架构如图 4-29 所示。

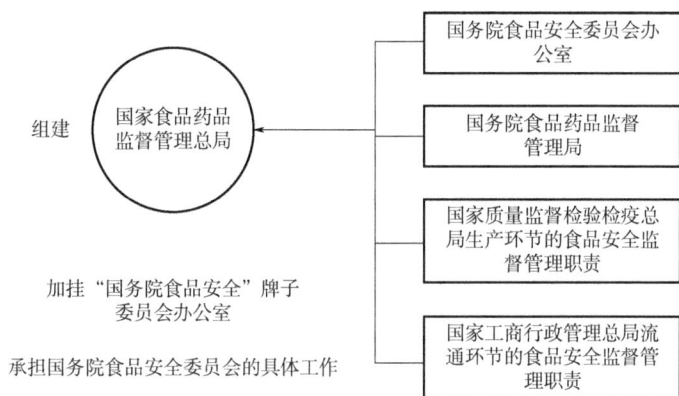

图 4-29　新组建的国家食品药品监督管理总局职责及架构

（五）鼓励公众积极参与

西方发达国家食品安全管理的经验表明，高度的公众参与是预制菜安全立法决策和有效执行的关键。由于主客观原因，我国公众参与治理预制菜污染问题的程度不高，作为预制菜消费主体的消费者，基本上处于被动接受状态，对预制菜安全的知情权和发言权得不到有效的保障，这是预制菜污染治理中的致命软肋。因此，目前我国一方面要构建畅通的预制菜安全信息交流渠道，强化政府、社会组织和企业的信息公开和披露，打造公众参与预制菜安全监管的信息基础，重视保障消费者预制菜安全的知情权和参与权；另一方面要积极对预制菜安全进行宣传和教育，培养公众的预制菜安全意识和依法维权意识，明确其对预制菜安全监管的责任，促进公众参与预制菜安全政策的制定与实施。最后，要进一步完善有奖举报制度和举报人安全保障制度，即制定合理的奖励标准，实施匿名举报制度，建立举报者损失补偿和损害赔偿连带责任制度，激励公众参与预制菜安全监督。

（六）引导技术突破

在预制菜安全规范改革的纵深阶段，技术突破是规范改革的关键利器。在预制菜安全规范改革的纵深阶段，风味保留和安全技术仍是破解问题的关键制约因素。

第三节　本章小结

随着生活节奏的加快，预制菜逐渐成为人们餐桌上的新宠。这一现象表明了消费者对方便快捷饮食的需求，也暗示了消费者对食品安全和品质的日益关注。在这样的背景下，预制菜产业的质量管理显得尤为重要。

确保预制菜的安全与品质包含以下几点：

首先，分类是基础。预制菜根据原料的不同主要分为畜禽类、水产类、食用菌类、药膳类和其他类等。每一类预制菜都有其特殊的制作工艺和储存要求，这要求生产商在制作过程中需严格遵循标准，确保食品安全。

其次，原料的追溯起着关键的作用。每一批次的预制菜都应该能够追溯到其源头以确保原料的新鲜与安全，而这就需要建立一个完善的供应链管理系统，确保每一个环节都有记录可查。除了原料追溯，生产过程中的质量控制也至关重要。这意味着企业需要投入大量的资源进行技术研发和设备更新，以确保产品的卫生和质量。此外，储存和运输环节也是影响预制菜品质的重要因素。企业应建立严格的储存和运输管理制度，确保预制菜在储存和运输过程中不受污染、不变质。同时，加强冷链物流建设，提高配送效率，这也是提升预制菜品质的重要手段。

更进一步地，随着科技的发展，新型的原料溯源技术、贮藏技术、冷藏冷冻包装运输等都为预制菜产业的大发展带来了新的机遇。

除了企业内部的质量管理，政府的监管和支持也是预制菜产业健康发展的重要保障。政府应制定严格的食品安全法律法规，加强食品安全的监管和执法力度，对违规企业进行严厉处罚。同时，政府和相关机构也应该加强消费者对预制菜制作的知识普及，通过各种渠道向消费者传递正确的食品安全知识和信息，提高消费者的食品安全意识和辨别能力；鼓励企业加强与消费者的沟通和互动，提供更多的产品信息和咨询服务，帮助消费者更好地了解预制菜产品。

只有当预制菜从原材料采购、生产加工、储存运输、销售到上餐桌为止的每一个环节都得到有效的监管和控制，消费者才能真正放心地食用预制菜。总之，只有通过政府、企业和消费者的共同努力，形成共识、合力，才能确保预制菜产业的健康发展。

第五章　预制菜产业园规划建筑设计

第一节　总图规划设计

预制菜产业园是一个集多功能于一体化的产业园区，涵盖了生产、研发、物流和销售等方面。为了确保园区的稳定、安全和环保运行，总图规划设计显得至关重要。本章将对预制菜产业园的总图规划设计进行详细探讨，为相关实践提供有益的参考。

一、总平面设计

（一）选址

（1）为了便于交通和公共基础设施的使用，应优先选择交通便利、公共基础设施配套完善的地区。

（2）应选择地势平坦开阔的区域，以满足预制菜园区生产加工厂房或车间等建设的需要。

（3）在规划预制菜产业园时，应充分考虑预制菜产业集群的形成，确保具备形成完整预制菜产业链条的基础和条件。

（4）充分利用当地主要食品生产加工资源，周边能配套规模化预制菜原材料生产基地。

（5）预制菜产业园应避免选择含有害废弃物以及粉尘、有害气体、放射性物质和其他扩散性污染源的地点。

（6）预制菜产业园应避免选择易受洪涝灾害、地质灾害影响的地区，以及周围存在大量虫害的潜在场所。如果无法避免，应设计必要的防范措施。

（7）应考虑周边环境给预制菜产业链带来的潜在污染风险，当风险较大时应采取措施将风险降至安全水平。

（二）功能分区

为确保预制菜园区的各项功能得以充分发挥，将园区划分为预制菜生产区、预制菜菜品研发区、物流区、销售区以及辅助设施区。各区之间既要保持相对独立，又要便于相互联系和协作。

（1）预制菜生产加工区。预制菜生产加工区是预制菜产业园的核心功能区域，主要进行预制菜的生产和加工。区域内应包含各种生产设备，如清洗设备、切割设备、烹饪设备、包装设备等。同时，该区域还应设有原料仓库和成品仓库，以便原料和成品的储存和转运。

（2）菜品检验检测区。该区域主要负责对生产加工区的产品进行质量检验和检测，以确保产品质量。通过科学的检测手段和方法，确保预制菜的安全卫生和质量达标。

（3）物流集散区。物流集散区负责预制菜的运输和配送，应设在园区出口附近，以便快速发运成品。该区域应具备货车停放、装卸货物和冷库等功能及设施。

（4）预制菜科研创新区。该区域作为预制菜产业园的技术研发和创新中心，主要职责是研发新产品、试验新工艺以及解决技术难题。同时，还应提供技术培训和咨询服务，以提高整个园区的科技水平。

（5）预制菜体验展示区。体验展示区是供参观者了解预制菜产业园和预制菜产品的区域。该区域应设置展示厅、体验馆等设施，通过展示预制菜的加工过程、产品特点和食用方法等，让参观者对预制菜有更深入的了解。

（6）生活配套区。生活配套区为员工提供生活服务，应包含宿舍、食堂、健身房、图书馆等设施，以满足员工的基本生活需求，并提高他们的工作满意度和生活质量。

（7）综合服务区。综合服务区作为预制菜产业园的管理服务中心，应配备办公室、会议室、接待室等设施，以支持园区的日常管理和服务。此外，该区域还应设立咨询台和接待处，为来访者提供信息咨询和服务引导。

这些功能区的设置旨在确保预制菜产业园的各项功能得以充分发挥，提高园区的运行效率和经济效益，同时为员工提供舒适的工作环境和优质的生活服务。

（三）建筑布局

建筑布局应遵循生产流程，确保原料、半成品、成品的顺利流转。
（1）预制菜生产建筑应靠近园区入口，以便于原料的运输。
（2）预制菜研发建筑位于园区中心，确保与销售、生产区域保持顺畅的沟通。
（3）物流建筑邻近园区出口，便于成品快速发运。

（四）间距与绿化

建筑间距应符合消防安全、通风采光等要求。同时，应合理利用空间进行绿化设计，以提高园区的绿化覆盖率，从而改善工作环境。

（五）间距设置

预制菜产业园中的建筑间距应综合考量通风、采光和消防安全等因素。为确保空气流通和阳光照射，建筑物之间应保持一定的间距。同时，为应对火灾等紧急情况，建筑物的间距应便于快速疏散人员和物资。

在确定建筑间距时，应根据当地的日照条件和建筑物的朝向进行合理规划，以确保建筑物的通风、采光和消防安全。

二、园区道路交通设计

（一）道路交通

（1）综合考虑园区所在地的地貌情况、用地要求、交通需求、绿化要求、管线铺设需求等，合理布局建设由主要道路、次要道路和支路等构成的道路系统。

（2）园区范围内的城市道路设施应符合《城市道路交通设施设计规范》GB 50688—2011（2019年版）的相关规定。各功能区域内的道路实行人车分流，车行道路的等级、路幅、转弯半径和路面上净空高度等均应根据功能需求进行设计，以满足各类车辆的通行需求。

（3）园区出入口宜按车辆类型和流向进行设计和建设，位置和数量应根据生产规模、总体规划、园区用地、平面布置要求等因素综合确定。

（4）根据园区规模和入驻企业及单位的数量，设立相应的停车场，并按车辆类型进行分类，以满足停车需求。

（5）园区道路交通标志和标线设置应符合《道路交通标志和标线》GB 5768—2022的规定，公共建筑导向标识系统参照《公共建筑标识系统技术规范》GB/T 51223—2017的规定设置。

（6）园区城市道路绿化参照《城市道路绿化设计标准》CJJ/T 75—2023的要求设计、建设和养护。道路照明可参照《城市道路照明设计标准》CJJ 45—2015的规定设计和建造。

（二）道路等级

园区的道路应根据交通流量和功能需求进行分级，包括主干道、次干道和支路。主干道应满足消防车、救护车等应急车辆的通行需求，以确保紧急情况下的顺畅通行。

（三）停车位设计

在预制菜产业园的总图规划设计中，停车位设计是不可或缺的一部分。它不仅涉及园区的交通组织和管理，还直接影响到园区员工和访客的出行体验。在进行停车位设计时，必须全面考虑多个关键因素，包括停车需求、停车类型以及停车空间布局等。

（1）停车需求分析。在停车位设计之前，需要对园区的停车需求进行详细的分析。这包括对园区员工、访客以及物流车辆的停车需求进行统计和预测。根据不同区域的功能和性质，确定合适的停车位类型和数量，以满足停车需求。

（2）停车类型选择。预制菜产业园的停车类型可以根据实际需求分为机动车停车和非机动车停车。机动车停车包括自驾车和公共交通车的停车位，非机动车停车则主要为自行车和电动车的停车位。根据园区的特性和实际情况，应选择适当的停车类型，以满足不同人群的停车需求。

（3）停车空间布局。停车空间的布局应与园区的总体规划和交通组织相协调。在确保消防安全、交通顺畅和员工便利的前提下，合理安排机动车和非机动车的停车位。此外，还应设置残疾人车位和充电桩车位等特殊停车位，以满足不同人群的需求。

（4）停车场管理。为确保停车秩序和安全，需要对停车场进行合理的管理。可以采用智能化管理系统，如停车场收费系统、监控系统和导航系统等，提高停车场的管理效率和安全水平。同时，加强巡逻和监管，及时处理违规停放和安全问题。

（5）综上所述，停车位设计在预制菜产业园总图规划设计中占据重要地位，需要综合考虑多个因素，以确保满足停车需求并提升园区的整体功能性和便利性。通过合理的停车位设计可以优化园区的交通组织和管理，提高员工和访客的出行体验，同时也能减少交通拥堵和安全隐患等问题。因此在进行预制菜产业园总图规划设计时需要充分考虑停车位设计的影响并做好相关规划和管理工作，确保园区的正常运行和发展。

三、竖向设计

（一）地形处理

园区的地形处理应遵循因地制宜的原则，充分利用现有的地形地貌。对于存在较大高差的地段，可以采用台阶式或缓坡式处理方式，以实现地形与建筑的和谐统一。

竖向设计是预制菜产业园总图规划设计中的重要环节，涉及园区的地形处理、排水设计、土方工程、道路设计等多个方面。通过合理的竖向设计，可以提高园区的空间利用率、减少土方工程量、优化排水系统，同时还能提升园区的景观效果和员工的工作舒适度。

（二）排水设计

预制菜废水类型：综合型食品废水。

预制菜是食品加工类目的一种，生产过程必然产生废水废气等污染问题。废水主要来源于肉类、蔬菜、面食、油炸制品、豆制品等各类综合性食品清洗及加工过程中产生的废水。

预制菜加工废水是一种典型的有机易生化废水，其中含有大量易于生物降解的物质。该废水以 COD（化学需氧量）、BOD（生化需氧量）、氨氮、SS（悬浮固体）和动植物油类、TN（所有形态氮的总和）、TP（所有形态的磷总和）为主要污染物，尤其是 TN 和 TP 处理难度较大，COD 浓度在 1000～10000mg/L 之间，不过也有部分食品的加工废水浓度可能会更高。

预制菜产业园的污水处理设计出水水质必须符合当地管网的收水要求，并满足《城镇污水处理厂污染物排放标准》（GB 18918—2002）的相关规定。

污水处理工艺说明：预制菜污水的处理方法主要包括物理处理法、化学处理法和生物处理法。每一种方法都有多种工艺，如筛滤、撇除、调节、沉淀、气浮、过滤、微滤和离心分离等。其中，前五种工艺主要用于预处理或一级处理，而后三种工艺主要用于深度处理。化学处理法包括中和法、混凝法、电解法、氧化还原法和离子交换法等。生物处理工艺则包括好氧生物处理、厌氧生物处理、稳定塘工艺、土地处理工艺以及这些工艺的结合形成的综合生物处理工艺。根据预制菜污水 BOD、COD 值高的特点，生物处理法是目前国内外广泛采用的方法。

第二节　建筑设计

一、预制菜加工区及中央厨房建筑设计

预制菜加工区及中央厨房（以下简称加工区）是应用机械化、自动化或半自动化设备、集中规模采购、大批量生产预制菜的生产场所，处于预制菜供应链承上启下的核心位置。预制菜产业园的加工区及中央厨房是园区生产功能的重要环节，其建设对预制菜园区的生产效率、安全管理、绿色环保等有着基础性的影响，因此在预制菜园区建设时应当放在首要位置进行考虑，并以此为整个园区布局设计切入点，统筹规划园区各功能的逻辑展开，实现科学布局、高效生产。

（一）设计原则

以建筑设计的三个基本原则为出发点，充分考虑生产厂房对安全和效率的追求，以及智能化时代对园区建筑的基本要求，总结得出以下六个基本原则。

（1）安全。预制菜加工区作为食品加工区域，应满足国家相关法规和标准，充分考虑结构安全，满足消防规范，确保加工区的生产能够平稳运行；充分考虑食品安全，确保原料入库、生产加工和成品出库各个环节都能良好保存食品的质量和风味，生产出色、香、味、形、质俱佳的产品。

（2）高效。平面布局和交通流线应科学简洁，保证生产过程连续、高效，减少过程损耗，提高生产效率。这是工业园区以生产效率为先导的基本要求。

（3）经济。在满足结构安全和食品安全的前提下，加工区应满足经济合理性，降低投资成本，鼓励采用新技术、新设备、新工艺和新材料，降低成本，提高效益。

（4）环保。加工区应充分考虑节能减排措施，采用新技术降低能源消耗，采用新工艺降低废弃物排放，生产加工过程避免对周边环境产生污染。

（5）智能。鼓励使用现代信息技术、采用智能系统统筹管理加工区的生产加工各个环节，同样也是提高生产效率并降低成本的重要手段，同时也要兼顾经济上的考量，综合权衡性价比并决定采取智能化的程度。

（6）美观。加工区建筑群体规划、风格应和谐统一，富有工业美感，营造厂区积极创新的氛围。园区整体形象是软实力的重要组成部分，既是预制菜企业形象和品牌打造的重要要求，也是园区运营方招商引资的重要名片。

（二）选址原则

加工区选址时，应对所处自然环境如地形地质、地下水位等和社会环境如交通运输等情况进行充分细致的调查分析，以充分利用原有设施和条件，从而缩短工期、减少建设成本，降低生产和运营成本。

加工区应与生活配套区保持适当的距离或分隔，并位于锅炉房、污水和污物处理设施等的上风向，不应产生噪声和污物干扰，如图5-1所示。

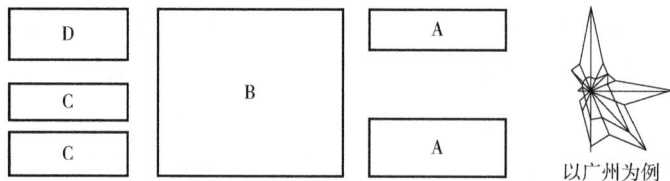

图5-1 加工区选址与风玫瑰关系图

A—环保要求较高的厂房或配套办公服务用房 B—环保要求高的厂房
C—环保要求一般的厂房 D—产生废气、噪声的厂房

加工区应位于园区交通流线的合适位置，与原料、辅料的存储设施以及包装物料储存的辅助设施有直接的联系，尽量避免原料、成品、废弃物交叉污染。应尽量满足

流线互不干扰，既满足分区管理、安全生产的要求，又避免发生原材料和产品的安全问题。

加工区与生活配套区以及物流集散区的流线应简洁，尽量保证生产人员的流动高效和便捷，对于清洁区和非清洁区的人员流线也应当分开，以提高生产效率，保证生产安全，如图 5-2 所示。

随着园区建设标准逐渐提高，参观流线也是园区内常用流线的重要组成部分，要尽可能简短地串联起园区内有代表性的功能区，并规划好起始点，保证参观方的游览体验。

（三）加工区分类

按照本书前面标准，加工区可按照生产的预制菜品类分为畜禽类加工区、水产类加工区、食用菌类加工区、药膳类加工区及其他类预制菜加工区，由于产品规

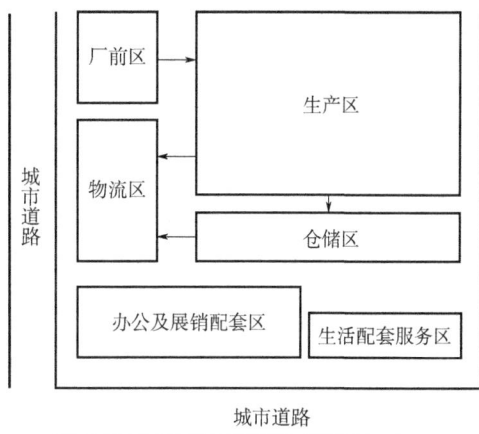

图 5-2 加工区选址流线示意图

划、园区建设运营需求和预制菜品种繁多工艺复杂，加工区往往由多种不同的预制菜生产功能区组合，形成复合型加工区，其工艺流程或是各自独立、并行生产，共用厂（库）区内的配套设备设施用房以及配套功能建筑；或是同步考虑，工艺流程在生产某一环节产生交集并共同进行。因此加工区的平面布局灵活多变，常难以预先设定，需要在规划尽可能前期的阶段引入产品产线和工艺设备设计，与建筑平面综合考虑，从而最大化提高平面利用率，同时也能确保平面设计适应功能需求，降低可能出现的特殊定制的设备、构件，从而降低成本投入，缩短建设工时。在产品产线和工艺设备未考虑周全的情况下，可尽量参考工业生产厂房使用标准跨度的轴网，使其有一定的通用性，减少平面布局的修改，同时也有利于预制菜产业园功能的更新迭代，为新产品新产线的升级预留可能性。

（四）加工区生产车间分类

加工区的具体功能配置和设备需求主要由其生产工艺决定，概括而言主要包括以下生产车间。

1. 清洗消毒区

清除原料中夹带的杂质和污物的区域。不同原料应当分区分隔清洗，部分原料还需要浸泡清洗池、消毒检验平台等特殊区域辅助清洗消毒和检验，由此要求该区域的

设备设施供水充足、有足够的消毒设备、通风设备，保持区域清洁干燥。材料构造方面则应充分考虑防排水以及防霉、防尘、防鼠、防虫的要求，避免原料污染。清洁后的原料应控制裸露时间，尽快进入加工环节或冷藏暂存，尽快包装并在恒定条件下运输出库，确保在后续的加工和运输过程中符合食品安全规范。

2. 切分修整区

清洗后的原料在切分修整区被除去不可食用的部分，并根据生产工艺需求切分为合适的大小和形状。部分预制菜原料还需经过糊化、粉碎研磨等修整工艺，才能满足后续加工的要求。

3. 调制腌制区

部分菜品熟制或不经熟制直接出库前要经过调味和调制，改变菜品风味或者更利于下一步的烹制需求。例如畜禽类和水产类的肉料需要经过一定时间的腌制以增加风味、改善口感，同时方便后续的加工工艺。由于腌制过程需要相对稳定的环境温湿度，调制腌制区应与上下游生产车间相隔，并配备空气温湿度调节设备，避免肉料在腌制过程中变质腐烂或致使口感风味变差影响成品品质。

4. 加热熟制区

经过上一步生产工艺的菜品，在加热熟制区根据预制菜的不同种类，经过水煮、油炸、煸炒、烤制、漂烫等不同生产工艺，在恒定温度下确保菜品的安全、风味符合相关规范。该区域通常配备有加热设备，应充分考虑余热对其他区域的干扰和影响，还可对余热回收以节约能源。同时生产工艺过程中产生的蒸汽也需尽快经过余热回收或妥善排放，避免高湿度对设备运行和养护的影响，同时节约能源的使用和避免对环境造成影响。

5. 冷却区

经过加热熟制后的菜品在冷却区进行常温冷却或者降温冷却。对于需要降温冷却的菜品，需靠近制冷机房，保证该区域的温度稳定可控，并做好消毒清洁工作，以免菜品变质变味。

6. 分装区

该区域需保持恒定的环境，以免菜品在分装过程中变质。分装的容器应做好日常清洁与消毒。

7. 消毒区

菜品在消毒区应停留足够的时间进行消毒和检验，确保菜品的安全。该区域与分装区应视包装类型及是否有内外包装而产生顺序上的变化。

8. 内外包装区

冷却后的菜品经过消毒后分装成大小、分量适宜的规格，再进行内外包装。内包装是直接接触菜品的包装，外包装是外部保护和标识的包装。包装材料暂存间应充分消毒，保证良好的安全性，防止产品被污染。

9. 其他

其他包括出库暂存区等。

以上的列举是基于预制菜生产工艺的通用功能区划分的，一般是通过对原料加工处理的深度如切分修整区与调制腌制区，按原料的风味和熟度是否发生改变为依据进行划分。但预制菜品类多样，各食材的处理工艺也不尽相同，因此仍需一类一策、因类制宜。

（五）生产车间面积配置

设计原则：加工区的功能配置要与预制菜品种、数量相适应，避免造成面积浪费及影响生产效率。

不同品种的预制菜产品生产工艺流程相差较大，所需设备、面积、功能分区皆有不同。同时，生产设备应根据实际情况进行定制，需要具体分析。一般而言，食品产业产线短小而灵活，从中央厨房的面积配置标准出发，切分区、加热熟制区的面积不小于预处理区面积的40%，清洗消毒区面积不小于预处理区面积的10%。当设置缓冲间时，其面积不应小于$3m^2$，单个菜品处理专间面积不小于$10m^2$，包装区面积不小于$30m^2$，理想的单品类预制菜生产功能区（即一个生产单元）面积应以$500\sim800m^2$为宜，从而推得加工区整栋或整层的面积应以$1000\sim5000m^2$为基数出售或出租是比较经济合理的。

加工区单层面积和功能配置主要受生产工艺和加工设备影响。如加工根茎类果蔬，以土豆为例，其加工成品可为鲜土豆块，其加工工艺流程为：提升—螺旋式脱皮—挑拣—提升—切割（切片，切条，丝，丁，滚刀块，菱形块）—清洗—吹干—包装，设备全长约20m即可满足需求，还可以根据需求增添漂烫、冷却环节，做成半熟成品。此工艺流程则需要设置预处理区进行脱皮挑拣和切割，并设置清洗区对预处理后的菜品进行清洗消毒，设置漂烫区对菜品进行熟制和半熟制的处理，设置高清洁区的冷却间对冷却后的成品进行暂存，以及设置包装物料存储间进行包装入库。

而加工预制菜品时，以畜禽类预制菜为例，其加工工艺流程为：浸泡—清洗消毒—脱水或沥干—切分—调制—熟制—包装，设备长度需求则更为灵活，包装工艺前还可加入调制、腌制的处理设备，增加成品风味和延长保质期。此工艺流程则需要设置浸泡区用清洗水池浸泡菜品，并设置脱水区或沥干区用脱水机将菜品脱水处理或者静置吹风沥干，再到切分区经由切分设备处理成既有利于存储，又有利于饮食需求的大小，最后在包装区分装入库。

（六）平面布局与流线

设计原则：根据生产工艺合理设置，平面流线应便捷、顺畅，避免交叉迂回，并最大限度减少生产人员的行走距离，减少食品安全卫生隐患。

加工区各生产功能区与原料暂存区、辅料存放区、成品暂存区应分开设置，不得共用、交叉。互相影响的不同生产功能区之间应有有效的隔断措施，防止互相干扰和污染。

各生产间与辅助用房、设备用房应根据不同品种预制菜进行科学有序的设置，严格执行生熟分离、洁污分离的原则。合理排布原料分类入库区、原料预处理区、调制区、烹饪处理区、冷却区、分装封口区，并按照不同工艺对高、低清洁区的要求满足相对独立的布置原则。必要时应在加工区不同生产间之间设置缓冲区域，满足工艺需求。

生产人员不可直接进入加工区，进入加工区前应经过洗手和消毒设施进行充分的清洁，条件充分时应考虑设置独立的更衣室、储物间、消毒区、风淋区，但同时要避免对加工区的潜在污染，日常应保持清洁干燥、定期清洗消毒。

（七）层高

由于空调净化设备、风管和风口的安装需求，生产功能区的建筑净高应不低于3m，层高宜在4.8m以上。部分地区有高标厂房和工业上楼等要求，也建议层高在4.5m以上。

（八）建筑内部结构与材料

建筑应结构合理、坚固、光滑、耐腐蚀，便于清洗和消毒。墙面材料与构造应最大限度满足卫生清洁需求，降低脱落、产生霉斑的可能性，减少凹凸面，阴阳角做成圆角，减少卫生死角。颜色应选取浅色，易于日常检查维护。墙面、隔断应使用无毒、无味的防渗透材料建造，在操作高度范围内的墙面应光滑、不易积累污垢且易于清洁；若使用涂料，应无毒、无味、防霉、不易脱落、易于清洁。墙柱面应有适宜的防撞措施，例如防撞软包等，避免墙体柱体表面受损，形成卫生和安全隐患。

地面应采用耐腐蚀、耐磨、防滑材料并有适当坡度1%~2%，利于清洗后排水和减少积水，加工区内排水沟应从高清洁区流向低清洁区，并做好防倒灌和防返味的措施，保持加工区的干燥清洁。在生产预制菜品种过程中会产生粉末状半成品或成品的车间或包装物料轻质易燃的物料暂存间，地面应采取有效的防静电措施，降低粉尘爆炸风险。

门窗在满足消防规范的情况下，采用浅色、平滑、易清洗消毒的构造，并有良好的密闭性能和防潮性能。门槛应能隔绝尘土和污水，避免交叉污染。非密闭窗应有易于拆卸和清洗、坚固的纱窗作为防尘、防鼠、防虫装置，不应有内窗台，如内窗台不可避免，则内窗台台面高度应在操作平面以上并斜向下倾斜，防止污物堆积，造成污染。

加工区内应有良好的采光条件，采用自然采光和充足的人工照明，光线应满足作业照度要求，生产线上检验台的照明强度应不低于500lx，生产车间照明强度应不低于200lx，其他区域照明强度不低于100lx，同时避免炫光，并不应对加工的产品质量在通过目测判定时造成影响。照明设备应有易于拆卸和清洁的防护罩，并定期清洗消毒，其设计和安装应符合养护和清洁的要求，并采用绿色节能的控制设备。

加工区内应有良好的通风条件，必要时应通过自然通风或机械设施有效控制生产环境的温度和湿度。通风设施应避免空气从清洁度要求低的作业区域流向清洁度要求高的作业区域。通风设备应易于养护和清洁，通风进气口应距地面2m以上，并远离污染源和排气口，并设置易于拆卸和清洁的过滤装置，例如纱网、纱罩等，同时满足防尘、防蝇、防鼠的需求。通风设备应考虑工艺流程的需求，额外设置于有需要的加工生产设备上方，用于排除油烟和通风换气。对清洁区空气加压，使加工区内空气从高清洁区流向低清洁区，避免生产过程中的气流对产品造成污染。废气的排放应考虑风向，不应对进气口产生影响。

加工区的成品冷却间、暂存区和成品存储区应设置适宜的降温和空气流通设施，便于稳定调节温度和湿度，利于成品储存和保质。

（九）设施和设备

由于预制菜的生产过程和成品较易吸引虫鼠，因此加工区与外界相连的区域应设置防尘、防鼠、防虫等防污染设施，各暂存区和成品库房应做好防鼠措施，但不得采用放置毒鼠药等容易污染菜品的手段和措施。

不同清洁区域之间应设有清洗消毒间，设置冷热水清洗消毒设施和满足需求的通风设施。清洗消毒间门应能自动关闭，不应直接开向车间。冷热水消毒设施应采用无接触感应式开关，并配备足够的洁手机和干手器，洗手设施的排水应有溢流口，并将排水直接接入下水管道。同时加工区进口应设置工作鞋、靴消毒池，避免污染。

由于食品残余易腐烂发霉，会对菜品产生有毒有害的影响，因此生产加工设备的安装应与墙面预留一定的距离以便使用和维护、清洁、消毒。设备的采用应充分考虑卫生要求，采取易拆卸、易清洁、易维护的构造设计，传动装置应有易于拆卸和清洁的防水、防尘罩，在满足安全要求和工艺需求的情况下考虑节能要求。

生产加工设备应使用无毒、无味、不吸水、不变形、耐腐蚀的材料制作，表面应保持平滑、无凹坑裂缝，减少物料碎屑、污垢的堆积。生产设备的安装应按工艺流程需求，严格生熟分离，并设置易读、明显的标志，防止交叉使用造成污染。

加热、熟制设备和加热杀菌设备应符合工艺流程设置，配置符合要求的温度计、压力计，鼓励采用智能化设备，高效管理和使用。

加工搅拌设备应易于拆卸清洗，与原料接触部分使用耐磨、耐腐蚀的材料，避免磨损碎屑混入原料，对菜品造成污染。

以冲洗为主要清洁手段和加工处理液态半成品、成品的生产加工设备，其电线接点应采用防水型。同时设备内壁应尽量减少缝隙，并定期检查封闭性能，减少安全隐患以及防止产品渗漏、造成污染。

生产有内外包装的预制菜品种时，内包装间应设置消毒设施和通风设施。包装前应对产品进行充分的消毒。

供水设施应满足工艺流程所需的流量、压力需求，并对饮用水和非饮用水的管道进行清晰的标识和区分。给水管道不应经过生产加工设备上方，避免冷凝水滴落对产品产生污染。加工用水管道应有防止回流的措施，其材料应无毒、耐腐蚀。

供电设施应满足工艺流程所需，防潮防水，有清晰的安全标识。鼓励采用智能系统对生产加工设备进行统一管理，满足绿色节能的需求。

（十）楼电梯

由于食品生产线一般短、灵活，并且原料生产加工过程有严格的温湿度要求和食材滞留时长限制以防止产品变质污染，因此一个完整的生产工艺流程全环节通常都集中在同层。对于处在不同楼层的，楼电梯应满足原料以及半成品运输过程中的温湿度、清洁需求，避免原料、成品变质受污染。

二、冷链仓储建筑设计

预制菜产业园中的冷链仓储建筑（以下简称冷库）是指采用人工制冷技术（氨、卤代烃及其混合物、二氧化碳为制冷剂的亚临界蒸汽压缩直接式制冷系统和采用二氧化碳、盐水等为载冷剂的间接式制冷系统等）降温并具有保冷功能的仓储建筑群，主要包括制冷机房、变配电间及库房等。

（一）预制菜产业园冷库的分类

1. 按冷库容量规模分类

大型冷库：10000t 以上冷藏容量的冷库。

中型冷库：1000~10000t 冷藏容量的冷库。

小型冷库：1000t 以下冷藏容量的冷库。

2. 按冷藏设计温度分类

冷冻预制菜冷库：-18℃ 以下的冷藏库。这类预制菜需要在低于-18℃ 的低温环境中储存和运输，以确保食物的安全性并延长保质期。

冷藏预制菜冷库：0℃ 至 10℃ 的冷藏库。部分预制菜的存放条件相对宽松，0℃ 至 10℃ 的冷藏库能充分满足储藏条件，这个类型的冷藏库能够提供适宜的温度，防止食物过早变质。

即食蔬果预制菜冷库：不超过 5℃ 的冷藏库。对于这类预制菜存放条件更加宽松，环境温度应控制在不超过 5℃，以确保食物的新鲜度和口感。

3. 按库体结构类别分类

土建冷库：这是一种采用钢筋混凝土或砖混结构作为主要建筑材料的低温储存设施，专门用于存放冷冻产品。

覆土冷库：这种冷库以砖石为骨架，建立在非冻胀性的砂石层或基岩之上，其隔热层由一定厚度的黄土构成，用于保护和维持低温环境。

山洞冷库：这种冷库位于岩石结构坚固的自然山洞内，内部安装有制冷设备，并利用天然岩层作为保温层，以达到低温储存的目的。

夹套式冷库：这类冷库在传统冷库的外围结构内部增设了一个内层结构，内部这个夹套中安装有冷却系统，以达到更高效的冷却效果。

4. 按使用性质分类

生产型冷库：这种冷库专为食品的生产、加工和包装等工序提供必要的低温环境。

分配性冷库：用于储存和分配食品等货物的冷库。

零售性冷库：用于零售环节，如超市冷库。

5. 按冷库制冷剂分类

氨冷库：使用氨作为制冷剂的冷库。

氟利昂冷库：使用氟利昂作为制冷剂的冷库。

6. 按使用储藏特点分类

超市冷库：超市用来储藏零售食品的小型冷库。

恒温冷库：对储藏物品的温度、湿度有精确要求的冷库，包括恒温恒湿冷库。

气调冷库：既能调节库内的温度、湿度，又能控制库内的氧气、二氧化碳等气体的含量，使库内果蔬处于休眠状态，出库后仍保持原有品质。

7. 按储藏物品分类

药品冷库：用于储存药品的冷库。

食品冷库：用于储存食品的冷库。

水果冷库：用于储存水果的冷库。

蔬菜冷库：用于储存蔬菜的冷库。

8. 按使用结构材料及档次分类

高档冷库：采用高品质材料和设备，具备优良的保温性能和自动化管理的冷库。

低档冷库：采用一般材料和设备，保温性能和自动化管理水平相对较低的冷库。

玻璃钢冷库：采用玻璃钢材料建造的冷库。

彩钢冷库：采用彩色涂层钢板建造的冷库。

不锈钢冷库：采用不锈钢材料建造的冷库。

本书建议分类：在预制菜产业园的规划建筑设计中，建议采用按冷藏设计温度的方式来划定冷库的形式，即分为冷冻预制菜冷库、冷藏预制菜冷库、即食蔬果预制菜冷库。这样分类的原因在于冷库的温度对于设备的采用至关重要，冷库的温度区间决定了所需制冷设备的类型、规格和配置，同时也影响着冷库的运行成本和效率，所以温度是决定冷库选择的最重要因素。

在设计预制菜产业园冷库和选用冷库设备时，应充分考虑储存预制菜品类的要求、制冷系统的性能以及能源的合理利用。

（二）预制菜产业园冷库建筑设计原则

（1）满足食品冷藏技术和卫生要求。预制菜产业园冷库设计应确保食品在适宜的温度和湿度条件下储存，以保证食品的质量和安全。同时，必须遵守国家制定的法律法规及行业标准，以保障冷库的卫生状况达到规定要求。

（2）安全可靠。预制菜产业园冷库设计要充分考虑结构安全，确保冷库在正常运行过程中不会出现安全隐患。此外，要配备防火、防爆、防盗等安全设施，提高冷库的安全性能。

（3）节能环保。预制菜产业园冷库设计应注重节能降耗，采用高效、环保的制冷技术和设备，降低能源消耗，减少运行成本。同时，要符合环境保护要求，避免对周边环境产生不良影响。

（4）经济合理。在满足冷藏技术和安全要求的前提下，冷库设计应力求经济合理，优化布局和设备选型，降低投资成本，提高运营效率。

（5）先进适用。预制菜产业园冷库设计应积极采用新技术、新设备、新工艺和新材料，使生产流程合理，提高冷库的运行效率和现代化水平。

（6）操作便捷。预制菜产业园冷库的设计需注重设备的操作便利性和维护便捷性，保证制冷、照明、通风等系统设施方便使用且易于保养。

（7）适应性。预制菜产业园冷库设计应具备一定的适应性，以满足不同品种、不同保质期食品的储存需求，同时为未来的扩容和改造留下余地。

（8）信息化管理。预制菜产业园冷库设计应结合现代信息技术，如物联网、大数据等，实现冷库的智能化管理，提高运营效率和降低人力成本。

（三）预制菜产业园中冷库建筑设计应依据的相关规范

冷库建筑设计过程中常用的规范如下：

《建筑防火通用规范》GB 55037—2022

《民用建筑设计统一标准》GB 50352—2019

《民用建筑通用规范》GB 55031—2022

《建筑设计防火规范》GB 50016—2014（2018 版）

《建筑内部装修设计防火规范》GB 50222—2017

《物流建筑设计规范》GB 51157—2016

《冷库设计标准》GB 50072—2021

《冷库施工及验收标准》GB 51440—2021

《建筑采光设计标准》GB 50033—2013

《屋面工程技术规范》GB 50345—2012

《建筑地面设计规范》GB 50037—2013

《建筑玻璃应用技术规程》JGJ 113—2015

《建筑与市政工程无障碍通用规范》GB 55019—2021

《无障碍设计规范》GB 50763—2012

《建筑与市政工程防水通用规范》GB 55030—2022

《地下工程防水技术规范》GB 50108—2008

《建筑节能与可再生能源利用通用规范》GB 55015—2021

《工业建筑节能设计统一标准》GB 51245—2017

《食品安全国家标准 食品生产通用卫生规范》GB 14881—2013

（四）预制菜产业园冷库建筑选址原则

预制菜产业园冷库建筑选址规划时，应当对项目的地形、地质、洪水位、地下水位、交通运输等情况进行认真调查或者做必要的勘测分析。

（1）交通便利原则。冷库选址应选择交通运输便利的地方，基础设施配套完善，如靠近高速公路、铁路、码头等，以便于仓储商品的快速流通。

（2）能源就近供应原则。经过多方预制菜生产企业的调研发现，水源和电源是园区内部冷库运行的重要条件，应确保水、电供应稳定。另外，由于冷库的电力消耗较高，需要考虑周边电力基础设施的承载能力。

（3）市场需求原则。冷库选址应充分考虑市场需求，选择靠近大型批发市场、超市、食品加工企业等冷库需求较大的区域。

（4）地形和地质稳定。冷库的选址应当位于地势平坦且宽敞的地方，以及地质构造稳固的区域，以防止地基不均匀下沉引起的建筑物变形。此外，还应避免选择那些容易遭受洪水、山体滑坡等自然灾害影响的地方。

（5）防潮隔热。冷库建筑需要良好的防潮隔热性能，以减少外界热量传入和水分渗透。因此，选址时应考虑周边环境湿度、通风条件等因素。

（6）良好的卫生条件。在选址时，应排除那些无法有效清除有害废弃物、粉尘、有害气体、放射性物质以及其他扩散性污染源的地方。同时，冷库周围应无虫害和鼠害的潜在发生风险，并应配备防止害虫侵入的设施。此外，冷库不得建在邻近地块的排污口附近，也不宜与垃圾中转站相邻。

（7）符合环保要求。遵循相关环保法规，避免对周边环境造成污染。冷库选址应在相邻集中居住区全年最大频率风向的下风侧，避免制冷系统对居民区的污染。

（五）冷库的总平面设计

冷库作为预制菜产业园区内部最重要的功能建筑之一，设计单位应与建设单位及工艺厂家充分沟通，对于项目选址、确定拟建冷库类型、冷冻工艺及内部物流线路设计等都要进行详细规划，并且综合考虑整个产业园内部的总体规划，同时也应符合以下几个原则。

（1）适应预制菜产业园区生产工艺要求。总平面设计应依据工厂的生产流程，科学地布置各类建筑和构筑物，满足厂（库）区总体布局的规定，并与其他生产环节以及入库物资的流动方向保持和谐一致，以保障预制菜生产过程的顺畅。在冷库布局方面，应努力实现工艺流程的连贯性，避免交叉，并保证生产及进出库的运输路线畅通无阻，减少干扰，且路径应尽可能短。

（2）符合预制菜产业园交通运输设计需求。合理组织厂内外的运输线路，确保货物和人员的流动畅通，降低运输成本。

（3）高效利用土地、规划长远发展。在确保生产需求得到满足的同时，应最大限度地减少土地占用，避免占用耕地，提高土地的使用效率。此外，还应为工厂未来的发展留出适当的空间，以便于进行必要的改造和升级。

（4）合理紧凑布局、兼顾管道设置。应最大限度地利用地形地貌，以减少土方作业。冷库及其相关建筑和结构应安排得紧密而有序。同时，全面考虑管道的布局，确保工厂内各种管道系统（包括水、电、气、通信等）的布置合理、高效、有序，避免相互之间的干扰。

（5）考虑竖向设计。冷库库区周边应有良好的雨水排水系统，道路和回车场应有防积水和防滑的技术措施；库房周边不应采用明沟排放污水。

在进行冷库的总平面设计时，也应该遵循以下消防要求。

（1）库房贴邻布置。两座一、二级耐火等级的库房贴邻布置时，贴邻布置的库房总长度不应大于150m，两座库房冷藏间总占地面积不应大于10000m²，并应设置环形消防车道。相互贴邻的库房外墙均应为防火墙，屋顶承重构件和屋面板的耐火极限不应低于1.00h。

（2）建筑间距。建筑高度超过24m的装配式冷库之间及与其他高层建筑的防火间距均不应小于15m。

（3）消防车道。库房占地面积大于1500m²时，应至少沿库房两个长边设置消防车道。

（4）消防车登高操作场地。高层冷库应至少沿一个长边或在周边长度的1/4且不小于一个长边长度的底边布置至少2块消防车登高操作场地，消防车登高操作场地对应范围的每层外墙面应设置可供消防救援人员进入的楼梯间入口或消防救援口。

（六）冷库的功能分区

冷库，特别是大中型冷库是一个以主库为中心的建筑群，主要由建筑主体（主库）、其他生产设施和附属建筑组成。

冷库通常由以下功能房间构成：

（1）冷藏库。主要用于储存需要在低温环境下保存的食品、药品、化工原料等。冷藏库的温度一般在0℃至10℃之间。

（2）冷冻库。用于储存冷冻食品、肉类、水产等需要在更低温环境下保存的物品。冷冻库的温度一般在-18℃以下。

（3）保鲜库。主要用于储存新鲜果蔬、花卉等需要在恒温恒湿环境下保存的物品。保鲜库的温度一般在0℃至10℃之间，湿度控制在50%至90%。

（4）气调库。这是一种特殊类型的冷库，主要用于储存高档水果、蔬菜等对氧气含量有特殊要求的物品。气调库内部采用特殊气体比例调节系统，以保持库内氧气（及其他气体）含量在适宜范围内。

（5）加工区。用于进行冷藏食品的加工、分拣、包装等操作，同时需配备相应的加工设备、工作台、货架等。

（6）装卸区。用于冷藏车辆的装卸作业，一般配备有坡道、装卸平台、冷藏车停放区等设施。

（7）穿堂。穿堂为冷却间、冻结间、冷藏间进出货物而设置的通道，其室温分常温或某一特定温度。穿堂是食品进出的通道，并起到沟通各冷间、便于装卸周转的作用。库内穿堂有低温穿堂和中温穿堂两种，分属高、低温库房使用。目前冷库中较多采用库外常温穿堂，常温穿堂的温度经常保持在接近或略低于外界大气温度，在建筑构造上无须进行隔热处理，只要求有一般自然通风条件。低温穿堂的温度一般低于0℃以下，其围护结构必须设置隔热层，同时为了迅速而有效地吸收外界空气和货物所带入的热量，穿堂内必须布置制冷设备。

（8）制冰间和冰库。冰在食品保鲜中用途很多，例如从海中或养殖场内捕捞鱼虾后运输到加工间需要冰，鲜货长途运输需要冰，医疗、科研、生活服务等部门也需要冰。所以大中型冷库中常附设制冰间，制冰方式有盐水制冰、桶式快速制冰等。制冰间的位置宜靠近设备间，水产冷库常把它设于多层冷库的顶层，以便于冰块的运出。制冰间宜有较好的采光和通风条件，要考虑到冰块入库或运出的方便，室内高度要考虑到提冰设备运行的方便，并要求排水畅通，以免室内积水和过分潮湿。冰库是用以储存冰的房间，以解决需冰季制冰能力不足的矛盾。储存盐水制冰的冰库，其库温一般为-4℃；储存快速制冰的冰库，其库温一般为-10℃。

（9）办公室和监控室。用于冷库的管理和监控，配备有电脑、监控设备、通信设备等，用于实时监控库内温度、湿度及设备运行状态等。

（七）冷库的平面布置

库房的布置应符合下列规定。

（1）功能分区。首先应根据冷库的使用需求，合理划分不同功能区域如冷冻区、冷藏区、冷却区等，确保各功能区域之间的联系便捷，避免互相干扰。同时，冷间按不同的设计温度分区、分层布置。

（2）平面形状。冷库建筑的设计应确保各个冷藏空间的布局简洁且规范，以适应工业生产的实际需求。同时，需预留出完整且实用的生产区域，以便于操作和提升生产效率。主要进深不宜小于15m。建筑布局通常采用开放式大空间设计。若进行分区，应确保各独立区域的面积足够宽敞，避免过小。除了必要的辅助空间如配电室、工具室等，每个生产单元在规划时都应着重考虑如何优化生产线布局，以便于提高生产效率和空间利用率。应减少消极空间和凹槽空间，应尽量减少其保温隔热围护结构的外表面积。

（3）柱网尺寸。冷藏间平面柱网尺寸应根据贮藏食品的主要品种、包装规格、运输堆码方式、托盘规格和堆码高度以及经营和物流模式等使用功能确定，并应综合考虑建筑模数及结构选型。

（4）流线（人流、物流）。冷库设计应充分考虑人流和物流的便捷性，确保库房操作的高效性。满足冷藏工艺要求，运输线路宜短，应避免迂回和交叉。合理规划通道布局，确保货物流畅，提高库房空间的利用率。通道宽度应满足搬运设备及货物的要求，同时考虑人员疏散的安全性。冷库的首层宜设置可供叉车通行进入的坡道，坡道坡度不应大于8%。

（5）设备布局。根据制冷系统的需求，合理安排制冷设备、管道和阀门的布局，确保系统运行安全可靠。同时，考虑制冷设备的维护和检修需求，预留足够的空间；

（6）排水。平面设计时，应该预留足够的空间，设计合理的排水系统，避免库内积水，保证库房干燥清洁；

（7）民俗。对于民族差异较大的地区，应该考虑其他民族的生活习惯，设计的时候应该将牛羊肉和猪肉分别设置在不同的冷库。

（八）冷库的消防设计

冷库的消防设计较为复杂，条目众多，本书仅梳理其中最关键的几点。

（1）冷库库房耐火等级、层数和冷藏间建筑面积应符合表5-1的规定。

表 5-1　冷库库房耐火等级、层数和冷藏间建筑面积

冷库库房耐火等级	最多允许层数	冷库库房的冷藏间最大允许建筑面积/m²			
		单层、多层		高层	
		总占地面积	防火分区内面积	总占地面积	防火分区内面积
一、二级	不限	7000	3500	5000	2500
三级	3	1200	400	—	—

注：1. 当设地下室时，冷藏间应设在地下一层且冷藏间地面与室外出入口地坪的高差不应大于10m，地下冷藏间总占地面积不应大于地上冷藏间建筑的最大允许占地面积，每个防火分区建筑面积不应大于1500m²。

2. 本表中"—"表示不允许。

当库房内设置自动灭火系统时，每座库房冷藏间的最大允许总占地面积或装配式冷库库房的最大允许总占地面积可按表5-1中的规定增加1倍，但表中每个防火分区内冷藏间最大允许建筑面积的规定值不可增加。

（2）冷藏间与穿堂或封闭站台之间的隔墙应为防火隔墙，且防火隔墙的耐火极限不应低于3.00h。防火隔墙上的冷库门表面应为不燃材料，芯材的燃烧性能等级不应低于B1级。当防火隔墙上冷库门洞口的净宽度大于2.1m，净高度大于2.7m时，冷库门的耐火完整性不应小于0.50h。

（3）单层和多层库房每层穿堂或封闭站台的建筑面积不应大于1500m²，高层库房每层穿堂或封闭站台的建筑面积不应大于1200m²。当库房的穿堂或封闭站台设置自动

灭火系统和火灾自动报警系统时，穿堂或封闭站台每层最大允许建筑面积可增加 1 倍。

（4）库房每个防火分区的安全出口不应少于 2 个，整座库房占地面积不超过 300m² 时，可只设 1 个直通室外的安全出口。

（5）冷库库房的楼梯间应设在穿堂附近，并应采用不燃材料建造，通向穿堂的门应为乙级防火门；楼梯间应在首层直通室外，当层数不超过 4 层且建筑高度不大于 24m 时，直通室外的门与楼梯间出口之间的距离不应大于 15m。

（6）冷藏间不应与带水作业的加工间及温度高、湿度大的房间相邻布置。

（7）建筑面积大于 1000m² 的冷藏间应至少设 2 个冷库门，建筑面积不大于 1000m² 的冷藏间应至少设 1 个冷库门。

（8）非控温穿堂或站台的冻结物冷藏间门口应配置风幕或耐低温的透明塑料门帘等，宜设置回笼间。

（9）在库房内不应设置与库房生产、管理无直接关系的其他房间。

（10）库房附属的办公室、值班室、更衣室、休息室等与库房生产、管理直接有关的辅助房间可布置于穿堂附近，应采用耐火极限不低于 2.50h 的防火隔墙和 1.00h 的楼板与其他部位分隔，并应至少设置 1 个独立的安全出口。隔墙上开设的连通门应采用乙级防火门。

（九）冷库的层高设置

冷库的层高设置根据工艺和储藏货物的高度而决定，考虑到货架的高度和设备管线的净高占用，一般来说，冷库层高不得低于 5.1m，净高不得低于 4.5m。部分采用堆垛机的高架冷库，层高可达 10m 以上。

（十）冷库的保温隔热

冷库的保温隔热材料选择是一个综合考量防火性能、保温性能、成本、施工便捷性及使用寿命等因素的过程。

1. 材料选择

（1）确定保温要求。

首先，要根据冷库的用途和所存储物品的要求来确定保温性能的标准。例如，生鲜肉类和冷冻食品的存储要求较高的保温性能。

（2）选择保温材料类型。

聚苯乙烯泡沫塑料（EPS）：EPS 具有较低的导热系数和较高的吸水性，性价比较高，适合普通保温需求。

挤塑聚苯乙烯泡沫塑料（XPS）：XPS 的保温性能比 EPS 更好，但成本较高。

聚氨酯泡沫塑料：聚氨酯泡沫塑料具有优异的保温性能和力学强度，但成本较高，适合高标准保温要求。

（3）考虑材料的尺寸稳定性。

冷库在使用过程中温度变化较大，因此保温材料需要有一定的尺寸稳定性，避免因温度变化导致材料破裂或脱落。

（4）选择合适的厚度。

保温层的厚度会影响保温效果和成本。需要综合考虑保温性能和成本，选择合适的厚度。

（5）考虑材料的安装和施工。

不同的保温材料安装难度和施工要求不同。选择时应考虑施工条件和安装人员的技能水平。

（6）考虑使用寿命。

保温材料的使用寿命会影响冷库的长期运营成本。选择时，应考虑材料的老化速度和耐用性。

（7）考虑防火和安全性。

冷库的防火安全性也是选择保温材料时需要考虑的因素。某些材料可能会释放出有害物质，需要谨慎选择。保温隔热材料的燃烧性能应符合下列规定：

冷库库房采用金属面绝热夹芯板等轻质复合夹芯板做保温隔热围护时，夹芯板芯材的燃烧性能不应低于 B1 级，且 B1 级芯材应为热固性材料。

建筑外围护结构的外墙及顶棚采用内保温隔热系统时，保温隔热材料的燃烧性能不应低于 B1 级。隔热材料表面应采用不燃性材料做保护层。

（8）考虑节能和环保。

选择保温性能好、导热系数低、环保、无污染的保温材料，以减少能源消耗和环境污染。

2. 冷库底部防冻胀措施

当冷库底层冷间设计温度低于 0℃时，地面应采取防止冻胀的措施；当地面下为岩层时，可不做防止冻胀处理。冷库底层冷间设计温度大于或等于 0℃时，地面可不做防止冻胀处理，但仍应设置相应的保温隔热层。在空气冷却器基座下部及其周边 1m 范围内的地面总热阻 R_0 不应小于 $3.18m^2 \cdot ℃/W$。

3. 冷库外墙面保温隔热措施

（1）增加墙体厚度。增加墙体厚度可以降低热传导，从而达到保温效果。但是需要权衡厚度增加与建筑空间利用的关系。同时，可以采用多种材料的组合墙，通过不同材料的组合使用，达到既减轻墙体重量，又能保证保温效果的墙体系。

（2）防止外墙产生凝结水。设计时要考虑温湿度差异，避免室内外空气的水蒸气含量差异引起结露，降低保温效果，防止材料吸水后性能下降。

（3）防止外墙出现空气渗透。选择密实度高的材料，施工时要注意墙体内外抹灰层的处理，构件间的密封处理也非常重要，以减少空气渗透，提高保温效果。

（4）设置隔热层。可以在墙体内设置空气隔热层或者使用隔热材料，如石棉、矿棉等，以降低热量传递。

（5）表面饰面选择。表面饰面选择浅色，可以反射太阳光，降低墙体吸热，进而减少热量传递。

（6）施工质量控制。在施工过程中要确保基层墙体干燥、平整，无油污、蜡等妨碍粘接的物质。保温板材的粘贴要牢固，网格布的铺设要平整且覆盖全面，以确保保温系统的连续性和稳定性。

为了达到更好的保温隔热效果，冷库屋面及外墙装饰面层宜涂白色或浅色。

（十一）冷库的构造要求

冷库的构造应符合下列规定：

（1）冷库屋面宜设置通风隔热层。在夏热冬暖地区的库房屋面上应设置通风间层或采用热反射涂料面层等。

（2）冷库的吊顶采用轻质复合夹芯板做保温隔热围护时，闷顶应有通风设施。

（3）装配式冷库围护结构外墙宜设置通风隔热层。

（4）通风间层及闷顶的通风口应有防止小动物进入的构造措施。

（5）冷藏间的外墙与檐口及各层冷藏间外墙与穿堂连接部位的变形缝应采取防漏水的构造措施。

（6）冷库屋面排水宜设置外天沟和墙外明装雨水管。

（7）冷间建筑的地面架空层应有防止地表水浸入的措施。

（8）冷库内管道井、楼梯间的建筑构造应符合现行国家标准《建筑设计防火规范》GB 50016 的有关规定。

冷库下列部位均应采取防冷桥的构造处理。

（1）由于承重结构需要连续而使保温隔热层断开的部位。

（2）门洞和设备、电气管线穿越保温隔热层周围的部位。

（3）冷藏间、冻结间通往穿堂的门洞外跨越变形缝部位的局部地面和楼面。

三、配套设备设施用房

（1）制冷压缩机房。制冷压缩机房作为冷库的核心动力中心，内部装备了制冷压缩机及相关辅助设备。在我国，常见的做法是将制冷压缩机房独立建设在主库旁边，通常采用单层建筑结构。相比之下，国外的大型冷库往往将制冷压缩机房安置在建筑物的顶层，这样做可以有效地提高底层空间的利用效率。对于单层结构的冷库，也有一种做法是在每个库房外部独立设置制冷机组，采用分布式供液系统，从而无须建立集中的压缩机房以供冷。制冷压缩机房需保持清洁、干燥、通风。

（2）设备间。设备间与机房相连，以墙分隔，安装有卧式壳管式冷凝器、储氨器、气液分离器、低压循环储液桶、氨泵等制冷设备。小型冷库为了操作方便，也可将两者合二为一。

（3）变配电间。变配电间包括变压器间、高低压配电间和电容器间（大型冷库），一般设在机房的一端，制冷压缩机房需保持清洁、干燥，同时室内要有良好的通风条件，炎热地区必须设机械通风装置。为了减少太阳辐射热的影响，变配电间不宜朝西布置。

四、配套功能建筑

配套功能建筑指主体建筑以外，和主体建筑有密切关系的其他建筑，包括肉类屠宰间、包装整理间等。鱼类、蛋类、水果、蔬菜等食品在进库前，须先在包装整理间内进行挑选、分级整理、过磅、装盘或包装，以保证食品质量和库内卫生，包装整理间要有良好的采光，每小时要有1~3次的通风换气，地面要便于冲洗，排水要通畅。

第三节　结构设计

一、地基基础

将结构所承受的各种作用传递到地基上的结构组成部分称为基础，负责支撑基础的土体或岩体称为地基。地基与基础在建筑物中起着承上启下的作用，主要连接建筑物及构筑物上部结构，如房屋的墙体和柱子等。适应不同类别预制菜工艺建设而成的上部建筑及构筑物的地基基础设计，应遵循因地制宜、就地取材、环保和节约资源的原则。依据岩土工程勘察资料，综合考虑结构类型、材料状况和施工条件等因素，进行细化设计。地基基础设计流程为：

（1）确定地基基础设计等级。依据拟建建筑物地基复杂程度、规模和功能特征及由于地基问题可能造成建筑物破坏或影响正常使用的程度确定地基基础设计等级。不同的地基基础设计等级影响地基基础的勘察、计算等。

（2）全面了解拟建场地的工程地质状况和地质勘察资料。翔实的地质勘察资料是进行地基基础设计的先决条件。岩土工程勘察报告作为工程基础地质资料的关键部分，起着重要作用。它是设计单位和工程施工企业了解地质情况的重要途径。报告会介绍整个项目的地质工程概况，包括地质条件、土体物理力学性质指标、地下水、场地稳定性以及岩土工程评价等内容。

（3）基础选型。基础选型应根据地勘报告、结构形式、结构荷载和施工条件等综合考虑，若有地下室底板或水池等地埋构筑物需结合底板和抗浮措施，进行不同基础的技术、经济、工期等方面的比选。基础方案造价从低到高的形式一般为天然地基上的独立基础、筏板基础、复合地基基础、预制管桩或方桩、灌注桩基础等，优先考虑造价低的基础，再考虑桩基础；采用桩基础时，需对管桩和灌注桩基础进行比较：

1）与工程部确定桩基施工操作面，若在地面施工应考虑空桩费、送桩及截桩费；若在坑底施工需考虑坑底土加固处理等；注意支护内撑对坑底施工桩基础的影响。

2）坑底施工桩基础需考虑预留靠支护边的工程桩的施工空间，及挤土桩对支护的影响等。

3）灌注桩和管桩需考虑检测费用。

（4）基础设计。确定了基础类型后，需进行承载力、变形、稳定性和抗浮验算。所有建筑物均需满足承载力计算。甲、乙级建筑物，要进行变形计算，丙级建筑物体型简单，荷载均匀，地质情况适合的情况下可不进行变形计算。对受水平荷载作用的高层建筑、高耸结构和挡土墙等，以及斜坡边坡附近的建筑物，应该验算其稳定性。当建筑物有上浮问题时，还要进行抗浮验算。

地基基础工程是建筑物的根本，它的质量直接影响到建筑物的安全、适用和耐久性。地基基础工程具有多样性、危险性、隐蔽性和重要性这些特点，因此要求在地基基础设计时需综合各方面因素精心设计，确保后续施工顺利进行。

二、荷载与柱跨

应按国家和地方现行相关标准进行结构荷载的取值。根据预制菜产品类型及工艺流程，参照相关规范，设计采用的荷载主要如下：

（1）恒载。主要楼面恒载需结合具体建筑做法经计算确定。

（2）厂房区主要活荷载。首层楼（地面）活荷载不小于12000Pa，二层、三层楼面活荷载不小于8000Pa，四层以上楼面活荷载不小于6500Pa。

（3）当屋面设备需灵活布置时，活荷载取值不小于7000Pa。

（4）考虑设备振动时，应符合国家相关振动荷载标准的有关规定。

结合厂房工艺要求，多层钢筋混凝土结构和钢结构柱距一般不应小于8.4m，当有剪力墙时尽量减少剪力墙数量，以利于生产线布置。单层厂房时可采用门式刚架，跨度可取 12~48m。

在预制菜厂房的设计中，荷载和柱跨的取值是非常重要的考虑因素。首先，必须满足国家和地方的相关规范要求。其次，根据具体的工艺要求，取实际荷载和规范要求中的大值，以确保预制菜厂房结构的安全性。这一步骤是非常重要的，因为不同的工艺要求可能会对厂房的结构产生不同的影响。在确定荷载和柱跨取值后，再根据这些数据进行后续的结构计算。

第四节　给水排水设计

一、给水系统

（一）设计依据

（1）现行国家给水排水及消防设计规范及标准。

（2）项目有关的给水排水资料和设计要求等。

（3）工艺及其他专业提供的有关给水排水资料和设计要求。

（二）给水水源

（1）根据园区周边市政给水资料，首先确定项目是否满足可用作两路消防供水的市政给水管网。需满足条件如下：市政给水厂应至少有两条输水干管向市政给水管网输水；市政给水管网应为环状管网；应至少有两条不同的市政给水干管上不少于两条引入管向消防给水系统供水；市政给水水压不应小于 0.14MPa。

（2）根据园区用水需求设置消防水表（两路进水时设置两个消防水表）、生活总水表、绿化水表等。

（3）根据园区生产厂房类型、办公楼及仓储体量，计算最大栋建筑所需室内外消防用水量，并设置储存最大消防用水量的消防水池（满足两路消防供水时不设置室外消防用水水池），并相应设置消防泵房。

（4）根据市政水压对给水系统合理分区，充分利用市政水压，并计算二层加压楼层所需用水量，合理设置生活泵房，生活泵房应设置不锈钢生活水箱及变频加压供水设备。

（三）设计用水量

车间工人及管理人员：50L/（人·班），$K = 1.5$。

宿舍（住宿人员）：200L/（人·班），$K = 2.5$。

绿化浇洒：2L/（m^2·次），$K = 1.0$。

预制菜生产用水：根据预制菜生产类型、生产工艺及规模等预留生产用水量。

漏失和未预见用水量：按总用水量的10%计。

（四）节水节能措施

（1）充分利用市政供水压力供应建筑内的生产、生活用水，节省设备的日常运行费用，节省电耗。

（2）给水二次加压系统采用水箱、变频调速泵组的供水方式。变频给水设备应能根据生活用水系统对水量、水压的实际变化要求进行变压变流量供水，以达到节能效果。

（3）合理进行给水系统竖向分区，控制各分区入户管压力不大于0.20MPa，在满足水量、水压要求的前提下，控制最不利点水头，避免浪费。

（4）水泵选择。合理选择水泵，控制水泵使其尽可能在高效区运行，变频给水设备变流量范围控制在25%～100%之间。

（5）选用节水型卫生洁具及配件，大便器一次冲水量不大于5L，洗手盆及小便器采用感应式冲洗阀。

（6）水池、水箱溢流水位设置报警装置，防止进水管阀门故障时，水池、水箱长时间溢水。

（7）各单体用水均分别计量。

二、排水系统

（一）雨水系统

（1）雨水设计流量采用当地暴雨强度公式计算，屋面雨水排水管道的设计重现期：重力系统取10年，压力流系统取30年。屋面雨水排水管道与溢流设施的总排水能力，重力流系统取不应小于50年的重现期雨水量，压力流系统取不应小于100年的重现期雨水量。

（2）室外雨水排水管道的设计重现期取5年，并结合海绵城市合理布置雨水管网。

（3）室内雨水排水管采用承压PVC排水管，溶剂粘接。室外排水管管径小于

DN500，采用 HDPE 双臂波纹管，管径大于等于 DN500，采用承插钢筋混凝土管，承插式连接，橡胶圈密封。

（二）污水系统

（1）预制菜产业园实施生活污水与生产废水分流制，生活污水由污水管网收集，并经管网末端化粪池排至市政污水管网。

（2）预制菜生产废水由废水管网收集，并在管网末端设置地埋式一体化废水处理系统，经处理达到废水排放标准后排至市政污水管网。

（3）室内排水管采用 UPVC 排水管，溶剂粘接。有静音需求的排水立管采用 UPVC 双壁中空螺旋消声排水管。室外污、废水排水管采用 HDPE 双壁波纹管。

三、海绵城市设计

（一）设计原则

（1）安全第一，消除安全隐患、增强防灾减灾能力。
（2）因地制宜，渗、滞、蓄、净、用、排相结合，实现生态排水、综合排水。
（3）雨污分流，实现雨水资源化，改善水环境与生态环境。
（4）在经过审批的管线综合规划基础上合理布局海绵城市设施，避免冲突。
（5）协同排水、道路、景观、建筑、施工等专业优化设计方案，确保落实到位。
（6）根据排水分区、周边用地性质、绿地率和水域面积率等具体项目条件，综合考虑低影响开发设施的类型与布局。重点考虑公共开放空间的多功能使用，并将雨水控制与景观相结合，最大化提高生态效益与空间利用率。

（二）设计依据

（1）根据《海绵城市建设技术指南——低影响开发雨水系统构建》和当地海绵城市建设专项规划要求，结合该项目的控制指标与气候环境及项目用地环境特点，设计海绵设施。

（2）根据项目的竖向和排水组织关系，对厂区进行汇水分区。

（3）海绵设施优先设置透水铺装、下沉式绿地、雨水花园等，当海绵设施蓄水不能满足海绵城市设计雨水调蓄容积时，在雨水管网末端设置雨水调蓄池，调蓄池需满足雨水回收利用。

（三）海绵城市设施方案

采用低影响开发（LID）设计理念，将雨水管网系统与海绵城市设施相结合，可以有效地管理雨水，减少城市径流并改善环境质量。主要道路上敷设雨水管道，并通过屋面雨水管道将建筑屋顶的雨水导入周围的海绵城市设施，形成一个多层次的雨水管理系统。当小雨时，建筑屋顶的雨水通过屋面径流进入屋面雨水管，断接至建筑周围的海绵城市设施中，并在雨水管出口处设置碎石消能措施，这些消能设施可帮助减少雨水流速，防止因流速过大造成的侵蚀或土壤冲刷，同时可以分散雨水冲击力，保障下游设施的稳定性；屋顶的雨水在排水管道中会部分通过渗透至土壤。这一设计能够有效增加土壤的水分含量，减少径流；部分通过盲管收集排入雨水井中；道路雨水通过设置在道路两侧的植草沟、线性排水沟收集，并在雨水流经时进行初步的净化，或者散水收集后排入海绵城市设施中，这些设施包括雨水花园、湿塘、渗水池等，主要用于对雨水进行滞留、渗透和净化。当降雨量超过设计雨量时，海绵城市设施无法完全消纳所有雨水，应设立溢流口将雨水排入市政雨水管网。

海绵城市设施的布置需要进行严格的计算与规划，以确保其设施平面和规模科学合理。常用的计算方法包括容积法、推理法和水量平衡法。海绵城市设施包括生态滞留设施（含下凹式绿地和雨水花园）、透水铺装、植草沟、绿色屋顶和雨水收集回用系统等，旨在通过自然过程和工程手段有效管理城市雨水，减少城市内涝、提高水资源利用效率，并改善生态环境。

第五节　电气设计

一、负荷等级

负荷等级的划分对于电力系统的规划和运营至关重要。通过合理的负荷等级划分，可以更好地满足不同领域和行业的用电需求，确保电网的可靠性、稳定性和可持续性发展。同时，不同等级的负荷需要采用不同的措施和供电设备，以满足其对应的供电可靠性和安全性要求。应根据国家相关规范的要求确定负荷等级。

在预制菜产业园的建设与运营中，为了满足大规模、高效且环保的生产需求，项目前期阶段对用电负荷的准确预测和合理评估显得尤为关键。以腐竹预制菜园为例，鉴于其在生产过程中对电力系统的稳定性和效能有着特殊要求，因此在规划和设计供电系统时，需要采用科学合理的方法来确定所需的用电负荷。

面积指标法是一种常用于此类大型食品加工项目用电负荷估算的有效手段。该方法基于单位面积设备功率密度来计算总体用电负荷，具体到腐竹预制菜园，其生产设备主要包括腐竹生产线、冷藏冷冻设备、照明系统、动力设备以及其他辅助设施等。

根据行业标准和实践经验，每平方米设备功率密度一般控制在 50W 至 70W 之间较为适宜，这一范围充分考虑了腐竹预制菜园生产工艺的能耗特点以及节能减排的需求。

二、供电电源

采用所在区域变电站的 10kV 电源作为主电源，通过 10kV 高压电缆埋地敷设的方式，将电源安全可靠地引入高压开关房。为最大限度地降低突发事件对电力供应的影响，应选用具有高可靠性、低故障率的知名品牌柴油发电机组，并按照国家相关规范进行严格安装和调试，以保证其能够在最短时间内完成启动并输出稳定电力。此外，应充分考虑到环保要求，所采用的柴油发电机组不仅具备高效率的能源转化能力，同时也有效控制了噪声污染，确保在满足电力需求的同时，维护了良好的周边环境质量。综上所述，通过科学合理的布局和先进技术的应用，构建了一套集高效、稳定、安全及环保于一体的应急供电系统，为所在区域变电站及各类重要负荷提供了强有力的电力保障。

针对冷库等具有特殊且高负荷用电需求的设备设施，为了确保其稳定、不间断的电力供应，通常建议采用从所在区域不同的变电站引入两路 10kV 电源的供电方案。这种设计方案的主要目的是为了实现电源的冗余备份和负荷分流，以有效保障冷库等重要设备的持续稳定供电，满足其全天候不间断运行的需求，确保冷库设备不间断运行，以保障冷库内储存物品的安全及冷链物流的正常运转，避免了因电力中断而导致的货物损坏、设备停机等严重后果。

三、0.4kV 低压配电系统

在低压配电系统中，0.4kV 作为常见的电压等级，广泛应用于居民住宅、商业建筑、工业厂房及各类公共设施中。其接线形式的设计直接关系到供电的可靠性、灵活性和经济性。低压配电系统融合了 ~220V/380V 放射式与树干式的供电模式。对于单台容量较大的负荷，如制冷等设备，采用放射式供电，确保设备的稳定运行。而对于照明及一般负荷，则采用树干式与放射式相结合的供电方式。

消防控制室、消防水泵、消防电梯以及防烟排烟风机等消防负荷，均采用专用两路电源进行供电，确保在最末一级配电箱处设置自动切换装置。通过采用专用两路电源供电方式，不仅极大地提高了消防设施的供电可靠性，也确保了消防救援工作的顺利进行。这不仅体现了对消防安全的重视和投入，也为人们的生命财产安全提供了一道坚实的防线。

四、照明设计

照明工程中根据不同场所和需求进行分类的方式，常见的有正常照明、应急照明、值班照明和警卫照明等。正常照明是指在正常工作或生活状态下提供的常规照明，满足人们日常活动所需的亮度与光照分布。应急照明则是指在紧急情况或停电状态下，用于保障人员安全疏散和应急作业的照明设施，通常具备快速启动、持续照明时间长等特点。值班照明主要为工作人员在夜间或特定时间段内进行巡视、监控等任务提供必要的照明条件。警卫照明则侧重于安全防护，在需要高度警戒和安全保卫的场所，如重要目标守护、贵重物品存储区等，提供高强度、精准指向性的照明，以震慑潜在威胁，确保安全。

光源、灯具的选择。在一般的公共场所和商业空间中，普遍采用 LED 节能型光源作为主要照明设备。LED 灯以其高效节能、长寿命、低维护成本以及环保无污染等显著优点，成了现代照明领域的主流选择。具体的灯具设计和布置方式会根据空间的功能性、视觉效果需求以及能源效率等因素进行精细化设计和调整，以确保在满足日常照明需求的同时，最大限度地降低能源消耗，实现绿色可持续的发展目标。

考虑到突发状况下的照明需求，应急照明系统采用能快速点亮且稳定性极高的 LED 光源。这类光源启动速度快，能够在短时间内瞬间达到全亮度，确保在紧急情况下迅速提供必要的照明保障，帮助人员安全疏散和应急处理。同时，应急 LED 光源还具备高显色指数和良好的色彩还原性，有利于维持正常的视觉辨识度，提高紧急情况下的安全系数。

五、电气节能和环保

建筑电气节能是指在保证建筑物功能的前提下，运用合理的技术和管理手段来降低能源消耗，这样才能达到经济效益、环境效益和社会效益的平衡，并着力提升能源的利用效率。这一目标追求的并非简化建筑物的功能要求，亦非降低其功能标准。在建筑电气系统构建中，设备选型是节能的首要关卡，以变压器为例，需依据建筑物独特的用电负荷特性，精准选定恰当的容量与类型。若变压器容量过大，恰似"大马拉小车"，不仅空载损耗增加，负载运行时的损耗也会显著上升。

至于电动机，应契合负载特性进行选型。例如，对于负荷波动频繁的通风设备，使用变频调速电动机具有显著的优势。同时，合理设计建筑物的电气系统布局，减少能源在传输和分配过程中的损失。

合理布局设备，是减少能源传输损耗的关键。在大型建筑规划时，配电室应尽可能靠近负荷中心。将配电室选址于负荷中心附近，能有效缩短供电半径，大幅削减线路的电阻损耗。

建筑电气节能还需要从建筑物的运行管理入手，建立完善的能源管理制度，定期进行能源审计和评估，及时发现和解决能源浪费的问题。通过引入先进的能源管理技术和设备，实现对建筑设备能耗的实时监控和数据分析，为节能提供科学依据。建筑电气节能不仅有助于降低建筑物的运营成本，提高经济效益，还能减少对环境的污染，推动绿色建筑的发展。因此，在建筑设计和运行过程中，应始终坚持节能优先的原则，通过科学合理的电气设计和运营管理，实现建筑与环境的和谐共生。

（1）在实施国家《建筑照明设计标准》、《建筑节能与可再生能源利用通用规范》等相关法规时，务必严格遵循其中关于照明功率密度值的各项规定。尤其在装修设计阶段，选择建筑照度标准值应充分考虑节能效应，根据实际需求合理确定照度水平，避免盲目追求或攀比高照度。对于确有高照度需求的空间，可设置局部照明来满足需求。

（2）优先选择高效节能的光源和灯具。一般情况下，室内外照明应避免使用白炽灯，而是推广使用 LED 节能灯。在适宜的场合，可广泛运用高光效、长寿命的高压钠灯、金属卤化物灯以及 LED 灯，以提升照明效果。不仅如此，LED 灯在照明效率上的优越性更为突出，相较于传统白炽灯或荧光灯，LED 灯的能效转换比高达 70% 甚至更高，这意味着在同等照明需求下，使用 LED 灯能够大幅降低能耗。同时，LED 灯色彩丰富，可提供多种色温选择，且光线质量更好，无频闪，对保护视力健康尤为有益。在智能照明系统的配合下，LED 灯能够实现光感的自动调节，根据环境光线强度自动开关或调整亮度，进一步实现节能目标。

（3）优选电子镇流器及高效节能型电感镇流器，确保所选镇流器严格遵守国家能效标准，谐波含量符合相关规范要求。此外，镇流器的自身功耗不超过灯具功率的 8%，以实现最大程度的节能与高效性能。

（4）在满足眩光限制和配光要求条件下，优先选用高效率的灯具，多采用开敞式或透明玻璃罩灯具，采用格栅灯具时，灯具效率至少达到 60%。

（5）在考虑建筑特性、功能需求、标准规范及实际使用要求的基础上，对照明系统实施精准灵活的控制策略，实现经济效益与实用效能的双重优化。根据不同场景需求，合理设置照明方案，实现一键切换与自动化调节；针对公共区域如走廊、前室、楼梯间及公共部分，采用定时控制、集中控制、调光控制以及基于人体红外感应的延时控制技术，确保光线充足且节能高效；在条件允许的情况下，依据室外自然光线的变化，智能调节室内照明亮度，或借助光导管等导光、反光装置，巧妙利用自然光源，既节能又环保。

建筑电力监控系统具备对各类负荷进行细致分项计量与高效管理的功能。经过一段时间的稳定运行及数据深入收集，能够在全面分析各类负荷能耗状况的基础上，精准识别出对系统节能具有重要影响的关键节点。针对这些关键节点，相应调整系统的运行状态，以确保整个电力系统在最节能的模式下稳定运行。同时，根据用电性质的不同，对单位内部的照明、空调及信息等系统进行分类计量。进一步优化能源分配，提高能源利用效率。通过实时监测和数据分析，能够及时发现并解决能源浪费问题，为企业的节能减排提供有力支持。此外，电力监控系统还具有预测和预警功能。通过对历史数据的挖掘和分析，系统可以预测未来的能源需求，帮助制定更加科学的能源调度计划。同时，一旦出现异常情况，系统能够及时发出预警通知，帮助快速定位问题所在，从而及时采取相应的措施，确保电力系统的稳定运行。

总的来说，电力监控系统在能源管理方面具有重要的作用。它不仅可以帮助企业全面了解电力系统的运行状况，还可以提供科学的决策依据，为企业的节能减排提供有力支持。随着科技的不断进步，相信电力监控系统将会在未来的能源管理中发挥更加重要的作用。

第六节　空调与通风设计

一、空调系统设计

（一）负荷计算

根据环境舒适度要求和生产工艺要求分房间及工段列出室内温度、湿度参数（包括基数和精度）。空调室外计算参数按《民用建筑供暖通风与空气调节设计规范》GB 50736 附录 A 的要求确定。

舒适性空调系统的作用是排除室内的热负荷和湿负荷，维持室内要求的温度和湿度。设计空调系统时，要计算房间的热湿负荷，依据房间的热湿负荷来确定舒适性空调系统的送风量或送风参数。

预制菜加工区及中央厨房生产工艺空调应根据工艺流程需要的冷、热参数来确定冷、热系统负荷。

（二）空调冷热源和系统形式的选择

空调系统的类型根据其空气处理设备的设置位置，可以划分为集中系统、半集中系统和分散系统三大类。选择哪种空调系统形式，需依据建筑物的规模以及现场的实际情况来决定。具体而言：集中系统主要包括单风管系统、双风管系统和变风量系统这几种主要形式；半集中系统则涵盖了末端再热式系统、风机盘管系统、诱导式系统以及各类冷热辐射式空调系统等主要形式；分散系统的主要形式有单元式空调器系统、窗式空调器系统和分体式空调器系统。

下列情况之一宜采用分散式系统：

（1）全年所需供冷、供热时间短或空调面积较小采用集中式系统不经济。

（2）需设空调的房间较分散。

（3）设有集中系统的建筑中，具有空调使用时间和要求不同的房间。

（4）需增设空调的既有建筑，因机房或其他因素难以布置集中系统的。

集中冷热源系统俗称中央空调系统，是指在整个建筑内集中设置一处（规模较大时，也可能有几个）冷热源站房，并将空调用冷、热介质（通常为冷水、热水、蒸汽）通过管道输送到分散设置的空气处理设备（风机盘管、新风机组、组合风柜等）之中。集中冷热源系统的设置，可以使制冷与制热的能源形式多样化。通过多种组合方式，使各类能源充分发挥其自身的特点和功效。集中式冷热源还适合于采用移峰填谷的蓄能空调技术、能源梯级利用的冷热电三联供技术和利用可再生能源的各种水源热泵技术。集中冷热源具有较高的能效但系统部分负荷运行效率和满足性相对较差。以供冷为例，当建筑的冷负荷较低时，冷水机组由于受到最小制冷量的限制，有可能无法满足低负荷的运行要求，或者即使能够运行其制冷 COP 也是处于较低的运行状态，同时输送能耗在系统能耗中所占的比例增大。因此，集中冷热源系统适用于规模较大的建筑，考虑输送能耗对输送半径有一定的限制。当输送半径过大时，应分散设置冷热源站房及其空调系统。

常规的舒适性空调系统，夏季普遍采用热、湿耦合的处理方法，对空气进行降温的同时作除湿处理。但以室温作为控制目标时，对潜热的处理不够导致室内的湿度并不能得以实时保证。对湿度要求严格的工艺空调，要保证经过冷凝除湿处理后的空气湿度，需要二次回风或再热才能满足送风温度的要求，此时也可采用温湿度分别独立控制的空调系统。

预制菜加工区及中央厨房根据对环境温湿度的要求及工艺冷水、热水或蒸汽需求相应设置空调系统和制热系统。考虑输送半径选择合理的位置设置集中冷热源站房，站房的位置还需满足现行国家规范的要求。对于有可燃气体或液体的机房（如直燃机房、燃油燃气锅炉房等），在泄爆面积、维护结构耐火等级、通风系统的防爆、燃气报警等安全设施方面要符合相关的法规要求。

冷热源机房的尺寸与设备总容量、设备台数、设备布置方式等密切相关。同时，还应考虑到设备的日常操作、检修和维护的需要。由于主机及其附属设备的尺寸与重量较大，需考虑其初次和以后更换时进出机房的孔口与通道。位于地下的机房，需与建筑专业沟通确定预留安装孔的位置、运输通道，楼板的承载能力和预埋件等提资给结构专业做好预留。机房应设计有组织排水，在主机及其附属设备四周做排水沟，集中后排出。主机、冷却塔等相应的补水要求提资给给水排水专业。

冷链仓储建筑内部冷库制冷设计详见本书第七节第一部分，其配套的办公室和监控室、控制室等房间采用分散式空调系统满足环境冷热要求。

配套功能建筑比如包装整理间，根据环境的舒适度要求及被包装产品的温湿度要求确定是否设置空调系统。

（三）中央空调系统的自控要求及方式

1. BAS 与就地控制

空调系统采用中央集中监控与就地控制相结合的（BAS）方式；需要独立管理的区域 BAS 设 BAS 分控中心，以实现对该区域的独立管理。

2. 冷热源及主要设备的控制方式

（1）制冷机房采用群控方式自动控制机房内各设备。冷源及主要设备应顺序启停，启动顺序为：冷却水电动水阀→冷却水泵→冷却塔风机→冷冻水电动水阀→冷冻水泵→冷水机组，停机顺序相反。

（2）热源设备顺序联锁启停，启动顺序为：热水循环泵→热源（锅炉、热水机组），停机顺序相反。

（3）冷水机组、水泵、换热器及其辅助设备在集中空调系统中，通过台数控制策略进行运作。系统依据用户侧回水总管流量传感器测量的流量数据，以及供回水总管温度传感器获取的温度信息，综合计算出所需的冷量或热量。随后，系统能够自动调整冷水机组等设备的运行状态，包括加载或卸载，以确保运行中的设备台数既满足当前的负荷需求，又符合流量要求。这一调节过程旨在保持机组始终处于高效的工作状态。机组自动轮换运行，以保证每台设备运行时间大致相等。

3. 空调末端设备控制方式

（1）风机盘管采用室温控制。

（2）全空气系统空调机组（定风量）根据回风温度检测数据控制冷/热水盘管电动阀开度；按照预先排定的工作表启停机组。

（3）风机盘管、空调机组的调节水阀和空调机组新风、回风管路的调节风阀与设备启停联锁。

二、通风系统

在预制菜加工区及中央厨房内，对于那些散发热量、湿气或有害物质的车间或其他房间，若局部通风措施不适用或无法满足卫生标准，则应实施全面通风系统。当室内含尘气体经过净化处理，其尘埃浓度降至国家规定容许浓度要求值的 30% 以下时，该净化后的空气可被允许循环使用。然而，对于空气中存在难闻气味、含有达到危险浓度的致病细菌或病毒，以及含有易燃易爆物质的房间，则严禁采用空气循环方式，以确保安全与卫生。

为确保作业区域和人员常驻区域不受含有大量热、湿或有害物质的空气影响，全面通风系统的进风和排风设计需避免此类空气流入。在周围环境质量较差而室内需要保持空气清洁的情况下，应通过通风系统维持室内正压状态。相反，对于那些散发粉尘、有害气体或存在爆炸危险的房间，则应通过通风系统保持室内负压，以防止有害物质外泄并保护周围环境的安全。

在工业建筑中，对于散发热量或同时散发热量、湿气及有害气体的区域，若采用上部或上下部联合的全面排风方式，机械送风系统应优先考虑将新鲜空气直接送至作业地带。而对于那些主要散发粉尘或密度大于空气的气体和蒸汽，但不伴随热量散发的生产厂房及其辅助建筑，若排风系统设置于下部地带，机械送风则更适宜送至上部区域。对于既散发热量、蒸汽和有害气体，或仅散发密度小于空气的有害气体的生产建筑，除了设置局部排风系统外，还应在上部区域增设自然或机械的全面排风设施。这类排风系统的排风量应至少达到每小时一次完整换气，以确保室内空气质量。特别地，当房间高度超过 6m 时，排风量可依据每平方米地面面积每小时 $6m^3$ 的标准进行计算，以满足有效排风的需求。

库房内的制冷设备间和阀站间应设置事故排风装置，排风换气次数不应小于 12 次/h。非控温穿堂设置机械排风系统，排风换气次数不小于 5 次/h。

（一）冷却物冷藏间的通风系统

冷却物冷藏间按货物的品种设置通风系统，新风量按食品冷藏工艺要求确定，当工艺无具体要求时，换气次数每日不小于 1 次。进入冷间的新风按室内外温度要求做预冷或预热处理，新风的进风口设置便于操作的恒温启闭装置。若冷间产生废气，应直接排至室外，排风口下缘距冷间内地坪的距离不大于 0.3m，排风口处设置操作的恒温启闭装置。通风管道穿越冷间防火隔墙时，应设置 70℃ 防火阀及防止产生冷桥的措施。

电气及设备用房的通风宜采用机械通风，通风量宜按房间内设备发热量来计算。当资料不全时，可按换气次数计算，换气次数按表 5-2 计算。

表 5-2　各类房间的一般要求换气次数

房间名称	变压器房	低压配电房	高压配电房	电梯机房
换气次数/（次/h）	40	20	20	按发热量计算
房间名称	发电机房	储油间	水泵房	污水泵房
换气次数/（次/h）	6	12	6	8~12

电气及设备用房的补风应尽量采用自然补风。没有条件时，应设机械补风，补风量按排风量的 80%~85% 计算。

（二）变配电房通风系统

（1）变配电房宜设置独立的机械排风系统，宜直接从车库补风，不能与车库合用机械排风系统（使用时间不一致）。

（2）当变配电房设有气体灭火器时，电房通风系统应设气体灭火后事故通风；风管穿电房隔墙处应设 70℃ 电动防火阀（具有电动关闭，电动开启，手动开启、手动关闭，输出电信号等功能），当发生火灾气体灭火前，应关闭其灭火区域的排风支管、补风支管上的电动防火阀，关闭排风机和补风机；气体灭火后，再打开电动防火阀、排风机和补风机，排放残留物。气体灭火后的通风机，应在气体灭火房间外便于操作的地方设置启动装置。

（3）气体灭火后的排风应直排室外，不应排至建筑物内其他区域。

（4）气体灭火区域的排风宜设置下排风口。

（5）气瓶间排风应设置下排风口，换气次数 12 次/h。

（6）变配电房一般提供给供电局使用，变配电房属于重要房间，穿过重要房间门的风管应设置防火阀。

（7）弱电房应设置排风，如弱电房无气体灭火，可设置排风扇直排车库，穿弱电房的风管、排风扇应设防火阀。

（三）发电机房通风系统

（1）发电机房应按发电机运行时的通风量，预留进、排风管井、防雨百叶及发电机烟道竖井。发电机进、排风井及其防雨百叶面积应满足发电机进、排风量的要求。发电机烟道应减少弯头，当弯头较多时，还应计算发电机烟道阻力，复核烟道阻力是否小于发电机余压。

（2）发电机运行时的排风由发电机自身负责，补风优先采用自然补风，无条件时，可采用机械补风。

（3）发电机房及其储油间平时排风应设置独立的机械通风系统，排风机应采用防爆风机，补风优先采用自然补风，无条件时，可采用机械补风。

（4）发电机房储油间一般设有气体灭火，平时排风系统应兼作事后排风系统，自然补风口处也应设置电动防火阀。

（四）电梯机房通风系统

电梯机房应设置机械排风，自然补风。自然补风应设置单独的进风口（防雨百叶）或设置百叶门，补风防雨百叶处应设置十目防虫网。

（五）卫生间通风系统

（1）公共卫生间、无外窗卫生间应设机械排风。

（2）卫生间排风系统宜独立设置，当与其他房间合用时，应有防止相互串气味的措施，如设止回阀。

（3）公共卫生间换气次数 10~15 次/h。

（六）制冷机房通风系统

（1）制冷机房应保持良好的通风，宜设置独立的机械通风系统，排风应直接排至室外，通风换气次数不应小于 4 次/h。

（2）采用卤代烃及其混合物、二氧化碳为制冷剂，二氧化碳为载冷剂的制冷机房应设置事故排风装置，排风换气次数不应小于 12 次/h，排风机数量不应小于 2 台。

（3）氨制冷机房应设置事故排风装置，事故排风量应按每平方米建筑面积每小时不小于 183m³ 进行计算，且最小排风量不应小于 34000m³/h。氨制冷机房的事故排风机应选用防爆型，排风机数量不应少于 2 台。

（4）用于排除密度大于空气的制冷剂气体时，机房内的事故排风口下缘距室内地坪的距离不宜大于 0.3m；用于排除密度小于空气的制冷剂气体时，排风口应位于侧墙高处或屋顶。

（七）燃气、燃油锅炉房通风系统

（1）锅炉房设置在首层时，对采用燃油作燃料的，其正常换气次数每小时不应少于 3 次，事故通风换气次数每小时不应小于 6 次；对采用燃气作燃料的，其正常换气次数每小时不应少于 6 次，事故通风换气次数每小时不应少于 12 次。

（2）锅炉房设置在半地下或半地下室时，正常换气次数每小时不少于 6 次，事故通风换气次数每小时不应少于 12 次。

（3）锅炉房设置在地下或地下室时，其换气次数每小时不应少于 12 次。

（4）送入锅炉房的新风总量必须大于锅炉房每小时 3 次的换气量，锅炉房的补风量大于排风量，维持微正压。锅炉房排风机、送风机同燃气报警装置连锁，当燃气报警时，开启排风机和送风机。制冷机房排风机、送风机同制冷剂泄露报警装置连锁。事故通风系统应设置手动开启装置，手动开启装置应在室内外便于操作的地点分别设置。

（5）送入控制室的新风量应按最大班操作人员计算。

（6）燃气调压间等有爆炸危险的房间，应有每小时不少于 6 次的换气量；当自然通风不能满足要求时，应设置机械通风装置，并应设每小时换气不少于 12 次的事故通风装置；通风装置应防爆。

（7）油泵间和储存闪点小于或等于 45℃ 的易燃油品的地下油库，除采用自然通风外，应设置机械通风装置，每小时换气不应小于 6 次/h。事故排风换气不应小于 12 次/h；计算换气量时，房间高度可按 4m 计算；环境温度或燃油运行温度大于或等于燃油闪点的油泵间和易燃油库的通风装置应防爆。

三、防排烟系统

（一）防烟系统

预制菜产业园内的预制菜加工区及中央厨房、冷链仓储、配套设备设施用房、配套功能等建筑内的防烟楼梯间、前室、共用前室、合用前室、避难走道及其前室、避难层（间）应考虑防烟设施。

（1）对于建筑高度小于或等于 50m 的公共建筑、工业建筑：

1）其防烟楼梯间、独立前室、共用前室、合用前室（除共用前室与消防电梯前室合用外）及消防电梯前室应优先采用自然通风系统；当不能设置自然通风系统时，应采用加压送风系统。

2）当独立前室或合用前室采用全敞开的阳台/凹廊或设有两个及以上不同朝向的可开启外窗且独立前室两个外窗面积分别不小于 2.0m²、合用前室两个外窗面积分别不小于 3.0m² 时，楼梯间可不设置防烟系统。

3）当独立前室、共用前室及合用前室的机械加压送风口设置在前室的顶部或正对前室入口的墙面时，楼梯间可采用自然通风系统；当机械加压送风口未设置在前室的顶部或正对前室入口的墙面时，楼梯间应采用机械加压送风系统。

4）当采用独立前室且其仅有一个门与走道或房间相通时，可仅在楼梯间设置机械加压送风系统；当独立前室有多个门时，楼梯间、独立前室应分别设置独立的机械加压送风系统。

5）楼梯间、合用前室采用机械加压送风系统时，楼梯间、合用前室应分别设置独立机械加压送风系统；剪刀楼梯间的两个楼梯间及其前室的机械加压送风系统应分别独立设置。

（2）对于建筑高度大于50m的公共建筑、工业建筑，防烟楼梯间、独立前室、共用前室、合用前室（除共用前室与消防电梯前室合用外）及消防电梯前室均应采用机械加压送风系统。

（3）封闭楼梯间应采用自然通风系统，不能满足自然通风条件的封闭楼梯间，应设置机械加压送风系统。当地下、半地下建筑（室）的封闭楼梯间不与地上楼梯间共用且地下仅为一层时，可不设置机械加压送风系统，但首层应设置有效面积不小于1.2m² 的可开启外窗或直通室外的疏散门。

（4）避难走道应在其前室及避难走道分别设置机械加压送风系统，但下列情况可仅在前室设置机械加压送风系统：

1）避难走道一端设置安全出口，且总长度小于30m；

2）避难走道两端设置安全出口，且总长度小于60m。

自然通风设施、机械加压送风设施的设置，机械加压送风系统风量计算，防烟系统的控制应满足规范要求。

（二）排烟系统

（1）预制菜产业园内的预制菜加工区及中央厨房、冷链仓储、配套设备设施用房、配套功能用房等建筑内的下列场所及部位应设置排烟设施。

1）建筑面积大于300m²，且经常有人停留或可燃物较多的地上丙类生产场所，丙类厂房内建筑面积大于300m²，且经常有人停留或可燃物较多的地上房间。

2）建筑面积大于100m² 的地下或半地下丙类生产场所。

3）除高温生产工艺的丁类厂房外，其他建筑面积大于5000m² 的地上丁类生产场所。

4）建筑面积大于1000m² 的地下或半地下丁类生产场所。

5）建筑面积大于300m² 的地上丙类库房。

6）设置在地下或半地下、地上第四层及以上楼层的歌舞娱乐放映游艺场所，设置在其他楼层且房间总建筑面积大于100m²的歌舞娱乐放映游艺场所。

7）公共建筑内建筑面积大于100m²且经常有人停留的房间。

8）公共建筑内建筑面积大于300m²且可燃物较多的地上房间。

9）中庭。

10）建筑高度大于32m的厂房或仓库内长度大于20m的疏散走道，其他厂房或仓库内长度大于40m的疏散走道，民用建筑内长度大于20m的疏散走道。

11）除敞开式汽车库、地下一层中建筑面积小于1000m²的汽车库、地下一层中建筑面积小于1000m²的修车库外，其他汽车库、修车库。

12）建筑中下列经常有人停留或可燃物较多且无可开启外窗的房间或区域应设置排烟设施：建筑面积大于50m²的房间；房间的建筑面积不大于50m²但总建筑面积大于200m²的区域。

（2）同一个防烟分区应采用同一种排烟方式。当建筑的机械排烟系统沿水平方向布置时，每个防火分区的机械排烟系统应独立设置。

（3）设置排烟系统的场所或部位应划分防烟分区，防烟分区不应跨越防火分区。挡烟垂壁应满足规范要求。

（4）自然排烟设施、机械排烟设施的设置，排烟系统风量计算，排烟系统的控制应满足规范要求。

（5）补风系统。

1）除地上建筑的走道或建筑面积小于500m²的房间外，设置排烟系统的场所应设置补风系统。

2）补风系统应直接从室外引入空气，且补风量不应小于排烟量的50%。

3）补风机应设置在专用机房内，且风机两侧应有600mm以上的空间。

4）补风口与排烟口设置在同一空间内相邻的防烟分区时，补风口位置不限；当补风口与排烟口设置在同一防烟分区时，补风口应设在储烟仓下沿以下；补风口与排烟口水平距离不应小于5m。

5）补风系统应与排烟系统联动开启或关闭。

第七节　制冷与制热设计

一、制冷设计

（一）制冷系统方案确定

冷库的设计规模应以冷藏间或冰库的公称容积为计算标准。公称容积大于 20000m³ 的为大型冷库，称容积在 5000~20000m³ 之间的为中型冷库；公称容积小于 5000m³ 的为小型冷库。公称容积应按冷藏间或冰库的室内净面积乘以房间净高确定。

而制冷系统则以排气量来区分，总排气量大于 5000m³/h 的为大型制冷系统；总排气量在 500~5000m³/h 的为中型制冷系统；总排气量小于 500m³/h 的为小型制冷系统。

（1）制冷剂。参考项目类型规模等选用制冷剂，常用制冷剂性质特点见本书第八章中第二节。

（2）压缩级数与制冷机组。压缩级数根据冷凝压力和蒸发压力的比值确定。对于氨制冷系统活塞式压缩机，比值≤8 时，采用单级压缩，否则就采用双级压缩；氟利昂制冷系统则以 10 为界限，比值≤10 时，采用单级压缩，否则采用双级压缩。

（3）冷凝器。冷凝器根据对应设计项目所在的环境参数、所用冷却水质、水量和水温等确定冷凝器的形式。

1）水冷式冷凝器——用于水源充足地区的制冷系统。

2）空气冷却式冷凝器——一般只用于水源匮乏的地区。

3）水和空气联合冷却式冷凝器——冷却效果最好，其中蒸发式冷凝器在冷库中最常使用。

（4）蒸发回路及冷却方式。当冷库中不同冷间的工艺温度要求不同时，需要先根据需求确定蒸发温度，再将不同的蒸发温度分成不同的蒸发回路，一般蒸发温度差不大于 5℃ 的情况下，可合用一个蒸发回路，对应一个循环。

冷库项目中各冷间常用的冷却方式为直接冷却，即由制冷剂直接在末端蒸发器内蒸发吸收热量；而间接冷却多用于制冰、空调系统中。

（5）供液方式。

1）直接膨胀式供液——适用于单一节流装置单一回路，负荷比较稳定的小型氟利昂制冷系统。

2）重力供液——不适用于大型冷库，一般适用于 500t 以下的中小型氨系统和盐水制冰系统。

3）液泵供液——对于多组并联冷却设备供液均匀，常用于氨制冷系统。

（6）融霜方式。定期、及时去除冷却设备表面的结霜是提高制冷效率的一个有效办法。主要的融霜方式有以下几种：

1）人工融霜。操作简单，对库温影响小，可以针对局部位置除霜，但劳动强度大，且除霜效果不彻底。

2）水冲霜。操作简单，融霜效率高，库温波动小，但容易在库内产生凝结水或起雾；适用于风冷却蒸发器除霜。

3）电热除霜。融霜效率高，但设备成本及运行费用高，只适用于小型制冷系统。

4）热气除霜。融霜彻底，且可以冲刷蒸发器内的积油，但融霜时间较长，对库温有较大影响。

实际项目中如条件允许可以考虑不同方案组合使用，这样可以综合各自的优点并互补缺点。

（二）冷库冷负荷计算

1. 冷库设计基础资料

冷库的冷负荷实际上就是冷加工或冷储藏所需要消耗的冷量，在计算冷负荷前先确定气象资料以及各冷间需响应食品的温湿度要求。另外还需要计算出冷库的生产能力及库容量。

2. 冷库的热负荷计算

冷库是一个稳定的低温环境，其周围环境或进出货作业时热量都会流入冷库，另外冷库内部也有热量散发。冷库的热流量主要有几种：围护结构热流量，货物热流量，通风换气热流量，电动机运转热流量，操作热流量。这五种热负荷是计算冷却设备负荷和机械负荷的基础。

3. 冷间冷却设备负荷计算和机械负荷计算

冷间冷却设备负荷指维持冷间某一温度，从该冷间带走的热流量值，是以冷间为单位的汇总计算，也是选择蒸发器的依据。

机械负荷计算是确定制冷系统正常运行时压缩机所需移除的热流量的一种方法，该计算基于蒸发温度进行汇总，并作为选择压缩机型号的主要依据。

（三）主要设备选型计算

1. 压缩机

压缩机作为制冷系统的核心，首先需确定冷负荷（机械负荷）、蒸发温度、冷凝温度、压缩机吸气温度及排气温度等计算参数。

单级制冷压缩机常用的选型方法有：以理论输气量选型，标准工况制冷量法选型，性能曲线法选型。

双级制冷压缩机主要是先假定中间温度，然后再用理论输气量比值法，参照低压级输气量范围，依次决定选择低压级和高压级压缩机，并使选型的输气量之比尽可能接近计算值。

2. 冷凝器

首先通过压缩循环压焓图（制冷剂进出冷凝器的比焓差值）算出冷凝器的负荷。然后通过设定冷却水的进出水温度，及选用冷凝器的计算传热系数、参考单位面积热负荷等，计算出最终需要的冷凝面积，从而完成选型。

3. 蒸发器（冷却设备）

冷却设备的选型宜根据食品冷加工、冷藏或者其他工艺要求确定，如：

（1）冷却间、冻结间和冷却物冷藏间的冷却设备应采用冷风机。

（2）冻结物冷藏间可以选用冷风机、顶排管或墙排管。

（3）食品包装间对于室温要求高于-5℃时，宜选用冷风机；低于-5℃时，宜选用排管。

二、制热设计

（一）热负荷计算

热负荷包括产业园舒适性空调供暖通风热负荷和预制菜加工区及中央厨房工艺流程中的热负荷。

供暖通风的热负荷根据建筑物散失和获得的热量确定，包括围护结构耗热量、冷风渗入耗热量、加热由外部运入的冷物料和运输工具的耗热量、最小负荷下的工艺设备散热量和热管道及其他热表面的散热量等。

工艺热负荷由工艺流程及其规模需求确定负荷量。

（二）热媒及供暖系统分类

舒适性空调供暖通风系统一般采用热水作热媒。当产业园供热以工艺用蒸汽为主时，生产厂房、生产辅助用房采用蒸汽作热媒。

从卫生条件和节能等角度考虑，产业园配套的办公、研发等建筑空调供热系统一般采用热水作热媒，热水功能系统也用在生产厂房和辅助建筑物中。

在严寒 A、B 区域的公共建筑中，建议采用热水集中供暖系统。而对于已安装空气调节系统的建筑，应避免仅依赖热风末端作为唯一的供暖手段。至于严寒C区及寒冷地区的公共建筑，其供暖方式的选择应综合考虑建筑等级、供暖周期的长短、能源消耗量以及运行成本等因素，通过技术经济分析比较后做出决定。

热水供暖系统按循环动力可分为重力（自然）循环系统和机械循环系统；按供、回水方式可分为单管系统和双管系统；按系统管道敷设方式可分为垂直式和水平式系统；按温度可分为低温水系统和高温水系统。水温低于或等于100℃的热水称为低温水，水温高于100℃的热水称为高温水。室内热水供暖系统大多采用低温水作为热媒，高温水供暖系统一般在生产厂房中根据工艺温度要求采用，高温水热媒的供/回水温度大多采用（110~130℃）/（70~90℃）。

蒸汽供暖系统按供汽压力可分为高压蒸汽系统（压力高于0.07MPa）、低压蒸汽系统（压力等于或低于0.07MPa）和真空蒸汽系统（压力低于大气压力）。高压蒸汽供暖的蒸汽压力一般由管路和设备的耐压强度确定。

制热系统由锅炉及其附属设备组成，锅炉按燃料和输入能源种类可分为燃煤锅炉、燃气锅炉、燃油锅炉、生物质料锅炉、废热锅炉、电锅炉等。锅炉燃料的选择标准如下：

（1）合理利用能源，与安全生产、经济效益和环境保护相协调，选择符合国家和地方节能环保政策的燃料。

（2）锅炉用煤采用就近煤种，避免长途运输。当有条件采用当地低质煤种并在经济上合理时，宜采用低质煤。

（3）要求使用清洁能源的地区，优先考虑采用城市燃气；在无燃气供应的地区，可选用轻柴油或瓶装高压天然气/液化石油气，经减压后供锅炉使用。

（4）产业园处于燃气、燃油使用困难的地区，并且电力供应充足、能源政策许可、价格合理（比如实行峰谷电价）时，可选用蓄热式电锅炉。

（5）对于要求常年供热的产业园，若以城市集中供热为主热源，还需建辅助锅炉房。辅助锅炉房的容量应能满足城市热网不供热时本园区所需的热量需求。

（三）锅炉系统设计

为了在技术层面和经济成本上达到最优配置，锅炉房应当规划为独立的建筑实体，并且尽可能地毗邻热负荷较为密集的区域，以便于热力管道的引出以及与室外管网的布局安排更为合理高效。当锅炉房和其他建筑相连或设置在建筑物内部时，应满足国家和地方的设计防火标准、规范的要求。

在锅炉房内，各部分（包括燃煤锅炉系统的烟囱、烟道、排污降温池、凝结水回水池、煤场、运煤廊、灰渣场、贮油罐、油泵房，燃气锅炉系统的烟囱、烟道和调压间等）的布置应遵循工艺流程合理、占地面积小、便于管理和运输、符合规范及安全规程的要求来布置。相较于燃煤锅炉，燃气锅炉展现出结构紧凑、体积小、占地面积小、热效率高、高度自动化以及污染物排放低等诸多优势。因此，燃气锅炉的应用已成为当前的主流。

在确定锅炉的容量与台数时，应确保所有运行中的锅炉在达到其额定蒸发量或热功率时，能够满足锅炉房的最大设计热负荷需求，并且具备良好的适应热负荷波动的能力。同时，还需兼顾全年热负荷低谷期间锅炉机组的稳定运行状况。

在项目实施中，优先推荐选用容量及燃烧设备一致的锅炉。若需采用不同容量或类型的锅炉，其种类与容量均宜控制在两种以内。此外，锅炉房内配置的锅炉台数原则上不应少于两台，且单台锅炉的实际运行负荷率应保持不低于50%。然而，在特定情况下，如果一台锅炉即可满足热负荷需求及检修条件，则可仅配置一台锅炉。

锅炉房有多台锅炉时，当其中1台额定蒸发量或热功率最大的锅炉检修时，其余锅炉应能满足下列要求：

（1）可连续生产用热所需的最低热负荷。

（2）能提供供暖通风、空调和生活用热所需的最低热负荷。

（3）运行锅炉的设计换热量应保证供热量的需求，寒冷地区不应低于设计供热量的65%，严寒地区不应低于设计供热量的70%。

锅炉热效率是锅炉运行热经济性的指标，出于节能要求，国家标准和规范对锅炉热效率有一定的要求。锅炉不仅要求效率高，同时也要求金属材料耗量低，运行时耗电量少，衡量锅炉的整体经济性应从这三方面综合考虑。

锅炉大气污染物排放应执行国家现行标准。锅炉房烟囱高度应符合现行国家标准《锅炉大气污染物排放标准》GB 13271—2014第4.5条和所在地的相关规定。烟气排放浓度满足《锅炉大气污染物排放标准》GB 13271—2014第4.3条表2的要求。锅炉烟道、烟囱最大设计温度为280℃，要求安装后运行时烟囱表面温度低于50℃。

热水锅炉系统一般采用定流量质调节形式。蒸汽锅炉系统蒸汽由分汽缸接出，再经蒸汽管网接至各用汽点，根据各用汽设备压力要求，在锅炉房内设置减压装置，确保用汽设备正常运行。减压阀前设汽水分离器，用汽设备的减压装置设置应在工艺确定后配套选用。自来水经软化水系统软化后送至软化水箱，供锅炉给水。锅炉给水采用电动给水泵，与锅炉一对一设置，并各设一台备用泵。

锅炉房和换热机房供暖总管上，应设置计量总供热量的热量计量装置，还应对燃料的消耗量进行计量。

第八节 洁净设计

一、保证车间洁净度的一般措施

预制菜生产加工项目的厂房和车间应满足《食品安全国家标准食品生产通用卫生规范》GB 14881—2013 的要求，在选址及厂区环境、车间布局、建筑结构材料、建筑设备等方面均应符合相关规定。

为提高预制菜生产区域的洁净度，应设置粗加工车间。以生鲜水产品、活家禽等为原料加工禽类预制菜和水产类预制菜的，需设置独立的宰杀、去杂和清洗等粗加工车间。粗加工车间应设置明确标识，并设立工器具间。

预制菜生产线应流畅，这就要求洁净生产区域的建筑平面应结合生产工艺来布局，应避免交叉往返和不连续。并应根据生产和加工的工艺需求设置洁净生产区域。

此外，还应根据需求划分出一般作业区、准清洁区、清洁区。收货区、原料仓库、粗加工区、成品库房、包装材料库房、外包装间、工器具间等为一般作业区。食品加工的杀菌间、分切车间、熟制间、腌制车间等为准清洁作业区。内包装车间、冷却车间为清洁区。应采取分隔措施以避免一般作业区、准清洁区和清洁区之间的相互传染。

二、食品生产车间的洁净度

食品生产车间洁净度等级根据食品卫生等级和控制食品腐败变质的控制措施和难易程度确定。如为维持20℃至38℃适宜微生物的生产的温度范围，车间需要维持较高的洁净等级。食品的含水量、pH 值、防腐剂含量这些属性与环境要求密切相关，水分含量低、pH 值较高或者较低的情况下抗腐蚀能力强，对生产环境的洁净度要求不高，反之则洁净度要求高。供婴幼儿、儿童、特殊人群专用的食品也应提高其生产车间的洁净要求。

（一）洁净等级的划分

1. 洁净度的划分标准

《洁净厂房设计规范》GB 50073—2013 中，规定了洁净室的定义，并明确了洁净室等级划分的方法。规范明确洁净室是空气中悬浮粒子受控的房间或限定空间，以洁净度为主要控制指标，其他参数如温度、湿度、压力等参数按要求控制。洁净室的洁净度等级见表5-3。

表5-3　洁净室及洁净区空气中悬浮粒子的洁净度等级（ISO 14644）

空气洁净度等级 N	≥表中粒径的最大浓度限值/（个/m³）					
	0.1μm	0.2μm	0.3μm	0.5μm	1μm	5μm
1	10	2	—	—	—	—
2	100	24	10	4	—	—
3	1000	237	102	35	8	—
4	10000	2370	1020	352	83	—
5	100000	23700	10200	3520	832	29
6	1000000	237000	102000	35200	8320	293
7	—	—	—	352000	83200	2930
8	—	—	—	3520000	832000	29300
9	—	—	—	35200000	8320000	293000

由于洁净室起源于美国，早期的单位采用英制。通常所说的百级、千级、万级是指每立方英尺中含有≥0.5μm的粒子的浓度限值为100个、1000个、10000个。

在《食品工业洁净用房建筑技术规范》GB 50687—2011中，将食品工业的洁净用房划分成四级，分别用罗马数字Ⅰ、Ⅱ、Ⅲ、Ⅳ表示。该规范对空气浮游菌、空气沉降菌和表面微生物的浓度值均提出了要求。同时，规范还对食品生产洁净用房的温度和湿度做出了相关规定。除工艺有明确要求的温度、湿度外，Ⅰ级、Ⅱ级洁净室的温度要求为20~25℃、相对湿度要求为30%~65%；Ⅲ级、Ⅳ级洁净室的温度要求为18~26℃、相对湿度要求为30%~70%。该规范规定的各级洁净用房的悬浮微粒要求见表5-4。

表5-4　各级洁净用房的悬浮微粒要求

洁净用房等级	悬浮微粒最大允许数/（粒/m³）			
	静态		动态	
	≥0.5μm	≥5μm	≥0.5μm	≥5μm
Ⅰ级	3520	29	35200	293
Ⅱ级	352000	2930	3520000	29300
Ⅲ级	3520000	29300	—	—
Ⅳ级	35200000	293000	—	—

根据该规范对各级洁净用房（洁净室）的悬浮颗粒要求，Ⅰ级、Ⅱ级、Ⅲ级、Ⅳ级洁净室分别对应5级、7级、8级、9级洁净室。

2. 洁净室的占有状态

洁净室的占有状态通常分为空态、静态和动态三种。

（1）空态，是指洁净室已建成，洁净空调系统稳定运行，但洁净室内无生产设备、没有工作人员的状态。通常也称为竣工状态。空态验收也称为竣工验收。

（2）静态，是指洁净室已建成，洁净空调系统稳定运行，生产设备已安装完毕并按协商方式运行，但室内无操作人员的状态。静态验收也称为性能验收。

（3）动态，是指洁净室已建成，洁净空调系统稳定运行，并且生产设备正常运行。动态验收也称为使用验收。

当无明确指出洁净室的占用状态时，洁净度的测定以静态或空态为主。

（二）预制菜洁净车间洁净度的确定

应根据预制菜的原料和加工工艺确定预制菜生产车间的洁净度等级，确定原则如下。

（1）生鲜类食品预制菜，净化车间的洁净度一般为 30 万级。这类预制菜为未加热和杀菌的净菜，如切割清洗干净的生鲜排骨、鱼块、肉块、土豆丝、蔬菜段等。这类预制菜消费者买回后需要充分加热、烹煮后才可以食用。

（2）半熟类成品预制菜净化车间一般选择 10 万级，这类预制菜已经有七、八分熟，如未充分煮熟而且含水量不高的鱼丸、肉丸、鸡排、鱼片、肉片等。这类预制菜消费者买回后稍微加热即可食用。

（3）诸如蛋羹等富含蛋白质、矿物质、水分、氨基酸、维生素等营养物质的预制食品，消费者买回后稍微加热便可食用，但该类预制菜极易腐败、变质，属于高危食品类预制菜。这类食品是微生物天然、良好的培养基，如果这类食品在生产环节上洁净度不满足要求、细菌数量过多，会导致微生物在其中快速生长繁殖，食用后发生食物中毒的风险很大。因此这类食品生产车间的洁净度要求较高。其净化等级也要根据其品种以及多种因素而定。这些因素与食品质量安全、食品腐败的可能性、食品的保质期有关，包括食品中营养成分的渗透压特性、杀菌程度、营养成分含量、保存时间、保存条件等。根据不同影响因素，确定高危食品预制菜的生产车间的净化等级，在 1千级到 1 万级之间。

《食品工业洁净用房建筑技术规范》GB 50687—2011 中对洁净室的洁净度规定见表 5-5~表 5-9。

表 5-5　食品工厂不同生产区域和空气洁净度等级要求

生产区域	空气洁净度级别	沉降菌数/(个/皿)	沉降真菌数/(个/皿)	生产工段
洁净生产区	1000~10000	<30	<10	易腐或即食性成品（半成品）的冷却及储存、调整、内包装等
准洁净生产区	100000	<50	—	加工、加热处理等
一般生产区	300000	<100	—	前处理、原料保管、仓库等

表 5-6 食品工厂的推荐洁净度级别

食品领域	BCR 及所有流程	空气洁净度级别（ISO）	温度/℃	湿度（%）
肉类加工	热处理以后至包装的中间制品冷藏库	6~8	15~18	60 以下
乳制品加工	热处理后至填充包装	6~8	15~22	60 以下
冷鲜包装切年糕	蒸米以后至切块包装冷藏库	5~8	20~24	60 以下
无菌包装米饭（常温保存）	做熟至包装	6~7	24~26	60 以下
冷冻食品	加热处理至包装	7~8	15~20	60 以下
切断蔬菜	洗净后至切断包装	8	20 以下	60 以下

表 5-7 不同食品生产要求的洁净度级别

类型	品种	空气洁净度级别（ISO）
肉（含鱼肉）类加工品	肉卷、烤肉、火腿、香肠	6~8
奶制品	奶粉、奶油、奶酪	6~7
调味品	果酱、浓缩浆	7~8
糕点等	面包、糕点、速食品	6~7
豆制品	各种豆腐	8
菌类	蘑菇培育	6
	植菌	5
海鲜	生食切断	5~6

表 5-8 各种食品生产要求的洁净度级别

阶段	空气洁净度级别（ISO）
前置	8~9
加工	7~8
冷却	6~7
灌装、包装	6~7
检验	5

表 5-9 食品工业中各部门对洁净度的级别要求

部门	食品加工内容	空气洁净度级别
鱼肉加工	烤竹鱼沫串冷却室	1000 级
	包装室	10000 级
肉食加工	汉堡牛肉饼装入室	10000 级
	汉堡牛肉饼冷却室	1000~10000 级
	汉堡牛肉饼包装室	10000 级
	火腿包装室	10000 级
	火腿前室	10000 级

（续）

部门	食品加工内容	空气洁净度级别
点心加工	蛋糕包装室	100000 级
	酥脆饼干包装室	1000 级
蘑菇	培菌室	10000 级
	植苗室	100 级
果酱工厂	果酱灌装室	10000 级
粘糕加工厂	包装室	1000~10000 级
副食品加工厂	包装室	10000~100000 级

同时，《食品工业洁净用房建筑技术规范》GB 50687—2011 对食品工业洁净用房等级、洁净区微生物的最低要求均做出了要求，见表5-10、表5-11。

表 5-10 食品工业洁净用房等级

等级	作业区	说明
Ⅰ级	高污染风险的洁净操作区	高污染风险是指进行风险评估时确认在不能最终灭菌条件下，食品容易长菌、配制灌装速度慢、灌装用容器为广口瓶、容器须暴露数秒后方可密闭等状况
Ⅱ级	Ⅰ级区所处的背景环境，或污染风险仅次于Ⅰ级的涉及非最终灭菌食品的洁净操作区	—
Ⅲ级	生产过程中重要程度较次的洁净操作区	—
Ⅳ级	属于前置工序的一般清洁要求的区域	—

表 5-11 洁净区微生物的最低要求

洁净用房等级	空气浮游菌 cfu/（m³/h）		空气沉降菌（φ90mm）		表面微生物（动态）		
					接触皿（φ55mm）cfu/皿		5 指手套 cfu/手套
	静态	动态	静态 cfu/30min	动态 cfu/4h	与食品接触表面	建筑内表面	
Ⅰ级	5	10	0.2	3.2	2		<2
Ⅱ级	50	100	1.5	24	10	不得有霉菌斑	5
Ⅲ级	150	300	4	64	不做规定		不做规定
Ⅳ级	500	不做规定	不做规定	不做规定	不做规定		不做规定

三、洁净室的气流流型

按照气流流型划分洁净室可以分为四种，分别是单向流洁净室、非单向流洁净室、混合流洁净室以及矢流洁净室。

（一）单向流洁净室

单向流洁净室的气流像活塞一样向前挤压推进，气流充满整个洁净室。洁净室内的粒子被"活塞"由一端推至另一端，然后挤压出去。按照活塞式气流的运动方向又可以分为水平单向流和垂直单向流洁净室，如图5-3所示。

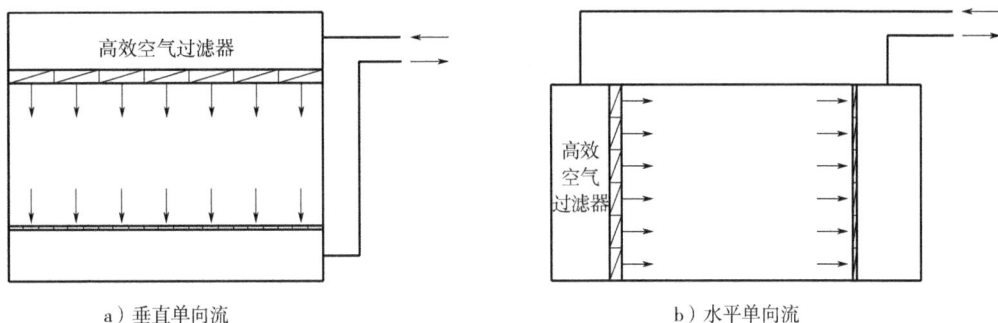

a）垂直单向流　　　　　　　　　　b）水平单向流

图5-3　单向流气流流型

（1）垂直单向流洁净室需要在车间吊顶上布置高效空气过滤器。通常高效空气过滤器布置较为密集（≥80%）。经过高效空气过滤器过滤的洁净空气以较低的速度（≥0.25m/s）和较小的倾斜角度（<14°）把室内的粒子向下推向地面，到达地面后由地板格栅排出洁净室。通过这样不断地循环，从而排除洁净室内产生的污染粒子，维持需要的洁净度。垂直单向流的洁净室能够营造出非常高的洁净度等级（1~5级），但它的初投资最高、运行费最贵。

（2）水平单向流洁净室是在其一面墙上满布（≥80%）高效空气过滤器FFU，被其过滤的洁净空气以≥0.3m/s的速度用活塞形式将污染粒子挤压到对面的回风墙，由回风墙排出洁净室，通过这样不断循环来实现高的洁净度等级。这种流线型的洁净室可以实现5级的洁净度等级。与垂直单向流洁净室同一水平工作面洁净度相同不同，水平单向流洁净室同一水平面的洁净度在气流起始阶段较高，随着气流的推进洁净度降低。水平单向流洁净室的初投资和运行费用较垂直单向流洁净室低。

（二）非单向流洁净室

该流型的洁净室利用洁净空气的稀释作用来净化空气。洁净室的洁净等级不同，洁净空气的换气次数也不同，在《洁净厂房设计规范》GB 50073—2013中对此有相应的规定。6级洁净室每小时换气次数为50~60次；7级洁净室每小时换气次数为15~25次；8级和9级洁净室每小时换气次数为10~15次。随着洁净等级和换气次数的增加，洁净室的运行费用和初投资均有增加。非单向流洁净室常用的气流流型主要有顶送下回、顶送下侧回和顶送顶回，如图 5-4 所示。

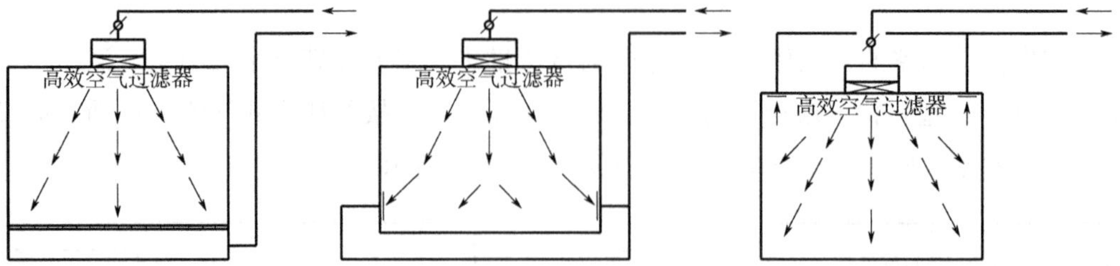

a）顶送下回　　b）顶送下侧回　　c）顶送顶回

图 5-4　非单向流气流流型

（三）混合流洁净室

垂直单向流洁净室洁净度高，但其投资和运行费用均较高，而混流洁净室正好与之相反。综合二者的气流流型便是混合流洁净室，在洁净度要求比较高的关键部位或工序中采用垂直单向流洁净室，在次要的部位和工序中采用非单向流洁净室。这样可大大压缩垂直单向流区域的面积，减少工程造价和运行费用，如图 5-5 所示。

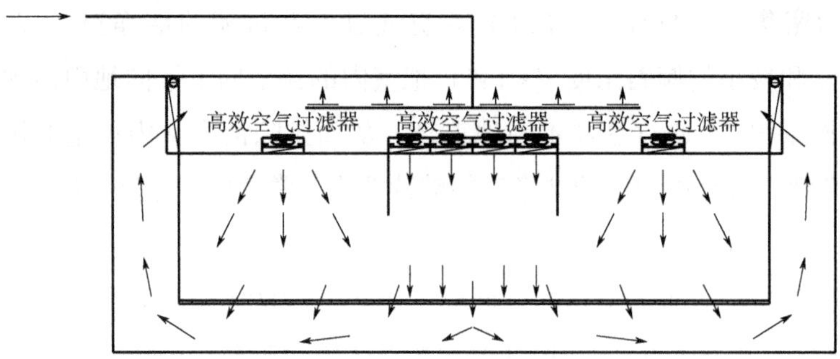

图 5-5　混合流气流流型

（四）矢流洁净室

矢流洁净室利用圆弧形送风装置送风，圆弧形送风装置设置有高效空气过滤器。圆弧形送风装置送出流线不交叉的放射形气流，灰尘粒子被放射形气流带到回风口。圆弧形送风装置设置在上方，而回风口设置在与圆弧形送风装置相对面的下方，这样形成矢流流场（图 5-6）。矢流洁净室可用较少量的洁净送风来实现较高洁净度级别（5 级）的洁净室。这种气流流型多用在小型的洁净室和有特殊要求的洁净实验室中。在美国和日本较多（在日本称为对角流），而我国在工程中应用较少。

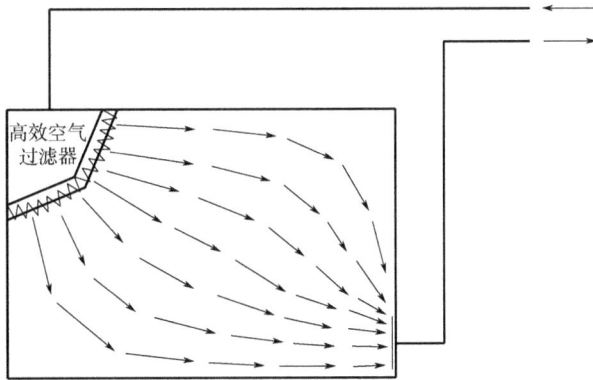

图 5-6　矢流气流流型

四、洁净室的设计

（一）设计前的准备工作及应收集的有关数据和资料

（1）收集国家和地方有关洁净室建设的政策、标准、规范。

《洁净室及相关受控环境　第 1 部分：按粒子浓度划分空气洁净等级》GB/T 25915.1—2021

《洁净厂房设计规范》GB 50073—2013

《食品工业洁净用房建筑技术规范》GB 50687—2011

《洁净室施工及验收规范》GB 50591—2010

《洁净厂房施工及质量验收规范》GB 51110—2015

《消防设施通用规范》GB 55036—2022

《建筑防火通用规范》GB 55037—2022

《建筑设计防火规范》GB 50016—2014（2018 年版）

《建筑防烟排烟系统技术标准》GB 51251—2017

《工业建筑供暖通风与空气调节设计规范》GB 50019—2015

《工业建筑节能设计统一标准》GB 51245—2017

《建筑环境通用规范》GB 55016—2021

《建筑机电工程抗震设计规范》GB 50981—2014

《建筑与市政工程抗震通用规范》GB 55002—2021

《通风与空调工程施工质量验收规范》GB 50254—2016

《建筑给水排水及采暖工程施工质量验收规范》GB 50242—2002

《建筑工程设计文件编制深度规定》（2018 年版）

（2）项目的可行性研究报告以及上级主管部门对该报告的批复意见；项目的设计任务书和建设方对建造的有关要求及建议。

（3）项目厂房所在地区的水文、气象资料和项目周围大气污染的环境状况。

（4）洁净室内生产工艺对净化空调的要求和必须收集的生产工艺的技术条件及有关数据、资料。

1）厂房内的生产工艺设备平面布置图、设备清单，以及生产工艺对车间净高的要求。

2）生产工艺对车间的洁净度、温湿度及精度、室内压力、振动、噪声值、照度、静电、防屏蔽等要求。

3）生产过程中工艺设备的散热量、散湿量、散尘量。生产设备的额定功率、效率、发热量、同时使用系数等。

4）生产车间内是否有局部排风，局部排风的使用状况，以及排放气体的量、气体成分及含量、废气处理方案等。

5）生产的运行班次、最大班次人员数量、运行规律等。

（5）洁净厂房的建筑、结构情况和有关数据。

1）厂房的总图、建筑的平立剖、房间划分和房间名称、建筑高度和建筑方位等。

2）厂房维护结构的建筑材料和墙体、地面、屋面、窗、门等的传热系数。

3）结构的承载能力，尤其是改造项目应复核结构的承载能力，结构承载能力不足时应采取加固措施。

（6）全厂冷热源和电源情况及供应。

1）冷热源的类型、冷热媒的参数。项目是否有蒸汽以及蒸汽参数。

2）电源的性质、电源参数和供应量。

（7）地方环保、消防等相关部门对项目建设的要求和意见。

（8）参与项目的其他专业对项目的要求，尤其是与本专业相关的要求。

（9）项目选用的设备、材料、构配件等的参数、性能、价格等信息。

（二）工艺平面和建筑平面的规划

甲方负责工艺的技术人员依据工艺生产流程、工艺的需求、工艺设备等确定工艺平面图。

在工艺平面图的基础上，满足工艺平面图规划的前提下布置辅助生活用房等，如值班室、厕所、换鞋更衣、吹淋、参观走道、疏散走道。在满足防火要求、建筑疏散要求的前提下合理布置平面图。

（三）净化空调系统和排风系统的划分原则

洁净空调系统的划分要结合建筑平面图、工艺平面图、生产工艺对洁净度和温湿度的要求等进行。

1. 净化空调系统的划分原则

（1）洁净度及其精度、温湿度及其精度要求相同或相近的房间或区域，宜划分为同一个空调系统。

（2）同一净化空调系统所服务的房间或区域应尽量靠近，以减少管线长度、避免管道交叉和减低运行费用。

（3）在生产工艺允许的前提下，尽量采用混合流型的洁净室，降低项目投资和运行费用。

（4）洁净空调系统不宜与非洁净空调系统合用一个系统。

（5）使用时间相同或者相近的区域可划分为一个空调系统，反之则不宜划分为一个系统。

（6）发热量相差较大的房间不宜划分为一个空调系统，产尘量大、噪声较大、有害物较多的房间或区域应单独设置空调系统。

（7）两个房间或区域的空气混合后会产生剧毒、引发火灾或者引起爆炸时不得合为一个空调系统。

（8）甲、乙类房间有剧毒或者易燃易爆时，应采用直流式系统，不应设置回风、且应单独设置空调系统。

（9）为避免空气处理设备过大、系统噪声大、空调送回风管尺寸过大、占用空间且使用不灵活，空调系统体量不宜过大，一般系统送风量不宜大于 $10m^3/h$。

（10）空调系统的划分还应考虑尽量减少与其他设备或管道的交叉，如避开水、电等管道。尽量减小管道翻弯，尽量提升空间净高，管道力求简捷和降低阻力。

（11）空调系统的净化处理和热湿处理可以集中设置，也可以分散设置。

2. 生产工艺的局部排风系统划分原则

（1）为保证排风效果和方便管理调节，局部排风系统不宜过大，每个排风系统的所带工艺排风点位不宜过多。

（2）一个局部排风系统不宜跨越多个净化空调系统。

（3）混合后会产生火灾、爆炸、剧毒、凝水、结晶、有害物的排风不得合为一个排风系统。

（4）同一局部排风系统的不同房间或区域使用时间和使用规律应相同或相近。

（四）热湿、风量、水力三大平衡计算

1. 洁净室内的热负荷计算

洁净室的热负荷包括以下各项：

（1）洁净室围护结构的传热负荷计算：

$$Q_{传} = \sum K_i F_i \Delta t$$

式中　K_i——洁净室围护结构的传热系数［W/（m²·℃）］；

　　　F_i——洁净室围护结构的面积（m²）；

　　　Δt——洁净室内外温差（℃）。

（2）洁净室室内人员的热负荷计算：

人员的显热负荷　　　　　　　$Q_{人显} = n \times q_{人显}$

人员的潜热负荷　　　　　　　$Q_{人潜} = n \times q_{人潜}$

人员的全热负荷　　　　　　　$Q_{人全} = Q_{人显} + Q_{人潜}$

式中　n——洁净室室内的人数（个）；

　　　$q_{人显}$——每人的显热负荷（kW/人）；

　　　$q_{人潜}$——每人的潜热负荷（kW/人）。

（3）洁净室内的照明负荷计算：

$$Q_{灯} = n_0 \times n_1 \times n_3 \times N$$

式中　N——洁净室照明设备的功率（kW）；

　　　n_0——整流器消耗的功率系数（$n_0 = 1.0 \sim 1.2$）；

　　　n_1——照明设备安装系数（明装 $n_1 = 1.0$，暗装 $n_1 = 0.6 \sim 0.8$）；

　　　n_3——设备的同时使用系数。

（4）洁净室内设备的产热负荷计算：

电热设备热负荷　　　　　　　$Q_{设热} = n_1 \times n_3 \times n_4 \times N$

电动设备热负荷　　　　　　　$Q_{设动} = n_1 \times n_2 \times n_3 \times N / \eta$

电子设备热负荷　　　　　　　$Q_{设电} = n_1 \times n_2 \times n_3 \times N$

式中　N——设备的额定功率（kW）；

　　　n_1——设备的安装系数（$n_1 = 0.7 \sim 0.9$）；

　　　n_2——设备的负荷系数（$n_2 = 0.3 \sim 0.7$）；

　　　n_3——设备的同时使用系数；

　　　n_4——设备的通风保温系数。

（5）高效空气过滤器的产热：

洁净室的送风末端如采用风机过滤单元（FFU），则 FFU 的产热也应考虑，作为室内热负荷的一部分。

（6）洁净室总热负荷的计算

洁净室总显热负荷　　　$Q_{显} = \sum Q_{传} + Q_{人显} + Q_{灯} + Q_{设} + Q_{FFU}$

洁净室总全热负荷 $\qquad Q_{显} = \sum Q_{传} + Q_{人全} + Q_{灯} + Q_{设} + Q_{FFU}$

2. 洁净室的湿负荷计算

洁净室的湿负荷包括下列各项。

（1）洁净室内人员产湿计算

$$W_{人} = n \times w_{人}$$

式中　$w_{人}$——洁净室内每个人的湿负荷 $[kg/(h \cdot 人)]$。

（2）洁净室内设备的产湿计算

$$W_{设} = F \times w_{设}$$

式中　F——洁净室内产湿设备水蒸发面积（m^2）；

$\qquad w_{设}$——洁净室内产湿设备的单位面积水蒸发量 $[kg/(m^2 \cdot h)]$。

（3）洁净室总湿负荷计算

$$W = W_{人} + W_{设}$$

3. 洁净室的风量计算

（1）洁净室的送风量计算。洁净室的送风在消除室内余热和余湿，保证室内温湿度的同时，还消除了室内的污染粒子，保证了室内的洁净度。因此，洁净室的送风量应取消除余热保证室内温度的送风量、消除余湿保证室内湿度的送风量及消除污染粒子保证洁净度的送风量三者中的最大值。

1）消除室内余热的送风量计算。

$$L_{热} = Q_{显} / c\gamma\Delta t = Q_{全} / \gamma\Delta i$$

式中　$Q_{显}$——洁净室的显热负荷（kW）；

$\qquad Q_{全}$——洁净室的全热负荷（kW）；

$\qquad c$——空气比热 $[1.01 kJ/(kg \cdot ℃)]$；

$\qquad \gamma$——空气密度（$1.2 kg/m^3$）；

$\qquad \Delta t$——洁净室送风温差（℃）；

$\qquad \Delta i$——洁净室送风焓差（kJ/kg）。

2）消除室内余湿量的送风量计算。

$$L_{湿} = 1000W / \gamma\Delta d \qquad (m^3/h)$$

式中　W——室内湿负荷（g/h）；

$\qquad \gamma$——空气的密度（$1.2 kg/m^3$）；

$\qquad \Delta d$——送风的含湿量差（g/kg）。

3）消除室内产生粒子的净化送风量计算。由于室内的产尘量很难准确计算，因此工程中无法通过产尘量来计算消除污染粒子的送风量。通常单向流洁净室采用断面风速法、非单向流洁净室采用换气次数法进行送风量计算。在《洁净厂房设计规范》

GB 50073—2013 中，对洁净室的送风量规定见表5-12。

表5-12　洁净室的送风量气流流型和换气次数

空气洁净度等级	气流流型	平均风速/(m/s)	换气次数/(次/h)
1~4	单向流	0.3~0.5	—
5	单向流	0.2~0.5	—
6	非单向流	—	50~60
7	非单向流	—	15~25
8~9	非单向流	—	10~15

《食品工业洁净用房建筑技术规范》GB 50687—2011 中规定Ⅰ级洁净用房距地面 0.8m 高度的截面风速不应小于 0.2m/s，当测点位于实体操作面上方时，测点高度可从实体操作面上调 0.25m。其他等级的洁净室通风量（静态）规定见表5-13。

表5-13　洁净用房静态时换气次数

Ⅱ级	不小于 20 次/h
Ⅲ级	不小于 15 次/h
Ⅳ级	不小于 10 次/h
无等级要求	不小于 5 次/h

（2）洁净室的新风量计算。洁净室的新风量要满足洁净室内工作人员的需求，要保证每人每小时不小于 $40m^3$ 的新风量。除此之外还有满足维持室内正压、补充排风及正压渗透出去的空气量。所以洁净室的新风量应取上述二者的大值。

$$L_{新} = \max\{L_{排} + L_{正}, n \times 40\}$$

式中　$L_{排}$——洁净室总的排风量（m^3/h）；

　　　$L_{正}$——为维持洁净室正压而渗透至室外的总风量（m^3/h）；

　　　n——洁净室内人员数量。

1）洁净室的局部排风量计算

$$L_{排} = 3600 \times F \times V$$

式中　F——局部排风罩的开口面积（m^2）；

　　　V——排风罩开口部的平均风速（m/s）。

2）正压泄漏风量计算

正压渗漏至室外的风量可用缝隙法或换气次数法进行计算。

①缝隙法

$$L_{正} = \alpha \sum ql$$

式中　q——单位长度的缝隙渗漏风量 [m^3/(h·m)]，可查表5-14求得；

l——缝隙的长度（m）；

α——缝隙的漏风系数。

表 5-14　洁净室围护结构单位长度缝隙的渗漏风量

（单位：[$m^3/(h\cdot m)$]）

门窗形式 压差/Pa	非密闭门	密闭门	单层密闭固定钢窗	单层密闭开启钢窗	传递窗	壁板
5	17	4	0.7	3.5	2.0	0.3
10	24	6	1.0	4.5	3.0	0.6
15	30	8	1.3	6.0	4.0	0.8
20	36	9	1.5	7.0	5.0	1.0
25	40	10	1.7	8.0	5.5	1.2
30	44	11	1.9	8.5	6.0	1.4
35	48	12	2.1	9.0	7.0	1.5
40	52	13	2.3	10.0	7.5	1.7
45	55	15	2.5	10.5	8.0	1.9
50	60	16	2.6	11.0	9.0	2.0

②换气次数法可通过查表 5-15 求得。

表 5-15　洁净室房间的换气次数

（单位：次/h）

压差/Pa	有外窗，密封较差	有外窗，密封较好	无外窗，土建式
5	0.9	0.7	0.6
10	1.5	1.2	1.0
15	2.2	1.8	1.5
20	3.0	2.5	2.1
25	3.6	3.0	2.5
30	4.0	3.3	2.7
35	4.5	3.8	3.0
40	5.0	4.2	3.2
45	5.7	4.7	3.4
50	6.5	5.3	3.6

4. 洁净空调系统的水力计算

水力计算分为风系统水力计算和水系统水力计算两部分。风系统水力计算内容包括送风系统、回风系统、新风系统和排风系统。通过风系统水力计算确定风管的尺寸，选择送、排新风机。水系统的水力计算包括冷冻水系统、冷却水系统和冷凝水系统。冷冻水系统和冷却水系统的计算是为了确定管道管径、计算最不利环路损失、选择水泵、计算各支路的不平衡率。冷凝水系统的计算是为了确定冷凝水管管径。

各系统的水力计算的核心是系统阻力计算。

（1）系统的总阻力

$$H_{总} = \sum \Delta P_{m} + \sum Z$$

式中　ΔP_{m}——各个管段的沿程阻力（Pa）；

　　　　Z——各个部件的局部阻力（Pa）。

（2）沿程阻力

$$\Delta P_{m} = \frac{\lambda}{D} \times \frac{v^2 \rho}{2} \times L$$

式中　λ——管道的摩擦阻力系数；

　　　　D——管道的直径或当量直径（m）。如为圆形管道，D 即是圆的直径；矩形管道当量直径按照下式计算：

$$D = \frac{2ab}{a+b}$$

a、b——矩形风管的边长（m）；

　　v——流体在管道中的平均流速（m/s）；

　　ρ——流体的密度（kg/m^3）；

　　L——管道的长度（m）；

$\dfrac{v^2 \rho}{2}$——流体的动压头（Pa）。

（3）局部阻力

$$Z = \xi \frac{v^2 \rho}{2}$$

式中　ξ——配件的局部阻力系数。

其他字母物理量含义同上。

第六章 预制菜产业园物流系统设计

第一节 考虑物流因素的选址规划

在预制菜产业园的构建中，选址策略是关键的第一步，而根据预制菜产品大多需要保鲜的特点，在选址时物流成为不可忽视的重要考量因素。统筹考虑好了物流因素的选址，不仅能节约企业的成本，提高效益，更会对生产效率和市场竞争力产生深远影响。随着预制菜行业的蓬勃发展和市场竞争的日益激烈，选址的合理性成为企业成功的关键。选址决策将决定企业的运营效率、成本控制以及客户服务的品质。通过精心选择地理位置，企业能够优化资源配置，提升生产效率，降低运营成本，从而在市场中增强竞争力。因此，能统筹考虑物流因素的选址对于企业的长期发展具有决定性意义。

本节将探讨影响预制菜产业园选址的主要因素，分析常见的选址类型，并介绍实用的选址模型，为企业决策提供参考。

一、选址影响因素

预制菜产业园区作为预制菜产业供应链中的重要一环，其选址规划需要考虑多方面的影响，如市场因素、自然条件、政策法规等，本章仅探讨物流方面的影响因素。建筑方面的选址以及相关政策法规读者可参见本书第四章及第一章。

（一）企业的产品特征及发展战略

在进行预制菜企业的选址决策时，应紧密结合企业发展战略和产品特性。若企业聚焦于实用性预制菜，现有加工技术成熟，其市场销售需求稳定且量大，产品生命周期长，利润率相对较低，因此适宜选择生产成本较低的地区，以实现低成本运营战略。对于创新性预制菜，由于需求的不确定性，企业可能需要快速反应的物流系统，选址时可能会倾向于地价较高、交通发达的地区，尽管这些地方成本较高。同时，考虑到预制菜行业在未来的良性发展态势和市场规模的预期增长，企业在选址时也应关注市场趋势和消费者需求，特别是在 B 端和 C 端市场的需求差异。

（二）产业园区功能定位

产业园区的功能定位对于其选址规划十分关键。根据《物流园区分类与规划基本要求》GB/T 21334—2017，物流园区可以分为货运服务型、生产服务型、商贸服务型、口岸服务型、综合服务型。园区可分析自身功能定位进行选址。如货物配送功能要求选址靠近主要交通干线等以提高物流效率，冷链仓储功能则需考虑冷链运输的便利性；商品交易功能和信息功能促使选址接近消费市场以及时响应需求；综合服务功能和产业带动功能要求选址在产业配套完善、有利于产业集群形成的区域。预制菜产业园更贴近于生产服务型物流定位，其综合服务功能和产业带动功能有利于园区自身的发展，以及预制菜产业集群的形成。

（三）物流辐射地区的需求

物流辐射地区的需求量对预制菜园区的选址具有显著影响。首先，当辐射地区的物流需求量较大时，预制菜园区应选择在交通便利的区域，如靠近主要交通干线、港口或物流中心，以便于快速响应市场需求，提高物流效率，降低运输成本。其次，高物流需求量也意味着园区需要具备较强的仓储和配送能力，因此选址时应考虑土地资源的充足性和扩展性，以满足未来物流规模的扩张需求。此外，辐射地区的物流需求量还会影响园区的规模和功能布局，需求量大时，园区需要更大的仓储空间和更完善的物流服务设施，以满足辐射地区的配送需求。因此，辐射地区的物流需求量是预制菜园区选址的重要考量因素之一，直接影响园区的运营效率和市场竞争力。

（四）周边交通网络和基础设施建设情况

对于预制菜产业园的选址来说，周边的交通网络条件决定了其运输交通便利情况，周边的基础设施建设情况直接影响园区的投资建设及运营效益。据有关的调查结果显示，在建和运营的物流园区中，周边 5km 内有高速公路出入口的占比达到 67.3%。通过分析预制菜产业园区周边的交通网络，优先建在交通状况十分便利的地区，如周围有高速公路、国道、快速道路、车站的地块，有条件的可以选择靠近港口、机场等交通枢纽，形成多式联运的运输条件，有助于预制菜产品能够在最短时间内到达目标市场。及时交付对于生鲜产品保持其新鲜度和品质尤为重要。在进行预制菜产业园区选址时，还需要对园区周边的电力、通信、供水和排水设施进行详细的调查，在此基础上评估产业园区的选址，这些条件除了影响园区的运营之外，也会影响到园区未来向智慧园区升级发展的可能性。

（五）竞争对手及产业聚集情况

在进行预制菜产业园区选址规划时，需要了解候选地点的竞争对手及产业聚集情况。了解竞争对手的分布情况可以帮助决策者提前了解市场情况，制定合理的竞争合作策略；了解产业聚集情况可以寻求资源共享和合作，形成规模经济。

（六）未来发展潜力

在进行预制菜产业园区选址时，不仅要关注当前的影响因素，也需要考虑未来的发展潜力及可扩展性。理想的候选地点应该具备较高的发展潜力及灵活的可拓展性，通过选择适当的园区位置，企业能够进入新的市场，创造更多的业务机会，扩大市场份额，增加销售额和利润。

二、常见选址布局类型

（一）辐射型物流仓库布局（图6-1）

辐射型物流仓库布局在预制菜行业中尤为重要，因为这种布局模式能够高效地满足预制菜产品从中心仓库向各个方向的分散客户运送需求。这种模式适用于预制菜消费群体相对集中的地方，尤其是当目标仓库作为其物流运输网络主干线中的一个转运站时，能够形成以仓库为中心向四周客户辐射的形态，提高物流效率并降低成本。预制菜行业因其便捷性和对冷链物流的依赖，特别需

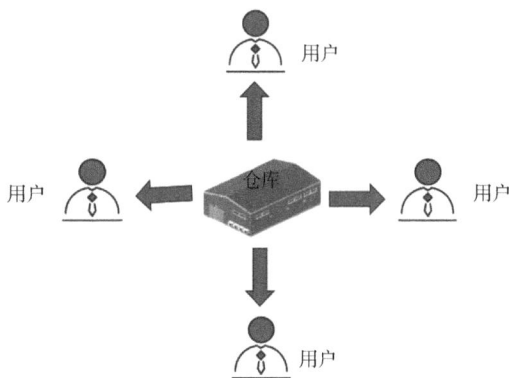

图6-1　辐射型物流仓库布局

要这种高效的仓库布局来保证产品的新鲜度和及时配送，以满足消费者的多样化需求。

（二）聚集型物流仓库布局（图6-2）

聚集型物流仓库布局在预制菜行业中适用于大型生产企业或用户密集区域，能够实现从分散仓库向中心区域集中配送的高效物流模式。这种布局特别适合预制菜企业，因为它们通常需要服务大量集中的用户或拥有大规模的生产需求。通过集中配送，预制菜企业可以降低物流成本，提高配送效率，满足消费者对快捷、便利饮食的需求。

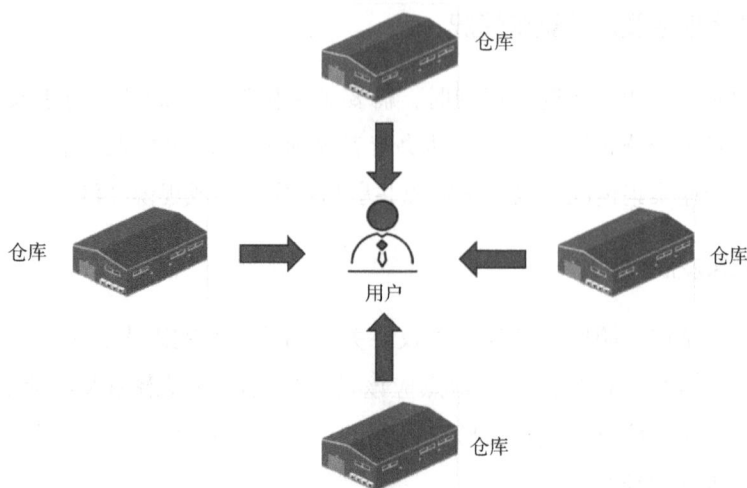

图 6-2 聚集型物流仓库布局

（三）吸收型物流仓库布局（图 6-3）

吸收型物流仓库布局对于预制菜企业来说，是将仓库设置在多个生产设施的中心位置，集中存储各生产点产出的产品。这种布局通常适用于预制菜企业拥有多个生产点且需要集中收集产品的情况，以便于统一管理和配送，提高物流效率，确保预制菜原材料从购入到生产的新鲜度。

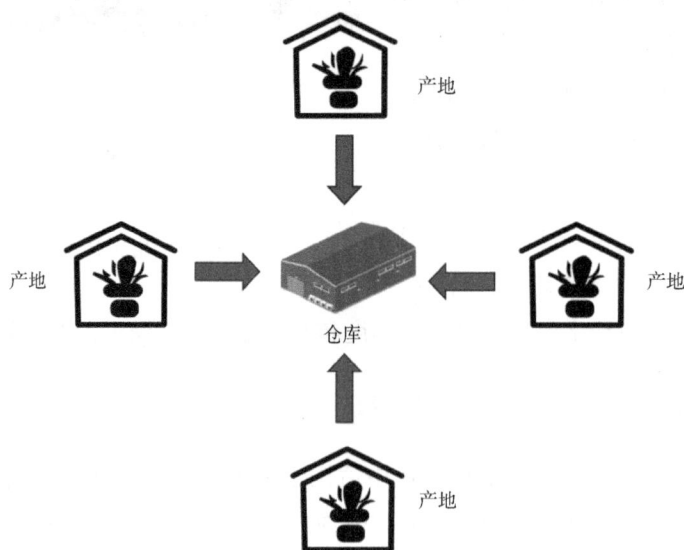

图 6-3 吸收型物流仓库布局

（四）扇形物流仓库布局（图 6-4）

扇形物流仓库布局在预制菜行业中适用于那些用户相对集中在运输干线上某方向区域的情况。这种布局能够确保产品从仓库向一个方向运送，与干线上的运动方向一致，从而提高配送效率，降低物流成本。对于预制菜企业而言，这种布局有助于确保产品从生产到消费终端的时效性，尤其适合那些在特定区域有大量需求的企业，可以更有效地服务于目标市场。

综上所述，四种物流仓库布局模式可以为预制菜企业的选址决策提供重要的参考依据。每种布局方式均有其独特的优势和适用条件。企业在选择布局时，应综合考量客户和产地分布的广泛

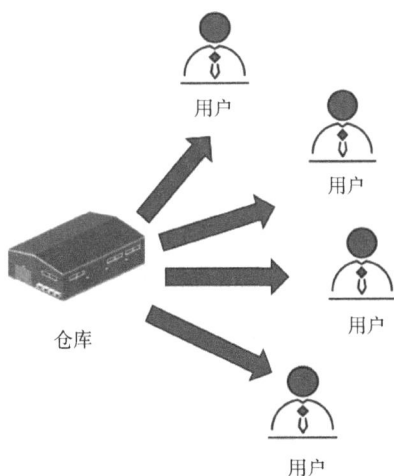

图 6-4　扇形物流仓库布局

性、生产规模的大小以及物流配送的效率。通过精心挑选最适合的布局策略，企业不仅能够有效降低运营成本，还能显著提高对客户需求的响应速度，从而在激烈的市场竞争中占据有利地位。

三、选址方法

在预制菜企业的物流园区选址中，应用现代科技和大数据分析是实现科学决策的关键。传统的选址方法主要基于土地选择和交通条件，但这些方法存在局限。现代选址模型，如重心法、交叉中值模型和最大覆盖模型，提供了定量分析的途径。对于更复杂的选址问题，可以采用遗传算法、蚁群算法和粒子群算法等高级算法进行求解。

四、小结

预制菜行业因其对便捷性和冷链物流的高依赖性，对物流园区的选址提出了更高要求。这不仅关乎食品的新鲜度，也关系到配送的及时性，进而直接影响到消费者对健康、便捷饮食方式的追求响应。因此，预制菜企业在进行物流园区选址时，需要综合考虑市场需求、成本控制、社会影响、政策环境和地理位置等多方面因素，确保选址决策的科学性和前瞻性。本节提出了预制菜园区的选址影响因素、常见的仓库布局类型以及选址方法供企业参考。综合考虑这些因素和方法，预制菜企业可以制定出符合自身发展战略和产品特性的物流园区选址方案，以提高物流效率，降低成本，同时确保食品质量和服务水平，满足市场需求。

第二节　园区物流规划设计

一、布局原则

物流仓储规划必须遵循一定的原则，通过具体的需求分析，实现效率与成本的合理规划，使系统既能满足库存量和输送效率的需求，又能够降低成本。仓储规划应当视具体情况而定，为了做出更加完善合理的设计，形成一套既高效又环保的仓储管理体系，以支持预制菜产业的可持续发展，仓储规划应当遵循以下 7 个原则。

（一）最小移动距离原则

在预制菜仓储布局中，应合理规划物资流动路径，减少物料搬运距离。例如，采用"U"形或"I"形布局，使物料在仓库内的流动形成闭环或直线，减少交叉搬运。同时，利用自动化搬运设备（如 AGV 小车、堆垛机等）减少人工搬运，提高搬运效率。

（二）效率优先原则

针对预制菜生产过程中的频繁搬运问题，可通过优化生产流程、采用单元化包装（如标准周转箱）等方式，减少物料搬运次数。同时，引入先进的物流管理系统，实现物料搬运的智能化调度，避免不必要的重复搬运。

（三）合理布局原则

预制菜园区仓储空间有限，需充分利用垂直与水平空间。可采用高层货架、自动化立体仓库等存储设备，提高空间利用率。按照货物的性质、规格、存储要求等进行合理的布局，如将易燃易爆物品单独存放，将周转快的货物放在便于取货的位置等，提高仓储的空间利用率和作业效率。同时，合理规划仓库内各功能区（如收货区、存储区、拣选区、发货区）的布局，确保物流顺畅，减少空间浪费。

（四）成本效益原则

在预制菜仓储规划中，需平衡投资成本与系统效益。根据预制菜产品的特性（如保质期、包装规格等），选择合适的仓储设备和货架类型。同时，考虑采用租赁或共享仓储资源的方式，降低初期投资成本。此外，通过精细化管理，提高仓储作业效率，降低运营成本。

(五) 灵活性与扩展性原则

预制菜市场需求多变，仓储规划需具备柔性化特点。采用模块化、可拆卸的仓储设备，能够适应业务量的变化和仓储需求的调整。例如，预留一定的空间和设施，以便在业务增长时进行扩展和调整。

(六) 能力匹配原则

仓储设备的存储和输送能力需与预制菜生产及配送需求相匹配。根据预制菜产品的周转速度、存储条件等因素，合理配置货架、搬运设备等资源。同时，引入智能调度系统，实现仓储作业的自动化、智能化管理，提高作业效率。仓储设备的存储和输送能力需与预制菜的生产及配送需求相匹配，以确保供应链高效运作。

(七) 安全原则

预制菜仓储需确保物资安全、设备安全及人员安全。采用符合安全标准的仓储设备和货架，确保承重能力满足需求。加强仓库防火、防潮、防虫等措施，保障物资安全。同时，加强对员工的安全培训，提高其安全意识，确保仓储作业安全进行。

二、功能区域布局规划

(一) 基本资料分析

1. 基本资料收集

建造预制菜园区前进行基本资料的收集与分析是为了确保项目能够全面考虑并适应预制菜行业特有的需求和挑战。准确的资料收集与分析有助于优化园区的物流规划与布局，提高物流效率，降低运营成本，同时确保食品在储存和运输过程中的质量和安全。规划资料的收集类型包括现行资料的收集和未来规划资料的收集。

（1）现行资料。现行资料收集是针对准备建造的园区的类型和需求而进行的，具体现行资料包括以下内容。

1）基本运行资料：业务类型、营业范围、营业额、从业人员数、运输车辆数、供应厂商与客户数量等。

2）商品资料：产品类型、品种规格、品项数、供货渠道与保管形式等。

3）订单资料：商品种类、名称、数量、单位、订货日期、交货日期、交易方式、生产厂家等。

4）物品特性资料：物品形态、气味、温湿度要求、腐蚀变质特性、装填性质、重量、体积尺寸、包装规格、包装形式、储存特性和有效期限等。

5）销售资料：按商品、种类、用途、地区、客户及时间等要素分别统计。

6）作业流程资料：进货、搬运、储存、拣选、补货、流通加工、备货发货、配送、退货盘点、仓储配合作业（移仓调拨、容器回收、废弃物回收处理）等。

7）事务流程与单据传递资料：接单分类处理、采购任务指派、发货计划传送、相关库存管理和相关账务系统管理等。

8）厂房设施资料：厂房结构与规模、布置形式、地理环境与交通特性、主要设备规格和生产能力等。

9）人力与作业工时资料：机构设置、组织结构、各作业区人数、工作时数与时序分布等。

10）物料搬运资料：进货发货频率、数量、在库搬运车辆类型及能力、时段分布与作业形式等。

11）供货厂商资料：供货厂商类型，货品种类、规格、质量、地理位置，供货厂商的规模、信誉、交货能力，以及供货家数及据点分布、送货时间段等。

12）配送网点与分布资料：配送网点分布与规模、配送路线、交通状况、收货时段、特殊配送要求等。

（2）未来资料

1）运营策略和中长期发展计划：产业政策走向、外部环境变化、企业未来发展、国际现代物流技术及国外相关行业的发展趋势等。

2）商品未来需求预测资料：商品现在销售增长率、未来商品需求预测、未来消费增长趋势。

3）商品品种变化趋势：商品在品种和类型方面可能的变化趋势。

4）未来厂址与面积：考虑未来可能的发展和扩充需求，预测将来的规模和水平，以及发展需要的厂址和面积。

5）未来经营模式变化：比如，由电子商务平台所引起的经营销售模式的变化。

6）增值功能的需求预测：随着消费者需求的进一步提升，流通加工的范围和方式、服务水平和标准的变化预测。

7）作业工时和人力预测：组织机构、人员配置、作业工时和时序分布的变化预测。

2. 基本资料分析

这些原始资料收集完毕后需要从政策性、可靠性等方面进行修正后才能作为规划设计的参考依据。基本规划资料分为定量分析与定性分析。定量分析内容有库存类别分析、物流需求预测分析、订单与品相的数量分析、物品与包装特性分析和活态分析等。定性分析内容有作业时序分析、作业流程分析、作业功能分析和事务流程分析。本书主要介绍定量分析部分。

（1）库存类别分析。依据预制菜厂的服务水平，规划各类物品的库存水平、存放类别、存放方式、存放地点和补货方式，是库存类别分析的基本思路。ABC 分析法，亦称帕累托分析法，是一种广泛应用于库存管理的统计技术，它通过量化库存物品的重要性，进行分类排列，从而实现分类管理和控制。在预制菜行业中，此方法同样适用，能够帮助企业针对不同类别的库存实施差异化管理，优化资源配置，提高运营效率。

ABC 分析法将库存对象分为 A、B、C 三类，A 类代表最重要的少数，通常占据总库存价值的较大比例，但种类数量较少；B 类为次重要的部分，种类数量和库存价值占比适中；C 类则是种类数量多但价值占比较小的部分。

企业可以按如下步骤进行 ABC 分析。

1）收集数据：预制菜企业需要收集各种预制菜产品的年销售量、单价等基础数据。这包括各种预制菜产品的销售情况。

2）处理数据：对这些收集到的数据进行整理和计算，比如计算每种预制菜的销售额及其占总销售额的百分比，并进行累计求和。这有助于了解哪些品类的销售额较高，以及它们对企业总收益的贡献情况。

3）制作 ABC 分析表：按照销售额大小排序，计算每种预制菜的累计百分比，并根据累计百分比进行 ABC 分类。这可以帮助企业识别出 A 类（高销售额）产品、B 类（中等销售额）产品和 C 类（低销售额）产品。

4）绘制 ABC 分析图：以累计品目百分数为横坐标，累计销售额百分数为纵坐标，绘制曲线图，如图 6-5 所示。这可以直观展示 ABC 分类，帮助企业了解产品组合的分布情况，以及如何优化产品策略和进行库存管理。

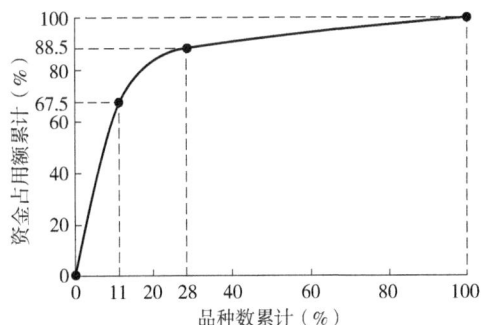

图 6-5 ABC 分析图示例

通过 ABC 分析法，预制菜企业能够科学地分配仓储空间和资源，显著提升仓储管理效率。A 类预制菜，作为高价值且频繁交易的商品，将得到更多关注和资源投入，从而实现更精准的补货计划和库存水平控制，有效避免库存过剩或短缺，确保及时满足市场需求，提高客户满意度。同时，借助先进的 WMS 仓储软件，企业可以实现对预制菜库存的精细化管理，严格保障食品安全，降低产品过期风险，进而在竞争激烈的市场环境中保持竞争优势，确保企业的稳健发展。

（2）物流需求预测分析。预制菜企业的市场需求本质是消费者对产品或服务的需求。物流需求预测是指通过市场调查和分析，预测未来一段时间内消费者对于预制菜的需求量和所愿付出的金额。这不仅可以帮助企业制定更加精准的采购计划，还能优化营销策略，实现更有效的库存控制和物流配送，确保预制菜的新鲜度和及时供应，满足消费者的需求。

1）物流需求特性。物流需求的时间特性、空间特性、独立需求和相关需求这四个方面共同构成了物流需求预测的多维度框架，对于预制菜行业来说，这些特性尤其关键。时间特性表明，预制菜的需求量会随着季节更迭、节假日、以及工作日与周末的交替而出现波动。例如，节假日可能会迎来家庭聚餐的需求高峰，而工作日则可能增加对快速便当类预制菜的需求。空间特性则指出，不同地区的消费者对预制菜的口味偏好、饮食习惯以及可获得性存在差异，导致物流需求在地理分布上的不均衡。至于独立需求与相关需求，它们在预制菜领域体现为某些特色或创新菜品可能形成独立需求，而常规菜品的需求则可能与促销活动、季节性食材上市等因素相关联。综合这些因素，预制菜企业能够更精准地预测市场需求。

2）需求预测方法。需求预测方法可以分为定性法、定量法和仿真法。

①定性法。在预制菜行业中，定性法分析预测有基层人员估计法、市场调研估计法、德尔菲法和历史类别法等，尤其是在数据有限或市场波动频繁时，显得尤为重要。这些方法依赖于经验丰富的人员的主观判断和直觉，能够帮助企业在不同时间变化下，准确把握预制菜的需求趋势。以下是根据定性法对预制菜随时间变化的需求表现进行的分析。

a. 长期渐增趋势。考虑到预制菜的市场需求不断扩张，消费者对便捷性、口味、健康和营养等方面的要求日益提高，面对长期渐增趋势，预制菜企业在规划时通常以中期需求量为目标值。一般会取峰值的80%作为安全库存或生产计划的依据，以应对需求增长带来的挑战。

b. 季节变化趋势。预制菜由于原材料供应的季节性、节假日的消费需求季节性以及冬季夏季体现出的口味偏好的季节性等往往会呈现出明显的季节变化趋势。对于季节变化趋势，预制菜企业也常以峰值的80%为目标值进行规划。但是，如果季节变动导致的需求量差距超过3倍，企业可能需要考虑更灵活的资源配置，比如通过外包或租赁设备来应对季节性需求高峰。

c. 在循环变化趋势中，如果预制菜的峰值与谷值差距不大，企业可以依据峰值进行生产和库存规划。这样可以在保证供应的同时，减少库存积压和浪费。这种方法适用于需求波动相对较小的预制菜产品，能够确保企业在不同周期内保持稳定的供应和运营效率。

d. 面对不规则变化趋势时，预制菜企业应考虑采用更具通用性和灵活性的设备，以增加生产系统的弹性，从而更好地应对市场的不确定性和突发的需求变化。例如，选择模块化设计的生产设备，可以在不同需求情况下快速调整生产线，提高企业的应变能力。

②定量法。在预制菜行业中，定量法的应用对于准确预测物流需求至关重要。时间序列分析法，如移动平均预测法、加权移动平均预测法和指数平滑预测法，能够利用历史销售数据揭示预制菜需求随时间变化的模式，从而预测未来的物流需求。这些方法特别适用于没有明显趋势或季节性因素影响的预制菜市场；因果关系分析法通过建立预测模型来估计未来需求，考虑了影响预制菜需求的多种因素，如消费者偏好、市场趋势、技术创新等；回归分析法、经济模型和投入产出模型等技术能够帮助企业分析自变量与因变量之间的关系，预测物流需求的变化趋势。例如，消费者对预制菜的购买意愿受到性别、年龄、受教育程度等因素的影响。综合运用这些定量方法，可以更准确地预测物流需求，为企业决策提供数据支持。

③仿真法。仿真法在预制菜行业的应用可以通过计算机模拟来预测和分析预制菜在生产、加工、储存、运输等各个环节的表现和效果。这种模拟实验可以帮助企业优化物流系统，提高运营效率，降低运营成本，并预测市场动态。

（3）订单与品项数量分析。一般工厂布置的分析法中，Muther 的 SLP 强调以 PQ 分析为基本分析工具，即以产品与数量的分布关系作为规划布置的参考依据，是一种生产导向的规划分析理念。但是在以顾客及下游端通路需求为主的流通环境中，订单需求零星而多变。日本的铃木震先生倡导 EIQ 分析法，所谓 EIQ 分析法就是利用预测资料的订单件数（Entry）、品项（Item）、数量（Quantity）三者之间的关系做出个别和交叉的统计比较，累计交易历史资料，分析业务形态，作为储位规划、发货作业的参考。

根据 EIQ 资料的分解格式，可对量化资料进行物流特性分析，包括 EQ 分析（订单量分析）、IQ 分析（品项数量分析）、EN 分析（订单品项数分析）、IK 分析（品项受订次数分析）。分析的主要用途有：

1）EQ 分析。了解单张订单订购量的分布情形，可用于决定订单处理原则、拣货系统的规划并将影响出货方式及出货区规划。

2）IQ 分析。了解每个品种出货量的分布情况，分析货品的重要程度与运量规模。可用于仓储系统的规划选址、储位空间估算，及拣货方式与拣货区的规划。

3）EN 分析。了解订单订购品项数的分布，对于订单处理的原则及拣货系统的规划有很大影响，并将影响出货方式及出货区的规划。通常需配合总出货品项数、订单出货品项累计数及总品项数三项指标综合考虑。

4）IK 分析。分析每个品种出货次数的分布，对于了解货品的出货频率有很大帮助。可配合 IQ 分析决定仓储与拣货系统的选择。

下面以 IQ 和 EQ 分析为例，分析常见的 IQ 和 EQ 分布类型可参见表 6-1。

表 6-1　IQ 和 EQ 分布类型分析与应用

类型	EQ 与 IQ 分析	应用
	为一般常见类型，订货量分布区域两极化，可利用 ABC 法进一步分类	规划时可将订单分级处理，少数量大的订单可进行重点管理，相关拣货设备亦可分级
	大部分订单量相近，仅少数有特大量及特小量	可以对同一规格的存储系统和定址型储位进行规划，少数差异较大者进行特例处理
	订单量分布呈渐减趋势，无特别集中的某些订单或者范围	系统较难规划，宜规划柔性较强的设备，以增加运用的弹性，货位宜选用容易调整的方式
	大部分订单的数量分布相近，仅少数订单量较少	可区分两种类型，部分少量订单可以进行批处理或者以零星拣货方式规划
	订单量集中于特定数量而无连续型递减，可能为整数（箱）出货，或为大型对象的少量出货	可以较大单元负载规划，而不考虑零星出货

在进行 EQ、IQ、EN、IK 等分析后，除可就单个订单个别分析外，还可以进行组合式的交叉分析，以便更全面地了解预制菜园区的物流特性，为储位规划与管理以及物流设备选型等提供重要依据。

（4）物品与包装特性分析。物品特性通常是影响物料分类的重要因素，在对订单品项与数量分析的同时，应当结合物品特性与包装状况等因素进行分析。以便划分不同的仓储和拣货区。

1）物品特性项目及内容，见表6-2。

表6-2 物品特性项目及内容

特性	资料项目	资料内容
物品性质	物态	气体、液体、半液体、固体
	气味特性	中性、散发气味、吸收气味及其他
	储存保管特性	干货、冷冻、冷藏
	温湿度需求特性	温度、湿度
	内容物特性	坚硬、易碎、柔软
	装填特性	规则、不规则
	可压缩性	可、否
	有无磁性	有、无
	单品外观	方形、长条形、圆筒、不规则形及其他

2）基本包装与外包装单位项目及内容，见表6-3。

表6-3 基本包装与外包装单位项目及内容

特性	资料项目	资料内容
基本包装单位规格	重量	＿＿＿＿＿＿＿＿＿＿＿＿（单位： ）
	体积	＿＿＿＿＿＿＿＿＿＿＿＿（单位： ）
	尺寸	长×宽×高（单位： ）
	物品基本单位	个、包、条、瓶、箱及其他
	包装材料	纸箱、捆包、金属容器、塑料容器、袋及其他
外包装单位规格	重量	＿＿＿＿＿＿＿＿＿＿＿＿（单位： ）
	体积	＿＿＿＿＿＿＿＿＿＿＿＿（单位： ）
	尺寸	长×宽×高（单位： ）
	物品基本单位	个、包、条、瓶、箱及其他
	包装材料	纸箱、捆包、金属容器、塑料容器、袋及其他

预制菜企业在设计物流系统时，应结合物品特性与包装状况等因素进行细致分析，以确保物流作业流程的高效和食品安全。除了形状、尺寸及重量外，很多物品还需要关注其他物理化学性质。例如，某些预制菜原材料如青菜和水果会呼吸，这会导致周围温度上升和水分蒸发，因此必须严格控制其温湿度。不同预制菜的特性各异，对物流作业流程的要求也不同，规划设计时必须充分考虑这些特性。随着智慧物流技术的发展，预制菜行业可以利用物流信息化、仓储智能化、运输网络优化等创新手段，提高供应链的效率和可靠性，满足消费者对品质、新鲜和安全的需求。

（5）货态分析。储运单位分析（PCB分析）对于预制菜行业来说非常重要，它涉及配送中心内不同作业环节的基本储运单位的类型。在预制菜行业中，PCB分析也称货态分析，即考察预制菜厂区各作业环节的基本储运单位（包括入库单位、存储单位、拣货单位）类型。其中，P 表示托盘单位、C 表示件单位、B 表示单品。由于产品特性和订货需求的多样性，企业需要根据具体的订单单位和订货量来选择最合适的储运模式，针对不同的储运单位设立不同的储区，并配备相应的储存、分拣和搬运设备。

常见的储运模式包括 P→P、C→C、P→C、C→B 和 B→B 等单储运模式，以及 P→（P、C）、C→（C、B）和 P→（P、C、B）等复合储运模式。选择合适的储运模式，可以提高预制菜配送中心的作业效率，降低运营成本，并确保食品的新鲜度和安全性。例如，对于大量订购的即烹类预制菜，企业可能采用 P→C 模式，即从托盘单位（P）存储转换为按件单位（C）拣选，以满足大量订单的需求；而对于小规模或单品订购的即热便捷类预制菜，则可能采用 C→B 或 B→B 模式，直接从件单位拣选到单品或以单品形式配送给消费者。常见储运模式参见表6-4。

表6-4　常见储运模式

入库单位	储存单位	拣货单位
P	P	P
P	P、C	P、C
P	P、C、B	P、C、B
P、C	P、C	C
P、C	P、C、B	C、B
C、B	C、B	B

P：托盘　C：件　B：单品

在实际应用中，预制菜企业需要根据自身的业务特点和消费者需求，灵活选择和调整储运模式。例如，一些企业可能需要通过智能化的物流管理系统来实现订单管理、库存管理和配送调度的自动化和精细化，提高供应链的运作效率和响应速度。仓储系统的一些典型储区以及不同模式下物流设备的配置参考可见表6-5、表6-6。

表6-5　仓储系统典型储区

储区代码	储区名称	定位原则	储运模式	储存功能	拣选/出货功能
CP	主储存区	储存量大或体积较大、需要用托盘为储存单位的物料	P→P	√	√
CC	件储存区	储存量小、外形较小的物料、需要用料件或原包装作为储存单位的物料	C→C	√	√
JC	件拣货区	储存整件出货或补货频率高的物料	P→C	暂存	√
JB1	快速单品拣货区	储存拆零出货频率高的物料	C→B	暂存	√
JB2	快速单品拣货区	储存拆零出货频率很低的物料	C→B	暂存	√

表 6-6 不同储运模式下物流设备的配置参考

储运模式	设备配置		
	全自动方式	半自动方式	人工方式
P→P	托盘式自动仓储系统+输送机（穿梭车）		托盘式货架+叉车
P→C	托盘式自动仓储系统+拆盘机+输送机 托盘式自动仓储系统+穿梭车+机器人	自动仓库+输送机	托盘式货架+叉车（托盘车） 托盘式货架+笼车 托盘式货架+手推车 托盘式货架+输送机
C→C	流动式货架+自动拣取机+输送机		
C→B	流动式货架+机器人+输送机 自动拣取机+输送机	水平旋转自动仓库+输送机	流动式货架+笼车 流动式货架+手推车 流动式货架+输送机 件式平货架+手推车
B→B		垂直旋转自动仓库+手推车	件式平货架+手推车

（二）系统规划设计

1. 作业流程规划

根据不同的业态和不同的生产工艺流程，预制菜厂区的作业流程具有不同形式，但是其物流作业具有一些通用流程，如图 6-6 所示。

（1）订货。接收来自客户或销售预测系统的订货需求，针对预制菜的特殊需求，确保订单系统能够处理对食品种类、规格、数量和配送时间的特定要求。

（2）进货。管理预制菜的进货流程，包括从供应商接收货物、检查食品质量和数量以及确保食品在运输和存储过程中的温度控制。

（3）原材料仓储。对预制菜原材料进行妥善存储，包括冷藏、冷冻等适宜的存储条件，以及先进先出（FIFO）原则的应用，以减少食品变质的风险。

（4）加工。对原材料进行必要的加工处理，包括清洗、切割、烹饪等。

（5）预制菜仓储。对预制菜成品进行妥善存储，包括冷藏、冷冻等适宜的存储条件，以及先进先出（FIFO）原则的应用，以减少食品变质的风险。

（6）订单拣货。根据订单内容，从仓库中拣选预制菜产品，注意避免在拣货过程中的食品污染和温度变化。

（7）发货。根据订单要求，组织预制菜的发货，确保快速响应并维持食品的新鲜度和质量。

（8）配送作业。组织和执行预制菜的配送，使用适宜的冷链物流确保食品在运输过程中的品质和安全。

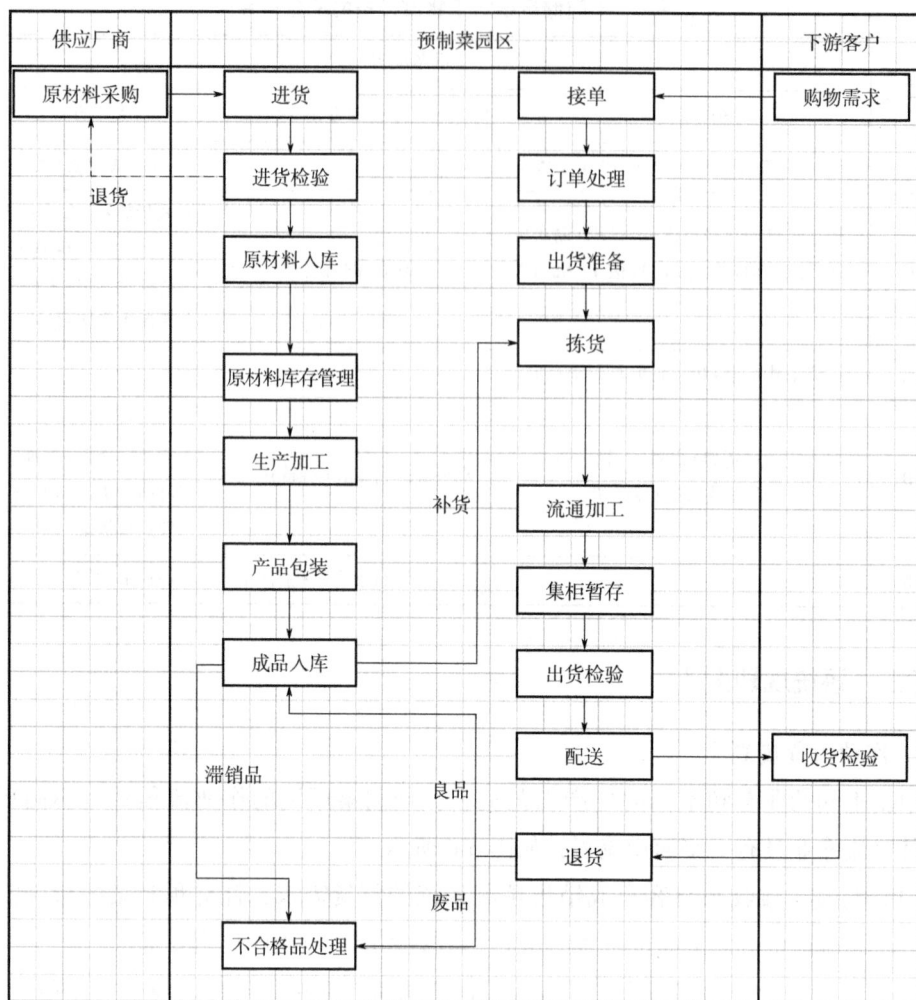

图 6-6 一般预制菜厂区常见作业流程图

（9）流通加工。对预制菜进行必要的加工，如切割、分装等，以满足不同客户的需求。

（10）贴标和包装。为预制菜产品贴上标签，提供必要的信息，如生产日期、保质期、储存条件等，并进行适当的包装以保护食品在运输过程中不受损害。

（11）退货处理。建立高效的退货处理机制，对退回的预制菜进行分类、检查和保管，并根据情况决定是重新入库、销毁还是退回供应商。

在一般物流作业流程中，预制菜厂区需要特别强调的是温度控制、食品安全和快速响应，以适应预制菜对新鲜度和品质的高要求。

2. 区域布置规划

（1）区域功能规划。在预制菜厂区作业流程规划中，作业区域和周边辅助活动区的规划设计需紧密结合预制菜的特性，如保鲜要求、快速周转等。以下是根据预制菜作业的空间需求整合的作业区域分类：

1）一般性物流作业区。负责预制菜的基础装卸、入库和出库作业，考虑到预制菜的冷藏需求，此区域应配备相应的冷藏设施。

2）退品物流作业区。处理客户退回的预制菜产品，需要有专门的冷藏设施以保持食品新鲜，并进行质量检查和分拣。

3）加工生产区。对预制菜原材料进行相应的加工处理，以满足不同的销售需求。

4）换货补货作业区。针对预制菜的换货和补货需求，应有快速响应机制，确保产品及时更新且质量合格。

5）流通加工作业区。在预制菜发货前，对预制菜进行分装、包装或简单地加工，以满足不同的订单需求。

6）物流配合作业区。协调配送车辆和库存，确保预制菜的及时配送和最低限度的等待时间。

7）仓储管理作业区。管理预制菜的存储条件，监控温度、湿度，确保食品安全和品质。

8）厂房使用配合作业区。针对预制菜的特殊存储需求，如冷库、冷冻仓库的使用和管理。

9）办公事务区。处理订单、客户服务和行政管理等事务，需要与作业区紧密协调，确保信息流通。

10）计算机作业区。管理信息系统，处理数据，监控库存和订单状态，支持决策制定。

11）劳务性活动区。包括员工休息室、更衣室等，为员工提供必要的休息和准备空间。

（2）区域平面布置的面积规划。库区是仓储作业的主要场所，是预制菜厂区的主体部分，主要包括库房、露天货场、道路、装卸站台等。其中，库房各组成部分的构成比例通常为合格品存储区面积占总面积的 40%～50%；通道占总面积的 8%～12%；待检区及出入库收发作业区占总面积的 20%～30%；集结区占总面积的 10%～15%；待处理区和不合格品隔离区占总面积的 5%～10%。

1）仓储区作业区能力规划。规划物流配送中心仓储运转能力大小的原则和方法有如下几种：

①周转率估计法。预制菜行业在仓储管理方面，可以通过周转率来估计储存能力，这为初步规划和储存能力的概算提供了一种简便快速的方法。虽然这种方法的精确度有限，但它适用于初步规划和概算。在食品零售业，年周转率次数通常在 20～25 次之

间。在规划物流配送中心时，可以根据经营品项的特性、物品价值、附加利润和缺货成本等因素来决定仓储区的周转次数。为适应高峰期的高运转量要求，一般建议仓容量比实际需要增加10%~25%的放宽比。这样可以避免因比值过高而增加仓储空间过剩的投资费用。在实际规划仓储空间时，可以根据商品类别分类计算年运转量，然后根据产品特性分别计算年周转次数和总容量。

②商品送货频率估计法。在预制菜行业中，当缺乏足够的分析资料时，周转率可以作为一个估计储存区储量的工具。如果能够收集到预制菜的年储运量和工作天数，并根据厂商的送货频率进行分析，则可以估算出所需的仓储量。在实际工作中，有两种计算实际工作天数的基准：一是整个年度的工作天数，二是每个产品的实际发货天数。如果能够准确计算出每个产品的实际发货天数，那么就可以更真实地计算出平均每天的储运量，从而使预测更接近实际情况。然而，需要注意的是，如果某些商品的发货天数非常少，并且集中在少数几天发货，那么使用平均值计算出的仓储量可能会偏高。这可能导致储存空间的闲置，从而造成投资的浪费。因此，在预制菜的仓储管理中，需要特别注意发货频率和发货量的波动，以避免过度投资和资源浪费。

除了仓容量的估计，要想计算出仓储所需面积，还需要选择合适的货物堆放形式。企业可以根据预制菜的特性和仓容量的需求，选择就地堆放或货架储存。

a. 就地堆放。适用于大量发货的预制菜，尤其是那些包装较为简单或者对储存条件要求不高的产品。

平地堆放可以直接在仓库地面上进行，通常适用于大宗货物或者在等待进一步加工的半成品。

b. 货架储存。对于需要更精细管理或者储存条件更为严格的预制菜，货架储存是更好的选择。

货架储存可以提高空间利用率，尤其适合品种多样、批量较小的预制菜产品。

在使用托盘货架储存预制菜时，需要考虑以下因素来计算仓储占地面积：

- 物品数量：根据预制菜的总存储量来确定所需货架的数量。
- 托盘尺寸：预制菜的托盘尺寸会影响每个货位的存储容量。
- 货位形式：货位可以是单一深度或双深度，影响货架的设计和所需通道的宽度。
- 层数：根据仓库的高度和货物的堆叠要求来确定货架的层数。
- 通道空间：货架之间的通道宽度需要满足叉车或其他搬运设备的通行需求。

计算仓储区的总面积时，可以按照以下步骤：

Ⅰ. 确定每个货位的面积：根据托盘尺寸和货位形式计算。

Ⅱ. 计算每个区块的货架数量：根据预制菜的种类和数量，确定每个区块需要的货架数量。

Ⅲ. 计算每个区块的面积：将每个货位的面积乘以区块内的货架数量。

Ⅳ. 计算总仓储区面积：将所有区块的面积加上必要的通道空间，得出总的仓储区面积。

下面以两个托盘存储形式为例，单货位面积规划如图6-7所示。

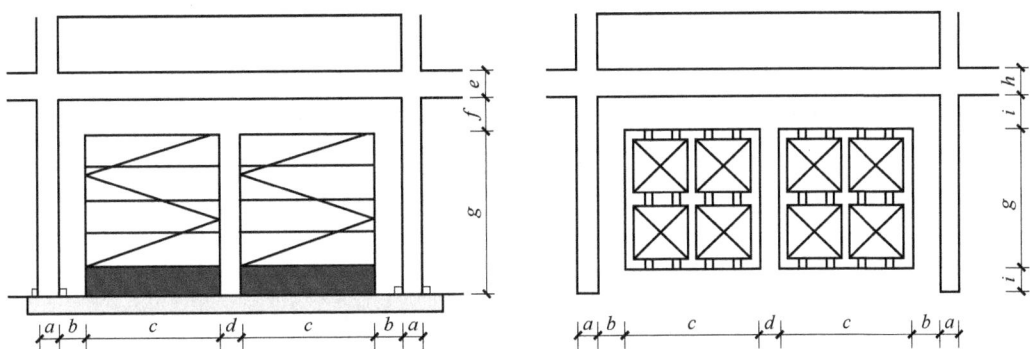

图6-7　双托盘储存形式的单货位面积示例

如果一个预制菜企业有多种类型的预制菜需要存储，包括即烹类、即热类等，每种类型对温度和湿度的要求不同，可能需要不同的存储区域和货架类型。企业可以根据每种预制菜的存储需求和发货频率，合理规划货架布局和通道设计，以实现高效的仓储管理。

总之，预制菜企业在规划仓储区时，需要综合考虑产品特性、存储需求、发货频率和物流效率，选择合适的堆放形式和货架系统，以优化仓储空间利用，安全和经济地搬运货物，良好地保护和管理货物，降低物流成本，提高客户满意度。存储区规划是否合理可以通过储位面积率、保管面积率、储位容积使用率指标判断。

2）配送区作业形式设计。配送区包括货物分拣区、集货发货区和流通加工区。对于预制菜厂区内的作业流程而言，拣货作业是最费事的工作。如果设计合理，能够提高整个作业流程的工作效率。常见的拣货方式有储存与拣货区共用托盘货架的拣货方式，储存区与拣货区共用箱、单品的拣货方式，储存区与拣货区分开的拣货方式，U形多品种小批量拣货补货方式四种。预制菜产品由于其特性，通常较少使用储存与拣货区共用托盘货架的拣货方式，因为这种方式更适合体积较大、重量较重的货物，因此重点介绍后三种。

①储存区与拣货区共用箱、单品的拣货方式。

a. 流利式货架拣货方式。流利式货架拣货方式对于预制菜行业来说是一种高效的存储和拣货解决方案，尤其适合那些进出货量较小、体积不大或外形不规则的预制菜产品。这种方式的优势在于拣货人员只需在拣货区的通路上行走，便能方便地进行拣货作业，有效提高了拣货效率且出入库输送机分开可同时进行出入库作业，如图 6-8 所示。对于规模较大的预制菜厂区可采用多列流动货架进行平行作业。

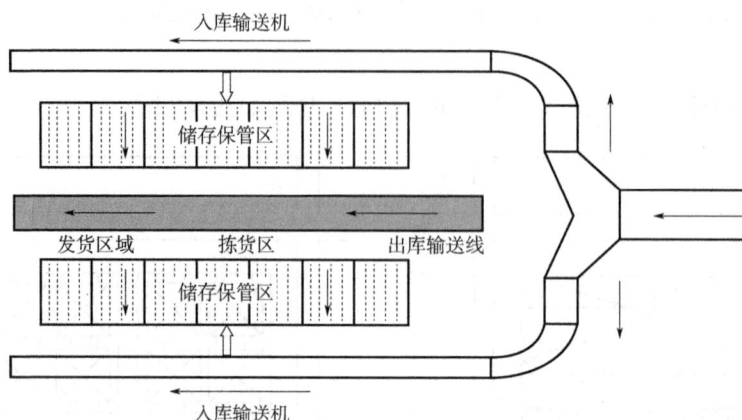

图 6-8　单列流利式货架拣货方式示意图

　　b. 一般货架拣货方式。单面开放式货架在预制菜的拣货作业中，由于入库和出库在同一侧进行，因此可以共用一条输送机完成补货和拣货作业，如图 6-9 所示。这种设计可以节省空间，提高作业效率。然而，在预制菜行业中，由于预制菜通常需要在冷链条件下储存和运输以保持新鲜度和品质，因此在实际操作中，必须注意入库和出库的时间安排，避免在同一时间段内同时进行，以免造成作业混乱，影响预制菜的质量和食品安全。

　　c. 积层式货架拣货方式。积层式货架拣货方式能够有效利用有限的仓储空间进行大量的拣货作业。这种拣货方式建议拣取高度不宜超过 1.8m，以保证操作的便捷性和安全性。在具体应用上，下层可以设置为大型重货架，适用于箱拣取；而上层则可以存放小型轻物品，适合单品拣取。通过这样的布局，可以最大化地利用仓储空间，同时保证拣货的作业效率。

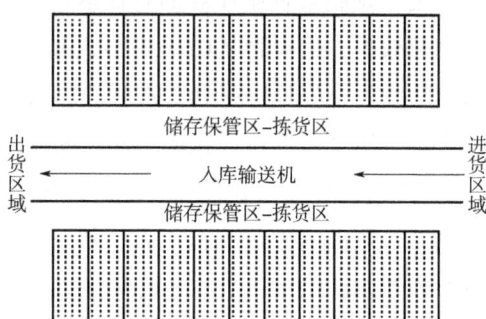

图 6-9　单面开放式货架拣货方式示意图

　　②储存区与拣货区分开的拣货方式。这种方式适用于预制菜产品种类较多、订单处理较为复杂的情况。通过将储存区和拣货区分开，可以减少拣货过程中的干扰，提高拣货效率。

　　零星拣货方式特别适用于进出货量中等的情况，它要求储存区与拣货区分开，通过补货作业将货品从库存区送到拣货区。对于预制菜这类对新鲜度和保质期有严格要求的产品，零星拣货方式可以确保产品在拣货过程中的质量和安全。此外，如果在实际操作中预制菜的拣货作业符合多品种、小批量的特点，那么也可以在拣货区的出库输送机两侧增设无动力拣货输送机，以提高拣货效率，如图 6-10 所示。

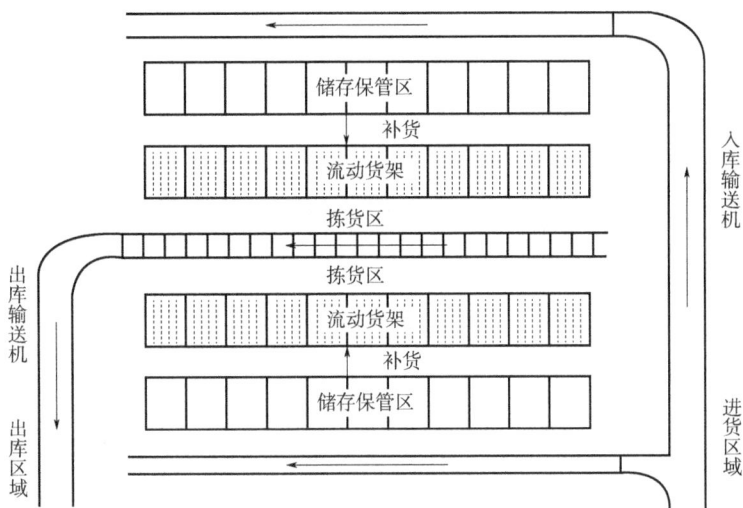

图 6-10　零星拣货与无动力拣货方式示意图

当拣货区内拣货品项过多时，使得流动货架的拣货路线很长，则可考虑接力棒式的分段拣货方式。如果订单品项分布都落在同一分区中则可跳过其他分区，缩短拣货行走距离，避免绕行整个拣货区，如图 6-11 所示。

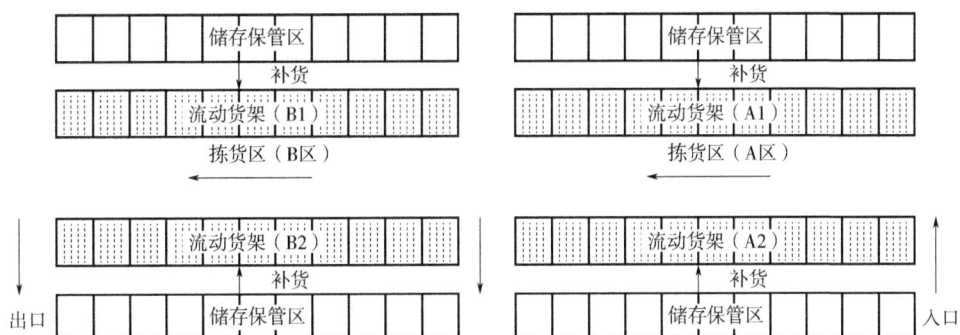

图 6-11　分段拣货补货方式示意图

③U 形多品种小批量拣货补货方式。在预制菜行业中，多品种小批量的拣货补货方式尤为重要，因为这样可以提高拣货效率并减少人员投入。U 形拣货路径和输送机方式的设计，允许拣货人员在两侧货架之间进行高效拣选，特别适合预制菜中对新鲜度要求高、品种多样且批量不大的产品。U 形拣货路径的设计，使得拣货人员可以在一个连贯的路径中完成两侧货架的拣选任务，这种设计可以减少拣货人员的移动距离，

提高拣货效率。同时，自动化输送机的应用，可以进一步减少人工搬运的需求，提高整个拣货流程的自动化程度，如图6-12所示。

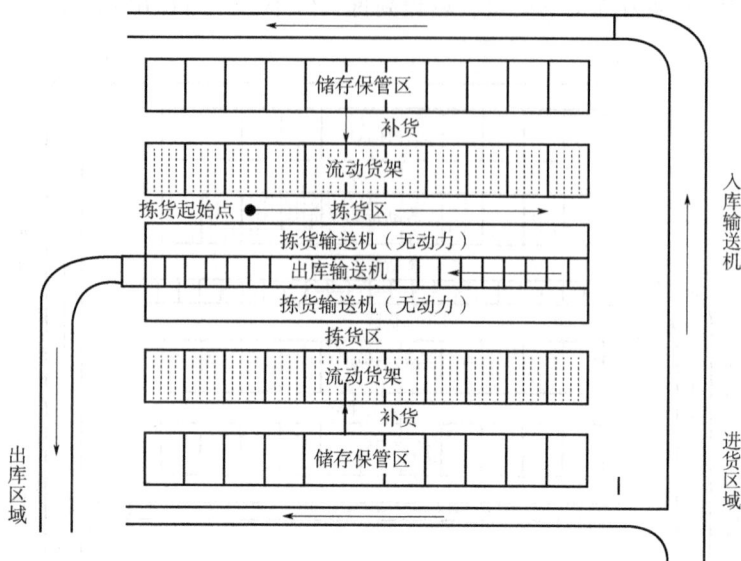

图6-12 U形多品种小批量拣货补货方式示意图

3）其他区域规划设计。

①作业区通道设计。通道的正确安排和宽度设计将直接影响物流效率。一般在规划布置厂房时首先设计通道位置和宽度。影响通道位置和宽度的因素有通道形式，搬运设备的型号、尺寸、能力和旋转半径，储存物品尺寸，到进出口和装卸区的距离，储存的批量尺寸，防火墙位置，行列空间，服务区和设备的位置，地板负载能力，电梯和斜道位置以及出入方便性等。预制菜厂区的通道分为厂区通道和厂内通道两种。厂区通道将对车辆、人员的进出、车辆回转、上下货等动线有影响。而厂房内通道包括如下几种：

a. 工作通道，是物流仓储作业和出入厂房作业的通道。其中包括主通道和辅助通道。主通道连接厂房的进出口和各作业区，道路最宽。辅助通道是连接主通道和各作业区内的通道，一般平行或垂直于主通道。

b. 员工进出特殊区的人行道。

c. 电梯通道。出入电梯的通道，一般距离主通道3~4.5m。

d. 其他各种性质的通道。公共设施、防火设备或紧急逃生所需要的进出道路。

一般情况下主要通道应沿仓库纵向贯通，辅助通道与主要通道垂直，人员与物品的移动方向要形成固定的流通线。此外，叉车通行时需预留足够的侧面余量和会车间距。通常侧面余量预留 150~300mm，会车间距预留 300~500mm。预制菜企业在进行通道设计时，需要考虑这些因素，以确保物流的顺畅和效率。厂房的常见通道宽度参考值见表6-7。

表 6-7　厂房常见通道宽度参考值

通道种类或用途	宽度/m
中枢主通道	3.5~6
辅助通道	3
人行通道	0.75~1
小型台车	车宽加 0.5~0.7
手动叉车	1.5~2.5
重型平衡叉车	3.5~4
伸长货叉型叉车	2.5~3
侧面货叉型叉车	1.7~2
堆垛机（直线单行）	1.5~2
堆垛机（直线转弯）	2~2.5
堆垛机（直角堆叠）	3.5~4
伸臂式堆垛机 跨立堆垛机 转注堆垛机	2~3
转叉窄道堆垛机	1.6~2

　　预制菜企业的通道设计应基于功能需求和物流量，提高空间利用率，使通道的效益最大化。对于物流量大、物品周转快、收发频繁的预制菜产品，设计双向通行通道可以提高物流效率，确保快速的货物流转和处理速度。对于物流量较小的预制菜产品，可以设计单向通行通道，以减少通道占用面积。通常通道有效占地面积的比率越低，仓储效率就越高，所以通道面积应尽可能小。一般来说，大厂房在通道设计方面可实现空间经济性。例如，在较窄的厂房内，通道面积可能占有效占地面积的25%~30%，而在较宽的厂房内，通过合理设计，通道面积占比可以降至6%，即使加入次要通道，也仅占10%。

　　②进发货平台设计。进发货平台的基本功能是装卸货物、货物暂存与车辆停靠，实现线路与节点的衔接转换。因此规划的主要目标是使货物装卸作业高效、有序。

　　a. 进发货平台位置关系。可根据作业性质、厂房平面布置以及仓库内物流动线来

决定平台的位置关系。常见的位置关系有如下几种:

Ⅰ.装卸共用同一平台（图6-13）。在预制菜厂区的设计中，进出货共用同一平台的做法可以提高空间和设备利用率，但也可能带来进货与出货相互影响的问题。这种模式尤其适合于那些进出货时间可以错开的仓库场景。对于预制菜企业来说，由于产品需要快速周转以保持新鲜度，合理安排进出货的时间差，可以有效地减少等待时间，提高物流效率。

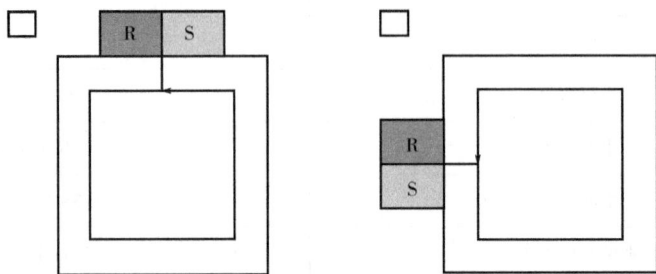

图6-13　装卸共用同一平台

Ⅱ.装卸相邻但不共用（图6-14）。采用进出货分开使用平台且两者相邻管理的布局方式，可以有效避免进出货作业相互干扰，确保物流流程的顺畅。由于这种布局可能会降低空间利用率，所以比较适合于库房空间较大、进出货活动容易相互影响的仓库环境。对于预制菜这类对新鲜度和时效性要求极高的产品，这种布局能够提供更为有序和可控的物流管理。

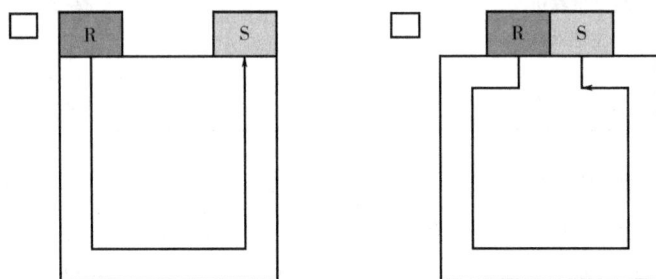

图6-14　装卸相邻但不共用

Ⅲ.装卸位于相邻两侧（图6-15）。在预制菜行业中，采用进出货分别使用平台且两者不相邻的布局方式，可以为物流规模大且厂房空间充足的仓库带来显著的优势。这种布局允许进出货作业在完全独立的两个平台上进行，实现了空间和操作的分离，从而减少了作业干扰，提高了作业效率和安全性。

Ⅳ.装卸位于两侧（图6-16）。进出货平台位于库房两侧的布局方式，特别适用于预制菜行业中进出货频繁、种类较多，并且拥有足够空间的仓库。这种布局可以有效地将进货区和出货区分开，减少作业交叉，提高作业效率。

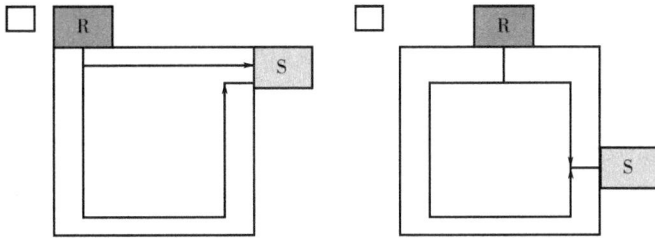

图 6-15　装卸位于相邻两侧

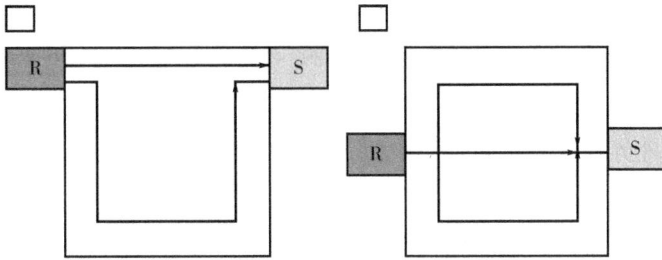

图 6-16　装卸位于两侧

　　b. 平台月台形式，如图 6-17 所示。

　　Ⅰ. 内围式。采用内围式月台布局，将装卸平台设置于库房内部，使进出车辆能够直接驶入进行装卸作业。此种布局的优势在于能提供更佳的安全性，同时避免了恶劣天气条件如风吹雨打对装卸作业的影响，并减少了冷暖气的泄漏。

　　Ⅱ. 齐平式。装卸平台与仓库侧边对齐设计，确保整个装卸区域位于仓库内部。这种设计的优势在于能有效防止能源的无效损耗，因为装卸区域完全处于仓库的温控环境中。此外，这种设计在成本上较为经济，因而被广泛应用。

　　Ⅲ. 开放式。月台全部凸出在库房之外，月台上的货物没有遮掩，仓库内冷暖气容易泄漏。

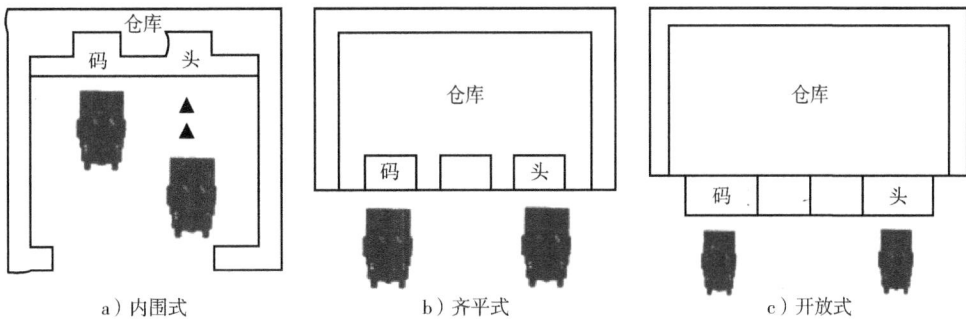

a）内围式　　　　　　b）齐平式　　　　　　c）开放式

图 6-17　平台月台形式

　　开放式月台布局在预制菜行业中需要谨慎使用，因为这种设计使月台完全暴露在库房外部，容易导致仓库内的冷暖气泄漏。对于依赖冷链物流来保鲜的预制菜来说，温度控制是至关重要的。开放式月台可能会增加冷链环节中的温度波动风险，影响食品的新鲜度和品质。因此，在预制菜的物流平台布局中，应优先考虑内围式或齐平式月台，以减少温度波动和食品变质的风险。如果必须使用开放式月台，应采取相应的措施，如安装遮阳篷或临时性遮挡，以减少外界环境对预制菜品质的影响。同时，应加强仓库内部的温控管理，确保装卸过程中食品始终处于适宜的温度环境中。

c. 月台高度。

进发货平台按高度可分为高月台和低月台两种。选择高月台还是低月台，主要取决于预制菜厂区的环境、进发货的空间、运输车辆的种类和装卸作业的方法。预制菜行业建议一般选择高月台，因为高月台更适应冷链运输车辆的特点，能够减少装卸作业时货物暴露在外界环境的时间，保持食品的新鲜度。

高月台高度主要取决于运输车辆的车厢高度。不过进货口与发货口的常用运输车辆的吨位一般是不相同的。通常情况下，由于进货具有量大的特点，其运输车辆的吨位一般也较大。反之，预制菜的销售配送每批次量较小，发货口的车辆吨位也相对较小。此外，对于不同的车型，运输车辆车厢高度是不一样的，即使是同种车型，其生产厂家不同，车厢高度也有所区别。

Ⅰ. 车型基本不变的情况。对于预制菜企业来说，如果只选定使用频率较高的几个厂家几种车型，可以根据最常用的车型的车厢高度来确定月台高度。需要注意的是，这个高度应为空载时的高度，因为承载时大型车辆的车厢高度可能会下降 $100 \sim 200mm$。

Ⅱ. 车型变化较大的情况。当车型变化较大时，由于车厢高度差异也较大，使用液压升降平台可以适应不同高度的车厢，消除装卸作业中的不便。按照实际经验，月台高度 H 可以设为最大车厢高度与最小车厢高度的平均值。液压升降平台踏板的倾斜角根据叉车的性能略有差异。通常按倾斜角不超过 $15°$ 来设计液压升降平台长度，以保证叉车在装卸过程中的稳定性和安全性。

（3）区域布置规划。

1）生产设施区域布局原则。预制菜企业在生产设施和服务设施的布置上，会根据产品特性采取不同的布置形式。以下是四种基本的生产设施布置形式。

①固定式布置（项目布置）。固定式布置的加工对象位置，生产工人和设备都随加工产品所在的某一位置而转移。其在预制菜行业中通常不是首选，因为它更适用于工程项目和大型产品生产，如工程建设、飞机制造、造船和重型机械制造等行业。然而，在一些特定情况下，预制菜企业也可能采用下面介绍的布置形式。

a. 规模较小或刚起步的企业：对于产品种类单一且需求量不大的小型或初创预制菜企业，固定式布置可以减少初期投资和运营成本。

b. 场地空间受限：在可用空间有限的情况下，固定式布置有助于最大化空间利用效率，将设备和工作站安置在优化后的位置。

c. 特殊加工工艺或设备需求：如果某些预制菜产品的生产需要特殊的加工工艺或大型、不易移动的设备，固定式布置可以确保生产效率和产品质量。

尽管如此，预制菜行业的快速发展和市场对多样化产品的需求，使得大多数预制菜企业更倾向于采用灵活的生产线布局。固定式布置在预制菜行业中的应用相对有限。

②产品原则布置（流水线布置）。产品原则布置的基础在于作业的标准化和明确的分工。在预制菜生产中，每种菜品的制作流程被分解成一系列标准化步骤，由专门的人力和设备完成，如食材准备、烹饪、冷却、包装等。当预制菜企业的产品品种较少但需求量大时，可以按照产品的加工工艺流程顺序配置设备，形成高效的流水线作业。例如，某企业可能只生产几种类型的即烹预制菜，如酸菜鱼或宫保鸡丁，适合采用产品原则布置。

产品原则布置的优点有：

工艺流程符合性：生产线布置与产品加工工艺过程顺序一致，有助于提高生产效率。

物流畅通：物料在生产线上的流动更加顺畅，减少了搬运和转运的时间。

物料搬运工作量少：由于生产线的合理布局，物料搬运的工作量相对减少。

产品原则布置的缺点有：

灵活性差：生产线对产品种类和产量的变化响应较差，一旦市场需求变化，可能需要较大的调整。

设备故障影响大：流水线上的任一设备发生故障都可能导致整个生产线的中断，影响整体生产效率。

适应性问题：产品设计的任何变化都可能需要对生产线布局进行重大调整，这可能涉及高昂的成本和时间。

综上所述，产品原则布置在预制菜行业中有其特定的应用场景，但企业需要权衡其优点和缺点，并考虑市场趋势和消费者需求，以确定最合适的生产布局策略。

③工艺原则布置（机群式）。工艺原则布置（机群式）在预制菜行业的应用中，特别适用于产品种类繁多但产量相对较低的情况。这种布置方式通过将同类型的设备和人员集中在一起，提高了对生产变化的适应性和设备的使用灵活性。在预制菜的生产中，这意味着可以根据不同的菜品类型，将需要相似加工工艺的预制菜集中在相同的加工区域进行生产。

由于预制菜产品通常要求快速响应市场变化和消费者需求的多样性，工艺原则布置能够提供所需的生产灵活性。例如，某些预制菜可能需要特定的烹饪或加工设备，而这些设备在不同产品间可以共享，从而提高整体的生产效率。然而，这种布置方式也存在一些缺点。由于设备和人员不是按照产品加工顺序而是按类型集中，可能会导致生产过程中的物流效率降低，增加物料搬运成本。此外，机群式布局可能导致在制品库存水平较高，以及对操作人员的技术要求较高，增加了管理和协调的难度。

在预制菜行业中，企业需要权衡工艺原则布置的优缺点，结合自身的生产特点和市场需求，选择最合适的生产布局策略。对于产品种类较多且经常变化的预制菜企业，采用工艺原则布置可能是一种有效的解决方案，以保持生产过程的灵活性和效率。

④成组原则。成组单元布置在预制菜行业中，特别是在面对多品种、少批量生产模式时，显示出其独特的优势。这种布置方式通过识别产品部件的相似性，将具有相似工艺要求的零件（在预制菜行业中，可以理解为相似加工或烹饪要求的菜品）组成零件族或菜品族。针对这些菜品族，企业可以形成专门的生产单元或生产线，每个单元负责特定类型的菜品，从而提高生产效率和响应速度。

在预制菜行业中，成组单元布置允许企业快速适应产品设计和产量的变化，同时保持较高的生产率和灵活性。例如，针对需求量大的菜品，企业可以设置专用的生产单元以提高生产效率；而对于那些需求较少但种类繁多的菜品，则可以通过灵活调整生产线来满足生产需求。此外，成组单元布置还有助于减少生产中的准备时间和在制品数量，提高物流效率，降低成本。在预制菜行业中，这意味着可以更快地响应市场变化，同时保持食品的新鲜度和质量。

在预制菜行业中，成组单元布置结合了工艺原则布置和产品原则布置的优点，提供了一种灵活、高效的生产方式，以适应市场的多样化需求。通过这种布置方式，预制菜企业能够更好地满足消费者对健康、便捷饮食方式的追求，同时提高企业的竞争力。

2）常见区域布局动线形式。预制菜厂区的物流动线设计对提高运营效率和流转速度至关重要。物流动线涵盖从货物接收、存储、加工、拣选、包装到发货的整个流程。以下是几种基本的物流动线形式，下面结合预制菜行业的特点进行具体分析。

①Ⅰ形动线。Ⅰ形动线布局在预制菜行业中适合于那些收发货频率高、存储周期短、且对不同类型运输车辆有需求的仓库环境。由于预制菜产品通常需要快速周转以保持新鲜度，独立的收发月台可以有效应对高频率的物流作业，减少了交叉和碰撞的可能性，这对于易腐和需要快速处理的预制菜产品来说尤为重要。然而，这种布局也存在一定的局限性。由于收发货区域相隔较远，可能导致货物在仓库内的运输距离增加，这在一定程度上增加了物流成本。此外，对于大规模或复杂的物流作业，Ⅰ形动线可能不是最优选择。直线形动线通常用于单一功能区域，如单一的拣货或包装区域

或者规模较小及处于初创阶段的预制菜企业，I 形动线布局可以满足其流程简单、操作灵活的物流需求，I 形物流中心布置如图 6-18 所示。

图 6-18 I 形物流中心

②S 形动线。针对预制菜多工序加工（如解冻、分割、包装）的特点，S 形动线能有效适配其复杂的处理流程。这种布局尤其利于在场地受限的厂房内高效作业，并能与 I 形动线结合，共同提升空间利用率与整体运作效率。S 形物流中心的布置如图 6-19 所示。

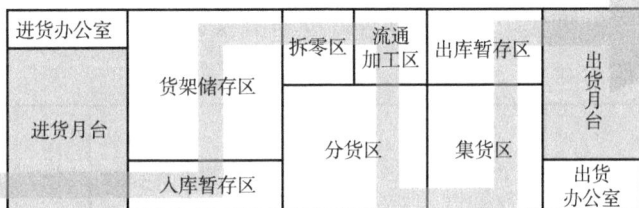

图 6-19 S 形物流中心

③U 形动线。U 形动线是目前比较常用的动线形式，其通过集中发货和收货平台于仓库一侧，减少了对土地的需求，特别是在土地成本高昂的地区，这种布局有助于提高土地使用效率。而且由于发货和收货平台相邻，U 形动线便于对货台进行集中管理，减少货台监管人员数量，从而降低管理成本。对于一些无须生产加工可直接销售的半成品，U 形动线的设计还可以允许货物在不进入仓库的情况下直接从收货区转移到发货区，这种越库作业可以减少货物搬运次数，提高物流效率。此外，U 形动线可以在建筑物的三个方向进行空间扩展，为预制菜企业未来的扩展提供了灵活性。然而，U 形动线也存在一些局限性，如功能区运作范围重叠，可能导致运作效率降低；货物在同一个平台上收发容易造成混淆，尤其在繁忙时段处理相似货物时候。在预制菜厂区中，U 形动线通常用于预制菜的加工和包装区域，作业人员可以在一侧完成操作后，直接在另一侧进行下一步操作，以减少转身和移动的时间。U 形物流中心的布置如图 6-20 所示。

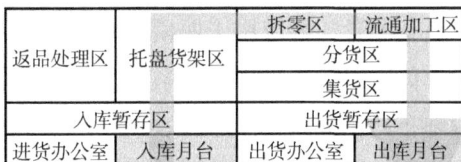

④L 形动线。L 形动线布局在预制菜

图 6-20 U 形物流中心

行业中特别适合于处理快速流转的货物。
其设计不仅能迅速响应预制菜快速进出仓
的需求，缩短货物在仓库的停留时间，维
持食品的新鲜度，还能在节假日或特殊活
动期间应对物流高峰，确保及时配送。L
形动线适用于越库作业和交叉式作业，允
许"即来即走"的预制菜快速分拣模式，

货架储存区	拆零区	分货区	集货区	出货暂存区	出货月台
入库暂存区	流通加工区				
入库月台	进货办公室	返品处理区			出货办公室

图 6-21　L 形物流中心

减少仓储时间。它还能同时处理快速和慢速流转的货物，优化仓库空间的使用，特别
是在冷藏、冷冻区域及拣货区的布局上，提升了仓库的运营效率。L 形物流中心的布置
如图 6-21 所示。

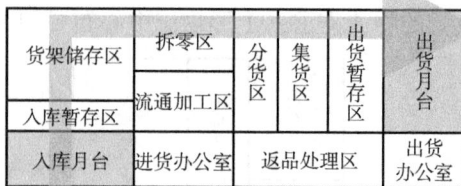

⑤集中式动线。集中式动线布局在预制菜行业中具有显著的应用优势。它不仅能
够满足不同储藏条件的需求，可以将特性不同、储藏条件不同的货物分开储存在不同
储藏区的仓库，将订单分解在不同区域拣货，再集中货物一起出库。集中式物流中心
的布置如图 6-22 所示。

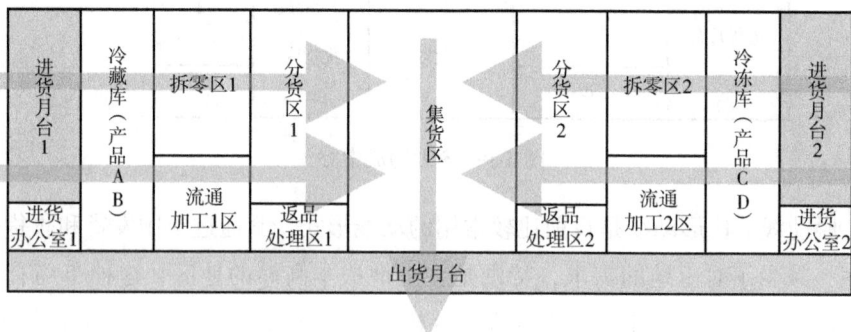

进货月台1	冷藏库（产品AB）	拆零区1	分货区1	集货区	分货区2	拆零区2	冷冻库（产品CD）	进货月台2
进货办公室1		流通加工1区	返品处理区1		返品处理区2	流通加工2区		进货办公室2
出货月台								

图 6-22　集中式物流中心

3）区域布置方法。预制菜工厂的内部布置对于确保生产效率和产品质量至关重
要。SLP 法（Systematic Layout Planning，系统设施布置方法）作为当前布局设计的主
流方法，为预制菜工厂的内部布置提供了一种科学、系统的规划方式。SLP 法通过定
量分析，使工厂布局设计更加精确和高效。它不仅适用于新建或重建的预制菜工厂，
也适用于现有工厂的布局优化。除了可以应用于预制菜工厂的厂房布置、作业单位布
置和设备放置，还应用于医院、机场、图书馆等多种服务业的设计。SLP 法通过分析
作业单位之间的物流相关关系与非物流的作业单元相关关系图表，帮助预制菜工厂优
化设施布局，提高整体运营效率。

SLP 法将整个物流系统布置设计分为确定位置阶段、总体区划阶段、详细布置阶
段和施工安装阶段。这四个阶段交叉进行，确保布局设计的全面性和系统性。其中，
总体区划阶段和详细布置阶段是布置设计最重要的阶段，也是确保布局设计成功的关

键。在预制菜工厂的设计中，SLP 法可以帮助规划和评估生产线的设施布局，实现更高的产量和效率，同时保证食品的质量和安全。SLP 法布置一般流程图如图 6-23 所示。

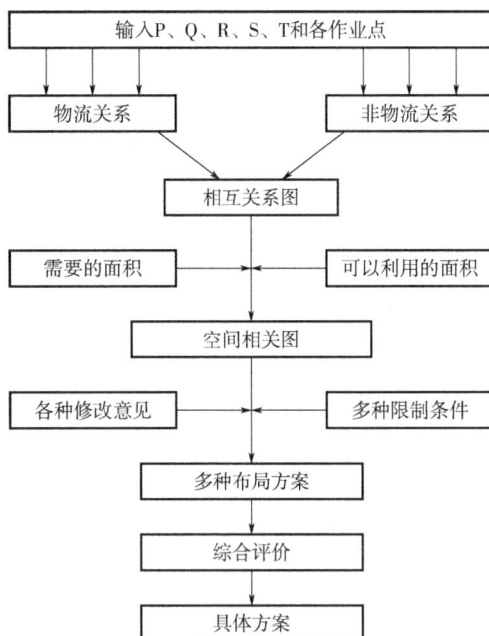

图 6-23　SLP 法布置一般流程图

三、设施规划与选择

物流设备选型在预制菜产业园的物流系统设计和优化中扮演着关键角色。合理的设备选型能够显著提升生产效率，确保预制菜产品的品质和安全，同时降低运营成本，增强企业的市场竞争力。通过合理的选型，预制菜产业园能够建立高效、稳定的物流系统，为消费者提供优质的预制菜和产品服务。

(一) 储存设备

在预制菜产业园区中，仓库内存储设备起着重要的作用，它们能有效地优化仓储空间利用率，并确保预制菜的质量和保鲜度。下面介绍几种常见的密集式存储设备。

1. 常见高密度存储货架

（1）窄巷道横梁托盘货架（图 6-24）。窄巷道货架顾名思义通道较为狭窄，一般在 1.8m 左右，空间利用率高达 50%~60%。在预制菜行业中，这种货架可以实现高密度存储，最大限度地利用仓库面积，尤其适合需要储存大量原材料、半成品或成品且出入库频繁和对货物拣选有较高要求的企业。窄巷道货架的自动化程度较高，可以大幅提升仓储作业的效率，降低人工成本，这对于追求精细化管理的预制菜仓库来说非常重要。此外，适当设计的窄巷道货架能够满足食品仓库的特殊需求，例如，可以选择耐受低温的材质，适用于冷藏仓库，或采用防尘、防潮设计，以保护存储的预制菜。然而，使用窄巷道货架时，窄巷式叉车价格比较高昂，而且食品仓库需要注意仓库地面的平整度，以确保货架运行顺畅，同时应对作业人员进行操作培训，避免安全事故的发生。

（2）驶入式托盘货架（图6-25）。驶入式托盘货架因其高密度存储能力，特别适合于冷库等存储空间成本较高的仓库，这在预制菜行业中尤为重要。由于预制菜通常需要在冷链条件下储存，驶入式托盘货架可以最大化利用有限的冷库空间，同时降低能源消耗和运营成本。预制菜企业在使用驶入式托盘货架时，可以实现高密度存储，减少冷气流失的表面积，有效节省冷库的运行成本。此外，驶入式托盘货架适用于保管少品种、大批量的预制菜，且单托货物重量通常控制在1500kg以内，以确保安全和效率。然而，驶入式托盘货架对货物的尺寸和重量有一定要求，货物尺寸不宜过小，以免造成存储不便，且每一巷道通常只适合保管同一品种的货物。此外，叉车需要驶入货架内部作业，这在一定程度上限制了操作上的效率，并可能相对降低了安全性。在规划驶入式托盘货架系统时，预制菜企业需要考虑货物特性、仓库条件、操作流程等，确保安全高效的操作。例如，设计通道宽度和是否安装导向轨道时，需根据叉车类型和仓库实际情况来确定，同时考虑货架深度，通常单面取货建议不超过7个货位深度。

图 6-24　窄巷道横梁托盘货架　　　　图 6-25　驶入式托盘货架

（3）重力式托盘货架（图6-26）。重力式托盘货架又称为辊道式货架，是一种利用倾斜角度（通常为3°～5°）和滚轮轨道来实现货物自动滑动至取货端的存储系统。这种货架系统适用于少品种、大批量的存储作业，能够实现高密度存储，提高空间利用率，通常比普通横梁式货架的空间利用率提高约50%。在预制菜行业中，重力式托盘货架可以发挥重要作用，尤其是对于储存短、周转快的预制菜品类。由于预制菜对新鲜度的要求较高，重力式托盘货架能够保证货物的先进先出（FIFO），有助于维护食品的新鲜度和质量。此外，该类型货架除托盘外还可以适应多种存储形式如纸箱、单件货物等。然而，重力式托盘货架也存在一些缺点，如零部件结构复杂，单位托盘成本较高，安装维护成本也较高。此外，由于对精度要求较高，其制造和加工要求也相对严格。在实际应用中，重力式托盘货架适用于预制菜拣选系统中对少品种大批量预制菜类型的存储，以及先进先出的作业场景。

图 6-26　重力式托盘货架

（4）双深度横梁托盘货架（图 6-27）。双深度横梁托盘货架系统在预制菜行业中的应用可以显著提升存储效率和空间利用

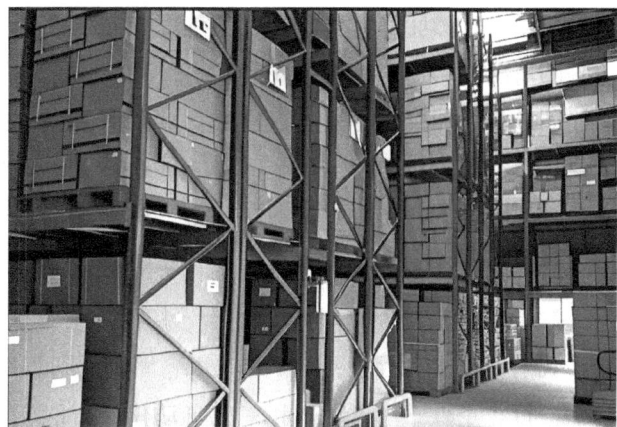

图 6-27　双深度横梁托盘货架

率。其通过双排货架并列存放，显著提高了仓库单位面积的存储能力，使存储容量实现翻倍。配合前移式剪刀式叉车，可以实现货物的快速存取，尽管只有 50% 的货物选择率，但对于预制菜这种批量出货的快速消费品来说，仍然非常适用。双深度横梁托盘货架适用于各种类型的货物，尤其适合于品种少、数量大的货物存储，如冷库存储中。配合仓库管理系统（WMS），可以实现更高效的库存控制和货物追踪，提高仓库管理的自动化和智能化水平。目前双深度货架广泛应用于各类仓库，特别是快速消费品仓库、冷库存储、制造业仓库和第三方物流等场景。

（5）穿梭车托盘货架（图 6-28）。"双向穿梭车+密集存储"模式是目前市场普遍接受的高密度、半自动化的存储解决方案。这种模式利用双向穿梭车在货架轨道上快速往复运动，实现物资的存取，提高了操作的安全性和便捷性。仓库平面利用率可达到 65%~75%，显著提升了货物的存取效率。根据货物的存取端口设置，可以灵活实现先进先出或先进后出的库存管理方式。预制菜行业对存储条件有特别的要求，如需要特定的温度和湿度控制，以保持食品的新鲜度和质量。双向穿梭车托盘系统可以在-18℃的冷冻库环境中作业，支持每日数千托的货品周转量，特别适合少品种大批量的预制菜快速储存。此外，通过仓库管理系统

图 6-28 穿梭车托盘货架

（WMS）与 RFID 技术的对接，可以智能化、自动化、精细化地管理仓库物料数据，降低人工成本。然而，这种模式也存在一些局限性。例如，它适用于存放货物种类较为单一的情况，不适合随机存取需求。而且，目前国内市场上的穿梭车尺寸标准不统一，互换性较差。如果穿梭车出现故障，可能需要较长时间进行维修。穿梭车的电池容量一般较小，通常只能支持一个班次的工作，需要定期充电。综合来看，"双向穿梭车+密集存储"模式为预制菜行业提供了一种高效的存储解决方案，但企业也需要关注该模式的局限性，并结合自身的实际需求和条件，进行合理的规划和设计。

2. 自动化货架

我国物流仓储行业经历了从人工仓储物流到智能自动化仓储物流的多个发展阶段。目前，行业正处于由自动化和集成自动化向智能化升级的关键时期，智慧物流成为发展的重要趋势和企业资本布局的重点。预制菜产业作为食品行业的重要组成部分，其仓储物流同样经历着快速的发展和升级。预制菜的仓储物流需要满足食品的新鲜度和安全性要求，因此对物流技术有着更高的标准。随着智慧物流技术的发展，预制菜行业也开始引入自动化、信息化、智能化的物流系统，以提高仓储效率和配送速度，确保食品安全。

自动化立体仓库（AS/RS）在预制菜行业的应用可以显著提升存储效率和作业质量。预制菜由于其易腐和对新鲜度的高要求，通常需要在特定的温度条件下储存，自动化立体仓库能够提供这样的环境，同时通过自动化设备进行高效管理。相比传统仓库，自动化立体库不仅可以降低人工成本，减少人为操作错误，提高存取准确性，还能突破传统仓库的高度限制，层高可达 15m 以上，极大地节省了仓库面积。这对于场地有限的预制菜企业来说，可以实现最大化的空间利用。此外，自动化立体仓库还可以通过实时监控和安全措施来保护货物的安全，满足特殊仓储环境的需求，如避光、低温等，保证货品在整个仓储过程的安全运行，提高了作业质量。自动化立体仓库的

计算机管理系统可以与企业资源规划（ERP）系统以及生产线进行实时通信和数据交换，实现预制菜从生产到仓储再到发货的全流程智能化管理，从而有助于预制菜企业降低运营成本、提升核心竞争力。

　　自动化立体仓库的高度选择对预制菜行业尤为重要，因为它直接影响到仓库的占地面积、投资成本、投资回报率以及装卸效率等关键因素。对于预制菜这类对储存条件有特殊要求的产品，合适的仓库高度可以最大化利用空间，同时确保食品的新鲜度和品质。一般情况下，自动化仓库货架的最佳高度为15~21m，适用于大多数情况。不过，具体的最佳高度还取决于仓储容量。例如，当存储容量在1000~4000t时，推荐的高度为12.6m；而当存储容量达到6000t或以上时，高度则推荐为16.2m。这样的高度设置有助于实现高密度存储，同时适应预制菜的特定需求，如冷链要求和快速周转。值得注意的是，一些工业发达国家，如日本，由于人口多、土地稀缺，加之自动化程度较高，已经建设成高度超过50m的自动化仓库，以适应其物流和存储需求。预制菜企业在选择自动化立体仓库的高度时，应综合考虑产品特性、存储需求、投资成本和预期的运营效率。自动化立体库的折旧费用随货架高度 H 的变化见表6-8。

表6-8　折旧费用随货架高度 H 的变化

H/m	6	8.4	10.8	12.6	14.4	16.2
折算费用（%）	100	96	92	73	64	58

　　高层立体货架按照货格配套使用的容器单元来划分，有托盘式立体仓库货架和料箱式高层立体货架两种。托盘式立体仓库货架系统，一般配套选择巷道堆垛起重机、托盘、AGV小车、输送机来进行货物的存取作业。大多数托盘式自动化仓库的存储单位能承载1000kg，托盘规格为（800~1500）mm×（800~1500）mm。料箱式高层立体货架系统则一般选择穿梭车、提升机、工作站、物品箱、自动输送系统配套使用，完成货物的存取作业，可用于多品种货物的存储，应用较广。不同货架系统，在进行规划设计时，货架的尺寸规格都是不同的。具体的尺寸规格选择可根据仓库的大小与高度，以及所需存储的货物尺寸与重量来决定的。智能料箱式立体仓库如图6-29所示。

（二）搬运设备

　　在预制菜产业园区中，装卸搬运设备的选型非常关键，它直接关系到整个园区的物流

图6-29　智能料箱式立体仓库

效率和作业安全。对于预制菜这类特殊商品，装卸搬运设备的选择应综合考虑货物类型、尺寸和重量、设备的可靠性和维护成本等因素。通过合理选型和配置装卸搬运设备，实现高效、安全、低成本的物流作业，以满足预制菜产业对物流效率和食品安全的高标准要求。

1. 叉车（图6-30）

预制菜产业园区的装卸搬运作业对叉车选型有特定需求，考虑到预制菜通常需要在冷链条件下储存和运输，叉车必须适应冷库环境。以下是各类叉车在预制菜园区的应用分析。

（1）内燃叉车。适用于园区外部装卸作业，如从货车到冷库的转运，尤其是在没有尾气排放和噪声限制的开放区域。内燃叉车不受电池续航限制，适合长时间连续作业，包括在恶劣天气条件下可维持正常使用。

图6-30 叉车

（2）电动叉车。由于预制菜通常需要在冷库环境中储存，电动叉车无污染、噪声小，是较为合适的选择，适合对环境要求较高的预制菜储存环境。在预制菜园区的冷库内，常见的电动叉车型号包括电动托盘搬运叉车和电动托盘堆垛叉车等仓储叉车类型。这些叉车设计紧凑、移动灵活，非常适合在冷库等空间有限的环境中进行高效的货物搬运和堆垛作业。其承载能力一般从1.0t到4.8t不等，适用于3.5m至5.0m宽的作业通道。考虑到多班作业的需求，电动叉车需要配备备用电池，以保证能连续作业。

（3）仓储叉车。在预制菜的仓库内，仓储叉车因其紧凑和灵活，非常适合货物的搬运和堆垛。电动仓储叉车在冷库内使用时需注意电池的保温和电量管理，以适应低温环境对电池性能的影响。

在预制菜仓库中，叉车的选型还应考虑到货物的尺寸、重量以及存储要求。例如，对于需要在货架上垂直堆垛的预制菜，可以选择电动托盘堆垛叉车，它们通常具有较高的提升能力，能够满足不同高度的存储需求。对于在平面上进行货物搬运的作业，电动托盘搬运叉车则更为适合。同时，叉车的维护成本和操作安全性也是选择时需要考虑的重要因素。

2. 连续输送机械

连续输送机械设备在预制菜行业有着重要的应用，能够实现从原料处理到成品包装的全流程自动化。这种设备能够均匀、连续不断地沿着设定线路输送产品或物料，从而提高生产效率并降低搬运成本。预制菜由于其易腐特性，对储存和运输条件有严格要求，通常需要在冷链环境下进行处理和配送。连续输送机械设备，如带式输送机（图6-31）、刮板式输送机和螺旋输送机等，不仅可以实现大批量物品的自动连续输送，还能确保运输过程中的稳定性，减少产品损坏的可能性。在预制菜的生产线上，连续输送机械设备可以满足大规模生产储备的自动化需求，提高物流运输的效率和稳定性。例如，带式输送机可以用于输送经过清洗、切割等预处理的蔬菜；螺旋输送机适用于粉状或小颗粒物料的输送，如面粉或其他调料；而刮板式输送机则可以用于输送固体或块状物料，如整块肉类。

企业在选择连续输送机械设备时，需要考虑食品的卫生安全、输送的平稳性以及设备的耐腐蚀性。随着预制菜市场的不断扩大和消费者对健康、便捷食品需求的增长，连续输送机械设备在预制菜行业的应用将越来越广泛，成为提升预制菜产业自动化水平、保障食品安全和提高生产效率的关键技术之一。

3. 堆垛机（图 6-32）

堆垛机作为立体仓库中的核心起重运输设备，在预制菜产业中发挥着至关重要的作用。预制菜由于其易腐和对新鲜度的高要求，通常需要在冷链条件下储存和运输，而堆垛机能够高效地在立体仓库的巷道间穿梭，将货物存入或取出，满足预制菜对高效物流的需求。堆垛机高度最高可达 40m，但普遍高度在 10~25m 之间，这样的高度范围使得堆垛机能够在有限的空间内实现大容量存储。在预制菜产业中，堆垛机的类型选择应基于堆垛搬运的场所、货物种类和作业性质。一般来说，大型仓库倾向于选择有轨巷道堆垛机，以适应大规模的存储需求；中型仓库可能选择无轨巷道堆垛机或桥式堆垛机，以实现灵活的存储和取货。堆垛机在预制菜产业中应结合合理的物流动线设计和先进的 MES 系统，共同构成预制菜高效物流和生产的基础，推动预制菜产业的现代化和智能化发展。

图 6-31　带式输送机

图 6-32　堆垛机

4. 搬运机械臂（图 6-33）

搬运机械臂在预制菜产业中的应用正变得日益重要，它们可以模拟人类手臂的动作，自动执行抓取、搬运和操作任务。预制菜产业因其特殊的保鲜需求和高效率的生产流程，特别适用于使用自动化搬运机械臂来提高作业效率和保证食品质量。搬运机械臂根据动作形态的不同，可以分为直角坐标型、圆柱坐标型、极坐标型、关节型、并联型等类型。在预制菜产业中，这些机械臂可以用于各种自动化生产线，如自动化切割、清洗、包装等环节，实现食品加工的自动化和智能化。直角坐标型机械臂适用于在三维空间内进行精确搬运和定位操作，而圆柱坐标型和极坐标型机械臂则适合于在特定平面或圆形轨迹上的搬运作业。关节型机械臂因其灵活性和广泛的作业范围，在预制菜产业中尤为常见，它们可以模拟复杂的手臂运动，完成多样化的搬运任务。并联型机械臂则以其高速和高精度的特点，在需要快速精确操作的场合发挥作用。随着技术的进步和产业的发展，预计搬运机械臂将在预制菜产业中扮演越来越重要的角色。

5. 自动导引搬运车（AGV）（图 6-34）

AGV 系统（或称 AGVS，无人搬运车）广泛用于柔性制造系统（FMS）和自动化仓储系统中。在预制菜行业中，其应用也变得日益重要，它以其高度的适应性和广泛的应用范围，为物流和仓储环节带来了革命性的变化。AGV 能够根据需求进行编程，适应不同的操作环境和作业场景，执行智能包裹分拣、智能货架搬运等任务，同时在生产线上实现物料供应、产品运输和装配等，从而实现车间的自动化生产。这种技术的应用不仅提高了作业效率，降低了人力成本，还使得生产能够实现 24h 连续运作，进一步提升了生产效率。在预制菜产业园区的 AGV 设备选型时，需要综合考虑货物的类型、尺寸和重量、装卸速度、安全性要求以及设备的可靠性和维护成本。AGV 作为一种高效的物流设备，不仅提高了产能、降低了成本，还保证了产品质量和安全，为预制菜行业提供了一个高效、智能、安全的物流解决方案，推动了行业的规模化、标准化和健康化发展。

图 6-33　搬运机械臂

图 6-34　自动导引搬运车（AGV）

（三）信息系统规划设计

预制菜产业的快速发展也带来了对物流信息系统的更高要求，包括全程追溯、库存管理和配送优化等功能。物流信息系统在预制菜行业中发挥着重要的作用，它由作业管理系统和业务支持与分析系统两大部分组成。作业管理系统包括采购处理系统、订单处理系统、仓储管理信息系统和运输配送信息系统等子系统，确保了从原材料采购到成品配送的各个环节都能得到有效管理。而业务支持与分析系统则涵盖了客户关系管理、内部事务管理、财务管理和绩效评价分析等子系统，为企业提供决策支持和业务方案优化。在智慧仓储领域，预制菜行业特别依赖订单管理系统（OMS）、仓库管理系统（WMS）和仓库控制系统（WCS）等软件系统。

在预制菜行业中，订单管理系统通过高效管理客户下达的预制菜订单，从订单接收、处理、确认到状态跟踪（涵盖取消、付款、发货、出库等各个环节），实现了订单流程的透明化和自动化。这不仅可帮助预制菜企业动态掌握订单进展和完成情况，显著提升物流作业效率，还大大节省了运作时间和成本。此外，订单管理系统还支持查询、修改、打印订单信息等功能，确保商户能够及时获取并处理订单，同时接收业务部门的反馈，优化订单处理流程。通过这些功能，预制菜企业能够更好地满足市场需求，提高市场竞争力，实现供应链的协同优化和高效运作。

WMS 系统能够实现对预制菜的全程追溯，从原材料采购到成品配送的每个环节进行全面监控和记录，确保产品的质量与安全。通过实时监控库存情况，自动进行库存调整和补货提醒，有效避免了库存积压和产品过期问题。系统还能根据销售数据进行预测，合理安排生产计划，提高供应链的响应速度和灵活性。此外，系统优化了配送路线和车辆人员安排，提高了配送效率和准确性。同时，系统能够实时监控配送过程中的温度、湿度等环境因素，确保产品在配送过程中的质量和安全。预制菜品牌通过 WMS 系统可以与供应商、采购部门、销售部门等实现信息共享和协同作业，加强了各方之间的沟通与合作，提升了整个供应链的响应速度和灵活性。该系统可以独立执行库存操作，也可与其他系统的单据和凭证等结合使用，可为企业提供更为完整的企业物流管理流程和财务管理信息。其中，GoldLogicWMS 仓储管理系统功能模块如图 6-35 所示。

在预制菜行业中，仓库控制系统（WCS）作为仓库管理系统与物流设备之间的桥梁，发挥着重要的协调与优化作用。面对预制菜生产及配送过程中涉及的复杂物流需求，WCS 系统通过其强大的任务引擎和消息引擎，能够智能地优化并分解来自上层 WMS 系统的调度指令，为各种物流设备如输送机、堆垛起重机、穿梭车、机器人及自动导引车等提供精确的执行路径。

在预制菜行业，物流信息系统的应用有助于提高产能、降低成本、保证产品质量和安全，为企业提供了一个高效、智能、安全的物流解决方案。通过不断优化和创新，物流信息系统将为预制菜行业带来更加智能化和可持续发展的前景。

四、小结

本节深入探讨了预制菜厂区的园区物流规划设计，强调了其在确保食品新鲜度和配送及时性中的关键作用。园区物流规划设计分为三个核心部分：布局原则、功能区域布局规划和设施规划与选择。布局原则确立了规划的基本方针；功能区域布局规划基于详尽的基本资料分析，为生产、生活和服务区域提供了合理划分，系统规划设计则细化了园区内部的交通、服务和安全布局；设施规划与选择则关注于园区设施的规划和合理选型，以提升园区功能和效率。整体而言，本节提供的规划设计方案旨在实现科学性、前瞻性和实用性，为预制菜园区的建设和发展打下坚实基础。

基础资料	客户管理	周转箱	仓库/区/通道/货位管理	报表管理	作业类报表
	批次属性	多包装	工位管理		管理类报表
	货品资料	零拣货位	条码规则		分析类报表
	货物种类	路线	作业规则		自定义报表

作业策略流程及库存管理	**业务配置及策略**	**入库流程**	**出库流程**	RF作业管理	收货/上架
	上架策略	入库预通知	出库订单		任务管理（顺序/标签/容器作业）
	周转策略	单证/扫描/容器收货	库存分配		汇总分播
	预分配策略	入库质检	波次管理		波次拣货
	分配策略	上架作业	拣货		订单拣货
	波次策略	**内部仓储及作业流程**	订单复核		边拣边分
	业务流程配置	实时库存/交易事务	分播站		订单发货
	单证自定义	补货	打包装箱		货品查询
	自定义标签	库存盘点及调整	集货		库存查询
	系统设置	库存移动	发货		条码类型
		库存冻结	波次跟踪		
		库存转移/加工	出库/复核/包裹查询		

高级管理	越库/直流	货品ABC分析决策	EIQ分析	业务计费	费用项目
	预警管理	RF作业	图形化数据分析		合同费率管理
	EDI数据交互	DPS/DAS集成	图形化仓库布局		费用维护
	任务管理	业务日志	决策支持集成		计费结算

图 6-35　GoldLogicWMS 仓储管理系统功能模块

第三节　物流环保节能措施

预制菜产业园可以通过预制菜产业管理中的以下应用，在物流方面实现节能环保的目标，减少能源消耗和环境污染。同时，也能够提升物流效率和降低运营成本。

一、路线规划优化

智能化路线规划在预制菜行业中的应用可以带来许多益处。通过结合先进的算法和实时交通信息，帮助预制菜供应链的优化，选择最佳路线，减少运输距离和时间。一方面智能化路线规划可以帮助预制菜供应链选择最佳的物流路径，从供应商到各个销售点之间的运输。通过分析不同销售点的需求、运输距离和交通情况，计算出最短、最快的路线，从而降低运输距离和时间成本；另一方面还可以及时更新实时交通信息，根据道路状况和拥堵情况，调整路线以避开拥堵区域，提高配送效率。预制菜的供应链通常需要大量的运输车辆，每辆车的行驶里程越少，能源消耗和环境影响也就越低。智能化路线规划系统通过优化路径，将运输车辆的行驶里程最小化，从而减少能源消耗和环境排放量，促进可持续发展。

二、车辆选择与优化

在预制菜行业中，车辆选择与优化是减少能源浪费和降低环境影响的重要策略之一。结合燃油效率和排放要求，选择合适的载货车辆，如电动货车和混合动力货车，可以实现可持续的运输。尽量选择燃油效率高、低排放的载货车辆。

（一）车辆选择

1. 电动物流车

电动物流车是一种绿色和环保的选择，因为它们使用电能来驱动，不产生尾气排放和燃料消耗。这对于预制菜的运输具有很大的优势，既节省能源又减少空气污染。

2. 混合动力物流车

另一种选择是混合动力物流车，它们结合了传统燃油与电力驱动系统，能有效减少燃料消耗和排放。混合动力货车在启动时使用电力，减少了燃料消耗，而在高速行驶时可以使用传统燃油驱动，以提供更大的运输动力。这使得在长途运输中，混合动力货车能够更好地满足预制菜的运输需求。

（二）车辆优化

除了车辆类型的选择，优化车辆的载重比例也是降低能源浪费的重要方面。超载是导致能源浪费和车辆损坏的主要原因之一。预制菜作为易腐食品，通常需要保持较低的温度和良好的新鲜度，因此需要合理控制车辆的载重量，避免超载运输。通过准确计算和调整货物量，可以确保货车以最佳负载效率运行，减少能源消耗和碳排放。

通过以上措施能够在预制菜的运输过程中减少能源浪费和对环境的影响。不仅可以降低运输成本，还能推动行业朝着可持续发展方向迈进。

（三）车队管理与调度

车队管理与调度在预制菜行业中起着重要的作用。通过利用智能化调度，可以实时监控交通情况和订单需求，以最优的方式分配货车的配送任务。分析各个销售点的位置、订单的优先级、交通拥堵情况，以及预制菜的需求时间窗口，进行有效的路径规划和合理的车辆分配，能减少空驶里程和时间，从而提高预制菜的运输效率和能源利用率。

三、资源共享与多式联运

资源共享与多式联运是预制菜行业在物流环节中可以采取的策略，可以有效减少资源浪费和能源消耗。

（一）资源共享

预制菜企业通过与其他企业或物流供应商合作，可以共享运输资源，如货车配载、仓储设施等措施实现物流资源的共享和合理利用。这样一来，可以减少重复投资和资源浪费，提高资源的利用率。预制菜行业可以与其他相关行业进行合作，共享运输资源，例如与农产品供应商或其他食品企业共同运输，以提高运输效率，减少车辆的空驶率和能源消耗。

（二）多式联运

预制菜采用多式联运方式也可以降低物流过程中的能源消耗。多式联运是指在物流过程中采用多种运输方式，例如公路、铁路、水路等的联合运输。通过合理规划货物的运输路径，选择最佳的运输方式，可以避免长途公路运输带来的能源浪费和环境污染。对于预制菜行业而言，可以综合考虑商品属性、运输距离和成本等因素，选择最适合的运输方式，如通过铁路或水路进行长途运输，减少对公路运输的依赖，降低能源消耗和运输成本。在物流过程中灵活选择运输方式，还可以将货物从交通繁忙的公路运输转移到其他少受拥堵影响的运输方式上，减少运输时间和能源消耗。

四、包装物优化

包装物优化在预制菜行业中可以采取的措施包括选择环保材料和可循环利用的包装物，并优化包装设计和尺寸，以减少废弃物的产生和能源的消耗。

（一）选择环保材料

选择环保材料和可循环利用的包装物是关键的步骤。在包装预制菜时，可以选择使用可降解的材料，如纸板、生物降解塑料或可再生材料，以减少对环境的负面影响。避免使用不可降解的包装材料，如聚乙烯、聚氯乙烯等塑料。此外，选择可循环利用的包装物也是一种可持续的做法，例如使用可回收材料制成的包装盒或容器，可以在使用后进行回收和再利用。

（二）优化包装设计和尺寸

优化包装设计和尺寸可以减少包装材料的使用量，降低运输空间和重量。通过重新评估包装设计，可以利用合适的材料和结构，减少不必要的包装材料，并确保预制菜的保鲜和安全。同时，通过优化包装尺寸和形状，可以将运输空间充分利用，减少运输的体积和重量，减少能源消耗和碳排放。

（三）回收再利用

推行包装回收和再利用也是一种有效的措施。通过回收包装物，将其重新加工利用，减少废弃物的产生和对原材料的需求。预制菜企业可以与相关合作伙伴合作，建立包装回收系统，并提供相应的回收和处理服务，以实现循环经济的目标。

五、小结

本节提出了预制菜园区在物流环保节能方面的多项关键措施，旨在构建一个低碳、高效、环保的物流体系。首先，智能路线规划与优化车辆选择有效地减少了运输过程中的能耗和距离。其次，多式联运模式的探索整合了不同运输方式的优势，提升了物流效率，同时减轻了对环境的影响。此外，包装物优化策略的实施减少了废弃物的产生，促进了资源的循环利用。这些措施的协同实施，不仅提高了物流效率和降低了成本，而且确保了食品质量和服务水平，满足了市场需求，为预制菜园区的绿色发展和可持续发展奠定了坚实的基础。

第七章　预制菜废水处理工程设计

第一节　废水概况

一、预制菜废水来源

我国食品加工覆盖面广且种类繁多，包括果蔬加工、肉类加工和即食类食品加工等，预制菜因其加工便利而逐渐形成新的消费产业，预制菜产业发展是经济社会发展和消费升级的必然结果，也是食品行业创新和转型的重要表现。然而，伴随着预制菜产业的发展，在洗涤、浸泡、烫煮和设备清洗等食品加工过程中，会产生大量废水，且各地食品加工存在规模各异，地点分散，食品加工废水处理进展缓慢等问题。这些废水富含有机物、蛋白质、有机酸、碳水化合物以及悬浮固体（SS），具有很强的耗氧性。如果不进行处理直接排放到水体中，将导致水体缺氧，进而对水生生物造成伤害，同时 SS 会沉积在河底，在缺氧环境下发酵产生臭味。废水还可能含有虫卵、病原菌和动物排泄物等有害物质，有引发疾病传播的风险。排放至城市污水管道内将增加城市污水处理厂的运行负荷。预制菜制作工序及废水排放示意如图 7-1 所示。

各类预制菜在预处理、调制、烹饪等制作工序均会产生废水，废水主要来源于三个生产工段。一是原料及设备清洗阶段产生的废水，该阶段废水产量大，占废水总量的 50% 以上，含有高浓度的 SS；二是调制阶段使用各种食品添加剂，其中一部分流失进入废水，增加了生物降解有机物的含量，使废水的化学成分复杂；三是熟制阶段产生的废水，将包含动植物油、高浓度有机物、蛋白质等污染物。

二、预制菜废水特征

根据产业园生产的预制菜种类、生产工艺的不同以及季节变化，预制菜废水水量变化较大，按照园区面积估算，每平方米预制菜加工车间预计产生废水 150~500L/d。预制菜废水的主要污染指标见表 7-1。

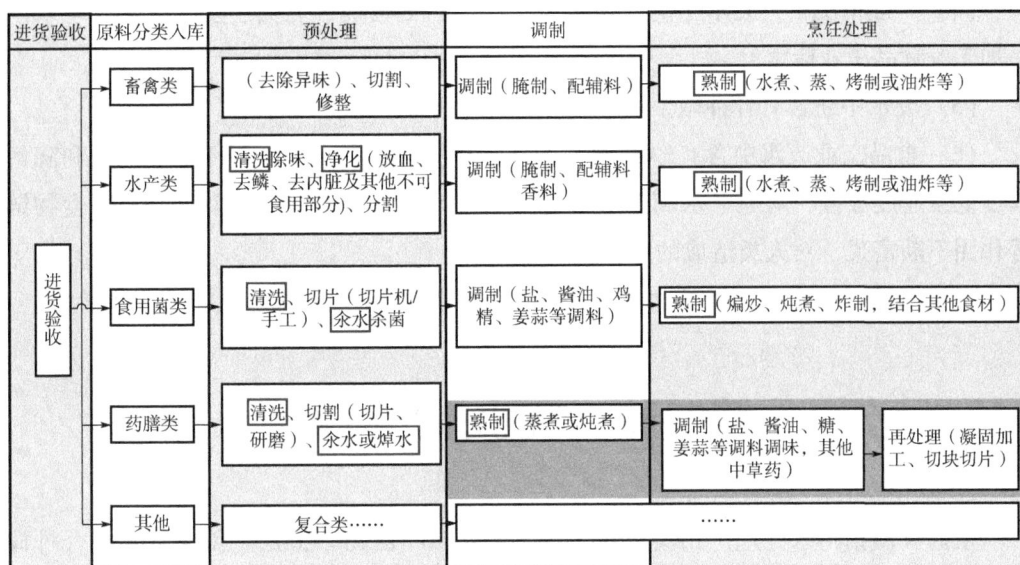

图 7-1　预制菜制作工序及废水排放

表 7-1　预制菜废水的主要污染指标

项目	COD_{Cr}/(mg/L)	NH_3-N/(mg/L)	TP/(mg/L)	pH 值	色度（倍）	SS/(mg/L)	动植物油/(mg/L)
浓度	1000~10000	100~200	10	5.5	1000	300~600	300~400

预制菜废水中包含多种污染物，水质特征具有如下特点：

（1）按废水中主要污染物的性质，工业废水可分为以无机物为主的废水、以有机污染物为主的废水。例如，电镀、电子和矿物加工废水等是以无机废水为主；食品加工、饲料制造、制革、石油加工废水等是以有机废水为主；造纸及纸制品加工、纺织业、化学原料及化工产品制造废水等是同时具有无机和有机污染物的废水。预制菜废水污染物以有机物为主。

（2）预制菜废水中 COD_{Cr} 浓度为 1000~10000mg/L，是生活污水的 2~20 倍，不能达到排放标准的最高限值，须处理达标后才可排放。废水以有机废水为主，水质变化大，还包含高浓度的 SS，以及动植物油、蛋白等污染物，污染物类型复杂，易腐败发臭。

（3）根据废水的生物降解性质，可以将废水分为易生物降解废水、可生物降解废水和难生物降解废水。目前，评价废水可生化性最常用的方法是 BOD_5/COD_{Cr} 比值法，其中，BOD_5 代表废水中可生物降解的有机物部分，COD_{Cr} 代表总有机污染物量。BOD_5/COD_{Cr} 比值即反映了废水中可生物降解有机污染物与总有机物的比例，该比值越高，表明废水的生物降解性越好。预制菜废水 BOD_5/COD_{Cr} 如果大于 0.3，则可生化性较好。

（4）一般情况下，废水中的氮磷含量也较高，如肉类、豆类、动物胶加工、水产品加工等食品工业废水。

（5）废水中还含有各种微生物，可能含有致病微生物。

（6）食品工业废水中含有较多的人工合成有机污染物，在自然环境中转化和降解程度低或速度极慢，对地下水和土壤造成污染，此外，这些有机污染物可通过食物链等作用不断富集，对人类造成的危害性大。

（7）预制菜废水中一般不含重金属、氰化物等有毒有害物质，具有资源化潜力。

第二节　废水排放标准

根据《城镇污水处理厂污染物排放标准》（GB 18918—2002）和《污水综合排放标准》（GB 8978—1996），基本控制项目的常规污染物标准值分为一级标准、二级标准、三级标准。其中，一级标准分为 A 标准和 B 标准。基本控制项目最高允许排放浓度见表 7-2。

表 7-2　基本控制项目最高允许排放浓度（日均值 mg/L）

基本控制项目	一级标准		二级标准	三级标准
	A 标准	B 标准		
化学需氧量（COD）	50	60	100	120
生化需氧量（BOD$_5$）	10	20	30	60
悬浮物（SS）	10	20	30	50
动植物油	1	3	5	20
石油类	1	3	5	15
总氮	15	20	—	—
氨氮[①]	5（8）	8（15）	25（30）	—
总磷	0.5	1	3	5
色度	30	30	40	50
pH	6~9			
粪大肠菌群数/（个/L）	10^3	10^4	10^4	—

[①] 括号外数值为水温>12℃时的控制指标，括号内为水温≤12℃时的控制指标。

当出水排入处理能力较小的河湖，或用于城镇景观用水、一般回用水等，排入国家、省确定的重点流域、湖泊、水库等封闭或半封闭水域，应执行一级标准的 A 标准。

排入《地表水环境质量标准》GB 3838—2002 地表水Ⅲ类功能水域（除饮用水源保护区和游泳区）或《海水水质标准》GB 3097—1997 海水二类功能水域，则应执行一级标准的 B 标准。

排入《地表水环境质量标准》GB 3838—2002 地表水Ⅳ、Ⅴ类功能水域或《海水水质标准》GB 3097—1997 海水三、四类功能海域，则应按照二级标准执行。

而对于非重点控制流域和非水源保护区的建制镇的污水处理厂，当采用一级强化处理工艺时，应执行三级标准，同时考虑当地经济条件和水污染控制要求。

第三节　污水处理厂选址

（一）环境评估与规划

在园区内建设污水处理厂，首先需要进行详细的环境评估。考虑土地利用、地质条件、水资源情况等多方面因素，通过科学的规划，找到最适宜建设污水处理厂的地点。原则上，污水处理设施应设在远离人员较为集中的生活区，地势较低且有适当坡度处。同时，要充分考虑周边居民的生活区域，考虑臭味、噪声等对周围环境的不利影响，可设在独立的建筑物内或采用地埋式处理设备。

（二）合理利用已有空间

可考虑设置在地下室或部分设置在地下室中，一方面可以利用地下室层高，降低地上污水处理构筑物高程，节约运行费用；另一方面能减少地上污水处理构筑物的占地面积，充分发挥地下室功能，实现效益最大化。

（三）就近排放原则

选择园区内污水处理厂的位置时，应遵循就近排放的原则。即使经过处理的废水，也应该在最短的距离内排放到自然水体，减少输送过程中可能带来的二次污染风险，也要考虑到污泥的运输和处置，选择近公路处，这不仅符合环境保护的理念，还有助于减少输水管道的投资与维护成本，方便剩余污泥外运。

（四）交通与基础设施

选择污水处理厂的位置需要充分考虑交通便利性和基础设施完备度。确保处理厂与周边企业、城市主干道的连接畅通，便于运输和维护。同时，周边电力、水源、通信等基础设施的完善，也有助于降低配套建设成本。

（五）公众参与沟通

在选址过程中，与园区内员工展开充分的沟通与公众参与是至关重要的。通过开展听证会、座谈会等形式，征求员工的意见和建议，促使决策更加科学、合理，提高项目的可持续性。

第四节　食品废水处理工艺

按照处理特性及处理要求，食品工业废水处理有多种方法，按照作用机理可以分为物理法、化学法、生物法，具体见表7-3。

表 7-3　食品工业废水处理工艺

食品废水处理工艺	优点	缺点
物理法	利用物理作用分离污水中的非溶解性物质，常用的有重力分离、离心分离、反渗透、气浮等	处理程度低，对于污水中的溶解性有机物处理效果较差，单独使用一般不能达到排放标准
化学法	利用化学反应处理或回收污水中的溶解物质或胶体物质的方法，多应用于工业废水处理中。方法包括电化学法、高级氧化技术等，处理效果较好	成本较高，不适用于大规模食品工业生产
生物法	利用微生物的新陈代谢功能，以污水中溶解或胶体状态的有机物作为营养物，将其分解并氧化为稳定的无机物质，从而实现污水的净化处理	周期较长，涉及污泥处置

物理法一般用于去除废水中的SS，降低有机处理负荷，食品废水中含有油脂、蛋白质等物质，须通过物理法去除。用来进行物理法处理的构筑物较简单、经济，对水质波动有较强的耐冲击负荷能力，而广泛用于有机废水预处理，也在深度处理中用于提高出水水质，以达到出水标准。

化学法是通过化学反应来处理污水中的溶解物质或胶体物质的一种方法。这种方法常用于去除污水中的有害物质，迅速、有效，处理效果好，包括混凝、离子交换、中和、氧化还原等，但该方法成本较高，不适用于大规模食品工业生产。其中，食品工业废水处理使用的工艺主要是混凝，多用于深度处理以提高水质。

生物法包括好氧工艺、厌氧工艺、稳定塘等，主要是利用微生物的新陈代谢功能，降解 COD_{cr}、BOD_5。

1. 好氧工艺

根据微生物的生长形式，废水处理工艺可分为活性污泥工艺和膜工艺两类。活性污泥工艺包括活性污泥法、阶段曝气法、间歇活性污泥法（SBR）、氧化沟等，膜工艺则包括生物转盘、生物滤池以及生物接触氧化等。活性污泥法是目前城市污水和有机工业废水处理的首选技术，应用最为广泛，是水环境污染防治技术的主力军。

2. 厌氧工艺

厌氧生物处理也可分为厌氧活性污泥法和厌氧生物膜法，前者包括厌氧接触消化、升流式厌氧污泥床等，后者包括厌氧膨胀床、厌氧流化床等，厌氧工艺无须曝气和搅拌装置，动力消耗低且排泥量少，但厌氧处理后出水一般达不到外排的要求，故一般作为好氧工艺的前处理。

秉承低成本、低能耗、低排放的设计目标，结合预制菜废水水质水量变化大的特点，组合占地较小、效率较高、能耗较低、耐冲击负荷强的污水处理工艺。

一、物理法

（一）沉淀

沉淀是一种常用的物理方法，利用水中悬浮颗粒的可沉降性能，在重力作用下使其下沉以达到固液分离的目的。在废水处理中，沉淀是应用最广泛的方法之一。根据水流方向的不同，常见的沉淀池可以分为平流沉淀池、竖流沉淀池、辐流沉淀池和斜板/管沉淀池。根据废水处理流程中的位置，沉淀池可以分为初次沉淀池、混凝沉淀池、化学沉淀池、二次沉淀池和污泥浓缩池等几种类型。

1. 斜板/管沉淀池

斜板/管沉淀池利用浅池理论，采用异向流斜管沉淀池形式，水流在板间或管内流动，通过斜板/管增大污水与构筑物的接触面积以提高沉淀效率，具有去除率高，停留时间短，占地面积小等优点，如图 7-2 所示。一般情况下，雷诺数 Re 在 200 左右，

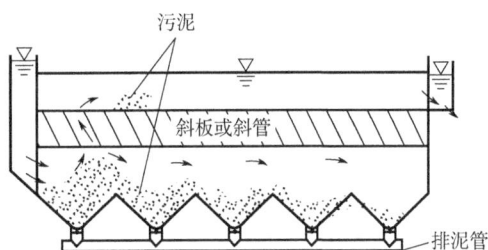

图 7-2 斜板/管沉淀池

水流呈现层流状态，对沉淀极为有利，斜管内水流的弗劳德数约在 $1 \times 10^{-3} \sim 1 \times 10^{-4}$ 之间。

在污水处理前端增加斜板或斜管沉淀池，可以去除污水中较大的块状固体污染物和悬浮物，及不易降解的脂类和胶体物质，可提高污水可生化性，降低生化成本。为了更好地分离 SS，进水最大负荷不宜大于 1.7L/（m·s），故前置斜板或斜管沉淀适用

于小型污水处理厂设计。

2. 高效沉淀池

高效沉淀池是一种结合物理和化学处理的先进污水处理工艺，通过特殊的絮凝和沉淀体系实现快速而有效的污水沉淀，如图7-3所示。该工艺将快速混合、絮凝反应和沉淀分离等步骤有机地结合，以促进迅速分离污水中的杂质颗粒。同时，借助斜管或斜板等设备，加速沉淀过程，实现高效的固液分离。高效沉淀池为污水处理提供了一种高效、可靠的解决方案。高效沉淀池布置紧凑，节约占地，同时沉淀池启动快速，在很短的时间（通常小于30min）内即可完成启动并进入正常运行，出水水质较好。

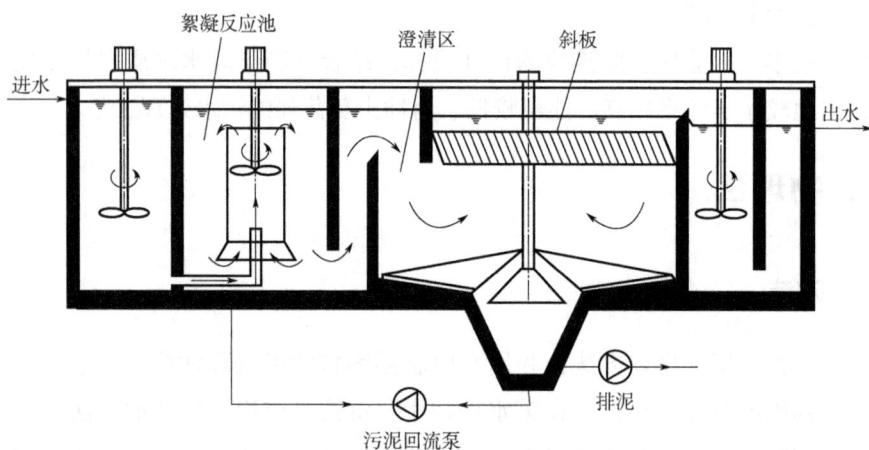

图 7-3　高效沉淀池

（二）格栅

格栅是由一组或多组平行的栅条构成的设备，倾斜地安装在格栅井内，通常设置在污水流经渠道或集水池的进水口处，如图7-4所示。它的主要作用是拦截废水中较大的漂浮物和杂质，通过去除较大颗粒杂质，减少废水中悬浮物的浓度，提高水质，减轻后续处理单元的负荷，提高整体处理效率，也避免了较大的杂质进入水泵或管道堵塞及磨损设备，影响其使用寿命。当污水水量较大时，建议安装两个或更多系列的格栅，以提高拦截效果并确保其正常运行。格栅在污水处理过程中起到了重要的作用，能够有效地阻止大颗粒物质进入后续的处理单元，保护设备的正常运行，并提高水质的处理效果。

工业废水处理一般先经粗格栅后再经细格栅。粗格栅的栅条间距一般采用10~25mm，细格栅的栅条间距一般采用6~8mm。小规模废水处理可采用人工清理的格栅，较大规模或粗大悬浮物及杂物含量较多的废水处理可采用机械格栅。

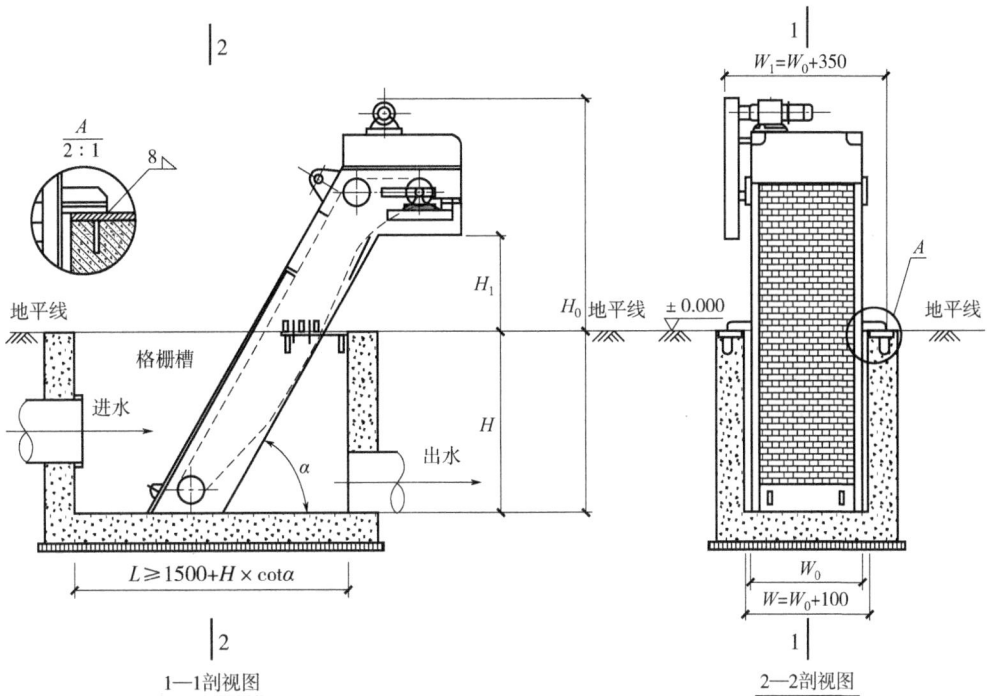

图 7-4　格栅

（三）曝气沉砂池

曝气沉砂池是一种结合曝气和沉砂的废水预处理设施，一般设置在细格栅后，初沉池或二级生化处理前，主要用于去除污水中的较大颗粒悬浮物，如砂石、泥沙等重物，其构造如图 7-5 所示。利用曝气装置在池的一侧通入空气，产生气泡，气泡上升过程中会携带水流，使池内污水形成旋转的水流，这种旋转流动使水流产生一个横向恒速环流（通常与主流垂直），从而使水中较重的颗粒物向池底沉降，实现固体颗粒的分离。调节池内曝气量，可以控制水流的旋转速度，保证除砂效率稳定，降低流量变化的影响。

曝气沉砂池对污水中的油脂具有较好的去除效果，当油类含量较高时，宜采用曝气沉砂池。

（四）气浮法（DAF）

气浮法通过某种方式产生大量微小气泡，使其与废水中密度接近于水的固体或液体污染物发生覆盖和粘附作用，形成密度小于水的气附体。在浮力的作用下，这些气附体会上浮形成浮渣，从而实现固液分离或液液分离。气浮法可用于去除废水中相对密度小于 1 的悬浮物、油类、脂肪以及污泥的浓缩。同时，它可以降低废水的生化需氧量（BOD），促进氧化作用，实现废水的处理。气浮法也具有杀菌的作用，能够有效地减少废水中的细菌和病原微生物。

气浮法对废水负荷变化的适应性较强，能够应对废水流量和水质的变化，保持较稳定的处理效果。因此，气浮法在废水处理领域中被广泛应用，其具体的几种构造形式如图7-6所示。

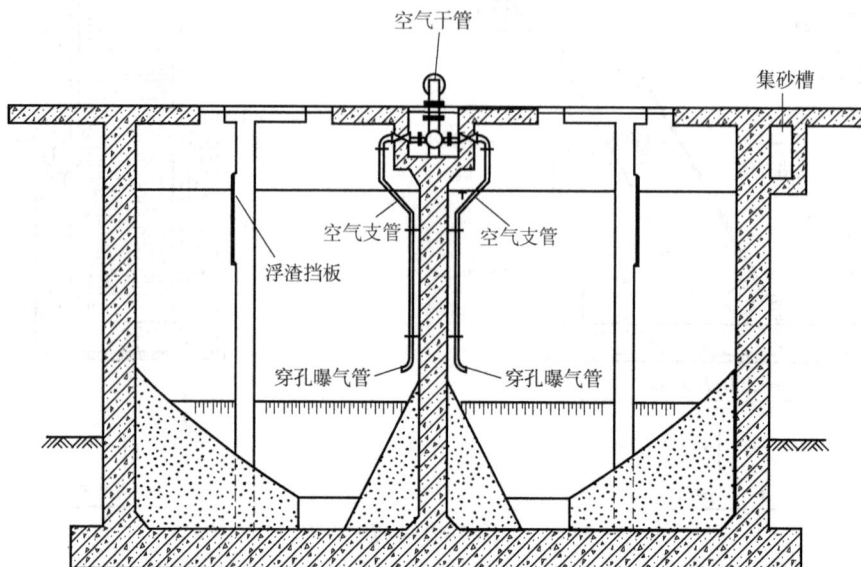

图 7-5　曝气沉砂池

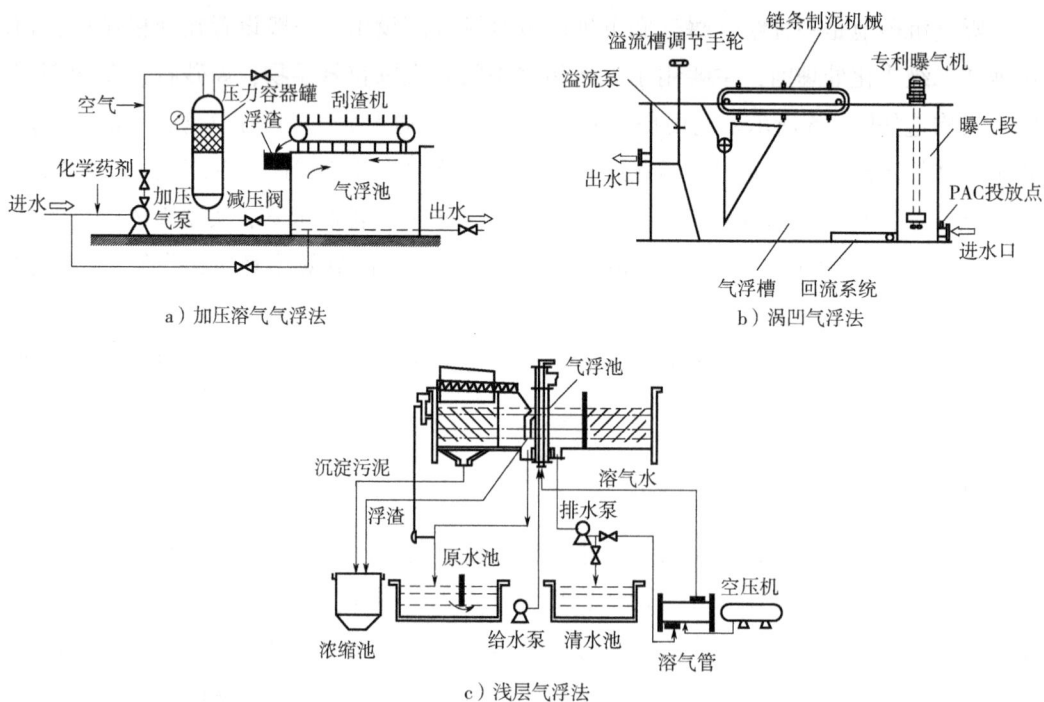

a）加压溶气气浮法

b）涡凹气浮法

c）浅层气浮法

图 7-6　气浮法构造池

加压溶气气浮法是目前应用最广泛的气浮方法之一，通过加压将气体（通常是空气）溶解到水中，产生大量微小气泡。这种方法可以提供足够的溶解氧，能确保气泡的稳定性和数量，以满足不同要求的固液分离效果，从而有效去除废水中的污染物。加压溶气气浮法特别适用于处理絮凝体松散、细小的固体颗粒，其流程简单，设备易于维护管理。

涡凹气浮和浅层气浮法则是较新型的气浮法。涡凹气浮机设备通常采用耐腐蚀材料制造，具有高力学强度、抗冲击和耐腐蚀等特点，使用寿命长，具有设备投资相对较少，占地面积小，操作简单，运行费用低等优势。

浅层气浮法具有表面负荷高、分离速度快、效率高等特点。它适用于各种规模的水处理项目，广泛应用于不同领域，例如制浆、造纸、化工、食品加工等行业。浅层气浮法的池深度较小，易于布置，占地面积相对较小，对悬浮物、纤维类物质、活性污泥和油类物质的分离方面具有良好效果，有着广泛的应用前景。

（五）隔油池

隔油池依靠油与水的密度差实现油水分离，目前常用的有平流隔油池和斜板隔油池，斜板隔油池水分离效率高，可除去粒径不小于80um的油珠，表面水力负荷为 $0.6 \sim 0.8 m^3/(m^2 \cdot h)$，停留时间短，一般不大于30min，占地面积小。故在新

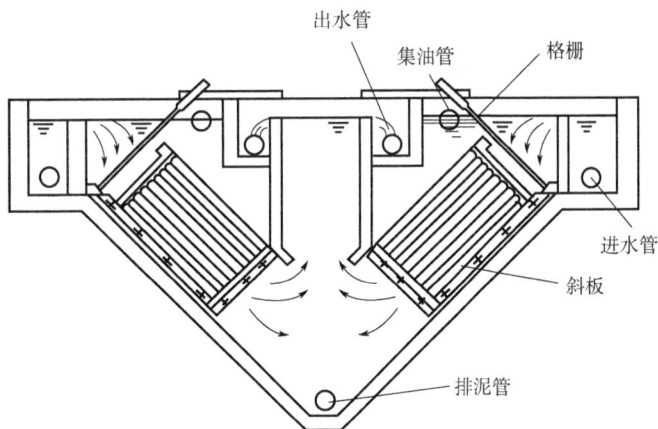

图 7-7　斜板隔油池

建的污水处理站，多采用斜板隔油池（图 7-7）。隔油池可与调节池做一体化设计，以节约占地面积。

二、化学法

当悬浮质过小，布朗运动抵消其自身重力，无法发生沉降时，可加入带正电的混凝剂使颗粒"脱稳"，实现分离。其中聚合氯化铝（PAC）的效率高、耗药量小、絮体大而重、沉淀快，对处理后水的 pH 值和碱度下降影响小，受水温影响小，适用于各类水质，使用广泛。

混凝设备包括混凝剂的配制和投加设备、混合设备及反应设备。隔板絮凝池效果好，构造简单，施工方便，前端需设计混凝剂溶解池、管式静态混合器，将溶解后的

PAC 溶液通过管式静态混合器加入絮凝池，通过机械搅拌使污水与 PAC 充分混合；或设置澄清池，通过电动机投药，在一次混合及反应区搅拌后完成絮凝，溢流出水，使絮体沉淀，即搅拌、絮凝、沉淀都在一个池子中进行。隔板絮凝池及澄清池的构造及作业流程如图 7-8 所示。

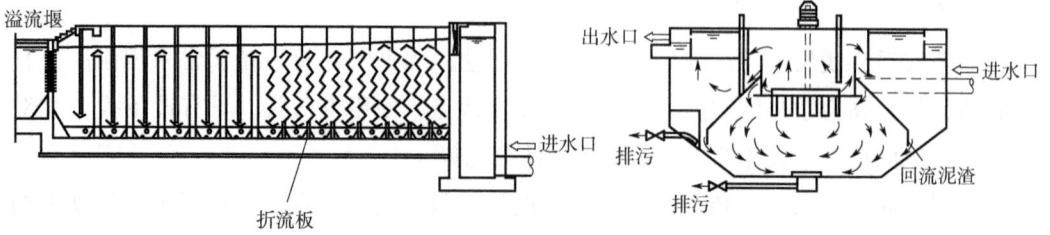

图 7-8　隔板絮凝池及澄清池

三、生物法

（一）上流式厌氧污泥床

上流式厌氧污泥床（Upflow Anaerobic Sludge Blanket，UASB）是一种集成化废水处理工艺，可以同时实现有机物去除和泥、水、气三相分离。该工艺中，污水从反应器底部注入，微生物颗粒在底部形成床层，污水通过床层，从上部排出。在这个过程中，反应器内的厌氧环境可以培养沉降的活性污泥，形成高浓度的活性污泥床，从而促使微生物颗粒降解有机物质，其构造如图 7-9 所示。

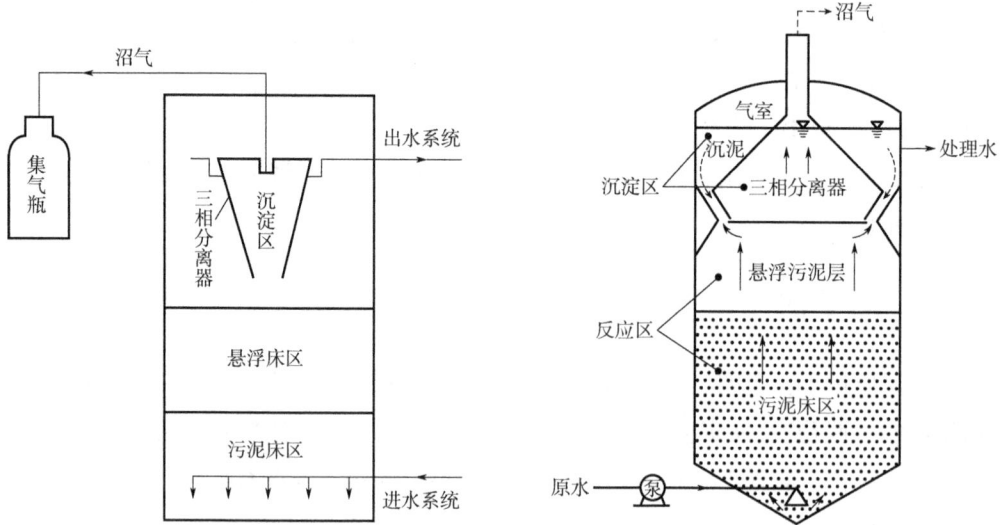

图 7-9　上流式厌氧污泥床

UASB 工艺具有许多优点。首先，它具有较高的容积负荷能力，可以处理高浓度的有机废水，对不同类型的废水具有很强的适应性。此外，UASB 工艺在污泥截留方面效果良好，有效防止活性污泥流失，维持系统生物量浓度，反应器不需要机械搅拌和填料，结构相对简单，操作管理方便。同时，UASB 工艺还可以回收收集到的甲烷气体，进行资源化利用。

UASB 工艺是一种高效、灵活且可持续的废水处理工艺，具有广泛的应用前景。但单独进行厌氧处理不能去除废水中的氮和磷，很难满足生化降解的预期标准需求，在工艺中需和好氧反应联用。

（二）水解酸化

水解酸化介于好氧和厌氧之间，微生物在酸性环境中生长，促使有机物质发生水解和酸化，分解成更简单的化合物，具有较好的耐冲击负荷能力，对食品废水具有良好的处理效果，和其他工艺组合可以降低处理成本，提高处理效率。

水解是一个生化过程，通过水解反应，废水中的复杂和难降解的有机物被分解成较简单的有机物，如醇、酮、脂肪酸等，这些溶解性有机物更容易被后续的好氧生物处理过程中的微生物降解和利用。水解过程能够有效地改善废水的可生化性，提高后续好氧生物处理的效果。水解酸化池构造如图 7-10 所示。

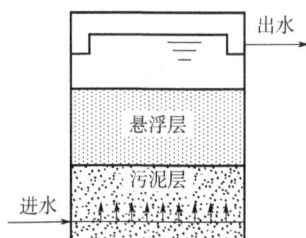
图 7-10　水解酸化池

（三）接触氧化

接触氧化法是一种将活性污泥法结合生物膜法的混合处理法，即在传统活性污泥法好氧池中加入填料，好氧活性污泥与废水中的有机污染物接触并发生氧化反应，同时填料为好氧微生物生长提供附着空间，在其表面形成生物膜，利用活性污泥与生物膜的共同作用强化处理效果，该技术大大降低了污水氧化的水力停留时间，减小了构筑物设计容积，并具有污泥产生量小等优点，适用于各种工业废水，尤其是含有难降解有机物的情况，其构造如图 7-11 所示。

水解酸化-好氧生物组合处理工艺，是指通过水解酸化反应器将原有废水中的有机物进行预处理，使非溶解性有机物转变为溶解性有机物，将难以生物降解的有机物转变为易于生物降解的有机物，提高了废水的可生化性，然后将水解产物送入好氧生物处理系统进行进一步的降解和去除。这种工艺的优势在于能够有效处理含有难降解有机物的废水，从而提高整个处理系统的稳定性和处理效果。

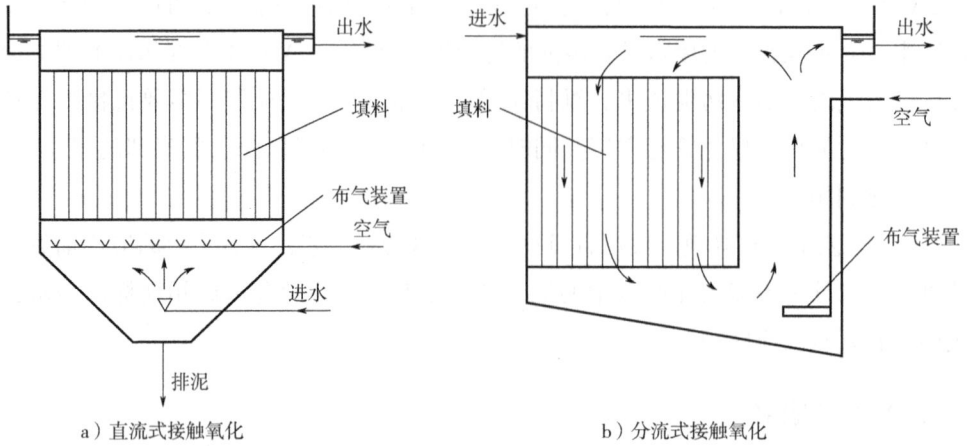

a) 直流式接触氧化   b) 分流式接触氧化

图 7-11 接触氧化池

常见填料包括组合纤维填料、悬浮填料、纤维球填料、拉西环等，如图 7-12 所示。其中，纤维填料表面积大、利用率高、空隙可变不堵塞、污泥减量效果明显，且造价低，整体使用效果很好，适用于各类污水处理装置。

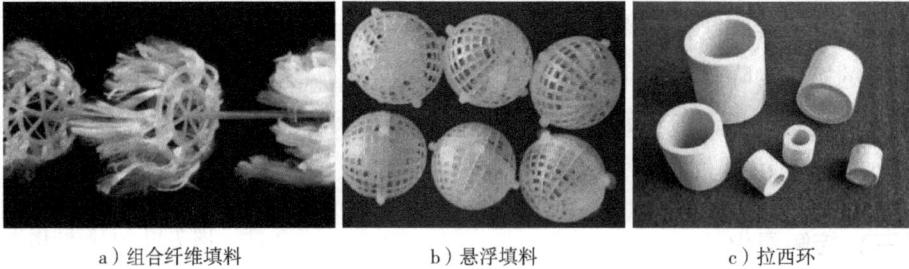

a) 组合纤维填料   b) 悬浮填料   c) 拉西环

图 7-12 常见填料类型

（四）厌氧折流板反应器（ABR）

厌氧折流板反应器（Anaerobic Baffled Reactor，ABR）是在上升流式厌氧消化器（Upflow Anaerobic Sludge Blanket，UASB）基础上发展起来的一种新型高效厌氧反应器。ABR 反应器采用了特殊的内部结构设计——垂直安装的折流板，废水在反应器内沿着折流板上下流动，以增加废水在反应器内的停留时间，提高污泥与废水的接触效率。这种设计使得水流在不同隔室中呈完全混合状态，同时通过水流的上升和产气的搅拌作用，有效地提高了反应器内的物质传递和混合效果，从而提高了反应器的处理能力。ABR 具有结构简单、无运动部件、无须机械混合装置等优点，其构造如图 7-13 所示。

由于无须机械设备和能耗较低，造价相对较低。同时，ABR 反应器的容积利用率高，不易阻塞，投资成本和运行费用低。它能以较短的水力停留时间进行运行，可以

采用间歇的方式运行。ABR 反应器对水力
和有机冲击负荷具有很强的耐受能力，同时
对进水中的有毒有害物质也有良好的处理效
果，反应器还可以长时间运行而无须频繁
排泥。

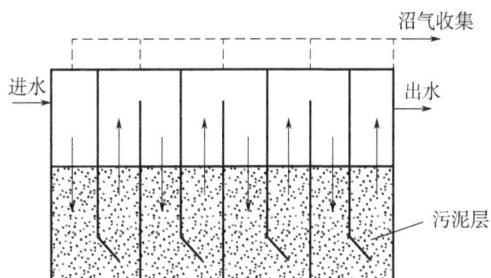

图 7-13　厌氧折流板反应器

（五）序列间歇式活性污泥法（SBR）

序列间歇式活性污泥法（Sequencing
Batch Reactor，SBR）是一种先进的污水处
理技术，其采用了间歇曝气方式，能够在一
个池体内完成进水、反应、沉淀、排水和闲
置等五个过程。由于其工艺简化，SBR 不需
要设置传统的二次沉淀池和污泥回流系统，
其工艺流程如图 7-14 所示。

SBR 的反应阶段如下所示。

（1）进水阶段（Fill）。通过管道将污水
导入反应器。在这一阶段，池内的活性污泥
与污水混合，但不进行曝气。

（2）反应阶段（React）。进水完成后，
开始曝气并搅拌。在这个阶段，活性污泥与
污水充分接触，污水中的有机物、氨氮等污
染物被微生物降解并去除。

（3）沉淀阶段（Settle）。进入沉淀阶段

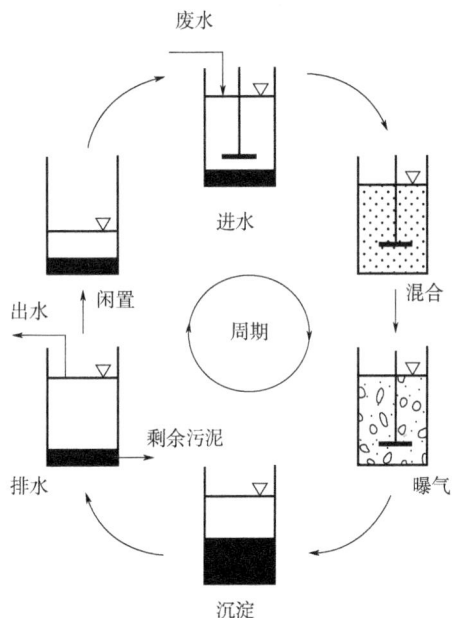

图 7-14　序列间歇式活性污泥法

后，停止曝气。污水中的固体物质（活性污泥）在池底沉淀。沉淀后的清水位于池面
的上层，污泥则沉积到池底。这一阶段的主要目的是通过重力作用使固液分离。

（4）排水阶段（Decant）。清水（即处理后的水）从池中排出。由于清水位于池面
上层，因此可以通过专用排水设备将上层清水排出，同时避免排放大量污泥。

（5）闲置阶段（Idle）。在排水后，SBR 系统进入闲置阶段。此阶段池内没有进
水、曝气或排水，主要用于系统的准备和稳定。

SBR 工艺具有以下几个特点。

（1）稳定可靠。SBR 工艺运行效果稳定，污水在理想的静止状态下进行沉淀，出
水水质优良。

（2）高效节能。SBR 工艺处理时间短，处理效率高。由于采用间歇曝气方式，可

以根据实际需要调整曝气时间和频率，降低能耗。

（3）耐冲击负荷。SBR池内有滞留的处理水，对污水具有稀释和缓冲作用，能够有效抵抗水流和有机污物的冲击。

（4）灵活运行。SBR工艺可根据水质、水量等变化进行调整，灵活性强。可以根据需要增加或减少处理单元，方便扩展和升级。

（5）设备简单易维护。SBR工艺所需处理设备相对较少，结构简单。无须设置二次沉淀池和污泥回流系统，减少了设备投资和维护成本。

（六）膜生物反应器（MBR）

膜生物反应器（Membrane Bio-Reactor，MBR）是结合了膜分离技术与传统污水生物处理技术的一种新型污水处理工艺，广泛应用于各种工业和市政污水处理领域。在处理污水过程中，生物处理系统利用活性污泥降解污水中的COD、BOD、氨氮、总氮和磷等污染物，膜系统利用物理隔离对生物系统处理后的混合液进行固液分离并截留污泥，替代了传统活性污泥工艺中的二次沉淀池和深度处理工艺的介质过滤设施，在节约成本的基础上，能保持反应池内较高的污泥浓度，增强处理效果。MBR可以去除水中的细小悬浮物、胶体物质、病毒和细菌，处理效果好，对水量水质变化具有很大的适应性，适用于处理食品废水，且出水水质好，可排放到水质要求较高的水域，满足回用要求。MBR技术的引入，去除了传统活性污泥工艺中需要的二次沉淀池和污泥回流系统，极大减少了占地面积，适合在土地紧张或需要处理高浓度污水的情况下使用。

一体式膜生物反应器采用反应器内置膜组件，通过抽吸泵吸出水，省去混合液循环系统，能耗较低，占地小，近年来受到关注；分置式膜生物反应器是指膜组件与反应器分开设置，出水依靠加压泵，浓缩液回流至反应器，这种模式膜通量较高，不易发生膜污染。膜生物反应器的构造及流程如图7-15所示。

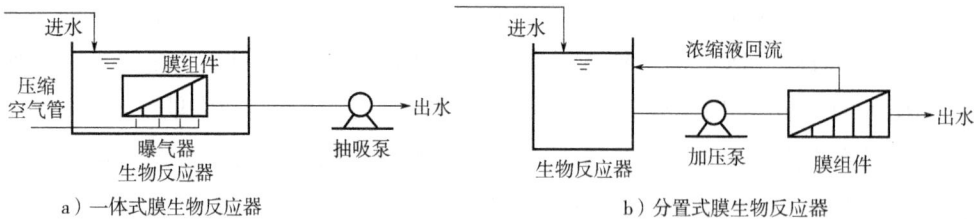

图7-15　膜生物反应器

第五节　废水处理系统

废水处理系统常使用组合工艺，因为废水中的污染物多种多样，单一的处理方法可能无法有效去除污水中的所有污染物。同时，通过组合工艺利用各个工艺的优点，可提升系统的处理效果及耐冲击负荷能力。废水处理系统通常包含预处理、主处理、深度处理以及污泥处置，具体参见表7-4。

表7-4　废水处理系统

废水处理系统	主要功能	主要技术
预处理	降低主处理系统的处理负荷，均化水质	格栅、沉淀池、气浮、沉砂池、调节池等
主处理	降解去除溶解性污染物	生物处理
深度处理	提升水质，达到排放标准	混凝、沉淀、过滤、消毒、生物处理、高级氧化技术等
污泥处置	降低污泥含水量，减小其体积，便于后续运输处理	土地利用、堆肥、焚烧、填埋等

一、预处理系统

预处理系统主要功能是去除废水中体积较大的固体颗粒、悬浮物、胶体、油脂和其他杂质，提高废水的可生化性，降低后续工艺的处理负荷，提高废水处理的效率，同时均化水质，主要技术包括格栅、混凝、沉淀、沉砂池等，处理过程中将会产生浮沫、栅渣、初沉污泥等。

二、主处理系统

主处理系统的主要功能是去除废水中呈胶体和溶解状态的主要污染物，是确保废水达到排放标准的关键阶段。主要技术包括生物法（如活性污泥法、生物膜法等，利用微生物降解有机物，实现脱氮除磷）、化学氧化或高级氧化法（即将废水中的难降解有机物转化为更容易处理的物质）。高浓度有机废水一般采用厌氧生物处理与好氧生物处理联用来降解有机物，而重金属等无机污染物一般通过物理化学方法处理。

三、深度处理系统

深度处理系统的主要功能是在主处理的基础上，进一步去除微量的溶解性难降解有机物、胶体、氨氮、磷酸盐、无机盐、色度以及影响再生利用的溶解性物质等，以确保处理水达到排放标准或实现回用。深度处理和再生利用处理常采用混凝、过滤、化学氧化、超滤、反渗透、活性炭吸附、离子交换、消毒等技术。

深度处理技术在污水处理领域中起着重要作用。通过深度处理，可以有效地去除难以降解的有机物和其他污染物，从而提高处理水的质量和安全性。此外，深度处理还可以将处理水中的某些物质进一步转化为可再生资源，实现资源的回收利用，达到环保、节能的目的。

不同的深度处理技术可以针对不同的处理水质量和具体情况进行选择和组合，以达到最佳的处理效果。例如，在深度处理中常用的化学氧化技术可以将难以降解的有机污染物转化为易于生物降解的物质；超滤和反渗透技术则可以去除处理水中的微量污染物和溶解性盐类，提高水的质量。通过深度处理，可以实现污水的资源化利用，促进可持续发展。

四、污泥处置

污水处理过程中，生物处理利用大量活性微生物的代谢作用净化污水，当这些微生物经过迟缓期（Lag phase）、对数生长期（Log phase）、稳定期（Stationary phase）、衰退期（Decline phase）的生长阶段后，将会被排出处理系统，称为剩余污泥。剩余污泥的含水量高，夹杂着浮渣与沉淀物，易变质，难以运输，需在污水厂内对其进行脱水减量。污泥减量方法详见表7-5。

污泥处理处置系统的主要功能是在安全、环保和经济的前提下，实现污泥的减量化、稳定化、无害化和资源化。

表7-5　污泥减量方法

脱水方法		脱水装置	脱水后含水率	脱水后状态
浓缩法		重力浓缩、气浮浓缩、机械浓缩	95%~97%	糊状
自然干化法		自然干化场、晒砂场	70%~80%	泥饼状
机械脱水	真空吸滤法	真空转鼓、真空转盘	60%~80%	泥饼状
	压滤法	板框压滤机	40%~80%	泥饼状
	滚压带法	滚压带式压滤机	78%~86%	泥饼状
	离心法	离心机	80%~85%	泥饼状
干燥法		各种干燥/焚烧设备	10%~40%	粉状、粒状
焚烧法			0~10%	灰状

污泥处置主要包括浓缩法、自然干化法、机械脱水、干燥/焚烧法，其中机械脱水因其脱水效率高、占地面积小的优势，最常用于污泥脱水处置。在污水厂内设置板框

压滤机房，污泥通过重力浓缩后送至机房压滤脱水，泥饼外运。值得注意的是，预制菜废水处理过程中产生的污泥不含重金属及有毒有害物质，有机物含量约为 55%～65%，含磷量 2%～3%，含氮量 3%～4%，KCl 含量 0.1%左右，可以用作化肥原料或堆肥资源化利用。污泥处置流程可参见图 7-16。

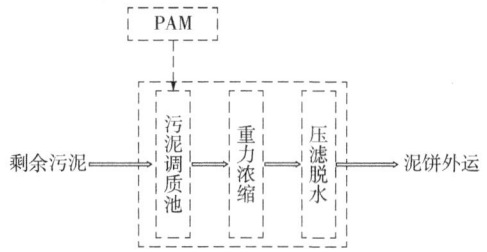

图 7-16 污泥处置流程

第六节 设计方案

食品废水中主要污染物有漂浮在废水中的固体悬浮物，可能会含有油脂、蛋白质、淀粉、果肉、胶体物质等；此外还会有溶解在废水中的酸、碱、盐、糖类、醇类、有机酸、脂类等，也可能会含有原料夹带的泥砂等，单一处理工艺难以达到排放要求。由于食品废水所排污染物均为有机物，且 BOD/COD 比值高，生化性好，主处理选择生物处理。按照排入受纳水体的不同，应执行不同的标准，选择不同的处理工艺组合方案。

（1）达到广东省地方标准《水污染物排放限值》DB44/26—2001 中排入城镇排水系统的排放标准，见表 7-6。

表 7-6 排入城镇排水系统排放三级标准

项目	COD/(mg/L)	NH$_3$-N/(mg/L)	TP/(mg/L)	pH 值	色度（倍）	SS/(mg/L)	动植物油
浓度	500	—	—	6~9	—	400	100

排入城镇排水系统可不考虑出水的氨氮浓度，原废水中含有大量的有机污染物，应选择高效去除有机污染物且工程造价、运行费用较低的组合方案，可组合预处理+缺氧/好氧（A/O）工艺，其流程如图 7-17 所示。

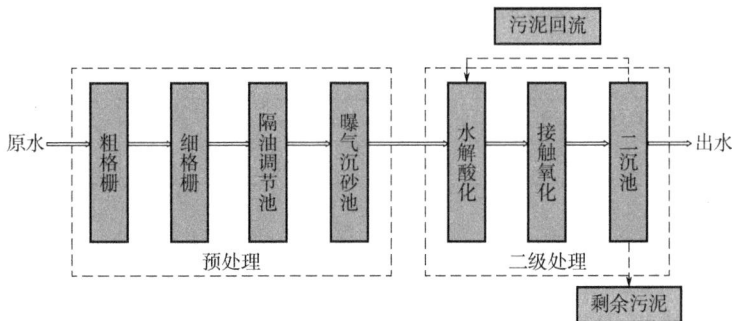

图 7-17 预处理+缺氧/好氧（A/O）工艺流程

原水中悬浮固体浓度较大时，需设置格栅截留，后接一体化隔油调节池，方便设计及施工，降低基建费用；且考虑到污水厂建成后运营调试，水质存在不达标的情况，可在调节池内加装管式静态混合器进行混凝/絮凝，降低负荷；曝气沉砂池可进一步降低水中 SS，降低堵塞风险，且可降低生物处理的处理负荷，提升系统运行稳定性。

生物处理采用"水解酸化+接触氧化"工艺，水量较大时优选 A/O 工艺，A/O 工艺最大优势是能耗较低、运营费用较低，规模越大这种优势越明显，且水解酸化池与接触氧化池对污水的抗冲击负荷能力强，工艺设备简单，成本较低，水解酸化还可提高接触氧化池的处理效率。

而针对日处理水量低于 $10000m^3/d$ 的小型污水处理设计，组合预处理+间歇工艺更具优势，其工艺流程如图 7-18 所示。

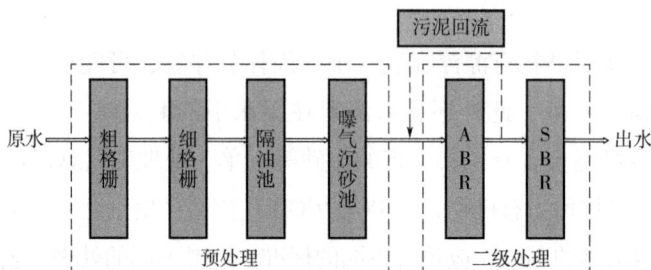

图 7-18　预处理+间歇工艺流程

预处理使用粗细格栅截留体积较大的固体污染物，降低其对管道及水泵的损伤，后接隔油池初步除油，曝气沉砂池进一步除油，还能去除其他自重较轻的悬浮固体，如蛋白等，同时实现预曝气。

由于 ABR 工艺的优越性，整套处理系统剩余污泥量少，且序批式间歇反应器，无二次沉淀池（简称二沉池）、污泥回流系统，降低了污泥处理成本，调节池、初沉池也可省略，布置紧凑、占地面积少。

（2）达到直接排放至受纳水体，即满足《城镇污水处理厂污染物排放标准》GB 18918—2002 中一级 B 排放标准，具体参见表 7-7。

表 7-7　国家对城镇污水排放标准中一级 B 标准

项目	COD/(mg/L)	NH₃-N/(mg/L)	TP/(mg/L)	pH 值	色度（倍）	SS/(mg/L)	动植物油
浓度	60	8	0.5	6~9	30	20	1

一级 B 排放标准对出水 COD、氨氮、悬浮固体浓度均有要求，可选择简单的脱氮除磷工艺，并设置混凝/絮凝法作为深度处理，通过调节投药量、投药周期等灵活控制出水水质。预处理+同步脱氮除磷工艺流程如图 7-19 所示。

预处理包括粗细格栅、隔油调节池、曝气沉砂池。

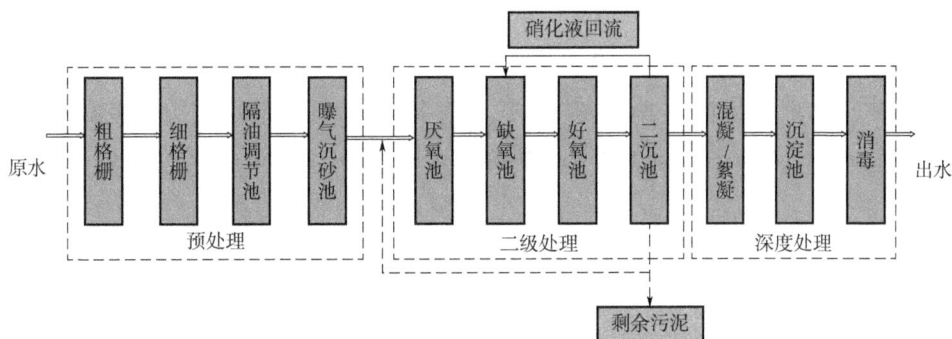

图 7-19　预处理+同步脱氮除磷

二级生物处理选择厌氧-缺氧-好氧工艺联用，A/A/O 是最简单的脱氮除磷工艺，总水力停留时间小于其他同类工艺，厌氧池的主要功能为释放磷，缺氧池的首要功能是脱氮，好氧池是多功能的，去除 COD、硝化、除磷都是在本单元完成的，后接深度处理，出水水质可到达一级 B 标准，直接排放至受纳水体。

（3）达到回用标准，满足国家对城镇污水排放标准《城镇污水处理厂污染物排放标准》GB 18918—2002 中一级 A 排放标准，具体参见表 7-8。

表 7-8　国家对城镇污水排放标准中一级 A 标准

项目	COD/（mg/L）	NH₃-N/（mg/L）	TP/（mg/L）	pH 值	色度（倍）	SS/（mg/L）	动植物油
浓度	50	5	0.5	6~9	30	10	1

相较于一级 B 标准，一级 A 排放标准对出水中 COD、氨氮浓度有着更严格的要求，应在原方案的基础上增设控制灵活、可用于传统工艺改造并能高效去除氨氮的处理构筑物，如在方案一的基础上增设膜生物反应器（MBR），形成两段曝气（Z-A 法）。预处理+两段曝气工艺流程如图 7-20 所示。

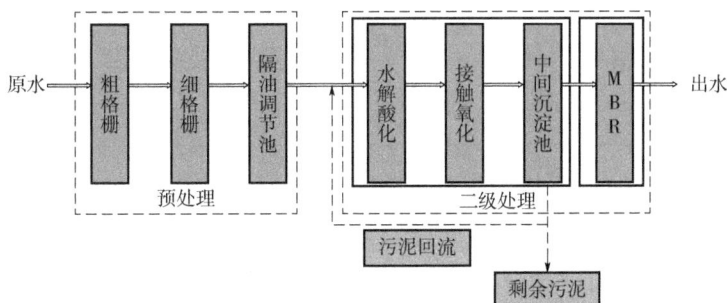

图 7-20　预处理+两段曝气工艺流程

将二级处理分为 A 段和 B 段，各自拥有独立的污泥系统，A—B 工艺前不设置沉淀池，同时可以简化污水预处理，该系统出水水质好，可达到回用标准，对水质水量变化有很大的适应性。

预处理仅使用粗、细格栅及隔油调节池。

二级生物处理 A 段选择 A/O 系统，B 段为 MBR 工艺，MBR 适用于小型污水处理厂，采用管式膜，安装在反应器外部，膜材料选用 PVDF，后不设置二沉池。

第七节　工程实例

基于作者团队承接的预制菜厂房的全过程咨询项目，设计园区配套了污水处理厂，以减轻预制菜废水对社会经济及环境产生的不利影响。该预制菜项目以腐竹预制菜为主，规划用地面积 4300m²，污水处理规模为 3000m³/d，出水需达到直接排放至受纳水体（二级排放标准）标准，考虑到本项目需进行深度处理，选择预处理+同步脱氮除磷作为本项目的污水处理方案，管理用地和生产辅助用地面积取整数 4500m²。

一、污水处理厂工艺流程

污水处理厂平面示意图如图 7-21 所示，处理构筑物的占地面积为 2238m²，总占地面积为 4334.8m²。污水处理构筑物及其规模见表 7-9。

该项目污水处理选择"预处理+同步脱氮除磷"，在用地范围内，污水处理厂考虑各处理单元构筑物间布置紧凑整齐，设置于污水厂四周方便就近排放出水及剩余污泥外运；构筑物间保持一定间距便于敷设连接管渠，管渠要求便捷直通不迂回；根据方便安全等原则，设置辅助用房，主要包括鼓风机房、办公室、化验室、工人值班室等。

表 7-9　污水处理构筑物及其规模

主要构筑物	数量/个	规模
格栅	1	16m²
隔油调节池	1	630m³
曝气沉砂池	1	50m³
厌氧池	2	256m³
缺氧池	2	768m³
好氧池	2	4000m³
二沉池	2	678m³
混凝池	2	154m³
絮凝池	2	154m³
斜管/板沉淀池	2	512m³

（续）

主要构筑物	数量/个	规模
消毒池	1	1956m³
辅助用房	1	100m²

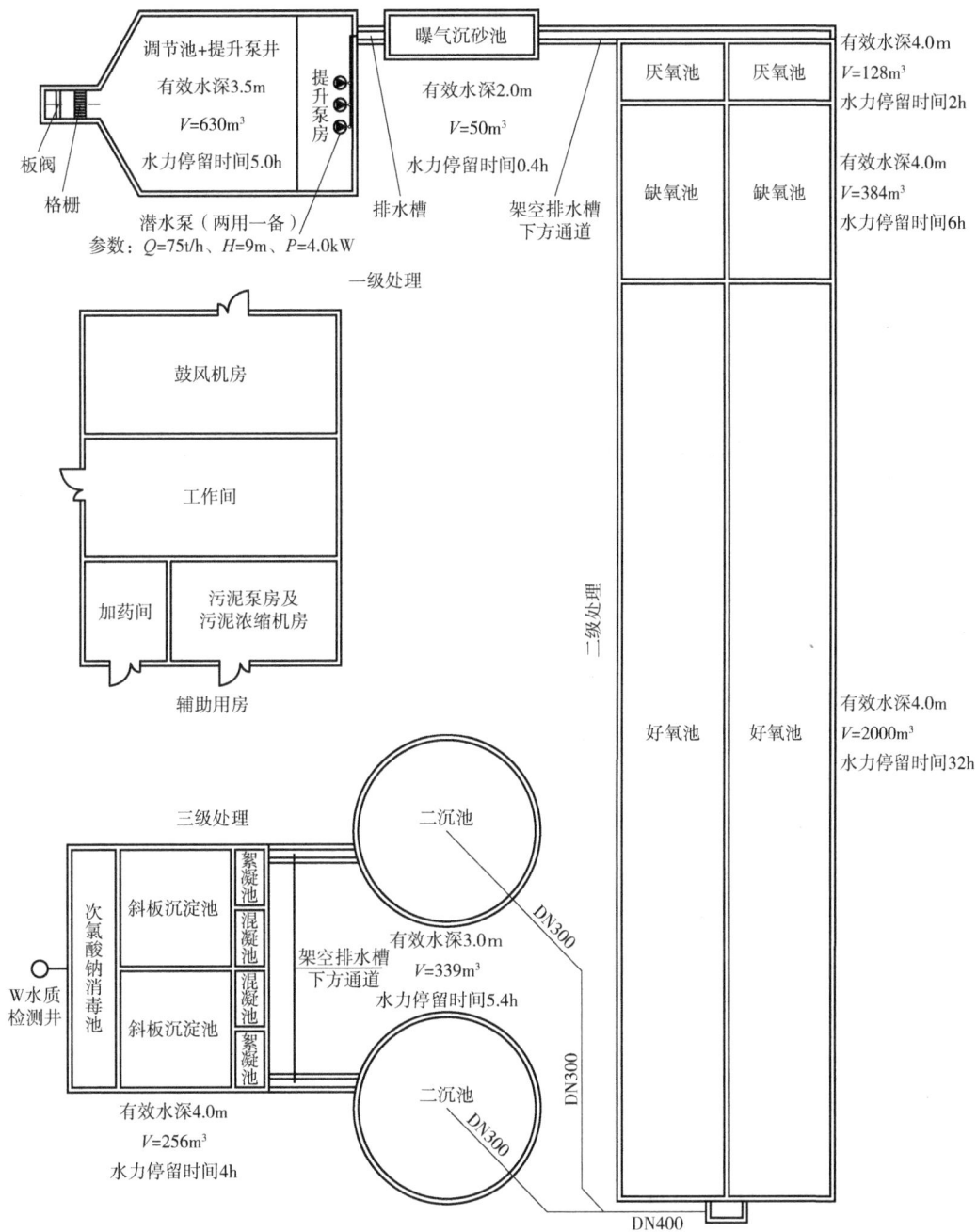

图 7-21　污水处理厂平面示意图

二、污水处理厂建筑设计

(一) 规划布局

污水处理厂总平面图布局和合理性、整体性、人性化至关重要，各功能区块的合理布局与组合是方案切入的要点。设计者与业主、当地主管部门等各相关部门深入交流，充分了解各相关方的需求、理念及思路。根据项目定位，深入剖析项目内涵，做好前期调研，综合地、系统地开展方案设计工作。

园区出入口的布置以及各种交通组织是方案需要考虑与分析的要点，如何结合各功能区块的特点处理好人、货、车流路线组织是方案设计的关键点。做好场地基础设计资料的收集，充分进行现场踏勘，并考察周边场地情况，结合项目的特点及工艺要求，系统分析地块资料，分析各类人流、车流的特点，以交通顺畅、使用合理、便于运维为原则进行总图交通组织设计。

(二) 工艺区构筑物单体设计

在污水处理厂的设计过程中，合理规划工艺区构筑物的布局，不仅是实现高效工艺流线的基础，也是提升设计美学和空间利用率的关键。化零为整的设计思想，旨在通过优化构筑物的空间布局和外立面设计，达到功能性和美学性的统一。

将功能相似的单体建筑进行合并，如将加药间、臭氧发生间等功能相近的单元合并为一个综合工房，这样可以减少独立建筑的数量，节省空间，同时减少设备和管道的重复建设，降低工程成本。合并后的建筑物能够更高效地利用土地和空间，减少占地面积，使得工艺区的布局更加紧凑合理，将功能相似的设备集成在一起，也有助于日后的维护和管理。由于功能差异、体量要求等原因无法合并建设的构筑物，如粗格栅及进水泵房、细格栅及曝气沉砂池、污泥浓缩池等，可以通过对单体建筑的合理布局和立面设计，使这些分散的建筑物在视觉上产生统一感和协调感。

(1) 通过各个单体建筑物的某一立面 (如外墙立面) 在纵向上对齐，形成一个整齐有序的排列。通过调整各个单体建筑物的高低、位置和排列，使它们在视觉上形成一个 "竖直方向延展" 的统一布局，从而减少其独立性和分散感。

(2) 采用简洁的半透明立面设计，减少不同单体建筑物之间的视觉冲突，还可以改善厂区内部的采光和通风。半透明材质的使用，如玻璃或透明复合材料，能够在保证工艺隐私的同时，增强建筑物的现代感和科技感，展现出一个清晰且整齐的工艺区空间。

建筑防火与防爆是污水处理厂设计考虑的重点。方案设计时需充分了解和分析各类型产品的使用要求及工艺需求，以及使用的各类药品的危险性等级。这有助于确定适当的储存和使用条件，从而采取相应的防火和防爆措施；对于火灾危险性分类为甲类、乙类的房间，不宜布置在地下。这是因为地下空间通风条件相对较差，火灾发生后火势蔓延的速度较快。因此，这些房间应尽量布置在地面或高层建筑中；有爆炸危险的甲类、乙类厂房宜独立设置，避开人员密集场所和主要交通道路，并采用敞开式或半敞开式的建筑形式。这样可以在发生爆炸事故时减少对周围区域的影响，并提供足够的安全距离；对于有爆炸危险的甲类、乙类厂房或仓库，在有爆炸危险部位应设置泄压设施，以减轻爆炸压力并避免建筑物受到严重损害。这可以通过设置适当的泄压孔、泄压通道等措施来实现。建筑防火和防爆在污水处理厂设计中是非常重要的环节，必须充分考虑各种药品的危险性等级，合理布局建筑，避免火灾和爆炸事故的发生，并确保人员和环境的安全。设计时应遵循相关的法律法规和标准，同时也可以咨询专业的消防和安全专家。

对于地下污水处理厂的建筑，地下防水是设计中的要点。应对建筑防水材料的选择与做法进行合理分析；为防止雨水、消防水等积水倒灌，可采取截水沟等其他措施。

三、污水处理厂结构设计

随着我国城镇化的快速发展，遵循国家城镇化规划原则，基础建设和公共服务建设以集约紧凑的开发模式为主导，绿色生产已成为发展趋势。污水处理也随着城镇发展历经了从无到有，进入了加盖除臭及污水处理开始"下地"的阶段。地下污水处理结构设计专业需要注意以下几点。

1. 地下结构基坑设计与施工问题

结合水处理工艺要求及具体项目的地质情况，可对不同深度的基坑采取不同的基坑支护形式，如一部分基坑深度较浅，周边环境条件简单时可采用放坡开挖、土钉墙（复合土钉墙）、水泥土重力式挡墙形式；基坑深度较深时，可采用型钢水泥土搅拌墙、排桩、地下墙形式。基坑一次开挖面积巨大时，对基坑围护变形不利，应结合施工进度分块开挖。地下层高较高换撑困难时可利用已浇筑的永久隔墙采用短直钢支撑或传力板换撑和钢管斜抛撑换撑等施工措施。

2. 地下结构防渗问题

地下污水处理设计及施工过程中要时刻注意渗漏问题，避免污水进入地下水中造成二次污染。混凝土材料选用时，应结合地下结构埋深、腐蚀介质及防水等级选取相应抗渗等级；混凝土也需要控制水泥用量，合理添加外加剂减少水化热；按相关规范要求合理设置结构缝，控制大体积混凝土产生不均匀应力变化，避免形成裂缝；合理选用钢筋直径，一般小直径钢筋对控制裂缝有利，对裂缝控制要求高时可以采用预应力钢筋；浇筑混凝土前做好预埋工作，防止后期开凿打孔。

3. 地下结构防腐蚀问题

对地下结构所处环境介质进行防腐设计，提高结构防蚀耐久性。提高混凝土自身防护能力，采用抗裂性高的混凝土，针对不同腐蚀介质及腐蚀等级调整混凝土中各种材料用量或加入相应的外加剂、矿物掺合料，增加钢筋保护层以增强抵御腐蚀介质侵蚀、钢筋锈蚀等的能力；采用防腐涂层进行隔水、防水处理，不同的混凝土构件对不同腐蚀介质选取针对性的防腐蚀涂层。

4. 地下结构抗浮问题

复核地勘提供的抗浮设计水位，结合构筑物周边地势情况合理选取抗浮设计水位，避免设计基准周期内浮力考虑不足导致结构上浮破坏。当自身结构自重不满足抗浮压重要求时，可以采取增加底板厚度，增加压重，采用抗拔桩或抗拔锚杆等抗浮措施。

污水处理地下结构设计时，选用合适的计算方法并充分考虑各种受力状况至关重要。在满足承载力要求的基础上，还需关注结构的裂缝处理、防腐防渗以及抗浮稳定性等问题。施工人员需重视设计和施工细节，以确保结构质量。

第八节　成本控制

一、降低成本

1. 先进技术

污水处理厂成本的关键之一是采用先进的技术。引入高效、低能耗的处理技术，如生物膜法、膜生物反应器等，可以提高废水处理效率，降低运行成本。

2. 能源

污水处理过程中的能源消耗包括电力、燃气和燃油等。通过合理的能源管理，如优化设备运行参数、采用高效设备、利用能源回收等措施，可以减少能源消耗，降低能源成本。

3. 基建

尽量选用定型成套的综合处理设备，以简化设计，布置紧凑，方便操作，节省占地、使用可靠、减少基建费用。必要时可加大埋深和高程，将2~3个污水处理构筑物由下至上叠加放置。

4. 维护管理

为了便于管理和维护，在处理工艺的选择上，宜采用既可靠又简便的流程，以减少运行人员。定期进行设备维护和保养，保持设备的良好运行状态，减少故障发生，降低维修和更换设备的成本。同时，建立健全的维护计划和记录，提高维护效率，减少停机时间和人力成本。

5. 操作

优化运行参数和操作流程，提高处理效率，减少化学药剂和助剂的使用量。合理的操作控制能够提高处理效果，在保证运行效果的基础上减少剩余污泥及其他废物产生，降低处理成本。

二、资源化利用

预制菜生产过程中产生的大量废水将给环境带来严重的污染问题，为了实现可持续发展，食品工业废水的资源化利用变得尤为重要。食品工业废水资源化可利用于多个方面，如制作饲料、燃料、废水回用以及污泥资源化等。

1. 浮油回收制燃料

食品废水中含有丰富的营养成分，其中油脂等有机质可以被转化为生物质燃料，这些生物质能源可以替代传统的石油和天然气，为工业生产提供清洁能源，减少对化石能源的依赖，降低碳排放。

2. 废液浓缩制饲料

食品废水属于高浓度有机废水，其中含有大量的有机物质和蛋白质，且本身无毒无害，这使它有成为商品饲料的可能，在气浮、曝气沉砂池等工艺中，通过某些方式产生气泡可将废水中的悬浮性固体吹脱至水面达到固液分离的目的，收集后经过适当的处理后可以被转化为饲料原料，预制菜废水中通过废水资源化制作饲料不仅能够减少环境污染，还能够为畜牧业提供廉价而高效的饲料来源。

3. 污泥资源化利用

剩余污泥中不含有毒有害物质及重金属，在场内脱水干燥后，将污泥进行堆肥处理，经过发酵和腐熟，可以制成有机肥料。这种有机肥料肥效长而稳定，弥补了化肥成分单一，不仅可以防止土壤板结，改善土壤质量，提高农田产量，还能够减少对化肥的需求，降低农业生产的环境压力。堆肥过程中产生的热量也可用于工业生产，节约能源。

污泥中的有机物质可以用于生物质能源的生产，如沼气和生物乙醇。这样的能源不仅可以满足工业生产的需求，还能够降低对传统能源的依赖，减缓能源枯竭的问题。

4. 废水再生及回用

废水回用是指通过适当的处理，将食品工业废水中的水资源回收利用，以满足生产和生活的用水需求。经过污水处理厂净化，可以得到符合生产用水标准的水质，这样的水资源可以用于食品生产中的清洗、冷却等环节，实现水资源的节约和循环利用。

选择不同的处理标准，在达到非饮用水标准后，可用于不与人体直接接触的用水，如园区景观用水、道路冲洗用水、灌溉用水、大/小便器冲水等，或就近运送至有需要的其他公司供其生产生活使用，如商品混凝土公司、建筑小区生活用中水等。

第九节　本章小结

（1）在预制菜加工过程中，洗涤、浸泡、烫煮和设备清洗等食品加工会产生大量预制菜废水。废水中含有有机物、蛋白质、有机酸、碳水化合物和悬浮物固体（SS）等污染物，成分复杂，浓度较高。若不经处理而直接排入水体，在自然环境中转化和降解程度低且慢，将导致水体缺氧，水生生物死亡及土壤污染等问题，故需设置园区配套的污水处理厂。

（2）污水厂选址需充分考虑地形地势条件。设在远离人员较为集中的生活区，地势较低，有适当坡度处；靠近自然水体，方便就近排放；近公路，方便剩余污泥外运；设在独立的建筑物内、地下室中或采用地埋式处理设备，降低臭味、噪声对周围环境的不利影响；需考虑园区内人员的意见和建议，合理选址。

（3）污水处理方法包括物理法、化学法、生物法。由于工业废水处理的特殊性，需考虑除油，去除 SS 等，结合园区配套污水处理厂需占地小、能耗低等要求，推荐使用沉淀、气浮、曝气沉砂池等物理法作为预处理；水解酸化、接触氧化、SBR、MBR等生物法作为主处理；絮凝/混凝作为深度处理。

（4）单个处理工艺难以达到排放标准。根据受纳水体不同，排放标准不同，选择不同的污水处理工艺组合方案。达到广东省地方标准《水污染物排放限值》DB 44/26—2001 中排入城镇排水系统的排放标准，预处理为"格栅+隔油调节池+曝气沉砂池"，主处理选择"水解酸化+接触氧化"组合工艺，工艺设备简单，成本较低；或主处理选择"ABR+SBR"，无须设置二沉池及污泥回流系统，降低了污泥处理成本。满足《城镇污水处理厂污染物排放标准》GB 18918—2002 中一级 A 排放标准，选择"预处理+两段曝气"，可以简化污水预处理；满足其中一级 B 排放标准，选择 AAO 作为主处理，后接絮凝/混凝，可实现同步脱氮除磷。

（5）污水处理厂建筑设计应考虑总体规划布局，单体设计应考虑防火防爆，地埋式污水处理厂应着重考虑防水；结构应考虑地下基坑与施工问题、防渗、防腐、抗浮问题。

（6）食品废水中的动植物油、蛋白质等均可在污水处理过程中回收，制作饲料或燃料；剩余污泥中不含重金属及有毒有害物质，有机物含量约为55%~65%，还包含N、P、K等元素，可以用作化肥原料或进行堆肥资源化利用。

第八章 预制菜产业园绿色节能专项技术

第一节 预制菜工艺分类及冷热源需求

一、预制菜基本分类

根据加工程度、主要原材料、生熟程度、保存方式等分类原则，预制菜可分为畜禽类及其制品、水产类及其制品、食用菌类及其制品、药膳类及其制品和其他类预制菜。分类方式及其工艺流程详见本书第四章第一节。

二、禽畜类预制菜工艺流程及冷热源需求

禽畜类预制菜以红烧肉预制菜为例，其工艺流程为：取料——配料——预处理——焯水——炒制——包装——成品检验——入库——运输。

（一）工艺流程中的制冷需求

（1）预处理。对鲜精五花肉进行烧毛清洗，然后平铺到胶筐，放入冷库备用，将冷冻好的精五花肉用锯骨机锯成4cm×4cm方块状备用。

（2）包装。将蒸好的产品推入≤-35℃急冻库冷冻，2h后推出，分别用外包装纸盒进行包装，然后套入塑封膜，用塑封机进行塑封，塑封完成后将产品推入冷冻库保存。

（3）入库。将包装好的产品，放入温度≤-18℃的冷冻库中保存。

（4）运输。运输过程中控制车厢温度≤-18℃，不得与有毒、有异味或者能影响产品品质的物品或食品混合运输。

（二）工艺流程中的制热需求

（1）焯水。锅中加水，锅中放冷水下肉，水开后3~5min捞起，放入锅中焯水。

（2）包装。使用包装盒进行包装，肉皮朝盒子底部，净含量350g，肉200g，汤150g，称重范围（350~360）g，对齐盖好包装盖，调整封口机温度为220℃，5s封口，放入托盘，推入热加工车间蒸30min。

三、水产类预制菜工艺流程及冷热源需求

水产类预制菜以清蒸带鱼为例，其工艺流程为：取料——→配料——→预处理——→清炖——→包装——→成品检验——→入库——→运输。

（一）工艺流程中的制冷需求

（1）包装。将蒸好的产品推入-36℃急冻库冷冻，2h后推出，分别用外包装纸盒进行包装，然后套入塑封膜，用塑封机进行塑封，塑封完成后将产品推入冷冻库保存。

（2）入库。将包装好的产品，放入温度≤-18℃的冷冻库中保存。

（3）运输。将包装好的产品，放入温度≤-18℃的冷冻库中保存；运输过程中控制车厢温度≤-18℃，不得与有毒、有异味或者影响产品质量的物品混装运输，保证车厢内清洁、干燥、无污染物。

（二）工艺流程中的制热需求

（1）清炖。将炸好的带鱼码放在碗内4~5片，控制在180~200g之间，锅内加油，放入配方中的葱、姜、花椒、大料，炒香，加水，烧沸，淋入，加入组配中的产品即成。

（2）包装。使用包装盒包装，净含量350g，带鱼200g（4~5块），汤150g，称重范围（350~360g），对齐盖好包装盖，调整封口机温度为220℃，5s封口，推入热加工，蒸30min。

四、食用菌类预制菜工艺流程及冷热源需求

食用菌类预制菜以台蘑豆腐预制菜为例，其工艺流程为：取料——→配料——→预处理——→炒制——→包装——→成品检验——→入库——→运输。

（一）工艺流程中的制冷需求

（1）包装。将蒸好的产品推入≤-35℃急冻库冷冻，2h后推出，分别用外包装纸盒进行包装，然后套入塑封膜，用塑封机进行塑封，塑封完成后将产品推入冷冻库保存。

（2）入库。将包装好的产品，放入温度≤-18℃的冷冻库中保存。

（3）运输。运输过程中控制车厢温度为−18℃，不得与有毒、有异味或者影响产品质量的物品混装运输，保证车厢内清洁、干燥、无污染物。

（二）工艺流程中的制热需求

（1）炒制。将泡好的榛蘑焯水2min捞出，起锅放入葱末、姜末、花椒，炒香后放入榛蘑，翻炒均匀后倒入高汤，放入调料包，焖约20min左右。

（2）包装。使用包装盒包装，净含量350g，炸豆腐150g，苔蘑15g，汤185g，称重范围（350~360g），对齐盖好包装盖，调整封口机温度为220℃，5s封口，推入热加工，蒸30min。

五、药膳菜类预制菜工艺流程及冷热源需求

药膳类预制菜以冻干药膳鸡汤为例，其工艺流程为：新鲜鸡肉切分——清洗——沸水预煮——冷水清洗——加入药膳配料冷水蒸煮——药膳鸡汤滤液——冷却——浓缩——调和——干燥。

（一）工艺流程中的制冷需求

冷却：将收集起来的药膳鸡汤放入0~4℃冰箱澄清24h，分离上层黏鸡油。

（二）工艺流程中的制热需求

（1）预处理鸡只。首先，将鸡用冷水仔细清洗干净，保留骨头上的肉质。然后，将鸡放入沸水中进行预煮。完成后，捞出鸡只，再次用冷水冲洗以彻底去除表面的浮沫，之后沥干水分，备用。

（2）制作预制药膳鸡汤。首先，将预处理好的鸡肉与当归、黄芪、党参这三种药材以及适量的水一同加入锅中。接着，在常压条件下进行煮制，直至沸腾并保持40min，以充分融合药材与鸡肉的味道，制成预制的药膳鸡汤。随后，将这份药膳鸡汤在85℃的常压环境下继续蒸煮4h，使其更加浓郁。最后，使用滤布将汤与其中的药材渣进行分离，即可得到纯净的药膳鸡汤。

（3）浓缩。将滤液后的药膳鸡汤以100℃温度压蒸发方式进行浓缩。

六、小结

预制菜制作过程中主要涉及的热需求包括水煮加热、蒸汽加热、油炸及高温杀菌等过程，冷需求主要包括速冻、冷冻及冷藏等过程。

预制菜加工工艺可以采用以下技术及设备满足生产过程中的制冷制热需求。

制冷技术及设备：冷库、真空滚揉、脉动真空滚揉、真空低温烹调、液氮速冻技术、超声波辅助冷冻、磁场辅助冷冻以及高压冷冻。其中冷库不同温度带对应可储存的商品详见表 8-1。

表 8-1　冷库不同温度带对应可储存的商品

等级	温度带/℃	可储存商品
C3	−2~10	腌菜、牛奶、鱼类肉类加工品、鸡蛋、生鱼、芝士、水果、调料
C2	−10~−2	鲜鱼类、生肉类、乳制品、咸鱼、干鱼
C1	−20~−10	冷冻面包、冷冻鱼类、加工肉类
F1	−30~−20	黄油、冷冻食品、冷冻肉类、冷冻蔬菜
F2	−40~−30	高级冷冻肉类
F3	−50~−40	一般金枪鱼、一般生鱼片
F4	−50 以下	高级金枪鱼、高级生鱼片

冷间的设计温度和相对湿度应根据各类食品的冷藏工艺要求确定，也可按表 8-2 的规定选用。

表 8-2　冷间的设计温度和相对湿度

序号	冷间名称	室温/℃	相对湿度（%）	适用食物范围
1	冷却间	0~4	—	肉、蛋等
2	冻结间	−23~−18	—	肉、禽、冰蛋、蔬菜等
		−30~−23	—	鱼、虾等
3	冷却物冷藏间	0	85~90	冷却后的肉、禽
		−2~0	80~85	鲜蛋
		−1~1	90~95	冰鲜鱼
		0~2	85~90	苹果、鸭梨等
		−1~1	90~95	大白菜、蒜薹、洋葱、菠菜、香菜、胡萝卜、甘蓝、芹菜、莴苣等
		2~4	85~90	土豆、橘子、荔枝等
		7~13	85~95	菜椒、菜豆、黄瓜、番茄、菠萝、柑橘等
		11~16	85~90	香蕉等
4	冻结物冷藏间	−20~−15	85~90	冻肉、禽、副产品、冰蛋、冻蔬菜等
		−25~−18	90~95	冻鱼、虾等
5	冰库	−6~−4	—	盐水制冰的冰块

蒸汽、热水技术及设备有锅炉、欧姆加热、远红外加热、射频加热、电磁感应加热、立式杀菌锅等。

第二节　制冷系统及节能措施

一、制冷系统分类

制冷系统按所使用的制冷剂种类的不同可分为氨制冷系统、氟利昂制冷系统、混合工质制冷系统及空气等工质的制冷系统；按工作原理的不同可分为压缩式、吸收式、蒸汽喷射式、热电式、吸附式等制冷系统。其中压缩式制冷系统又称为蒸气压缩式制冷系统，由于这种制冷系统性能好、效率高，我国食品冷藏中大多采用此制冷系统。

二、制冷剂与载冷剂

目前我国的冷库中，制冷系统中使用最多的制冷剂主要是氟利昂（CFC/HCFC/HFC）、氨（NH_3）、二氧化碳（CO_2），每种制冷剂都各有其特点。

氨臭氧层消耗潜值（ODP）和全球变暖潜能值（GWP）都为0，对臭氧层危害小，而且容易获取，具有价格便宜、压力适中、单位容积制冷量大、放热系数高、油中溶解性低、流动阻力小等优点；不过氨也具有明显缺点，当氨中含有水分时将对铜及铜合金有腐蚀作用，有刺激性臭味、有毒、易燃易爆，当空气中氨蒸气的容积达到0.5%～0.6%时可引起爆炸，一旦泄露危害极大。因此，氨制冷装置要保证密封性能好，才能提高其安全性，方便实现自动控制。

氟利昂在常温下都是无色、无味、易挥发液体，透明、介电常数低、临界温度高、易液化、溶于油，无味或略有气味，无毒或低毒，化学性质稳定，但对大气臭氧层破坏严重。当前，氟利昂系列制冷剂里的CFC（氯氟烃）已被全面禁止使用，HCFC（含氢氯氟烃）也处于限制使用的管控状态。

二氧化碳（CO_2）是一种天然制冷剂，ODP为0，GWP为1，获取成本低，具有传热效果良好、单位容积制冷量大等明显优点，由于其高密度和低黏度属性，其流动损失小、稳定性好、安全无毒，而且具有不可燃性；缺点是系统运行压力高，需专业维护，与传统的润滑油兼容性较差，需要使用专门为二氧化碳设计的成本更高的润滑油。

三、蒸气压缩式制冷系统

（一）单级压缩式制冷系统

蒸气压缩式制冷系统循环主要构成包括制冷压缩机、冷凝器、节流装置和蒸发器，

244

用管道依次将其连接，形成一个完全封闭的系统。该系统以液体制冷剂作为介质，通过其相变连续不断地从待冷却空间（蒸发器）吸收和带走热量，然后通过冷凝器将热量排放到其他地方。

当系统在一次完整的循环中制冷剂只经过一次压缩时称为单级蒸气压缩式制冷，其最低蒸发温度可达到-30～-40℃。单级蒸气压缩式制冷系统简单，方便管理与操作，但有其明显的局限性。当所需蒸发温度进一步降低时（即库房温度需要降低时），系统中压缩机的排气温度随之升高，过高的排气温度会使润滑油碳化，影响压缩机的正常运行；压缩机压力比增大，制冷量减少，直接导致制冷系数下降。

综合来看，当压缩机的压力比处于过高状态时，若选择运用单级压缩循环，不但在经济层面会面临成本过高、效益不佳的问题，从实际运行角度，甚至可能因压力超出设备所能承受的极限，致使循环无法正常运转。

为确保生产需求得到满足，在实际操作过程中，通常会采用配置中间冷却器的双级压缩制冷循环。然而，双级压缩制冷循环和单级压缩相比，需要投入的设备资金大幅增多，操作过程也更为复杂，对操作人员的技术要求更高。因此，双级压缩制冷循环并非在任何情形下都具备优势。一般情况下，当单级氨制冷压缩机的压力比大于8、氟机的压力比大于10时选用双级压缩制冷循环，无论是从成本控制，还是从系统运行的稳定性和高效性考量，都是更为经济合理的选择。

（二）双级压缩式制冷系统

双级压缩式制冷是指来自蒸发器的制冷剂蒸气要经过低压与高压压缩机两次压缩后，才进入冷凝器，在两次压缩中间设置中间冷却器的循环。双级压缩制冷循环按中间冷却方式可分为中间完全冷却循环与中间不完全冷却循环；按节流方式又可分为一级节流循环、两级节流循环。其中，两级节流循环是指制冷剂从冷凝器出来要先后经过两个膨胀阀再进入蒸发器，即先由冷凝压力节流到中间压力，再由中间压力节流到蒸发压力，而一级节流循环只经过一个膨胀阀，大部分制冷剂从冷凝压力直接节流到蒸发压力。相较而言，一级节流压缩制冷系统结构较为简易，凭借较大的压力差，不仅能实现远距离供液，还可满足高层冷库的制冷剂供液需求。基于这些特性，在实际运用中，一级节流双级压缩制冷系统颇受青睐，应用最为广泛。一级节流双级压缩制冷系统有中间完全冷却型和中间不完全冷却型两种。

1. 一级节流中间完全冷却双级压缩制冷循环

其工作过程是：在蒸发器中经过吸热过程后，形成低压低温制冷剂蒸汽，被低压级压缩机吸入并压缩成中间压力的过热蒸汽，然后进入同一压力的中间冷却器，在中间冷却器内被冷却成干饱和蒸汽。这一部分中压的干饱和蒸汽又被高压级压缩机吸入并压缩到冷凝压力的过热蒸汽，随后进入冷凝器被冷凝成制冷剂液体，然后分成两路，一路小部分液体经膨胀阀节流降压后进入中间冷却器；大部分液体从另一路进入中间冷却器的盘管内实现过冷，不过鉴于传热温差的存在，其于盘管内是无法被冷却至中间温度的，而是通常会比中间温度高出 3~5℃。过冷后的液体再经过主膨胀阀节流降压成低温低压的过冷液，最后进入蒸发器吸热蒸发，从而达到制冷的最终目的。

中间完全冷却是指：来自低压级压缩机的过热蒸汽在中间冷却器内完全冷却至饱和状态。这种循环形式广泛应用于氨双级制冷系统（由于氨（R717）制冷系统排气温度高，要求吸气过热度不能太大）。这种系统的特点是由于采用完全中间冷却，可以减少过热损失，耗功量较单级少，制冷系数较单级制冷系统大。

2. 一级节流不完全中间冷却双级压缩制冷循环

其特点是低压级压缩机的排气，不进入中间冷却器冷却，而是直接与来自中间冷却器的中温干饱和蒸汽在管道中混合被冷却，然后再由高压级压缩机压缩成高温高压气体。此外，这种系统一般增设回热器，使流出蒸发器的制冷剂蒸气温度升高到一定过热度后进入低压级压缩机，而流出中间冷却器的再冷液体进一步降温。

对于排气温度不是很高，并希望有一定吸气过热度的制冷循环（例如制冷剂为氟利昂的制冷循环，主要用于中、小型制冷系统），在制取较低蒸发温度时一般采用此制冷循环。

四、吸收式制冷系统

不同于蒸汽压缩式制冷需要消耗电能、机械功来运行，溴化锂吸收式制冷系统大部分依靠消耗热能即可完成制冷（舒适性空调）过程。其原理是以溴化锂溶液为吸收剂，以水为制冷剂，利用水在高真空环境下蒸发吸热达到制冷的目的。为使制冷过程能连续不断地进行下去，蒸发后的冷剂水蒸气被溴化锂溶液所吸收，溶液变稀，这一过程是在吸收器中发生的；溴化锂溶液吸收水蒸气后形成溴化锂—水溶液，经溶液泵升压后进入发生器，在发生器中该溶液被加热至沸腾，水会先从溴化锂溶液中蒸发出来（水比溴化锂易蒸发）；蒸发出来的水蒸气在冷凝器中凝结成为液体水，经节流阀在蒸发器中蒸发，带走冷室内的热量。蒸发出的水气又被吸收器中的溴化锂溶液吸收（溴化锂溶液特易吸收水气），这就是一整个完整流程的循环运作，利用此循环可以达到连续制冷的目的。

五、其他制冷技术

除了食品冷库制冷外，食品速冻技术在预制菜产业冷链物流中也是重要的一环，食品速冻技术是利用低温环境使食品短时间内迅速降温，使细胞形成极小的冰晶，使冻结后食物中心温度达到−18～−15℃及以下，该处理过程食物原细胞组织破坏极小，从而尽可能地保持住食物的原汁与香味。

常规的速冻方式如隧道式连续冻结装置、鼓风式冻结装置、螺旋连续冻结装置等从制冷原理来说都可以归类为机械制冷，都是利用冷空气高速循环冻结食品，但由于风速过大会加重食品的干耗，效果会适得其反，因此用于对流换热的冷空气风速会受限制，整个食品冻结过程的时间也就变长，这显然是不利于食品保鲜的。而相比较之下，液氮速冻技术是通过液氮与食品接触从而吸收大量的潜热和显热来冻结食品的，使用该技术的冻结过程中，随着液氮与食品表面接触进行热交换，液氮吸收热量蒸发为氮气的同时带走食品大量热量，从而使食品快速穿过最大冰晶生成带（−5～−1℃），形成均匀细小的冰晶，由于在最大冰晶生成带内的食品内淀粉老化速度较快，耐低温的微生物在这个温度范围内仍可生长繁殖，快速穿过最大冰晶生成带无疑能减少冻结过程对食品的损伤，使解冻后的食品保持原有的香和味，从而更大程度地达到食品保鲜的效果。

六、制冷系统节能措施

随着我国冷链建设的蓬勃发展，大型冷库的数量及库容也在不断增长，市场竞争日益激烈，节能减排要求显得越来越重要，冷库制冷系统的耗电量自然引起冷库运营商的高度重视，如何将制冷系统优化得更高效更节能，是管理者关心的重要课题。

（一）回热循环

针对氟利昂制冷系统，回热循环可以有效提高其单位容积制冷量和制冷系数，利用回热器使膨胀阀节流前的制冷剂液体与压缩机吸入前的制冷剂蒸气进行热量交换，液体过冷可使节流降压后的闪发性气体减少，从而使节流机构工作稳定、蒸发器的供液均匀。

在氨制冷系统里，通常不会采用回热循环。这是因为一旦运用回热循环，系统的单位容积制冷量就会下降，制冷系数也会跟着降低。而且，采用回热循环还会带来一个问题，那就是压缩机的吸气温度会升高，而吸气温度一升高，排气温度也会"水涨船高"。大家都知道，过高的排气温度会对制冷剂润滑油产生不良影响，所以得想办法控制一下。具体来说，就是要把压缩机回气的过热度限定在30~40℃这个范围，同时，还要保证吸气温度不能超过15℃，只有这样，才能在一定程度上避免因排气温度过高而损伤制冷剂润滑油，让氨制冷系统相对稳定地运行。

（二）冷凝热回收

冷库制冷系统正常工作时，压缩机排出的高温、高压制冷剂气体需要排到冷凝器中冷凝放热，冷凝器会将大量的冷凝热毫无保留地排放至室外环境。这一现象不仅对生态环境造成了潜在危害，还造成了能源的极大浪费。深入探究冷凝热的来源，不难发现，其主要包含了冷间内部的热量以及压缩机在运转过程中通过能量转换所产生的热量。事实上，这些被直接排放的冷凝热，本质上是宝贵的能源资源。倘若能够巧妙地将这部分余热加以有效利用，便能显著减少其他传统能源的消耗，为节能减排贡献力量。值得欣喜的是，在技术不断进步的当下，市面上已涌现出多种常见的热回收系统。这些系统的核心功能之一，便是精准收集压缩机在功耗过程中所损失的热量，从而实现能源的二次利用，例如应用于冷库地坪的加热系统，通过载冷剂流经盘管把地坪加热，从而防止冷桥的形成；另外，还可以将冷凝热回收应用到溴化锂吸收式制冷系统作空调使用。

（三）热气除霜

当蒸发温度处于0℃以下时，库内冷却设备的表面会逐渐形成霜层，霜层的存在，会给制冷系统带来一系列不良影响。第一，随着霜层在蒸发器上持续增厚，蒸发器的换热能力会不断降低，这一变化会使空气侧的压力损失增大，具体到冷风机，则会因空气侧压损失致使空气流速变缓，进而影响冷间的制冷效果。第二，在霜层的影响下，为使冷间达到同样的设定温度要求，压缩机的吸气压力不得不下降，这种新的工况下压缩机工作效率降低，导致系统的总体能耗急剧上升。第三，冷间中储存的货物干耗继续加大，食品品质受到影响，存储重量减少。因此及时除霜对系统效率、能耗和食物品质都有重要作用。其中热气除霜可充分借助系统自身的热源来完成除霜作业，具体流程是将压缩机排出的过热蒸气，先经油分离器去除其中的油分，随后输送至蒸发器内。在热气除霜期间，蒸发器不再承担原本蒸发制冷的工作，而是临时充当起冷凝器的角色（即对过热蒸气进行降温，同时霜层吸热融化）。这种除霜模式有着两大突出优势，一是节能特性明显，能够有效减少能源消耗；二是除霜效率极高，能够快速地把蒸发器表面的霜层彻底清除干净。此外由于热的制冷剂气体直接冲刷蒸发器内部，会对蒸发器管路进行直接冲刷，这种冲刷作用能够有效地将管路中残留的油带出，避免了积油对系统性能的负面影响，对维持换热器的高效换热效率大有裨益，进而保障整个制冷系统稳定、高效地运行。

（四）循环桶液位控制

大型冷库的制冷系统通常会选用桶泵供液这种制冷手段。在这种模式下，对循环桶液位实施高效管控极为关键，因为只有精准控制液位，才能维持系统供液的平稳，满足制冷系统的正常运转需求，同时保障压缩机和循环泵的安全运行，防止因液位问题导致设备出现故障。

另外，要是能够切实减少循环桶的液位波动，对整个制冷系统将产生很好的积极影响。液位波动的降低能够进一步减轻系统的压力波动，让压缩机始终处于稳定的工作状态，避免频繁进行加载减载操作，杜绝不必要的开机和停机情况。如此一来，压缩机工作状态稳定，不仅能提升整个制冷系统的运行效率，还能延长设备的使用年限，降低设备维护成本。

（五）制冷系统自动化控制

制冷系统自动化控制是现代制冷技术发展的关键领域，是借助先进技术实现制冷系统智能化、高效化运作的核心手段。它融合自动运行控制，让制冷设备依照预设程序自行启动、运转与停止，可大幅减少人力投入，且能保障运行稳定。实时监测技术如同敏锐的"感知触角"，对制冷系统的温度、湿度、压力等关键参数展开全方位、不间断的监控，一旦参数偏离正常范围，即刻发出预警。

自动保护机制则是制冷系统的"安全卫士"，当系统遭遇异常（比如压力骤升、温度失控）时，可迅速启动保护措施，避免设备损坏，降低安全风险。数据采集与处理环节，能够收集、整理运行数据，为优化系统提供数据支撑。报表自动生成功能，可按设定周期生成详尽的报表，助力运维人员了解系统状况，为后续决策提供有力依据。

在冷库场景中，制冷自动化控制通过精确调控温度，保证货物储存品质，而广泛应用于食品冷链、化工生产、医药仓储等诸多领域，是推动各行业高效、稳定发展的重要技术手段。

七、小结

本节重点介绍了蒸气压缩式制冷系统中的几种不同类型，包括单级压缩制冷、双级压缩制冷及复叠式压缩制冷，同时还分析了当前几种主流制冷剂氨（R717）、氟利昂和 CO_2（R744）的特性，以及针对不同需求下搭配不同的制冷系统的应用对比。

最后还介绍了几种节能措施：回热循环、热气除霜、循环桶液位控制和制冷系统自动化控制等途径。

第三节　制热系统及节能措施

一、制热系统分类

预制菜工艺过程中的热需求主要有热水需求和蒸汽需求，制热系统按需求分为热水系统和蒸汽系统。

比如禽畜类预制菜煮制过程需要85℃热水，在厂区办公楼、宿舍楼等民用建筑的舒适性空调供热系统中需要采用热水作为传递热量的媒介。依据热水温度的差异，将其划分为两大系统：当水温保持在100℃及以下时，该系统被称为低温热水系统；若水温超过100℃，则该系统被称为高温热水系统。目前，低温热水系统的设计普遍倾向于采用95℃的供水温度和70℃的回水温度。高温水供暖一般应用在生产厂房中，设计高温水热媒的供/回水温度大多采用（110~130℃）/（70~90℃）。工艺用热水和空调用热水可综合考虑共用一套热水锅炉系统，以便为项目节省机房用地和设备初投资资金。

在腐竹预制菜制浆和成膜过程等需要持续提供蒸汽过程中，当厂区供热以工艺用蒸汽为主时，生产厂房、生产辅助用房适合空调供热采用蒸汽作为热媒。根据蒸汽压力的不同范围，蒸汽系统可划分为三个类别：当供汽的表压力高于0.07MPa时，该系统定义为高压蒸汽系统；若供汽的表压力高于大气压但等于或不超过0.07MPa，则归类为低压蒸汽系统；而当系统内部压力低于大气压时，则称为真空蒸汽系统。

在预制菜项目中，设置热水/蒸汽锅炉系统以满足产业园的热水/蒸汽需求。

二、锅炉系统分类

锅炉是一种能量转换装置，其输入的能量主要包括燃料所蕴含的化学能和电能。通过转换，锅炉能够输出带有一定热能的蒸汽、高温水或有机热载体。这些热能可以直接应用于工业生产和日常生活，满足人们对热能的需求。此外，锅炉中产生的热水或蒸汽还能通过蒸汽动力装置进一步转换为机械能，而机械能又可以经由发电机转变为电能。根据功能的不同，锅炉被分为两大类：提供热水的称为热水锅炉，而生成蒸汽的则被称为蒸汽锅炉。

按锅炉燃料和输入能源种类分类，可分为燃煤锅炉、燃气锅炉、燃油锅炉、生物质料锅炉、废热锅炉、电锅炉。其中燃煤锅炉、生物质料锅炉因对大气产生污染，部分城市建成区、工业园区禁止新建20t/h以下的燃煤、重油、渣油锅炉及直接燃用生物质锅炉，其他地区禁止新建10t/h以下的燃煤、重油、渣油锅炉及直接燃用生物质锅炉。在项目方案规划和设计过程中，要了解当地的相关政策，选择符合当地政策要求的锅炉系统。

（一）燃煤锅炉

1. 燃煤锅炉系统组成

燃煤锅炉是一种利用不同种类的煤炭作为燃料，通过燃烧转化煤炭中的热量来生成蒸汽或加热水的设备。根据燃煤锅炉的具体应用需求，它们可以被细分为几个类别：燃煤开水锅炉主要用于供应开水；燃煤热水锅炉则广泛用于采暖和洗浴；燃煤蒸汽锅炉专门用于提供蒸汽；而燃煤导热油锅炉则适用于蒸煮和干燥等工艺过程。锅炉热效率、排烟温度、排渣含碳量和排烟处理过量空气系数等技术指标，应符合国家标准的规定，以保证锅炉安全运行。

燃煤锅炉的核心构造主要包含煤粉制备系统、燃烧器、受热面组件以及空气预热器等关键部分。其中，锅炉本体作为生产蒸汽的主体结构，由炉膛、锅筒、燃烧器、水冷壁、过热器、省煤器、空气预热器、锅炉构架和炉墙等核心部件组成。这些部件共同协作，确保燃煤锅炉能高效、稳定地生产出所需的热水或蒸汽。

2. 燃煤锅炉节能与减排措施

随着我国对安全、节能及环保标准的逐年提升，工业燃煤锅炉行业正面临着一个新的课题和严峻挑战：即在确保锅炉安全运行、推动行业健康稳步发展的同时，如何更有效地加速节能减排工作的推进。这已成为该行业未来发展中必须面对和解决的关键问题。燃煤锅炉的节能措施有：

（1）设计拱形锅炉，炉拱可以促使炉膛中气体的混合以及组织辐射和炽热烟气的流动，使燃料及时着火燃烧，提高燃煤的燃烧率。

（2）针对不同的炉型，设置合理的送风量，促进炉内燃烧。

（3）采用二次风，加强炉内气流的扰动和混合使炉内的氧气和可燃气体均匀地混合，增加了悬浮细粒子在炉内的停留时间，减小了飞灰溢出量。

（4）预热空气，空气预热器可安装于锅炉烟道尾部，用于回收烟气余热，提高助燃空气的温度。

（5）锅炉燃烧自动调节，适应负荷变化自动调节锅炉，保证每个时刻的燃烧效率。

（二）燃气/燃油锅炉

1. 燃气/燃油锅炉系统组成

燃气蒸汽锅炉是一种热能转换设备，它利用天然气、液化气、城市煤气等气体燃料在炉内燃烧释放的热量来加热锅内的水，使其蒸发转化为蒸汽。根据所使用的燃料类型，燃气蒸汽锅炉可以细分为天然气蒸汽锅炉、城市煤气蒸汽锅炉、焦炉煤气蒸汽锅炉以及液化石油气蒸汽锅炉等多种类型。

燃油锅炉是指以轻油（如柴油、煤油）、重油、渣油或原油为燃料的锅炉，燃油锅炉按照燃料油不同可以分为轻油锅炉和重油锅炉，轻油指的是柴油或煤油等；重油指的是原油提取汽油、柴油后的剩余重质油。

燃气/燃油锅炉主要由燃烧器、炉膛、烟道、空气预热器、自动控制系统等组成。自动控制系统由电控柜、传感器、变频器、燃油泵、风机等组成，它的作用是自动调节燃油的进量、空气的进量等，以保证燃烧效率。

2. 燃气/燃油锅炉节能与减排措施

（1）对锅炉燃烧器加装氧含量调节仪的方法或定期保养锅炉，调整燃料和风量配比比例，使得运行状态达到最佳，从而有效地节省燃气，降低运行成本。

（2）增加烟气冷凝器，降低排烟温度。在烟气中，水蒸气发生冷凝时会释放显热，并且水蒸气凝结的过程也会释放潜热。这些热量被换热器内的水或空气吸收，从而实现热能的回收，有效提升了锅炉的热效率。此外，冷凝下来的水经过适当的水处理后，可以作为燃气热水锅炉热网的补水使用，这一举措减少了自来水的消耗量，进而节约了运行成本。

（3）保证入炉水质，减少锅炉排污。通过定期加药、化验监测手段保证锅炉进水水质保持良好状态，可关闭联排和减少定排次数，减少热排污损失；在锅炉低负荷时进行排污同样可减少排污量。

（4）回收排污热量，减少排污热损。安装污水回收换热装置，与制水系统或除氧水给水系统进行换热，可增加原水温度提高制水率，减少制水时污水排放量。或与除氧水换热，使其吸收污水余热，减少除氧水升温所需的锅炉蒸汽，减少系统耗热量，达到节约燃料的目的。

（5）优化保温做法，减少散热损失。

（三）生物质料锅炉

1. 生物质料锅炉系统组成

生物质作为能量转化的常用来源，通常可以分为四大类别：木材残余物类，包括燃料木材、木炭、废弃木材以及森林残留物；农业废弃物类，例如稻谷壳、秸秆和动物粪便；能源作物类，比如甘蔗杆和木薯；以及城市固体废弃物类。这些不同类型的生物质均为能量转化提供了丰富的资源。

生物质的转化利用主要有三种方法：热化学法、生物化学法和提取法。

热化学法是在高温条件下将生物质转化为其他形式能量的技术，具体包含以下四种途径：

（1）直接燃烧，即直接完全燃烧生物质以释放热量。

（2）气化，指在有氧气、空气或蒸汽等气体介质参与下，对生物质进行部分氧化，转化为气体燃料。

（3）热解，是在无氧环境下，仅通过热量使生物质中的有机物质发生热分解，释放出液态或气态的挥发性物质，并形成固态的半焦或焦炭。

（4）直接液化，是在高温高压及催化剂的作用下，从生物质中提取出液化石油等产品。

生物化学法则是利用微生物的发酵作用，使生物质转化为沼气、酒精等能源产品。

提取法则是采用物理手段，从生物质中直接提取出生物油。

生物质蒸汽锅炉的构成部分有：给料系统、燃烧系统、吹灰系统、烟风系统及自控系统。

生物质锅炉相关政策有（依照的环保要求及执行标准）：

（1）采用农林废弃物（秸秆、稻壳、木屑、树枝等）为原料，通过专门设备在特定工艺条件下加工制成的棒状、块状或颗粒状等生物质成型燃料，可有效改善农林废弃物的燃烧性能，其硫、氮和灰分含量较低，在配套的专用燃烧设备上应用，可实现清洁、高效燃烧，产生的二氧化硫、氮氧化物和烟尘较少，不属于高污染燃料。

（2）生物质成型燃料在城市中的推广应用要充分考虑当地环境空气质量控制要求和燃料供应的实际情况。在城市的燃气供应不能满足需求时，生物质成型燃料可作为一种替代燃料，并应以燃气的排放标准来要求；在大城市中心区的推广应用应当进行科学论证，并应提出更严格的大气污染物排放控制要求。

（3）在推广应用工作中，应当加强对生物质成型燃料的生产和使用监督管理，制定生物质成型燃料及配套专用燃烧设备的地方标准和技术规范，规范其生产和使用。在应用过程中，注意监测是否有二噁英类物质产生。生产、销售生物质成型燃料和配套专用燃烧设备的单位应具备相应资质，产品须经质量、安全、环保、节能等相关管理部门的认证，符合相关技术规定和标准。

2. 生物质锅炉节能与减排措施

（1）采用往复炉排设计的锅炉，在结构上拥有相较于传统锅炉更为宽敞的炉膛空间。此外，该设计还精心配置了布局合理的二次风系统，这一配置极大地促进了生物质燃料在燃烧过程中瞬间释放的大量挥发物的充分燃烧。

（2）锅炉可配有燃油（燃气）点火燃烧器，实现点火自动化。锅炉的给料、燃烧、除渣、给水、点火都可采用自动控制，操作非常方便。锅炉配有自动清灰装置，能及时清除锅炉受热面的积灰，保证锅炉高效稳定运行。

（3）根据用户需要设置空气过滤器。相对传统的锅炉，效率更高，排烟温度低。

（4）采用高效的高温材料，降低锅炉表面温度，减小散热损失。

（四）废热锅炉

1. 废热锅炉系统组成

废热锅炉是一种专门设计用来利用工业生产过程中产生的余热以生产蒸汽的高温、高压换热器。早期，这类锅炉主要用于产生低压蒸汽，其回收的热量相对有限，主要作为生产流程中的辅助设备存在。然而，随着生产技术的不断进步，废热锅炉的性能参数得到了显著提升。如今，它们已经从原先仅用于生产低压蒸汽的工艺锅炉，转型升级为能够生产高压蒸汽的动力锅炉。

废热锅炉主要分为电站废热锅炉与化工废热锅炉两大类。其中，化工废热锅炉作为一种特殊的换热器，利用生产过程中产生的高温物流作为热源来生产蒸汽。它扮演着双重角色：一方面，它是工艺流程中对高温物流进行冷却的设备；另一方面，它也是利用这些余热来生成蒸汽的动力装置。在硝酸、酸、合成氨及石油炼制工艺等许多生产过程中都普遍使用废热锅炉，使生产过程所需的动力和热能得以全部或部分自给。

2. 废热锅炉的节能作用

在化工行业，废热锅炉可用于化工过程中的蒸汽余热回收，提高化工产品的生产能力和质量。在建材行业，废热锅炉可用于水泥熟料窑的烟气余热回收，降低了燃料消耗和矿石开采对环境的影响。在纺织行业，废热锅炉可用于染色过程中的烟气余热回收，提高了能源利用效率。

在使用锅炉余热回收设备进行废热回收时，需要充分考虑设备的设计、安装、运行和维护。设备的合理设计可以最大限度地提高烟气和工艺介质之间的传热效果，提高能源利用效率；应严格按照设备要求进行安装、运行和维护，确保设备的正常运行和长期稳定。

废热锅炉是一种非常重要的节能减排技术，可以有效利用工业锅炉燃烧过程中产生的废热，提高能源利用效率，降低能耗，减少环境污染。随着节能减排的重要性日益突出，废热锅炉在工业领域具有广阔的应用前景。

三、小结

不同燃料的锅炉燃烧成本和环保性能各有高低。表8-3列举了几种常见燃料热值及成本分析对比（基于1t蒸汽锅炉计算）。

表 8-3　几种常见燃料热值及成本分析对比

燃料	燃料密度	低位发热量	锅炉热效率	燃烧气体排放			市场价格	燃料消耗量	燃料费用
	kg/m³（kg/Nm³）	kJ/kg（kJ/Nm³）	%	CO_2	SO_2	NO_x	元/t（元/m³）		元
Ⅱ类烟煤	1200	17396	80	995	11.8	4.3	600	0.2	120
轻柴油	850	42875	95	818	14.2	4	7000	0.066	462
天然气	0.741	35590	96	420	—	0.5	3.4	75	255
木屑	130	13010	88	730	—	1.1	300	0.18	54
稻壳	120	12689	87	685	0.2	1.3	550	0.2	110
秸秆	800～100	16697	90	765	0.1	1.3	300	0.16	48
生物质成型颗粒	750	18392	90	950	—	1	800	0.2	160

注：1. 表中括号内数值指气体。

　　 2. Nm³ 是指在 0℃下 1 个标准大气压下的体积。

由表 8-3 可以看出，从成本高低上来说：（Ⅱ类）烟煤＜生物质料（生物质成型颗粒）＜天然气＜轻柴油。从环保性能优势上来说（单看碳排量）：天然气＞轻柴油＞生物质料（生物质成型颗粒）＞（Ⅱ类）烟煤。

预制菜生产过程中的制热（包括热水和蒸汽）需求基本都依靠锅炉来实现，根据项目实际情况选择合适的锅炉系统，并且应用一些回收节能措施，可以降低生产的成本。

第四节　光伏系统及节能应用

2024 年，随着全球能源转型进程加速，分布式光伏作为清洁能源的重要形式，正迅速渗透至社会各领域。然而，其发展过程中在备案、电网接入、交易和结算等环节仍面临诸多挑战。加强这些环节的监管至关重要。首先，这将全面规范分布式光伏的开发建设流程，确保项目从规划阶段就遵循科学合规的路径，推动开发建设有序进行；其次，通过优化营商环境，为投资、建设和运营分布式光伏的市场主体消除障碍，激发市场活力，吸引更多资源投入。尤为重要的是，应提升电网接入服务效率，缩短项目并网时间，确保电力及时消纳，从而提升整个产业的运行效率。最终，这些措施将推动分布式光伏实现高质量发展，在能源供应、环境保护和经济增长等方面持续创造更大价值。

《2024年能源工作指导意见》中提出了能源结构持续优化、质量效率稳步提高的目标，并明确了风电、太阳能发电量占全国发电量的比重达到17%以上的目标，为分布式光伏的发展提供了广阔的发展空间。随着国家对分布式光伏政策的持续支持和推广力度的加大，预计未来分布式光伏系统将得到更广泛的应用和发展。同时，随着技术的进步和成本的降低，分布式光伏系统的经济性和竞争力将进一步提升，为我国能源绿色低碳转型和高质量发展做出更大贡献。

一、分布式光伏系统详解

（一）系统概述

分布式光伏发电作为一种前沿的发电与能源综合利用方式，一般指的是在用户场地附近构建的光伏发电设施。其运行模式以用户侧自发自用为主，多余电量上网，并具有配电系统平衡调节的特性。

这种系统严格遵循"就近发电，就近并网，就近转换，就近使用"的原则，在多个维度展现出显著的积极效应。

从发电环节来看，实施就近发电流程，能够精准匹配当地的光照资源与用电需求，有效规避因传输距离过长等因素导致的发电效率损失，进而显著提高发电量。例如，在光照资源丰富的地区，可根据当地的用电高峰和低谷，灵活调整发电计划，实现能源的高效利用。

在电力传输层面，传统的电力升压及长距离传输过程中，由于线路电阻等原因，不可避免地会产生电能损耗。而本系统所遵循的原则，巧妙地避免了电力的长距离输送，使电能能够在近距离范围内快速完成转换和使用，极大程度地降低了这种损耗，让更多的电能得以有效利用。这对于提升光伏发电的整体效益，无疑具有重要的意义，不仅提高了能源利用效率，还降低了输电成本，为可持续能源发展提供了有力支持。

该系统对当地太阳能资源进行了充分且高效的利用，通过光伏发电的方式，切实有效地替代并逐步减少了化石能源的消耗，为可持续发展战略的推进注入了新的活力与动力。

分布式光伏发电系统主要由一系列基础设备构成，其中包括太阳能电池板，它作为核心部件，负责将太阳能转化为电能；并网型逆变器，其作用是将电池板产生的直流电转换为符合电网要求的交流电，实现与电网的无缝对接；光伏支架，为太阳能电池板提供稳固支撑，确保其在不同环境条件下都能保持最佳工作角度；以及电缆线，承担着传输电能的关键任务，保障电力从发电端顺利输送至用电端。这些设备协同工作，共同构建起高效稳定的分布式光伏发电系统。

（二）发电原理

分布式光伏发电系统巧妙地运用了太阳能光电效应的原理，将洒落的阳光能量直接转化为清洁的电能。太阳能电池板中的光伏电池元件犹如光能转化的小能手，它们精准地将阳光中的光子捕获并转化为流动的电子，从而产生直流电。随后逆变器组件迅速将直流电转化为交流电，并确保其符合电网的各项要求，如电压、频率和波形等，使得转化后的交流电能够顺利地供给电网或直接供给用户侧设备使用。

（三）系统布局

分布式光伏发电系统的布局设计灵活多变，它依据具体的安装场景和实际需求进行精心策划。设计的核心要素涵盖了光伏阵列的配置、组件的精心挑选，以及逆变器和电池储能系统的合理配置。为最大化利用太阳辐射能，光伏阵列可采用固定支架、单轴跟踪，或双轴跟踪系统进行布局。

同时，系统布局还需综合考量安装地点、工作条件、运维便利性及维修需求等因素，以确保系统不仅具备高发电效率，还具备高可靠性和实用性。

（四）监控与运维

分布式光伏运维系统是一个全面集成的平台，旨在实现实时监控、数据采集、故障预警以及运维管理等关键环节。通过运用先进的智能化技术，该系统能够实现对分布式光伏电站的精细化监控与高效管理，从而确保电站的安全稳定运行，并显著提升光伏发电的效率与可靠性。其主要功能包括但不限于：实时数据监控与采集、故障预警与诊断，以及运维管理与优化等。

（五）经济效益

分布式光伏发电系统不仅经济高效，而且具有多重优势。首先，它利用取之不尽的太阳能作为能源，无须消耗任何传统燃料，从而显著降低了发电成本。其次，光伏发电系统的输出功率较小，适合安装在各类分布式场所，这使得总体投资成本得到有效降低，进一步提升了经济效益。更为重要的是，通过将多余的电能售卖给电网，企业和居民还能获得额外的经济收益。此外，分布式光伏发电系统还有助于优化能源结构，减少对传统能源的依赖，从而降低能源安全风险，并有力推动当地经济的持续发展。

二、分布式光伏发电的合作发展模式

(一) 企业自投自建商业模式

自投自建作为分布式光伏企业的基石商业模式，意味着企业独立投资、设计并建设光伏电站。企业利用自有资金，在自家项目屋顶上投资建设分布式光伏项目，这一过程需要综合考虑屋顶资源、光照条件、电网接入便利性以及土地成本等多重因素。通过精细化设计与施工，确保光伏系统的高效运行与长期稳定性。

自投自建模式不仅有助于企业直接掌握项目控制权，为后续运营管理和收益最大化奠定坚实基础，还能有效提升企业的节能管理意识，增加绿色用能占比，从而助力实现碳达峰和碳中和的宏伟目标。

(二) 第三方投资模式

第三方投资模式是指在专业光伏投资者的支持下，于企业主提供的专属项目屋顶上，精心打造分布式光伏发电系统。投资方与企业主共同签署《屋顶租用合同》及《购售电协议》，明确由投资方全权负责光伏项目的出资建设，并承诺为企业主提供自用光伏发电的优惠电价。

投资方全面承担光伏电站的投资、设计、建设及调试工作，并负责其日常运营成本，从而有效减轻企业主的运营压力与风险。此外，此举不仅解决了企业主初期融资的难题，还极大地加速了项目的落地进程，使企业主能够尽早享受到绿色能源带来的多重价值与收益。

(三) 融资租赁模式

融资租赁模式的优势在于，企业主无须一次性投入大量资金购买光伏设备，而是通过支付租金的方式逐步获得设备的使用权，从而减轻了资金压力。同时，由于租赁公司承担了项目建设期的全部投资，因此企业主也无须承担项目建设的风险，包括设备采购、施工安装、运维管理等环节可能出现的问题。同时这种模式也有利于提高企业的可持续性。通过租赁光伏设备，企业主可以降低自身的碳排放，实现绿色发展，同时也可以通过节约电费支出，提高经济效益。而对于租赁公司来说，通过提供专业的设备采购和运维服务，也能够获得稳定的租金收入，并且能够在设备更新换代时进行相应的调整和优化。

(四) 合作开发模式

合作开发模式是指新能源项目公司与自然人用户或企业主携手合作，共同推进分布式光伏项目的开发。在此合作中，自然人用户或企业主慷慨提供屋顶资源，而新能源项目公司则提供系统设备，并承担勘察设计、安装调试以及运营维护等重要任务。双方通过签订合作协议，共同明确各自的权利和义务，并共享光伏电站的发电收益。这种合作模式不仅有效盘活了自然人用户或企业主的闲置屋顶资源，提升了空间利用效率，而且通过新能源项目公司的专业技术支持和规范化运营，将原本无法充分利用的资产转化为可再生能源发电站，具有显著的经济效益和环保价值。此举不仅促进了清洁能源产业的发展壮大，也为社会各界提供了一个绿色合作、共享发展的典范，有力地推动了可持续发展战略的落地实施。

分布式光伏合作投资模式多种多样，自然人用户及企业可根据各自的实际需求和情况，灵活选择适合的合作模式。随着光伏技术的持续创新突破，以及政策环境的日益完善，分布式光伏项目的发展前景将更加广阔，为投资者带来更为丰富的机遇和回报。

三、分布式光伏发电的优势

（1）盘活固定资产，增加企业收益。常见的工商业建筑屋顶面积差异显著，小型企业屋顶可能只需数千平方米，而大型企业则可达上万平方米，这些闲置的大面积屋顶成为企业的第二道绿色生产线。若第三方在这些屋顶上投资并安装光伏电站，预制菜园区或企业就可实现电力的自发自用，无须支付任何费用，轻松享受约15%的用能成本降低。

（2）节省峰值电费，余电上网销售。企业用电需求旺盛，峰值电费往往居高不下。分布式光伏发电系统能够在用户侧直接发电，可显著减少企业对电网电力的依赖，从而有效减轻用户的电费负担。在电价较高或存在补贴政策的地区，这一优势更为凸显，不仅有助于降低企业运营成本，还能进一步提升用户的经济收益。

（3）预制菜园区光伏发电系统可以降低企业的能耗，完成政府规定的节能减排指标。加上不受资源分布地域的限制，拥有建筑屋面安全可靠，无噪声，无污染的优势，随着光伏技术的不断进步，光伏发电的成本也在持续降低，这使得更多的企业和机构能够承担得起这种清洁能源的投资。同时，政府对于清洁能源的支持政策也在不断出台，进一步推动了工商业光伏发电的发展。

（4）预制菜园区光伏发电系统对于企业来说，除了环保和节能的效果外，还有助于提升企业的社会形象和品牌价值。越来越多的企业开始意识到，采用清洁能源是履行社会责任、实现可持续发展的必要行动。总的来说，光伏发电系统的优势和价值已经得到了广泛的认可和接受，它正在成为企业实现可持续发展、降低能耗和履行社会责任的重要手段。

（5）光伏板在夏季能反射阳光，减少室内温度上升，冬季则能吸收阳光并释放热量，类似保温层的功效有助于维持室内恒定温度，减少热量散失，从而降低建筑物的采暖和制冷成本。随着越来越多的人认识到可再生能源的重要性，分布式光伏成为建筑现代化和绿色化的重要组成部分，提高了建筑的科技含量和附加值，推动建筑行业朝着低碳、环保的方向发展。

四、分布式光伏发电项目投运后管理

光伏电站投入运营后，其管理维护工作同样重要，尤其是在预制菜园区内建设的光伏电站，尽管后期维护能够相对集中进行，但分布式光伏的维护工作仍需细致周到。其中，光伏组件的定期保养显得尤为关键，在当今能源领域，分布式光伏电站作为一种广泛应用的清洁能源解决方案，正逐渐融入各类场景。然而，其露天的运行环境却为电站的持续稳定运行埋下了诸多隐患。分布式光伏电站大多直接裸露于自然环境之中，全然缺乏诸如防风沙屏障、防雨雪棚顶以及温控防护设施等基础防护措施。

从气象因素来看，风雨的侵袭不容小觑。狂风裹挟着沙石颗粒，高速撞击光伏面板，极易造成面板表面的细微划痕，这些划痕会散射入射光线，降低光吸收效率，进而影响发电量。而且，强风还可能对电站的支架结构造成机械性破坏，松动甚至折断连接件，威胁整个电站的结构稳定性。持续的降雨若不能及时疏导，会在电站底部积聚，加速金属部件的锈蚀，侵蚀电气线路的绝缘外皮，引发短路漏电风险。

雪霜同样是棘手难题。在寒冷地区，厚重的积雪长时间堆积于光伏组件之上，其产生的巨大压力可能超出支架承载极限，致使支架变形、坍塌。霜的凝结则会在面板表面形成一层致密的冰晶膜，阻碍光线穿透，使得光电转换效率大打折扣。

温度因素方面，高温时段，光伏电池内部的电子迁移速率加快，虽然在一定程度内可提升转换效率，但长时间处于高温暴露状态，电池材料的性能会逐渐劣化，如半导体特性衰退，最终导致整体发电性能不可逆的下降。而低温环境下，电池板内的电解液黏度增大，导电性能变差，电路中的导线柔韧性降低，变得脆硬易折，这些都会严重阻碍电流传输，大幅降低发电效率，甚至造成部分组件临时性或永久性失效。

鉴于分布式光伏电站面临如此复杂且严峻的自然环境挑战，日常保养工作已成为维系电站健康运行的关键环节。严谨细致的日常保养不仅能够及时发现并修复诸如面板划痕、支架松动、线路破损等初期问题，将潜在故障扼杀在萌芽状态，还能通过定期的设备检测、清洁维护以及环境适应性调整，有效延长光伏电站的使用寿命，使发电效率始终维持在较高水准，为能源的持续、稳定供应筑牢根基。

在分布式光伏电站的运行体系中，设备性能的优劣直接关系到整个电站的发电成效。诸多因素相互交织，共同对设备运行施加着影响。

　　就光伏组件而言，辐射强度与温度扮演着重要的角色，对其发电效率有着显著的影响。辐射强度如同组件的"能量原动力"，当阳光辐射强度充沛时，光子大量涌入光伏电池，激发更多的电子—空穴对，为电能转换提供了充足的"原料"，促使组件高效运作，发电量得以稳步提升。然而，一旦辐射强度不足，如阴天、雾霾等天气状况下，组件接收的光子数量锐减，可用于发电的"动力"欠缺，发电效率自然随之降低。

　　与此同时，温度因素也不容小觑。温度过高时，光伏电池内部的物理特性发生改变，电子运动愈发活跃，虽在初期看似能加快电荷分离与传输，带来短暂的效率提升假象，但从长远来看，高温会加速电池材料的老化，致使半导体性能衰退，内部电阻增大，电子迁移受阻，最终导致组件发电效率不可逆地下降。相反，在低温环境下，电池内的电荷活性降低，电解液黏度上升，同样不利于电能的高效转换，使得组件性能大打折扣。

　　而对于逆变器这一关键设备，带载率与工作电压成为决定其效率的关键因素。带载率反映了逆变器实际承担负载与额定负载的比例关系，当带载率处于合理区间时，逆变器能够依据负载需求精准调配电能，实现高效的直流—交流转换，保障电力输出的稳定性与可靠性。若带载率过高，超出逆变器的承载上限，设备将不堪重负，发热严重，电能损耗加剧，转换效率急剧下滑；反之，带载率过低，逆变器则无法充分发挥其效能，处于"大材小用"的闲置状态，同样造成资源浪费，效率低下。

　　工作电压方面，逆变器有着特定的最佳工作电压范围，在此范围内，其内部的电子元件能够协同运作，以最小的能量损耗完成电能转换任务。一旦工作电压偏离最佳区间，无论是偏高还是偏低，都会打破内部电路的平衡，导致功率损耗增加，转换效率降低，进而影响整个电站的电力输出质量。

　　系统效率受季节性变化影响，其中环境温度和灰尘遮蔽是较为显著的因素。特别是灰尘遮蔽方面，若光伏板组件未及时清洁，上面的泥点、污点等污物可能引发热斑效应。热斑效应是在光伏板组件串联电路中，部分区域被遮蔽后，会使发电量下降，而且还可能消耗其他部分产生的电能，相当于变成一个负载。其危害不仅体现为降低光伏板电池组件的效率，更严重的是可能致使组件损坏甚至烧毁。鉴于上述情况，定期对光伏电站组件进行清洗和检查极为重要，通过这样的操作能有效提升光伏发电系统的整体效率。

　　在光伏电站设计运维过程中的关键风险控制是一个系统工程，需要从电气安全、设备故障预防、自然灾害应对、人员安全培训、环境风险监测、运维流程规范以及安全文化建设等多个方面入手，全面提升电站的安全性和可靠性，通过控制风险，可以有效降低用电成本，提高投资回报。

第五节　能源与工艺相结合的节能应用

预制菜产业园应积极践行绿色发展理念，在建设和运营过程中与工艺相结合，可采用的系列绿色节能措施有如下几个方面。

（1）预制菜厂房屋面设置光伏面板，光伏发电用于生产线设备及冷热源等耗电设备。

（2）预制菜产业园集中设置冷热源，采用大容量高效率机组，整体规划设备位置及管路。

（3）采用云数据服务平台等自动化系统，智能管控，使冷热系统安全、高效、节能。

（4）回收制冷系统冷凝热用于加热冲霜水箱。

（5）回收制冷系统冷凝热用于地坪加热。

（6）回收制冷系统冷凝热和锅炉废热用于工艺热需求流程。

（7）回收蒸汽用于吸收式制冷空调机组的发生器。

（8）在锅炉烟道尾部安装空气预热器，回收烟气余热，提高锅炉助燃空气的温度。

下面以腐竹预制菜产业园为例，可以从能源供应和资源循环利用上有针对性地采用多种节能措施。

腐竹预制菜的工艺流程为：选豆——去皮——泡豆——磨浆——甩浆——煮浆——滤浆——提取腐竹——烘干——包装。煮浆、提取腐竹流程中需要设置蒸汽锅炉提供蒸汽，腐皮需要存放在−20℃的冷库中，腐竹需要存放在4~7℃的冷藏间，烘干过程需要提供热风，厂区宿舍和办公需要舒适性空调。可采用的节能措施有：

（1）集中供蒸汽可采用容量大的高效率锅炉，提高整体效率。

（2）冷库制冷系统的冷凝热和蒸汽锅炉的废热可回收用于腐竹的烘干过程。

（3）冷库制冷系统的冷凝热和蒸汽锅炉的废热可回收用于地坪加热。

（4）提取腐竹流程中的蒸汽可回收用于吸收式制冷机组的发生器，回收60℃以上的热源来制取100℃以上的热水或蒸汽。

（5）厂房屋面设置光伏面板，光伏发电用于腐竹生产线设备及冷热源设备，多余的电还可卖回电网，开源节流。

第六节　本章小结

本章围绕预制菜产业园的节能需求，构建了多维度、全流程的绿色节能体系，通过多技术的整合与系统优化实现节能低碳生产。

在冷热源系统方面，针对不同品类预制菜的工艺需求，制定具有针对性与可行性的节能措施，如采用分级冷库精准控温与高效锅炉系统，结合冷凝热回收技术，将制冷废热用于地坪加热、烘干工艺，减少能源浪费。同时，通过双级压缩制冷系统优化压力比，提升能效。

在可再生能源应用中，分布式光伏系统通过"自发自用+余电上网"模式，利用厂房屋顶发电，供应生产线的用电需求，降低峰值电费的同时实现碳减排。光伏板的保温效应还可降低建筑采暖制冷负荷，形成多维节能效益。

能源循环与智能管控是核心要点。通过云数据平台实时监控冷热源设备运行，动态调节压缩机负载与锅炉燃烧效率；集成热气除霜、自动化液位控制等技术，减少设备启停损耗；结合吸收式制冷机组，将蒸汽余热转化为空调冷源，构建"热—冷—电"循环体系，实现经济与环境效益的双赢。

本章技术体系以"精准匹配，循环利用，智能调控"为原则，为预制菜产业绿色转型提供了可复制的节能路径，助力"双碳"目标下的产业发展。当前预制菜产业快速发展，行业成就有目共睹。处在风口上的中国预制菜，得到了政府、行业、资本的多方关注，消费端认可度也在不断提高。土地方、投资方、工程方、咨询方、设备方、运营方均应根据预制菜产业园的生产特点，科学运用绿色节能措施来降低运营成本，方能提高各方效益，促进预制菜产业的更好、更健康发展。

第九章　智能化可视化产线

第一节　智能产线技术

一、智能化产线技术介绍与特点

在预制菜行业中，智能化生产具有极其积极的作用，能够帮助预制菜产业实现高效、标准化生产，优化资源配置。同时，智能化生产还能推动预制菜产业在质量、成本、创新等多方面全面发展，加快产业转型升级。

（一）智能化的定义

智能化是指利用各种现代信息技术，包括人工智能、物联网、云计算、大数据、自动化等，对各类信息进行收集、处理、分析和运用，以实现生产、管理、服务等领域的全面智能化。其核心在于利用先进信息技术对数据进行分析、处理和应用，从而对生产、管理和服务各环节进行智能化管理和优化，提高效率、降低成本，推动产业转型升级。

智能化是驱动产业变革的强大动力，作为当今科技发展的核心成果之一，正以前所未有的速度和深刻改变着人们的生活和生产方式（图9-1）。它是一个综合性的概念，涵盖多个前沿技术领域的融合与应用，旨在通过对信息的高效采集、处理、分析和应用，为各个领域带来革命性的变化。人工智能 AI 的高速迭代更是加速了工业智能化的全面发展。

图9-1　智能化正以惊人的速度渗透并深刻地改变着人们的生活

（二）智能化生产及特点

智能化生产是指在生产过程中引入先进的信息技术和智能技术，以提高生产效率、产品质量和灵活性。通过融合自动化技术、深度数据分析、物联网和人工智能等多领域技术，智能化生产实现了高度协同、动态优化与全流程智能控制。具体包括：

1. 人工智能和机器学习

人工智能凭借其强大的学习能力和推理能力，能够模拟人类的思维方式，处理复杂的任务和问题，并能广泛应用于生产调度、故障预测、质量控制等方面，提高生产的智能水平和效率。

近年来，深度学习的概念使人工智能取得了突破性的进展。通过构建多层神经网络，人工智能能够自动从大量数据中学习特征和模式，从而实现更准确的预测和决策。例如，在图像识别领域，人工智能可以快速准确地识别图像中的物体、场景等信息；在自然语言处理领域，它能够理解和生成人类语言，实现智能客服、机器翻译等应用。

人工智能、机器学习与深度学习之间关系如图9-2所示。

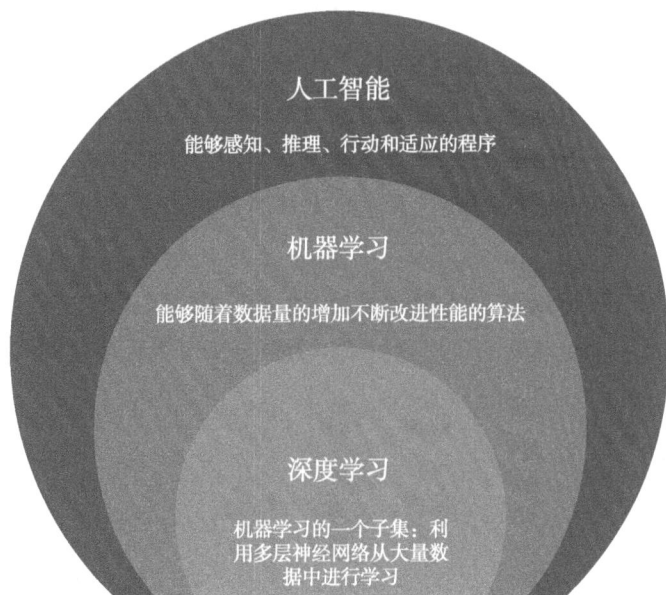

图 9-2　人工智能、机器学习与深度学习

2. 自动化

自动化技术实现了生产流程的自动化和无人化操作，它能利用机器人和自动化设备进行生产任务，减少人工干预，提高生产效率和一致性。在工业生产中，自动化生产线能够大幅提高生产效率，减少人为误差，保证产品质量的稳定性。已经出现的如机器人厨师等创新应用，这些技术的发展不仅改变了人们的生活方式，也为预制菜行

业带来了新的机遇和挑战。其应用如图 9-3、图 9-4 所示。

图 9-3　一款协作式机器人手臂　　　　图 9-4　一款机器人厨师

3. 数据分析

大数据是智能化的"原料"，通过数据采集和分析技术（如大数据、人工智能）优化生产流程、预测设备维护需求以及提高产品质量，而海量的数据更为智能化决策提供了丰富的信息来源。通过对大数据的深入挖掘，企业能够精准捕捉市场动态，全面解读消费者需求与行为特征，从而实现对市场趋势的前瞻性洞察。同时，这些数据洞见为企业制定高度精准的营销策略与科学化的产品规划提供了强有力的支撑，有效提升了市场竞争力与决策效率。以电商平台为例，通过对用户购买历史、浏览行为及评价数据的深入分析，平台能够精准定位用户偏好，为其推荐高度个性化的商品与服务。这种数据驱动的智能化推荐机制不仅能提升用户的购买转化率，还能优化用户体验与提高满意度。

通过数据获取、数据处理、可视化模式、可视化应用进行全方位场景覆盖，可建立起现实空间和数字孪生空间的可视化桥梁。数据分析可视化桥梁如图 9-5 所示。

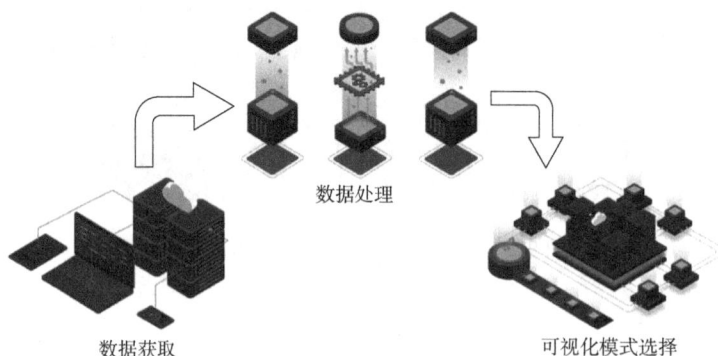

数据处理

数据获取

可视化模式选择

图 9-5　数据分析可视化桥梁

4. 物联网

物联网将物理世界与数字世界紧密地连接在一起，促使各类设备和物品能够实现

相互联通。在生产领域，通过将设备和系统
与互联网相连接，可以实现实时监控和数据
交换，进而提升生产的可视性和响应能力。
在运输方面，例如以集装箱为单元的物联网
应用，能够实现对全公司所有车辆在全国各
地移动过程的感知、定位、追踪以及智能调
度管理，从而使智能调度和可视化运输管理
得以实现。社会的物流信息平台，也借助这
一技术，为在途车辆提供在线配货信息服务，
实现就近配货，同时对回程空车进行在线监
控与管理，以此实现货运物联网的应用。物
联网的多种技术融合如图9-6所示。

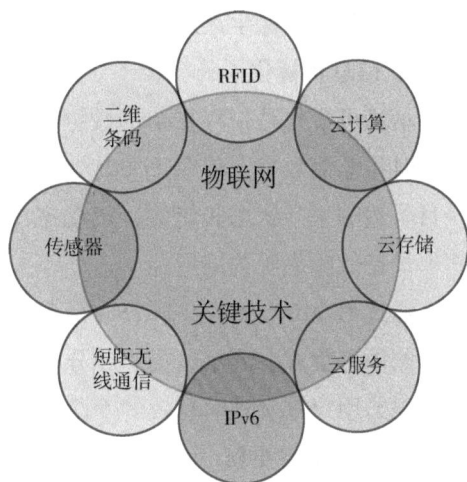

图 9-6　物联网的多种技术融合

　　智能化有力地推动了产业的转型升级。在传统产业面临增长瓶颈和竞争压力的背
景下，智能化为企业提供了新的发展机遇和创新空间。通过引入智能化技术，企业能
够提升产品质量和附加值，开拓新的市场渠道，实现从低端制造向高端智造的转变。
以制造业为例，智能化生产模式能赋予企业高度灵活的市场响应能力，使其快速而精
准地捕捉消费者需求，及时推进个性化定制生产。这种智能化生产模式不仅能全面优
化生产效率与资源配置，还能大幅增强产品在市场中的竞争力与占有率，为企业在激
烈的市场环境中赢得更多发展先机。

　　智能化的发展趋势不可逆转，随着技术的不断进步和创新，智能化将在更多领域
发挥其巨大的潜力，为人类创造更加美好的生活和更加高效的生产方式。我们应当充
分利用其带来的机遇，同时妥善应对相关挑战，实现可持续的发展和进步。

二、智能化产线的可视化与透明化

　　生产可视化与透明化，是通过一系列的手段和技术，将生产过程中原本隐藏在幕
后的信息和数据充分暴露在阳光下，使其变得清晰可见、易于追溯和理解。这一概念
的实现，对于现代企业而言具有多重重要意义，其主要涵盖以下几个方面。

1. 实时数据监控

　　在智能化线中，传感器、物联网（IoT）等技术的广泛应用使得对生产过程各项
指标的实时监控成为可能。这些传感器就如同产线的"眼睛"，能够敏锐地感知温度、
压力、生产速度等关键参数的变化。例如，在预制菜加工工厂中，安装在生产设备上
的温度传感器可以实时监测加工过程中的温度变化，一旦温度超出预设的安全阈值，
系统会迅速发出警报，提醒工作人员及时处理，从而避免因过热而引发产品质量问题

或设备故障，确保生产过程的安全性、高效性与可靠性。

2. 信息可视化

信息可视化是指将复杂的数据转化为直观易懂的图表、仪表盘等形式，由监控设备实时将监测数据，使用图形库如 D3.js、Plotly 等，将数据转化为图表和图形，提供一目了然的生产状态和趋势，以动态图表的形式展示着生产线的运行速度、产品合格率、设备故障率等关键指标。

通过 HTML、CSS 和 JavaScript 等前端技术，开发可互动和动态的可视化网页，将有效的信息集成、展示、提炼和分析，通过可视化技术的处理，将数据的动态表达作为呈现给用户最直观而有效的手段。

3. 实时数据更新

配置实时数据流或定期更新的数据提取流程，确保可视化展示最新的生产信息，使用数据流处理技术（如 Apache Kafka、Spark Streaming）实现实时监控和数据更新，实现网络动态可视化平台。

4. 反馈和优化

收集用户反馈，可以帮助企业了解市场需求，提升服务质量和用户满意度，从而增强客户忠诚度和对该品牌的信任；用户反馈的直接信息，可以帮助企业优化用户界面和交互设计，提升用户整体体验；根据反馈和数据分析结果，不断优化和更新可视化内容和功能。

第二节　生产智能化的必要性

一、预制菜行业发展的现状与挑战

在食品加工的漫长历史中，食品安全、质量、功能方面都取得了种种进步，然而如今依然存在许多问题。在过去的 80 年里，社会各界对食品加工的关注日益增加，新兴技术如何被用于提高营养质量，改进食品功能，提高资源效率和食品安全成为热议的话题。

预制菜生产链是复杂而综合的，从初级农业到成熟的食品，这个过程被称为"从田间到餐桌"，对各国的经济发展都做出了重大的贡献，并产生了重大的社会影响。该行业强大而复杂，有着广泛的流程和面临的挑战。

与所有行业一样，数字技术在预制菜生产运营和决策中发挥着重要作用，工业生产正在经历一场数字革命，尽管传统生产线已逐渐引进智能化在线检测系统，能够实时监测和分析数据，但系统仍然面临误报和漏报的风险。例如，环境因素的变化或设备故障可能引发误报；检测灵敏度的不足也可能导致关键问题的漏报。这对系统的精确性与稳定性构成了挑战。为了提高预制菜生产和产品质量，并满足不断增长的人口与市场需求，解决消费者的信任问题，预制菜行业必须不断创新并提出可持续的解决方案。

在高度数字化和信息化的时代，智能化产线的可视化与透明化正逐渐成为制造业领域的关键趋势，这一趋势不仅对企业内部的生产管理方式带来了变革，还在整个供应链以及消费者关系方面产生了意义深远的影响。产研协同与三维可视化智能工厂对比传统工厂的优势如图9-7所示。

研发可视化	生产作业指导	销售和市场营销目录	维修服务	设备和基建管理
• 改善了内部和对外供应商的协作 • 由于并发协同的工作过程减少了工程变更ECN	• 快速配需 • 减少返工 • 加快周期时间 • 弹性的劳动力 • 减少了保修成本	• 客户满意程度提升 • 更高的售后市场销售 • 减少部件退货	• 改善维修时间 • 减低培训成本 • 全球服务标准的一致性	• 工厂正常运行时间改善 • 预测性分析 • 更快响应时间 • 减少故障频率
10% 工程变更的减少	45% 减少返工	10% 产品上市时间提示	50% 培训时间提升	79% 故障频率减少
24% 供应商快速响应	75% 加快作业指南的建立和维护	70% 部件退货的减少	25% 呼叫支持中心减少	55% 资产利用率的提升

图 9-7 产研协同与三维可视化智能工厂对比传统工厂的优势

二、社会对透明化生产的需求

1. 监管部门

在 2006 年发布的《国家中长期科学和技术发展规划纲要（2006—2020）》中，食品安全被置于优先发展的地位，不仅是 11 个重点规划领域之一的公共安全领域的重要组成部分，更是该领域六大优先主题之一。食品安全可细分为质量安全和数量安全两个关键领域。"食品质量安全"是指："对食品按其用途进行制作和/或食用时不会使消费者健康受到损害的一种担保"；"食品数量安全"是指："保证任何人在任何地方都能得到了为了生存与健康所需要的足够食品"。食品安全监管防控是维护社会公共卫生安全的重要屏障，良好的食品安全环境是有效预防大规模食源性疾病、生化污染和传染病发生的重要先决条件。

利用大数据和人工智能技术，构建智能化的食品安全监管体系，通过对海量数据的分析和预测，实现对食品安全风险的早期识别、精准预警和快速响应，从而有效提升有关部门的监管效率，保障公众健康，已成为食品安全领域的重要发展趋势。

2. 生产参与者

在传统工厂生产线中，缺乏智能化管理可能会导致事故和安全问题，如没有智能化监控系统时，设备故障的发现可能会被延迟，导致生产中断或更严重的机械损坏；工人在没有智能辅助系统的情况下，可能因操作不当或疏忽而导致事故，如误操作机械设备；没有智能化的安全监控系统，工人可能无法及时得到警报或提示，从而无法避免潜在的安全隐患。如某装置因周边管线泄漏导致积液槽温度异常升高，爆炸前已有温度异常数据显现，但由于信息传递滞后，未能及时采取有效措施，最终酿成爆炸事故。智能化工厂的优势在于能够融合企业所有信息并打通信息传递渠道，同时利用三维图像、立体建模、物联网、移动互联和大数据等技术对生产状态进行全面监测，从而显著提高生产效率并降低事故风险。

目前数字技术的迅速兴起，再加上国家和当地政府一些政策的实施和导向，使智能化工厂的建设和改造成为符合时代发展潮流的必行之路，生产智能化、透明化也有助于连接工厂与消费者之间的桥梁，提升企业形象和市场竞争力。

3. 广大消费者

2024年，美国弗吉尼亚理工大学农学博士 Jean A. Parrella 发表论文《纳米食品洞察：一项关于美国消费者对在食品加工中使用纳米技术态度的调查》，研究了消费者对在食品加工中使用新兴技术不断变化的态度和接受度，提出了"食品技术新恐惧症"概念，通过认知和情感因素模型认为：消费者能感知到的新兴技术的优势、消费者对于食品加工的主观基准、消费者对厂商营造的声誉的信任程度显著影响着消费者的态度。

然而，在新兴技术形成发展之初，由于消费者对新技术的了解很少，他们会习惯于依赖主观情感而不是认知，以感觉来决定他们对新技术应用的整体态度。消费者的健康意识（即个人健康和饮食意识）将使他们注重食品安全，也更加关注新型食品加工技术的负面影响。随着时间的推移，消费者对新技术的态度与知识相结合，知识的积累使他们对主观感情的依赖减少，认知成为态度形成的基础，对产业的了解程度决定了消费者的消费意图。这足以说明想要实现行业的可持续发展，向消费者全面展示生产过程，实现生产智能化、透明化是非常必要的，同时生产透明化也将有助于构建监管框架。

三、生产透明化的实现及优势

数字技术在可持续性、土地管理、生活质量和竞争力方面加速支持预制菜产业发展。从机械到决策系统，计算机被用于所有有关的过程，通过使用机器人、传感器和网络物理系统技术，可以与决策支持软件通信，提供信息，有助于现场管理，随后将收集到的数据与物联网（IoT）技术相结合，再通过先进的互联网网络做出综合决策，实现工业制造的智能化、透明化和高效率、可持续性。

互联网网络系统正在从物理层到服务层，将数据转化为一流的实体，如物联网（IoT）、大数据、人工智能（AI）和区块链等数字技术，这些技术影响了公司的运营惯例，并创造了与客户、供应商和利益相关者建立联系的新方式，数字技术正在改变公司开展业务的方式，为应对行业挑战提供了新的机遇。

同时，预制菜企业应选择可靠的技术合作伙伴，共同制定和实施适合自身需求的技术解决方案。要建立完善的数据管理和安全制度，加强对数据的保护。在员工培训方面，企业可以通过内部培训、在线课程、外部专家讲座等多种方式，提高员工的技术水平和对生产透明化的认识。此外，企业还应加强与供应商、客户和行业协会的合作，共同推动生产透明化可视化管理的发展（图9-8），分享最佳实践经验，形成行业的共识和标准。

这种透明化的生产方式，使生产过程中的信息和数据变得更加公开和可追溯。具体优势简单阐释如下。

（1）生产流程追溯。生产过程就像一部详细的"纪录片"，被完整地记录和存储下来。从原材料的采购到加工，再到产品的组装和检验，每一个环节和每一项操作的数据都被精确地记录。这使得当产品出现质量问题时，能够迅速追溯到源头，从而提高产品质量的可控性和问题处理的效率。

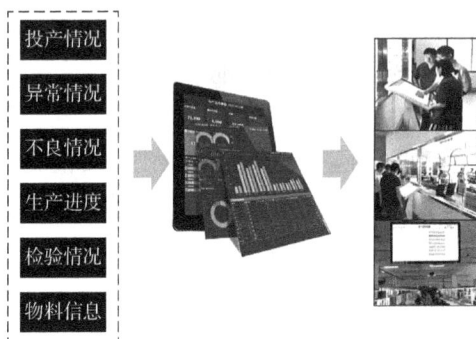

图9-8　透明化可视化管理

（2）供应链管理。通过透明化的供应链管理系统，企业能够清晰地跟踪产品的行踪，这意味着企业可以实时了解原材料的供应情况，确保及时到货，避免因缺货导致生产中断。对产品运输和仓储过程的有效监控，能够及时发现并处理潜在的品质问题，最大限度地减少损失，并确保产品以良好品质交付，从而提升客户满意度。

（3）质量管理。透明化的质量管理系统确保了生产过程中的每一个质量检测环节都有详细的记录和共享，这不仅便于追踪质量问题的根源，还为持续改进提供了坚实的基础。以预制菜产业为例，每一批食品在生产过程中都要经过多次严格的质量检测，检测结果被实时录入质量管理系统，当发现某一批次的食品质量不达标时，通过系统可以迅速追溯到具体的生产环节、操作人员和使用的原材料，从而采取针对性的改进措施，同时，这些质量数据的共享也有助于不同部门之间的协同合作，共同致力于提高产品质量。

（4）增强信任。向广大消费者展示生产过程的透明度，增强其对预制菜生产的了解程度，当消费者能够清楚地了解产品的生产过程，知道企业为保证质量所采取的措施和投入，他们会更愿意购买这样的产品，从而提升消费者对产品质量的信任及认可度。

综上所述，生产可视化与透明化能为预制菜企业带来显著的优势，如提高生产效率、保证产品质量、优化资源利用、提升客户满意度和加快市场反应速度。不仅使生产过程更加清晰可见、易于追溯和理解，还打破了部门间的信息壁垒，提高了整体运营效率，随着技术的不断进步，生产可视化与透明化将继续深化，为预制菜企业创造更大的价值。

第三节　预制菜智能产线构建方法

一、建筑参观通道

在预制菜产业园的建设中，智能化产线的构建离不开"软硬件"的协同作用，经过严密考量、科学规划的建筑参观通道即是构建智能化产线发挥作用的重要基石。建筑参观通道从功能、流线设计、安全性、信息展示和空间体验等方面有更针对性的要求。

（一）功能

预制菜产业园内建筑参观通道设计的首要任务是满足企业生产过程对政府监管机构以及媒体、公众的开放性与透明度要求，从而提升企业合规性和公众信任度。因此参观通道的设计应覆盖生产或展示的全流程，确保参观者能够按照预制菜生产顺序完整了解每一个环节。在参观通道的设计中，参观流线应紧密贴合生产或展示流程，以便参观者逐步深入、依次参观生产的关键步骤，获得系统连贯的体验。同时，通过透明隔断、分区展示和信息导览，参观者可以清晰地看到每一个重要环节及其上下游环节的连接关系，从而全方位了解整个流程的运行状况，对预制菜生产过程的安全性形成全面的理解。

（二）要求

（1）全过程覆盖。参观通道应遵循工厂的生产流程进行设计，形成一条全面而连贯的路线，使参观者能够按照工艺流程的顺序依次观摩所有环节。通道设计上应采用单一循环的流线设计，避免交叉和重复，确保路线清晰、顺畅，游客和员工的流动不冲突。

（2）贴合生产。预制菜产业的生产过程通常包括进货验收、原料分类入库、预处理、调制、烹饪处理、冷却检验、分装封口、冷冻入库、出库运输等多个环节。参观通道的设计应覆盖从原料接收到出库运输的全部环节，按照生产流程的顺序进行线性布置，使参观者能够依次了解每个步骤的工作流程，并结合电子屏讲解、可视化平台导览等充分展现生产流程各环节的安全生产和合规情况。

（3）透明隔断。在预制菜工厂内，参观通道的设计中，透明隔断是一个重要的设计元素。透明隔断不仅保障了参观者的安全，同时确保了生产过程的可视性和参观的顺畅性。在材料选择上应采用钢化玻璃、透明亚克力板、夹胶玻璃等，以兼顾透明性、结构安全性、清洁维护便利性的综合考量；在平面布局的考量上应确保参观通道和生产区域有明确分割，参观通道的设置不能对生产流线的布置造成影响，例如参观通道的照明系统就不应对生产过程中的目视检验环节造成炫光等视觉干扰。考虑到预制菜生产各环节连接紧密，为了保证菜品质量，通常缓冲空间较少，局部参观通道的设置可以利用高架走廊，保障参观视线开阔并避免参观流线和生产流线可能的交叉，但需注意生产过程中蒸汽和设备对参观通道的影响，避免产生安全隐患。

（4）分区。在参观通道的设计中，不同生产区域可通过分区方式进行展示，通过设置不同的展示区域，参观者可依次了解每个生产环节的独立过程，并通过导览系统进一步了解区域间的关联性。

（5）信息导览。为了提升参观体验，参观通道中应设置信息导览系统，通过电子屏幕、导览讲解等方式，向参观者展示生产流程、企业文化、安全措施等重要信息，确保参观者在每个环节都能获取详细的信息讲解，帮助参观者更好地理解生产过程和技术细节。

（6）末端总结。在参观通道的终点，应设置总结区域，通过图文展示和多媒体设备，对参观过程中涉及的主要信息进行回顾，并提供企业整体生产流程的总结，强化参观者对预制菜生产的全局认识。

（三）流线设计

参观通道的流线设计应以高效、线性为原则，严格按照生产流程进行布置。设计时需确保参观路线与生产线顺序一致，避免反向或重复的流线安排，使参观者在参观过程中能够顺利地从一个环节过渡到下一个环节，从而形成系统连贯的参观体验。

（1）高效流线。高效流线设计意味着参观通道的路线安排应尽可能简洁明了，避免冗长的绕行和重复路线。参观者应能够沿着生产流程的顺序从一个环节顺利过渡到下一个环节，减少不必要的时间和空间浪费。设计时还需考虑到参观者的不同需求，例如设置捷径或分支路线，以便参观者根据兴趣和时间自由选择参观路线。

（2）线性流线。线性流线设计能确保参观者按照生产流程的顺序进行参观，避免反向或重复的流线安排。通道的设计应以生产流程为导向，从原料接收到最终成品出库，参观路线应保持连贯和顺畅。这样的设计不仅有助于参观者对生产过程有系统性的理解，也能避免参观路线的复杂化，提高参观效率。

（3）沿生产流程布置。参观通道的布局应紧贴生产流程的实际走向，确保参观者可以按照生产工艺的先后顺序观摩每一个关键步骤。参观路线应与生产线的布局保持一致，从原材料的接收区到生产线的每一个重要环节，再到成品包装和出库区域，每一步都应有清晰的指示和导览，确保参观者可以直观地理解生产流程的全貌。

（四）安全性

参观通道的设计需重点考虑通道尺度、防滑措施和疏散设计，以确保参观者的安全。通道的宽度应满足疏散要求，并配备防滑地面材料。同时，参观通道的设计应避免干扰生产流程，确保生产的安全性和连续性。通道的照明系统也需经过特殊设计，避免对生产过程中的目视检验环节产生炫光干扰。

（1）通道尺度。通道的尺度设计需要满足参观者和生产人员的安全需求。宽度应符合人流疏散标准，并考虑到紧急情况下的疏散能力。高度设计应确保通道内无低矮障碍物，避免对参观者造成安全隐患。对于较高的区域，需设置防护栏杆，并在必要时安装提示标识，提醒参观者注意通道的尺寸变化。

（2）防滑措施。防滑是参观通道安全设计的一个重要方面，尤其是在工厂内存在湿滑区域的情况下。通道地面应采用防滑材料，如防滑地砖或涂层，并定期检查和维护，确保其防滑性能的耐久性。此外，必要时应设置警示标志，提醒参观者小心行走，以避免滑倒事故的发生。

（3）疏散设计。参观通道的疏散设计需遵循国家和行业的安全标准，确保在紧急情况下参观者可以迅速、安全地撤离。疏散路线应有明确的标识，并且要确保无障碍通行。疏散出口应设计在易于到达的地方，并配备紧急照明系统，以确保在紧急情况下的可见度。

（4）安全生产（不干扰）。参观通道的设计还必须考虑到对生产的最小干扰。通道与生产区域之间应有明确的隔断，避免参观者进入生产区，同时也防止生产过程中产生的噪声、粉尘或气体对参观者造成影响。通道的照明和通风系统也需经过特殊设计，避免对生产过程产生不利影响，确保生产的安全性和连续性。

（5）安全标准。确保通道设计符合安全标准，避免任何潜在危险，设置明确的安全标志和紧急出口，根据需要提供安全帽、护目镜等个人保护装备，培训导游或引导员，确保他们了解安全规程并能有效解答参观者的问题。

（五）信息展示

（1）企业文化展示。企业文化展示是参观通道中不可或缺的一部分，通过展示企业的历史、使命、愿景和价值观，参观者可以更好地理解企业的品牌和文化理念。展示方式可以包括企业宣传片、历史图片墙、标志性产品展示等，让参观者在进入生产区域之前，就对企业有一个全面的了解。

（2）生产安全措施展示。在参观通道中，生产安全措施的展示可以帮助参观者了解企业在生产过程中的安全标准和操作规范。通过数字屏幕、互动装置等手段，展示安全生产的关键要素，如设备操作规范、安全生产标语、应急预案等。结合局部放大的观测窗，参观者可以观察到安全措施在实际生产中的应用，进一步加强对安全生产的认识。

（3）数字屏幕和互动装置。数字屏幕和互动装置是现代参观通道设计中常用的展示手段。通过这些技术手段，参观者可以更加生动直观地了解生产流程和企业文化。互动装置如触摸屏、虚拟现实体验区等，可以增强参观者的参与感和互动性，使整个参观过程更加有趣和富有教育意义。

（4）导览和讲解。在参观通道的设计中，导览和讲解系统是提升参观体验的重要工具。通过设置自动导览设备或导览员，参观者可以获得详尽的讲解，帮助他们更好地理解每一个参观区域的功能和特点。讲解内容应涵盖生产流程、技术优势、安全措施等方面，确保参观者在每一个参观环节都能获取到关键的信息。

（六）空间体验

参观通道的空间体验设计应注重视线的引导和空间层次的变化。通过设计不同标高的通道、局部观测窗和关键生产环节的窗洞，使参观者在空间体验上获得多样化的感受。设计中应充分考虑参观者的视线角度，确保参观过程中的每个环节都能被清晰观察，营造出沉浸式的参观体验。

（1）视线引导。在空间体验的设计中，参观通道的布局应确保参观者在不同位置都能获得良好的视线，从而清晰地观察到生产过程的关键环节。通过设计视线引导和空间层次，参观者可以在行进过程中逐步深入了解生产流程。

（2）不同标高通道。不同标高的通道设计可以丰富参观者的空间体验。例如，通过设置高架走廊或楼梯，参观者可以从不同的角度观察生产线，从而获得更加立体和全面的参观体验。这种设计还可以有效避免参观流线与生产流线的交叉，确保参观过程的顺畅和安全。

（3）局部观测窗。局部观测窗的设计可以让参观者近距离观察到生产线的关键环节。这些观测窗应设置在生产过程中的关键节点，如原材料处理、设备操作、质量检验等区域，确保参观者可以深入了解每个生产环节的细节。这些观测窗还可以结合数字屏幕，提供实时数据和解释，增强参观者对生产过程的理解。

（4）关键生产环节窗洞。在生产流程中的某些关键环节，可以设计窗洞或观测孔，让参观者透过这些窗口观察到生产的具体操作过程。这些窗口应当设计在安全的高度和位置，确保参观者在观看时不会干扰生产流程，同时又可以清晰地看到生产中的细节操作。这种设计不仅能增强参观者的体验感，还能让他们对生产过程有更加深刻的认识。

二、AI 视频监控

AI 视频监控即在普通监控的基础上增加电子围栏功能（AI 视频算法），可以在监控视频范围内规定固定区域，检测是否有异常情况、突发状况，例如：火灾、烟雾、生产环境监测、人员卫生实况、非法闯入、人员斗殴等，通过传感器、音频、视频和远程传输技术在线采集环境信息，及时预警异常情况，减少损失。

监控系统作为信息通信技术应用的一部分，在生产过程控制和管理中发挥着重要作用。随着可用的物联网传感设备数量的增加，制造业产生的数据（即过程日志、事件、图像和传感器数据）预计将呈指数级增长。然而，复杂机电产品的质量要求较高，其制造工艺流程也相对复杂、精密。传统的车间生产线监控方式多以人工记录、报表和摄像头为主，这样就会产生数据流动慢、信息交互实时性差、可视化程度低等问题，同时工人对设备运行状态的管控力度也不够，自然是满足不了复杂、精密的制造工艺流程。

为了提高车间生产线运行过程中的可视化水平，国内外很多学者开展了对生产制造过程可视化监控的研究。Yang 等人提出一种基于 WIFI 的无线传感器网络用于检测环境中 CO 浓度的方法，它将无线传感器网络（WSN）与物联网相结合，基于低频调制的方法改变传感器的测量节点，再用数字滤波进行噪声过滤，为医疗保健、环境监测、过程和质量控制以及化学和生物威胁检测等领域的化学和生物传感器系统创造了新的机遇；Syafrudin 等人研发了一种利用基于物联网的传感器、大数据处理和混合预测模型的实时监控系统，采用基于密度的空间聚类（DBSCAN）的离群点检测和随机森林分类来去除离群点传感器数据，更准确地检测制造过程中的异常事件；吴宏超等人通过生产线物联化数据采集、生产线运行智能监控和数字化系统集成三个关键功能，设计了一种智能监控系统，在生产线三维仿真模型实现生产现场数据的叠加显示，还能将采集的数据存放至数据中心，通过统计和分析，实现生产执行过程、人员、物料、设备、质量和生产异常的数字化，并使生产线的数字化模型实现数据的可视化展示。程立辉等人认为，远程监控是制造系统远程监控中的重要组成部分，包括对设备的运行进行监视和控制，对设备可能出现的故障进行预测，对设备已经出现的故障进行诊断等，团队研究采用基于传感器驱动的虚拟现实辅助监控的方法，构建了设备远程监控系统，分为客户端、服务器和现场设备三个层次，加强了用户对底层设备状态的监控力度。

配备 AI 电子监控设备的三维可视化监控系统可以连续收集数据，可以提高产线运行过程中的可视化水平，为用户提供数据可视化和故障提示等功能，大大提高了产线的生产效率。

三、数字孪生

（一）数字孪生及其发展现状

数字孪生技术是近年来的研究热点。21 世纪初，"数字孪生"的概念正式提出，但由于定义是在不断发展中的，其思想可能更早就已存在。第一个术语是由美国密歇根大学的 Grieves 教授在 2003 年的一次演讲中提出的，"数据从现实空间流向虚拟空间，信息从虚拟空间传到现实空间"，后来记录在白皮书中，为数字孪生的发展奠定了基础；2012 年，美国国家航空航天局（NASA）发布了一份题为"未来 NASA 和美国空军飞行器的数字孪生范式"的论文，为定义数字孪生设定了一个关键里程碑。

NASA 论文提出：数字孪生是一种集成的多物理场、多尺度、对已建成系统的概率模拟，它使用最佳可用的物理模型、传感器更新、机队历史等，来反映其相应的飞行孪生的寿命。CHEN 认为：数字孪生是物理设备或系统的计算机模型，它代表了所有功能特征并与工作元素联系在一起。LIU 提出：数字孪生实际上是实物资产或系统的活模型，它根据收集到的在线数据和信息不断适应运营变化，并可以预测相应实物的未来。ZHENG 提出：数字孪生是一组虚拟信息，从微观原子水平到宏观几何水平，全面描述了一种潜在的或实际的物理生产。VRABIC 等人提出"数字孪生是使用集成模拟和服务数据对物理项目或组件进行的数字表示"。数字孪生的定义很广泛，但最好的描述是"物理实体和虚拟空间之间的数据在任意方向上的集成，反映物理实体产品的全生命周期过程"。

在数字孪生之前，有其他类似的技术，如数字影子、语义虚拟工厂数据模型（VFDM）、产品化身、数字产品内存、智能产品等。但是，数字孪生具有新颖而清晰的应用程序，这些应用程序具有排他性，使它能够更好地实时采用。工业 4.0 概念的进步促进了它的发展，人工智能（AI）和物联网（IoT）的最新进展也促进了数字孪生的发展，使其处于工业 4.0 革命的最前沿。工业生产的发展趋势如图 9-9 所示。

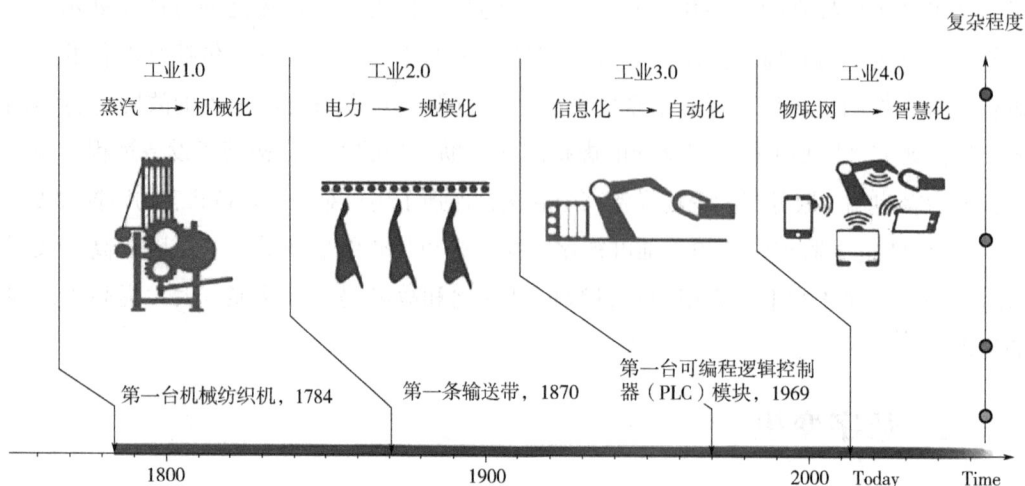

图 9-9　工业生产的发展趋势

数字孪生提供了一种智能数据方法，能够在其生命周期内管理先前获取的信息，增加了可用的数据量，加上数据分析，从而为预测性维护和故障检测提供了必不可少的资源。具体来说，数字孪生实施研究最多的领域是制造业和工业领域，由于其强大的功能，数字孪生已广泛用于空军车辆、AI 监测、制造业、医疗保健、智慧城市、智慧校园、智能医疗、交通和环境管理等敏感数据的应用中。

（二）数字孪生与预制菜平台监管的整合

随着社会预制菜产业的发展，现代市场对预制菜产品的需求从单一维度最终发展到多维维度，对预制菜的产品质量要求更加严格，为了保持竞争力，世界领先的工业国家都提出了智能制造的先进概念，如德国的"工业 4.0"战略、美国的"智能制造计划"和中国的"中国制造 2025"，这些战略在新一代工业技术的加持下得以快速发展，建设智能化车间及数字化技术应用使其具有实时同步、忠实映射、高保真度特性，从而实现了物理世界与信息世界的交互并融合，解决了预制菜车间信息交互不及时、透明度不足等问题，提高了车间的管理效率和生产效率，促进了预制菜产业的深度协同交互和社会资源的资源共享。

在此背景下，越来越多的传统厂商依托社会化资源平台与外部企业进行协作，形成了广阔开放的区块链云资源体系，一种支持社会化制造的操作系统，包括广泛的社会化工厂、物流供应商、公共仓库和制造商，正在悄然兴起。

目前，该领域有两个主要研究的问题：

（1）如何设计合理可靠的信息框架，保证可视化平台执行层能够从各子系统中获取全面可信的运行状态数据，从而构建系统的实时运行模型。其主要挑战在于如何全面、可靠地收集各子系统的运行状态数据，同时保证数据的完整性和准确性，随后通过使用多种模型、智能算法和约束对这些数据进行处理和验证，确保数据能准确反映预制菜工厂的实时运行状态，从而为决策层提供可靠、全面的实时信息支持。

近年来，区块链技术和数字孪生技术的应用为系统的信息共享和实时控制提供了坚实的技术支撑。数字孪生技术通过同步的虚实操作和动态仿真，增强了制造系统的实时控制能力。同时，基于区块链技术的资源管理平台通过共享社会化的制造资源，既提高了资源利用效率，又保证了可视化平台资源共享的安全性、可靠性和透明性。

（2）系统的决策层如何在高度动态的运行环境中，基于可信赖的资源，快速自适应地确定最优决策目标，从而做出最有利于优化系统运行的决策，主要挑战在于如何构建基于可靠和全面的实时信息的自适应决策机制和算法。

扩展弹性控制理论，将系统保持在实时的最佳运行状态，在缺乏信任的环境下促进不同生产实体之间可信、高效的协作并反馈给制造系统，有效地指导生产操作。数字孪生在预制菜智能化生产线中的应用可贯穿全流程，实现生产效率与品质的双重提升。在生产线规划阶段，通过构建设备、工艺、物流的虚拟模型，模拟不同布局方案下的产能瓶颈与能耗水平，例如优化冷库与加工车间的空间布局，缩短冷链传输路径，降低制冷系统能耗。在生产执行环节，实时采集生产线传感器数据（如杀菌锅温度、速冻隧道风速、包装机误差率），驱动虚拟产线动态映射物理实体，当某环节参数偏离标准（如灭菌温度低于设定值），系统自动触发预警并调整相邻设备参数，确保产品合格率维持在99%以上。

在设备运维领域，数字孪生可预测性维护优势显著。通过分析压缩机、锅炉等关键设备的运行数据，建立寿命预测模型，可提前预警部件故障（如制冷系统管道泄漏风险），有效减少非计划停机时间。同时，结合虚拟现实（VR）技术，操作人员可远程沉浸式调试设备，例如在虚拟环境中模拟调试液氮速冻机的喷射角度，避免传统试错调试导致的食材损耗。

在质量追溯与工艺优化方面，数字孪生系统可记录从原料采购（如蔬菜农残检测数据）到成品出库的全链条信息，形成不可篡改的数字档案。当某批次预制菜出现品质问题时，系统可在短时间内定位到具体生产线、设备及工艺参数（如炒制温度不足或速冻延迟），并自动生成工艺优化建议，例如调整红烧肉预制菜的焯水时间从3分钟延长至5分钟以提升肉质口感。

（三）可视化平台功能

（1）系统管理。在用户注册时，系统会根据用户填入的身份信息将用户划分为研发人员、管理人员、政府监管部门、消费者等,同时根据用户的身份为其分配不同的权限等级,等级越高对系统的操控权限越大,为三维可视化监控系统的安全提供了保障。

(2)任务管理。任务管理为用户提供生产任务下发的功能,其中用户可根据实际需求对任务信息进行修改,实时查看任务生产进度,也可以暂停或终止任务的进行,对生产任务提出指导意见。

(3)数据可视化与统计。数据可视化与统计功能是将产线下采集到的多源异构数据进行可视化展示和统计,具体包括数据的实时更新、生产进度的统计和生产日志查询,用户可以通过图表直观地了解到当前产线下各工位的生产进度,也可以通过查询生产日志进一步了解生产过程中发生的生产事件。

(4)实时监控。实时监控包括三个方面的内容,一是基于实时数据驱动的产线虚实映射同步;二是对各制造设备运行状态及生产管理工人的实时监控,如工业机器人各轴关节角度、夹爪工装下竖直气缸和夹紧气缸的打开状态、工人进入车间是否规范穿戴消毒手套、鞋套等;三是提供多个监控视角,包括漫游视角、全局视角、局部视角和跟踪视角。

(5)故障提示。故障提示是指在生产过程中发生故障时,系统能够快速定位故障位置,找到故障原因,并提示用户处理故障。

(6)数据库建设。将企业的业务流程、管理模式、生产过程转化为数字形式,实现信息化和数据化的过程,使得数据可以被电子设备处理、传输、储存和分析,从而提高流程的透明度和效率;建设企业的数据仓库、数据中心等,实现数据的集中管理和统一标准化,提高数据的可靠性和利用价值。

第四节　本章小结

(1)随着"工业4.0时代"的到来,工业生产过程引入了先进的信息技术和智能技术,生产过程更加智能化、自动化和互联化,它结合了自动化、数据分析、物联网、人工智能等技术,帮助预制菜产业实现高效、标准化生产,优化资源配置,加快产业转型升级,并创造了与客户、供应商和利益相关者建立联系的新方式。

(2)社会各界对食品加工的关注日益增加,预制菜产业链强大而复杂,呈现出广泛的流程和运营挑战,由于传统生产线多采用人工记录,即使使用智能在线检测系统,也仍然存在误报和漏报的可能。因此,在基于人工智能、数字孪生等新技术的助力之下,应用更强大的智能化产线是预制菜行业高质量发展的必由之路。

（3）国家及各级监管部门重视食品安全领域，消费者更愿意消费他们足够了解的产品，建设智能化工厂不仅可以提高预制菜生产效率和产品质量，提高资源利用率，而且可以向社会各界全面展示生产过程，有效解决消费者的信任问题，也将有助于构建监管框架。

（4）预制菜工厂智能产线构建需要从三方面完成。设置满足企业生产过程对政府监管机构、媒体以及公众的开放性与透明度要求的参观通道；安装可以采集、识别、传输的环境信息，如音频、视频等，及时预警异常情况的 AI 监控设备；使用数字孪生技术，收集并处理虚拟数据信息，并链接到可视化平台以实现资源的共享。

第十章　结论与展望

第一节　结　论

预制菜产业园近年来的兴起与勃发是一二三产业联动发展的成果，也是应对食品安全和食品供应链问题的有效解决方案。随着人们对食品质量和安全的需求、关注度的日益提高和食品加工技术的不断发展进步，市场对高质量预制菜产业园的需求和预制菜产业园的规模将持续增长，为保证预制菜产业园能安全环保、科学高效、可持续地生产，需要有一套全面、系统、科学的设计理念和实践指引。

本书通过整理、归纳、研究现有预制菜产业发展的成果与问题，参考规划、建筑设计、工艺流程、绿色节能、物流系统等多专业的标准和规范，以期为预制菜产业园建设的科学规范、食品生产的安全保障、物流运输的高效可靠、消费端口碑的提升提供全面的指导，也为预制菜产业未来的发展方向提供先导性的预测。

本书各章节从对预制菜一二三产联动的发展模式、工艺与食品安全以及园区规划与设计、物流系统、绿色节能专项设计等专业性内容的研究出发，以预制菜的三产融合、一二三产联动的特征为基础，强调预制菜发展的必要性和重要性，为全书奠定了安全高效的发展基调。同时，对预制菜的生产工艺和食品安全保障做出了整理和总结，提出了针对预制菜产业园的建筑设计指导原则和设计策略，对预制菜产业园的物流系统、废水处理以及绿色节能专项技术进行研究和总结，为预制菜产业园的科学高效、安全环保、可持续的生产提供了有力的理论基础和依据。

一、预制菜产业发展

预制菜产业目前的发展路径和特征已经较为清晰且成熟。

（1）发展路径。以一二三产联动为基础，各产业在预制菜产业链的不同环节各自发力，带动预制菜产品附加价值提升，从而实现促进消费的发展。

（2）特征。拥有特性鲜明的大类 SKU 以及产业跨度广泛，可以链接农业、制造业和服务业等多个领域。

预制菜产业因其联动一二三产的特性，能够提升产品价值，带动各产业联动发展。同时，预制菜产业作为写入中央一号文件拉动内需、乡村振兴的重要产业，官方机构和权威专家都对其抱着积极看好的态度。并且预制菜产业的一二三产联动性使其同时具有多重政策相符性，在介入项目时要注意因地制宜选取合适的政策，降低整体运营成本。

然而预制菜产业目前仍属于一个新兴的经济板块，需要政府和企业联手推动进行消费者观念的培育，并建立更为严格的行业标准来保证良好的市场秩序。当前预制菜产业在消费者溯源需求方面的空白和溯源制度的缺位，造成行业面临消费者质疑时，难以提出具有公信力的公众监管保证措施。因此，各地区政府、企业各自制定了各类溯源规则及溯源码，如广州南沙政府就首创了全球溯源中心，通过一个平台搭建的完备生态体系，容纳生产源头、贸易物流商、质检机构等预制菜产业各环节，形成信息网。但综合而言，目前全社会仍缺乏一个公众认可度较高的统一溯源标准及平台。

针对现状，本书提出，预制菜产业运营方一方面可以加入当地知名度较广的溯源体系，提升当地消费者对该产品的认可度，另一方面也可结合自身的出海需求，与国际接轨，利用国际食品安全认证溯源体系为产品质量背书，提高产品竞争力。同时，及时关注国际食品安全体系中对工厂及认证体系的建设，通过提升专业程度抢占先机，积累自身的行业资源形成护城河。

通过以上举措，可以使整个供应链体系中原材料的质量和价格得以有效控制、食品加工生产的标准和质量得到统一、成品的价格和供应量保持稳定，实现"从农场到餐桌"的全流程资源配置、生产效率、安全卫生、绿色环保、配送服务效率、数字化智能化程度、消费者体验满意度的全方位提升。

二、预制菜一二三产联动

从价值增值的角度看，一产的农产品经过二产的加工制造后，成为有着更高商业附加价值的预制菜产品，提高农产品的售价，可以刺激消费市场的发展。

二产的技术进步和产品研发为市场提供了多样化的预制菜产品，满足并创新了市场需求，发掘了消费趋势，从而向一产提供生产信息与指导，催化一产产品品类集聚并扩大规模，提高一产生产效率，提高市场竞争力。

而三产对一产、二产的赋能则主要体现在供应链支撑、物流运输和市场营销、品牌推广等环节，帮助预制菜产品更好地开拓市场，建立品牌形象，同时三产服务业机构的售前、售后服务也能提高客户对预制菜产品的满意度、补充预制菜产业的消费者教育，为预制菜市场顺利扩大奠定基础。

三、预制菜产业园投资融资

预制菜产业作为一个新兴行业，近年来在中国的发展迅速。中国的经济政策在过去十年内经历了从需求侧向供给侧的结构性改革转变，同时乡村振兴战略的提出也进一步支持了农村经济的发展。这些政策背景为预制菜产业提供了稳定的发展基础。预制菜产业通过延长农业产业链、提升农产品附加值，并通过现代化的供应链有效连接农村生产与城市消费，成为推动农村经济转型升级的重要力量。

预制菜产业的发展符合中国供给侧改革和乡村振兴战略的核心逻辑。首先，预制菜通过深加工提高了农产品的市场竞争力，使农业在经济体系中的地位得到强化。其次，预制菜产业通过技术创新和工业化生产提升了农产品的附加值，并带动了相关配套产业的发展。更为重要的是，预制菜产业直接连接消费市场，满足了现代快节奏生活中的消费需求。通过预制菜，农产品可以更快速、高效地进入城市市场，实现了从田间到餐桌的快速流通，并确保了食品安全与质量。

根据马歇尔的集聚经济理论，产业集群能够带来规模经济效应，而预制菜产业园区则通过集聚相关企业，形成完整的产业生态链，有效降低了生产和交易成本，提升了产业竞争力。

然而，预制菜产业园区的发展面临诸多挑战。首先，作为一个劳动密集型产业，预制菜企业的利润空间相对有限，这对大规模资金投入提出了较高要求。此外，预制菜产业的收益高度依赖于农产品价格的稳定性和市场需求的变化，投资者对预制菜产业园的盈利能力持谨慎态度，增加了融资的难度。传统融资渠道如银行贷款，面对预制菜产业时往往较为保守，尤其是在当前金融市场波动和利率上升的环境下。

预制菜产业园区的发展需要巨额资金投入，涵盖基础设施建设、房屋土建、设备采购等多个方面。因此，如何有效融资和管理资金成为决定产业园区项目成功与否的关键。在产业园区的开发过程中，不同时期的融资需求特点各不相同，主要可以分为开发建设期、招商培育期和成熟运营期三个阶段。

（1）开发建设期。此阶段资金需求大，回报周期长，融资难度较大。融资方式通常包括银行贷款、政府专项资金支持以及高信用等级企业的自有资金投入。

（2）招商培育期。此阶段园区主要目标是吸引优质企业入驻，资金需求多样。融资方式包括政策性资金支持、战略投资者引入等。

（3）成熟运营期。此阶段园区已经形成稳定的现金流，资金需求集中在日常运营维护和升级改造方面。融资方式包括发行债券、再融资、资产证券化等市场化手段。

在融资渠道方面，除了传统的银行贷款外，还包括政府补贴与专项基金、公-私合作（PPP模式）、债券融资、股权融资、融资租赁和资产证券化（如REITs）等多种方式。每种渠道都有其独特的特点和适用场景，需要根据产业园区的具体情况和发展阶段进行综合考虑。

总体而言，预制菜产业的投资融资环境在政策支持和市场需求的推动下，正朝着更加稳健和多元化的方向发展。预制菜产业的持续增长不仅将推动农村经济的现代化发展，也将在更大范围内促进我国经济的高质量发展。

四、预制菜工艺和食品安全

在预制菜产业园的建设中，工艺和食品安全是重要的考虑因素。随着消费者对食品安全和多样化的需求不断提升，预制菜产业需要不断加强科技创新和质量管理，确保产品的安全和健康。

本书通过整理畜禽类、水产类、食用菌类、药膳类和其他类等不同类别的食品生产通用工艺，为后面的产业园规划和建筑设计等专项技术提供了基于工艺流程的生产支撑。预制菜产业的科技创新也是发展的重点，一方面科技创新能够为市场带来更多样化的预制菜品类选择，发掘预制菜潜在的消费市场；另一方面也能为现有预制菜产业降低成本、提高产品质量与安全性，进一步提高企业自身的市场竞争力。

预制菜的食品安全是重中之重。本书对食品安全进行了深入的研究和总结，以食品追溯产业链的上中下游企业协同、食品溯源的技术为支撑，建立可信的"公共账本"，将食品加工生产运输储存的全流程完全透明地展现在消费者和管理者眼前，以保证食品安全性。另外，本书在预制菜生产的原材料储存、加工生产、贮存保鲜、运输管理等各环节归纳了一系列的食品安全保障措施和管理方法，以确保预制菜产业园的食品安全标准得到有效维护和提升。"行业发展，标准先行"，国家制定的一系列卫生标准也为保障预制菜食品安全发挥了关键作用，应切实有效地保障消费者的权利和健康，促进预制菜行业的持续健康发展。

五、预制菜产业园规划建筑设计

规划与建筑设计是预制菜产业园建设的核心部分，它不仅需要满足生产、储存、运输等功能需求，还要考虑到环保、节能、舒适等方面的因素，本书对预制菜产业园的规划与建筑设计进行了深入的研究和总结。通过以消防安全要求、功能分区、建筑布局、道路交通、泊车卸货、排水、管线布置及施工、建筑平面设计原则和依据、海绵城市设计方案等设计原则为切入点，本书提出了一系列的建筑设计指导原则和策略，旨在为预制菜产业园的建设提供科学的设计方案，从而保证预制菜产业园能够持续安全高效地生产。

预制菜产业园的规划建筑设计与传统的产业园区的规划建筑设计有着显著的不同，

主要体现在功能需求、空间布局和技术要求三大方面。

1. 功能需求

从功能需求来说，预制菜产业园需要具备生产加工、冷链物流、仓储配送、质量检测、研发创新、辅助设施等多重功能。而众多功能用房的单体面积配置、各层面积占比也是由生产工艺和加工设备决定的。在流线设计上，除了要考虑到内部预制菜的工艺流线，即平面流线应便捷、顺畅，避免交叉迂回，并最大限度减少生产人员的行走距离，减少食品安全的卫生隐患，还需考虑外部流线与农业产业的对接，如何高效地利用当地农产品作为原料，以及如何保证食品安全和营养品质。另外，应同时结合预制菜生产环节对外开放参观的需求，布置安全、顺畅的参观路线，满足预制菜生产全流程的透明、可视化要求，做到预制菜生产的"明厨亮灶"，切实保障消费者的知情权，提振消费者对预制菜的信心。

而传统产业园区更注重生产、研发、办公、展示、会议等功能的布局，以及如何通过园区设计提升企业间的互动和协作。

2. 空间布局

预制菜产业园在平面图的空间布局上需要充分考虑冷链物流的高效运作，减少物流成本并提高配送效率，在空间组团的划分上，为了确保食品安全，互相影响的不同生产功能区之间应设置有效的隔断措施，防止互相干扰和污染。

而传统产业园区在空间布局上更注重如何通过合理的路网结构、绿化景观、公共空间等设计来提升园区的整体品质和企业的工作环境。

3. 技术要求

预制菜产业园需要引进先进的食品加工技术和设备，以及高效的冷链物流系统。此外，为了保障食品安全，还需要建立严格的质量检测和质量管理体系。所以在规划建筑设计中，其技术要求更加严格，建筑的墙面材料与构造应最大限度满足卫生清洁的需求，地面应采用耐腐蚀、耐磨、防滑材料，应有良好的采光、通风条件等。同时智能化产线和数字孪生可视化的应用对建筑内空间的设备无死角布局和照明条件等也有更高的要求。

而传统产业园区的规划建筑设计中，对技术的更多关注是如何通过智能化、信息化手段提升园区的管理效率和生产力，对于建筑的材料和构造、车间的温度湿度、采光通风条件的要求，主要是为了提高产品的良品率，从而减少损失、提高经济收益，这和预制菜产业园以食品安全为首要目标的严格要求出发点是不相同的。

六、预制菜产业园物流系统

在预制菜产业园的设计中，合理的物流系统设计是预制菜产业园区持续高效运转的关键，更是企业在精细化生产背景下的重要举措，是提高预制菜产业园区运转效率、实现降本增效的重要手段。

本书在物流系统设计部分全面阐述了预制菜产业园物流系统设计的策略与方法，从选址规划到园区设计，再到物流环保节能措施，为构建高效、绿色物流体系提供了系统化方案。

在选址规划方面，首先分析了影响产业园位置选择的关键因素，如企业战略、功能定位、物流需求、基础设施、竞争环境和发展潜力。随后探讨了多种选址布局类型，包括辐射型、聚集型、吸收型和扇形仓库布局，以及相应的选址方法，确保选址决策的科学性和适用性。

园区物流规划设计部分，提出了一系列布局原则，如总体规划、最小移动距离、最少搬运次数、空间充分利用、成本效益、柔性化、能力匹配和安全性，为园区内部高效运作奠定了基础。功能区域布局规划涉及资料收集、分析和系统设计，包括作业流程、区域布置和设施选择。储存设备、搬运设备和信息系统的规划设计，为园区的布局与设施规划提供了参考。

物流环保节能措施部分，从路线规划、车辆选择与优化、资源共享、多式联运和包装物优化等方面，提出了降低能耗、减少污染的策略，推动物流行业可持续发展。

相关内容为预制菜产业园物流系统设计提供了全面的设计框架和实用指导，旨在通过精心的选址、合理的规划和环保节能措施，建立一个高效、绿色、可持续的物流体系。

七、预制菜产业园废水处理

预制菜产业食品品类覆盖面广且种类繁多，包括果蔬加工、肉类加工、畜禽类、水产类等，在加工过程中将会产生大量废水，废水水量随生产工艺、季节变化等因素变化较大，其中还含有丰富的有机物、蛋白质、有机酸、碳水化合物和悬浮物固体（SS），具有很强的耗氧性，且易腐败变质，一般都会超过排放标准的最高限值。故需设置配套污水处理厂，并根据受纳水体、排放标准来选择不同的污水处理工艺组合方案，从而在降低成本的同时，提高污水处理效率，降低对周边环境的不利影响。

污水处理工艺按照作用机理可以分为物理法、化学法、生物法，结合预制菜废水的水质特征，选择占地小、能耗低的污水处理工艺，如沉淀、沉砂、隔油等物理法可用于预处理，去除废水中的油脂、SS 等不溶性污染物；生物法可以作为主处理方法，如水解酸化、接触氧化、SBR、MBR 等，以有效去除有机物、氮磷等溶解性污染物；絮凝/混凝可用于深度处理，提升水质。

为了将效益最大化，有效控制成本，污水处理厂设计还需优化建筑结构设计，考虑基建、能源以及后续维护管理等费用；实现资源化利用，如可将废水中的营养成分制作成饲料、燃料，废水处理后回用以及污泥干化后用作化肥原料或堆肥资源化利用等，实现预制菜产业园区的绿色环保生产。

八、预制菜产业园绿色节能专项技术

预制菜产业园主要包含加工厂房、冷库仓储、研发中心、办公楼。这些用房都有专门的绿色节能手段。

加工区及中央厨房的主要冷热需求为工艺用热水或蒸汽，集中设置热源。锅炉房内设置一台或数台锅炉，根据当地能源条件及环保部门要求确定锅炉燃料类型。

冷库功能以食物储藏为主，冷库温度一般控制在食品储藏的适宜温度，基本为中型及大型冷库。应根据具体预制菜产品的特点以及园区的实际情况，合理选用适当的制冷剂，在投资成本、运营成本、绿色低碳效能方面取得平衡，同时需满足当地要求且对应做好防泄漏防爆炸措施，以确保生产安全。在冷库内设置制冷站，根据库房温度及冷库面积合理选择制冷系统。冷却间、冻结间和冷却物冷藏间的冷却设备可采用冷却风机。

研发中心和办公楼可采用多联机+新风空调系统或风冷热泵系统，系统末端形式根据具体房间的功能与要求设置，个别功能与使用时间不同的房间可采用分体空调。

加工厂房等屋面设置光伏面板，光伏发电用于预制菜生产线设备及冷热源设备，多余的电还可售回至电网。

九、智能化可视化产线

随着工业 4.0 时代的到来，智能化生产线的建设成为制造业转型升级的核心驱动力。在预制菜行业，智能化生产线通过引入先进的信息技术和智能技术，如人工智能、物联网、云计算、大数据和自动化等，实现了高效、标准化生产，优化了资源配置。这些技术的融合不仅提高了生产效率和产品质量，还推动了预制菜行业在成本控制、安全生产、创新能力和市场响应速度等方面的全面发展。

智能化生产线的可视化与透明化是通过实时数据监控、信息可视化、实时数据更新和用户反馈优化等手段，使生产过程中的信息和数据变得更加公开、透明和易于理解。实时数据监控利用传感器和物联网技术，对生产过程中关键参数进行实时监测，确保生产的安全性和效率。信息可视化将复杂的数据转化为直观的图表和仪表盘，以帮助管理人员和生产操作员更好地掌控生产线的运行状况。

建筑内参观通道的构建为生产过程透明化提供了保障。生产过程透明化不仅提升了企业内部的管理效率，还增强了消费者对产品质量的信任。通过生产线的透明化，企业可以向监管者和消费者展示生产过程的每一个环节，以增强市场对产品的信任感和该品牌的忠诚度。

智能化的核心技术包括数字孪生技术、AI 人工智能和机器学习、自动化设备、大数据分析、物联网等。其中，AI 人工智能通过深度学习后能广泛应用于生产调度、故障预测和质量控制等领域。数字孪生技术结合可视化平台等系统，收集、处理并共享相关生产数据，提高了数据的可靠性和处理价值，为监管者提供方便快捷准确的监测信息，为企业优化生产流程和提高生产效率，为市场和消费者提供了值得信赖的知情途径。

通过以上对预制菜产业园的各个关键方面进行系统性的研究和总结，为预制菜产业园的科学高效、安全环保、可持续的生产提供了全面的理论基础和实践指导。从而切实提高预制菜产业的市场认可度，形成"投资者有盈利、消费者有体验、管理者有发展"的三方共赢的良好局面。

第二节 展 望

未来的预制菜产业园将成为一个产业枢纽，串联起第一产业农业生产的规模化、标准化，第二产业的科学化、数字化智能化，第三产业的精细化、专业化。预制菜产业园的发展将引领上下游行业发展，创造大量就业机会，满足消费市场需求，带动当地经济的转型升级。

预制菜产业园的总体发展将更加智能化、标准化和规模化，通过多产业联动，向上推动农业现代化，提升农产品附加值；向下满足并扩大消费市场，满足人民的需求。预制菜产业在我国仍处于快速发展阶段，并将持续增速，受到政府、行业、资本、社会的多方关注，消费端认可度也不断提高。未来预制菜产业园区的发展预期要求其产业联动、规划和建筑设计、专项设计等不断追求更健康的生产、更安全的储存、更高效的运输的目标。

预制菜产业园的发展是一个复杂而多层次的过程。首先，标准化是保证产品质量和食品安全的基础，需要建立完善的标准体系，包括生产管理、质量控制、卫生安全等方面的标准，确保每个环节都符合规范要求。其次，要实现智能化，提高数智化水平，引入先进的科技，包括大数据、云计算、人工智能等，通过数据分析和智能决策系统，提高生产效率和质量控制。最后，规模化是实现产业升级和降低成本的关键，通过规模化生产，可以降低成本，提高效率，同时也能够更好地满足市场需求。

预制菜产业园的发展还需要多产业联动，实现上下游的合作与协同。农业是预制菜产业的基础，需要与农业生产、农村合作社、农民合作社等进行合作，确保原材料的稳定供应和质量控制。同时，还需要与食品加工、物流运输、餐饮服务等相关产业进行合作，形成完整的产业链条，打造企业品牌与服务口碑。

从长远来看，多产业联动发展模式下的预制菜产业的投融资将朝着更加市场化、多元化的方向发展。在高质量发展的要求下，产业园区的开发和运营模式将从政府主导逐步转向企业主导和政企合作模式。未来的产业园区建设将更加注重专业化运作，园区资产价值和经济效益的提升将成为重点。预制菜产业的发展将更加依赖于创新金融工具的灵活运用，如资产证券化、绿色金融等，以满足长期稳定的资金需求。同时，园区的硬件设施建设将逐渐转向以绿色低碳为导向，以应对资本市场和政府的要求。此外，战略合作的深化和金融科技的应用也将进一步提升融资效率和精度，为预制菜产业园区的长期可持续发展提供有力支持。

预制菜产业园区的规划和建筑设计也是至关重要的，通过科学合理的规划和建筑设计，园区不仅在功能上满足预制菜产业的生产和发展，还要考虑仓储、冷链物流、研发等多方面的需求，因此，建筑设计的发展趋势也在向着多元化、智能化、绿色化、人性化的方向发展，更为未来新的产线转型升级提供可能，也提高了预制菜产业链的鲁棒性。而在建筑设计上，预制菜产业园将能从平面布局、整体风貌、建筑立面、场地景观等方面综合实现功能、体现园区精神和文化，以多元化满足不同功能的需求、以智能化提高生产效率并实现智慧生产、以绿色化创造可持续发展的局面、以人性化充分体现人文关怀，打造企业品牌，提高预制菜附加价值，从而打造高端品牌，提升消费水平和质量。

预制菜产业园的废水处理技术具有一定的特点，应通过科学理论指导和反复工程实践调试，持续优化水处理系统的整体性能。例如，通过提高系统中活性污泥的活性，延长生物膜的使用寿命，显著提升污水处理的效率。此外，通过技术升级，如提升膜组件的膜通量、减少清洗频率，不仅进一步降低了污水处理成本，也提高了系统的稳定性和可靠性。在具体应用中，根据不同水质水量条件，制定出合理高效的预制菜废水处理方案，从而解决食品加工废水处理进展缓慢的问题，推动预制菜产业的健康有序发展。

同时，物流系统和绿色节能设计等各类专项设计随着技术进步和应用的不断优化，更加适应预制菜产业发展的特征，催生出具有针对性和专业化的技术手段，既提升了生产效率，又加强了环保效果，实现了产业园区的绿色可持续发展。

技术的不断进步不仅为预制菜产业的创新发展提供了坚实的基础和强有力的技术支持，也充分发挥了预制菜品类丰富、口味多样的优势，应进一步提升市场满意度，增强企业的核心竞争力。

　　同时，随着预制菜产业体量持续做大，预制菜产业园的规模不断扩展，以及城镇化的不断发展，预制菜产业势必会面临用地紧张的严峻问题，而预制菜产业所需设备重量较小并且灵活可定制，满足工业上楼的生产模式，即把轻量化产线转移到楼层中，从而提高生产效率、节约土地资源。本书中，规划建筑设计部分也论述了预制菜产业园中关于楼电梯设备等的需求，在工业上楼的背景下，预制菜产业园的整体运营模式将更加灵活，可做到单栋建筑即可满足预制菜产业原材料进货、产品生产、储存、分拣、出货的一系列复杂的工艺流程。采用预制菜工业上楼的形式，对一些小而灵活的预制菜企业，或是处于用地紧张区域的综合性预制菜产业园都将更容易落地，也更节约宝贵的土地资源。

　　在预制菜产业园区整体规划与设计向着智能化发展的大趋势下，预制菜生产产线也将同步向智能化、自动化发展，从而与原材料进货、产品包装和质检、分拣等环节充分衔接，将物联网、智能化等技术全面深入到工艺流程各个环节，从而进一步提高生产和管理效率、提高产品质量，同时也将进一步满足预制菜从原材料到成品的全流程溯源，提升消费者和市场信心，实现预制菜产业良性发展。智能化可视化的产线也在随着技术发展和普及向着更加集成化、自动化和数据驱动化的方向发展。结合 AI 人工智能、大数据、可视化平台的进步，智能化产线将通过进一步深入整合各系统和数据优势，为生产全过程管理、绿色可持续、食品安全等提供坚实的保障，为高效生产、安全生产、绿色生产保驾护航。

　　此外，由于海洋捕捞的不稳定性和预制菜产业需要稳定的原材料输入特性不匹配的现状，未来预制菜产业也可通过海鲜陆养的模式，在园区内利用先进技术和设备进行水产养殖，从而为新鲜、优质的海产提供稳定来源，同时运输成本的降低和运输时间的大幅缩减也有利于海产相关预制菜产品质量提高，增强企业的市场竞争力。

　　未来，利益相关方紧密连接，共同为预制菜产业园的发展提供驱动力。首先，要以预制菜的食品安全为基石，加强质量控制，确保产品的安全和卫生。其次，要以预制菜的高品质风味为基础，注重产品的口感和营养价值，提高消费者的满意度。同时，还要以安全高效的物流冷链运输为保障，确保产品的新鲜度和品质。此外，还要以数字化智能化为手段，提升预制菜产业园规划建筑设计标准，引入先进的科技，提高生产效率和质量控制。同时，还要注重社区服务和文化交流，与当地社区进行合作，提供定制化的产品和服务，不断创新预制菜品类，扩大消费市场。

　　民以食为天，我国预制菜产业未来的发展有着极为广阔的前景，本书总结现有发展成果和提出设计导则的目的并非是自立为放之四海而皆准的标准，而是作为总结和反思的参考，也作为迈向未来的基石，承托我国预制菜产业实现更高质量、更可持续的发展，为构建安全、高效、绿色的预制菜产业体系贡献一份力量。

参 考 文 献

[1] 国家统计局. 中华人民共和国 2022 年国民经济和社会发展统计公报 [R]. 北京：国家统计局，2023.

[2] 人民网研究院. 预制菜行业发展报告 [R]. 北京：人民网研究院，2023.

[3] 艾媒咨询. 2022 年中国预制菜产业发展白皮书 [R]. 广州：艾媒咨询，2023.

[4] 蜀海供应链·百川研究院. 2023 中国餐饮供应链白皮书 [R]. 北京：中国烹饪协会，2023.

[5] 中国连锁经营协会，华兴资本. 2021 年中国连锁餐饮行业报告 [R]. 北京：中国连锁经营协会，2022.

[6] 国家信息中心信息化和产业发展部分享经济研究中心. 中国共享经济发展报告（2023）[R]. 北京：国家信息中心，2023.

[7] 艾媒咨询. 2022—2023 年中国团餐行业发展研究及典型案例分析报告 [R]. 广州：艾媒咨询，2023.

[8] 平安证券研究所. 预制菜行业研究系列报告一：概览篇 [R]. 深圳：平安证券研究所，2023.

[9] 国家统计局. 第七次全国人口普查公报 [R]. 北京：国家统计局，2020.

[10] 京东超市，蓝鲨研究院. 2022 预制菜年度消费报告 [R]. 北京：蓝鲨研究院，2023.

[11] 冷链物流专业委员会. 2023 年 1—6 月冷藏车销量分析报告 [R]. 北京：中国物流与采购联合会，2023.

[12] 舒静，宋佳，郑天虹，等. "预制菜进校园"争议的背后 [EB]. (2023-09-21) [2024-12-15]. https：//www.xinhuanet.com/.

[13] 中共中央 国务院. 中共中央 国务院关于构建更加完善的要素市场化配置体制机制的意见 [J]. 中华人民共和国国务院公报，2020（13）：7-16.

[14] 汕头市人力资源和社会保障局. 汕头市潮汕菜特色品牌促进条例（草案征求意见稿）[EB]. (2022-04-15) [2023-11-15].

[15] 广州市南沙区农业农村局. 关于支持南沙区预制菜产业园发展的若干措施 [Z]. 广州：广州市南沙区农业农村局，2023.

[16] 广东省人民政府办公厅. 加快推进广东预制菜产业高质量发展十条措施 [Z]. 广州：广东省人民政府办公厅，2023.

[17] 梅州市农业农村局. 关于公开征求《梅州市加快客家预制菜产业发展若干措施（征求意见稿）》意见的公告 [EB/OL]. (2022-09-20) [2023-11-01].

[18] 湛江市人民政府办公室. 推进湛江市预制菜产业高质量发展十二条措施 [Z]. 湛江：湛江市人民政府办公室，2023.

[19] 珠海市农业农村局. 珠海市金融支持预制菜产业发展实施细则（试行）[Z]. 珠海：珠海市农业农村局，2023.

［20］江门市人民政府办公室．江门预制菜十二条政策措施［Z］．江门：江门市人民政府办公室，2023．

［21］阳江市人民政府．阳江市金融支持预制菜产业高质量发展十条措施［Z］．阳江：阳江市人民政府，2023．

［22］泉州市工信局．关于加快推进泉州预制菜企业发展的若干措施［Z］．泉州：泉州市工信局，2023．

［23］莆田市商务局，莆田市工业和信息化局，莆田市发展和改革委员会等8部门．加快推进预制食品产业高质量发展的措施［Z］．莆田：莆田市商务局，莆田市工业和信息化局，莆田市发展和改革委员会等8部门，2023．

［24］国务院．"十四五"推进农业农村现代化规划［Z］．北京：国务院，2023．

［25］广州市农业农村局，广州市财政局．广州市现代农业产业园财政补助资金管理办法（修订）［Z］．广州：广州市农业农村局，广州市财政局，2023．

［26］深圳市工业和信息化局．关于进一步支持中小微企业纾困及高质量发展的若干措施［Z］．深圳：深圳市工业和信息化局，2023．

［27］深圳市工业和信息化局．深圳市关于进一步推动企业上市和上市公司高质量发展的若干措施［Z］．深圳：深圳市工业和信息化局，2023．

［28］红餐网．预制菜推动餐饮工业革命，餐饮产业进入发展"快车道"［EB］.（2022-08-15）［2023-11-01］.

［29］红餐产业研究院.2023年中国餐饮生态白皮书［R］.北京：央广网，红餐网，2023.

［30］杜昱林，刘文秋，戴煦，等．中欧食品标准体系和指标的比较分析［J］.中国口岸科学技术，2020（11）.

［31］马钰博．当前我国与欧盟农产品贸易形势［J］.农产品市场，2020（10）.

［32］朱其太，刘天鸿，孟祥龙．解读《美国FDA食品安全现代化法案》及其应对措施［J］.中国动物检疫，2011，28（4）.

［33］杨林，原志伟，徐海涛．欧盟复合食品进口管理要求［J］.中国食品药品监管，2018（10）.

［34］边红彪．新加坡食品安全监管体系分析［J］.标准科学，2018（9）.

［35］Singapore Parliament. Wholesome Meat and Fish Act（Act 5 of 1999, Singapore）［EB］.（1999-12-10）.

［36］沈学友，成颂平．出口食品标签应符合要求［J］.中国商检，1997（6）.

［37］国家市场监督管理总局．食品生产许可管理办法［Z］.北京：国家市场监督管理总局，2020.

［38］王乐君，寇广增．促进农村一二三产业融合发展的若干思考［J］.农业经济问题，2017（6）：82-88.

［39］马晓河．推进农村一二三产业融合发展的几点思考［N］.经济日报，2016-02-25（12）.

［40］熊爱华，张涵．农村一二三产业融合：发展模式、条件分析及政策建议［J］.理论学刊，2019（1）：72-79.

［41］肖卫东，杜志雄．农村一二三产业融合：内涵要解、发展现状与未来思路［N］.西北农林科技大学学报（社会科学版），2019-11-05.

[42] 欧志强. 文旅产业融合 赋能乡村振兴 [N]. 山西经济日报, 2022-02-21.

[43] 清远发布. 挺进百亿产业, 清远鸡有颜值还拼实力! [EB]. 澎湃新闻: [2024-02-21]. https://www. thepaper. cn/newsDetail_forward_17376945.

[44] 戚原. 数智供应链铺就盐边第四条致富路 [N]. 中国县域经济报, 2023-03-09.

[45] 国家市场监督管理总局, 教育部, 工业和信息化部, 等. 关于加强预制菜食品安全监管 促进产业高质量发展的通知: 国市监食生发 [2024] 27 号 [EB]. https://www. gov. cn/zhengce/zhengceku/202403/content_6940808. htm.

[46] 国际食品法典委员会. 食品检验和认证体系中的可追溯性/产品追溯原则 [S]: 2006.

[47] 广州中防科技有限公司. 溯源标签 [EB]. 天助网: [2024-02-21]. https://www. tz1288. com/supply_view_166332172. html.

[48] 多米诺 U510 紫外激光机. 药品激光喷码 [EB]. 搜狐网: [2022]. https://www. sohu. com/a/576843478_120643563.

[49] 光粒科技. 激光标记 [EB]. 光粒科技官网: [2024-02-21]. https://www. opto-particle. com.

[50] 美思康宸集团. 标签印刷机 [EB]. 搜狐网: [2023-03-17]. https://roll. sohu. com/a/655339807_121289167.

[51] 深圳市创九天印刷有限公司. 镭射标签贴 [EB]. 1688. com: [2024-02-21]. https://detail. 1688. com/offer/599187991694. html.

[52] 芯频跳动（广州）智能科技有限公司. RFID 智能包装盒 [EB]. 芯频跳动官网: [2024-02-21]. http://www. sintechrfid. com/product/rfidfw. html.

[53] 四川乡村频道. 科技引领农业 "区块链" 高质量发展现代农业产业园 [EB]. 腾讯新闻: [2020-06-06]. https://news. qq. com/rain/a/20200606A04GAH00.

[54] 糜漫天. 军队营养与食品卫生学 [M]. 2 版. 北京: 军事医学科学出版社, 2009.

[55] 一致讲堂. 魔芋葡甘聚糖复合涂膜在食品保鲜中的应用 [EB]. 百度百家号: [2024-02-21]. https://baijiahao. baidu. com/s? id=1765580028480613636&wfr=spider&for=pc.

[56] 图品汇. 纸箱外包装常用标识标志 [EB]. 图品汇: [2024-02-21]. https://www. 88tph. com/sucai/13318258. html.

[57] 张哲, 田津津, 毛力, 等. 冷藏汽车制冷方式及其特点 [J]. 低温与超导, 2010, 38 (3): 70.

[58] 李勤国. 冷藏集装箱分类及其在冷链物流中的应用 [J]. 保险与加工, 2017, 17 (3): 120.

[59] 王思巧. 食品工业废水处理技术概述 [J]. 科技经济导刊, 2016 (3): 25.

[60] 中华人民共和国国家卫生和计划生育委员会. 食品生产通用卫生规范: GB 14881—2013 [S]. 北京: 中国标准出版社, 2013.

[61] 中华人民共和国住房和城乡建设部. 食品工业洁净用房建筑技术规范: GB 50687—2011 [S]. 北京: 中国标准出版社, 2013.

[62] 吴大钢, 李士鑫. 农产品批发市场冷链设施建设与管理（续）[J]. 冷藏技术, 2014 (3): 22-30.

[63] 中华人民共和国住房和城乡建设部. 冷库设计标准: GB 50072—2021 [S]. 北京: 中国计划出

版社，2021.

［64］张国东．冷库设计及实例［M］．北京：化学工业出版社，2022.

［65］中华人民共和国住房和城乡建设部．建筑地基基础设计规范：GB 50007—2011［S］．北京：中国建筑工业出版社，2011.

［66］广东省住房和城乡建设厅．建筑地基基础设计规范：DBJ 15-31—2016［S］．北京：中国建筑工业出版社，2016.

［67］邓立．基于传染病防控的社区医院发热门诊给排水设计探讨［J］．建筑技术开发，2023，50（02）：102-104.

［68］贾争现，冯丽帆．物流配送中心规划与设计［M］.4版．北京：机械工业出版社，2019.

［69］环球物流咨询规划．仓储规划数据分析详解——以PCB分析为例［EB/OL］.（2018-10-15）. https：//mp.weixin.qq.com/s/R4Uo8XJYrtSqiRtD0wpWJA.

［70］范会武，王宏智，王雅馨．基于SLP的农产品绿色仓库布局设计研究［J］．经济研究导刊，2022（7）：54-56.

［71］郑保华，刘昌祺．现代物流中心构筑实用手册［M］．北京：化学工业出版社，2016.

［72］王能民，史玮璇，何正文．运营管理：新思维、新模式、新方法［M］．北京：机械工业出版社，2023.

［73］王术峰．物流系统规划与设计：理论与方法［M］.2版．北京：机械工业出版社，2022.

［74］马笑，刘昌祺，刘康．智能物流配送中心：设计·装备·案例［M］．北京：化学工业出版社，2021.

［75］金跃跃，刘昌祺，刘康．现代化智能物流装备与技术［M］．北京：化学工业出版社，2019.

［76］翁新春，方薇，陈祎斐．食品工业废水处理工艺及节能探究［J］．资源节约与环保，2015（2）：63+65.

［77］于尔捷，给水排水工程快速设计手册［M］．北京：中国建筑工业出版社，1996.

［78］高廷耀，顾国维，周琪．水污染处理工程［M］．北京：高等教育出版社，2007.

［79］张自杰，排水工程：下册［M］.4版．北京：中国建筑工业出版社，2014.

［80］北京市市政工程设计研究总院有限公司．给水排水设计手册：第5册，城镇排水［M］．北京：中国建筑工业出版社，2004.

［81］任南琪，丁杰，陈兆波．高浓度有机工业废水处理技术［M］．北京：化学工业出版社，2012.

［82］知识贝壳．上流式厌氧污泥床［EB］．知识贝壳：［2024］.https：//www.zsbeike.com/cd/43890034.html.

［83］化工仪器网．水解酸化池［EB］．化工仪器网：［2020］.https：//www.chem17.com/tech_news/detail/2360193.html.

［84］知乎．什么是填料？有哪些常见填料类型？［EB］．知乎专栏：［2023］.https：//zhuanlan.zhihu.com/p/631821080.

［85］崔玉川，陈宏平．城市污水回用深度处理设施设计计算［M］.2版．北京：化学工业出版社，2016.

［86］任南琪，丁杰，陈兆波．高浓度有机工业废水处理技术［M］．北京：化学工业出版社，2012．

［87］国家市场监督管理总局，教育部，工业和信息化部，等．关于加强预制菜食品安全监管 促进产业高质量发展的通知：国市监食生发［2024］27 号［EB］．https：//www.gov.cn/zhengce/zhengceku/202403/content_6940808.htm．

［88］张春林，程港，钱志博．双级压缩空气源热泵在农村煤改电项目中的应用［J］．建筑热能通风空调，2018（8）：54-56．

［89］孔帅，杨永安，武传志，等，双级压缩制冷系统模拟研究［J］．低温与超导，2018（9）：87-91．

［90］曹义新．溴化锂吸收式冷水机组及其性能测试软件的研究［J］．暖通空调，2009（9）：100-103．

［91］智能相对论．大模型生态新篇章：以 AI Agent 为引，助企业创新应用落地［EB］．微博：［2023］．https：//weibo.com/ttarticle/p/show？id=2309404971339432985055．

［92］高级互联网专家．机器学习和人工智能在软件架构中的应用［EB］．百度百家号：［2023］．https：//baijiahao.baidu.com/s？id=1783613663363017010&wfr=spider&for=pc．

［93］Dexai Robotics．协作式机器人手臂［EB］．Dexai Robotics 官网：［2020］．https：//www.dexai.com．

［94］人工智能 GPT4 如何改变餐饮行业．一款机器人厨师［EB］．百度百家号：［2023］．https：//baijiahao.baidu.com/s？id=1763039682167564087&wfr=spider&for=pc．

［95］世纪高通．可视化让数字孪生照进现实［EB］．搜狐网：［2021］．https：//it.sohu.com/a/503341993_120559231．

［96］价值连城．物联网是什么？［EB］．360 文档中心：［2016］．http：//www.360doc.com/content/16/0411/09/28768672_549648015.shtml.72_549648015.shtml．

［97］梁曦．疫情之下的企业智能化转型［EB］．（2020-03-31）［2025-01-09］．https：//articles.e-works.net.cn/erpoverview/article146040.htm．

［98］蓝志勇，宋学增，吴蒙．我国食品安全问题的市场根源探析——基于转型期社会生产活动性质转变的视角［J］．行政论坛，2013，020（001）：79-84．

［99］Yang, Hongyan, Research of Fire Detecting System Based on ZigBee Wireless Network［J］. International Conference on industrial control and Electronics Engineering. 2012.

［100］MUHAMMAD S, et al. Performance Analysis of IoT-Based Sensor, Big Data Processing, and Learning Model for Real-Time Monitoring System in Automotive Manufacturing［J］. Sensors. 2018.

［101］吴宏超，刘治红，吴跃．面向军工装备制造企业的生产现场数据采集与智能监控系统［J］．兵工自动化，2017，36（1）：22-27．

［102］程立辉，刘大成，金小伟，等．基于虚拟现实的设备网络化远程监控系统设计［J］．制造技术与机床，2004（11）：86-88．

［103］FULLER A, FAN Z, DAY C, et al. Digital Twin：Enabling Technologies, Challenges and Open Research［J］. 2020（8）：108952-108971.

［104］怡美工业设计公司．工业 4.0 真的适合中国制造业吗？［EB］．（2018-01-24）［2025-01-09］．https：//www.imaydesign.com/news/industry/453.html．